대표 수필 선집

2019 Vol. 33

한국수필문학가협회

발간사

『연간대표선집』
한국수필문학가협회 발간에 즈음하여

오경자
한국수필문학가협회 회장

　수필은 자신의 체험 속에서 글감을 찾아 진솔하게 쓰는 글이기에 그 범위가 한없이 넓고 다양하다. 작가에 따라 특성이 있기도 하지만 한 사람의 작품도 그 대상이 매우 다양할 수 있다. 수필가 4,000명 시대에 쏟아져 나오는 수필 중에 그 해의 대표작을 가려서 한 권의 책으로 엮는 일은 매우 중요한 일이다.

　월간『수필문학』이 창간 때부터 12월호를 그 해의 연간대표선집으로 발간한 것은 바로 그 막중한 역할을 해내기 위한 것이었다. 그해의 대표작을 뽑아낸다는 것이 수월한 일은 아니지만 작가의 뜻을 우선 존중하고 그 해에 문학지에 게재된 작품 중에서 선정하는 방식이었다.

　그동안 수필계의 역사적 작업을 계속해 온『수필문학』이 올해부터 연간대표선집의 말간을 한국수필문학가협회에 이관하기로 결단하였다. 독자들에게 12월호를 잡지로 편집해서 공급함으로써 1년을 마무리하는 의미를 갖는 일이라 하겠다. 수필가들에게 그만큼 게재 기회를 늘여주는 봉사도 하겠다는 것이 새 발행인 강병욱 수필가의 의지다.

　선친 강석호 수필가의 뒤를 이어 수필문학의 발행인을 맡은 강병욱 수필가는 뚝심과 수필사랑이 대단하다. 그동안 30년 동안 수필문학과 함께 애써 준 한국수필문학가협회의 지경을 넓히고 뿌리를 깊게 내리도록 하는데 이번 조치가 주효했으면 좋겠다는 것이 발행인의 바람이기도 하다.

　월간지의 어려운 사정을 생각하면 12월 한 달이라도 연간대표집으로 대신하면 좀 편할 텐데 한국수필문학가협회의 발전을 위하여 흔쾌히 어려운 결단을 내린 강병욱 발행인에게 진심으로 감사드린다.

어차피 그동안에도 원로 수필가들과 여러 수필 잡지의 우수작가들의 대표작을 포함하여 주로 한국수필가협회 이사가 필진의 대상이 되어 왔기에 그 틀을 그대로 유지하는 방식으로 발행하고자 한다.

한해의 수필 중에 대표할 만한 작품들을 한 권으로 묶어내는 일은 수필가 자신들의 자산이 되는 일임과 동시에 수필의 역사를 한 켜씩 쌓아 후대에 남기는 기념비적 일이라고 생각한다.

30년째 하는 일이지만 한국수필문학가협회로서는 창간호가 되는 2019년 대표수필선집을 발간함에 감회가 새롭고 고 강석호 회장이 갑자기 그리워진다. 좋은 책으로 잘 만들어서 많이 팔리는 책이 되기를 두 손 모아 기도한다.

수필문학사의 무궁한 발전을 기원하며 수필가들과 수필 독자들의 한해 마무리와 복된 새해 맞기를 진심으로 바라마지 않으면서 발간사에 갈음하고자 한다.

축간사

새로운 도약을 축하합니다

강병욱
월간 『수필문학』 발행인

　해마다 단행본 형식으로 발간하는 『2019 대표수필선집』이 올해부터 한국수필문학가협회로 이관 되어 발간됨을 진심으로 축하합니다.
　그동안 여러 사정과 어려운 형편에도 불구하고, 한해도 거르지 않고 올해로 33번째 발간하는 본지는 지난 30여 년간 우리 수필문단의 유산이며 보고(寶庫)로서 보전되어 왔습니다.
　『수필문학』과는 유관 기관인 1992년에 발족된 <한국수필문학가협회>는 수필문학지와 타 지면에서 등단한 우수한 작가들을 선별, 회원으로 영입하여 전국적인 수필작가를 아우르는 통합체로서 명실상부한 구실을 하고자 조직과 기능도 확대해 나가고 있는 가운데 이러한 결실은 본 협회에 의욕을 북돋는 결과라 생각합니다.
　'기록은 기억보다 강하다'고 합니다.
　지난 30여 년을 이어온 『수필문학』과 <한국수필문학가협회>에는 우리 수필역사에 길이 남을 막대한 분량의 수필관련 자료와 인물관련 사진자료 등의 기록물이 디지털화 되어 있는 기록의 보고(寶庫)입니다.
　지난 10여 년 전만해도 한국수필문학가협회의 발자취를 거슬러 살펴보자면, 전국단위의 그 규모와 명성은 실로 대단하여 우리 수필문단 역사에 큰 영역을 차지했음을 알 수 있습니다. 그러나 선친(고 강석호)께서 병고로 활동에 제약을 받고서 부터는 제자리에 머물렀습니다. 이제 고인이 되신 이 시점에서,
　이러한 보고의 기록물을 바탕으로 지난 수필문단의 역사를 비추어보고 본회를 더욱 도약하는 산실로 발전시켜나가는 것이 선친(고 강석호)의 유지를 이어 받은 저의 열할이자 사명이라고 생각합니다.

유관지인 『수필문학』은 1988년에 재창간 되어 이번 달로 지령 334호를 발간했으며, 올해 창간 31주년을 맞은 우리나라에서 가장 오래되고 최다 발행권수를 자랑하는 월간 수필전문지로서 꾸준히 발전하여 왔습니다. 이제 우리 문학사에 하나의 큰 구획을 설정하였으며 그 명성은 일반화되어 웬만큼 문학에 관심이 있는 분들은 기억할 만한 위치에 이르렀습니다.

이제 『연간대표선집』 발행을 본회에 이관하고 『수필문학』 12월호는 본발행 잡지로 발간하게 됨으로써 그 또한 위상을 높이는 계기가 되었습니다.

이러한 하나하나의 새로운 정립과 지난 역사를 바탕으로 한국수필문학가협회의 새로운 도약을 위한 문학상 시상과 기획하는 여러 사업들 중 그 첫 번째 일환으로 『연간대표선집〉의 발행을 본회로 이관하게 됨을 기쁘게 생각하고, 그 뜻을 수락해 주신 본회 오경자 회장님께 감사드립니다. 또 물심으로 후원을 해 주시는 회원님들께도 진심으로 감사드립니다.

한해를 마무리하는 시점에서 수필작가님들의 건필을 빌며 우리 모두 수필문학의 선도자가 되어 주시길 기원합니다.

차례

대표 수필 선집
2019 Vol. 33

발간사 오경자
축간사 강병욱

저자	쪽	제목
정목일	14	촛불의 말
유혜자	17	승리의 노래 속에
金榮義	21	잊히지 않는 눈짓
이정심	24	아, 우리 민족이여
하길남	29	기적 중의 기적
하재준	32	보내고 그리는 마음
허학수	35	그 시절 여름 당산(堂山)
오경자	38	무대를 제대로 만나야
박종숙	41	아르메니아의 자장가
박종철	45	꽃이 되고 싶어요
김길자	49	구름다리 건너면
장정식	52	나라말은 민족의 혼이다
최중호	55	평생을 그리워하던 파진산
호병규	59	생각하는 소리
김한호	62	비 오는 날의 행복
서경희	65	서시(西施) 고모님을 찾아서
이웅재	69	어떤 여배우의 얼굴
최원현	73	그리움의 맛
문희봉	77	여백에 그리는 그림
김학인	79	폭설과 동전협상
김 원	82	우리는 노마드였나
강미애	86	마음으로 말을 걸어오는 순간
강양옥	89	식탁
강정희	92	손주의 대학입시
고영문	95	창수어른
김덕림	98	불안한 동거
김미원	101	사진은 슬프다
김민섭	105	자린고비
김상분	109	명의(名醫) 노주부(魯主簿)
김상환	113	어머니의 우산(雨傘)
김성배	116	그곳에 살고 싶다
김용관	119	주사위는 던져졌다
김윤욱	123	웰싱킹(well-thinking)은 걷기 운동으로!
김재귀	126	3.1운동 100주년을 맞아 간송특별展, '대한컬렉션' 관람

옛날에 금잔디	130	김정태
비정사회와 반려동식물	135	김종기
인사동 골목길	138	김종원
풀꽃을 찾아서	141	김형규
멋진 인생	144	김형애
사랑하는 마음과 감사하는 마음	147	류춘영
고마운 사람들	150	리철훈
외숙모의 누름돌	154	문학희
지상의 별	158	박경화
남한산성 오르며	161	박수민
두들겨 맞고 돈 주기	164	박순철
까무러칠 것 같다	168	박순혜
세심탕(洗心湯)	172	백선욱
빗소리가 지나간 자리	176	백승희
산타 모니카	179	서달희
메아리 같은	185	서대화
배다리는 있다	189	서부길
첫눈 내리는 아침	193	서영자
가을 빛	195	손미경
찻잔에 머문 미소	198	신건자
내가 커피를 좋아하는 이유	201	신성범
책을 벗 삼아	204	신인호
프리즘을 통과한 빛처럼	209	안 숙
진수식	213	안경환
해맑은 웃음소리가 그립다	216	안규금
상원사동종 젖꼭지 하나	219	안명영
들국화에 핀 선생님의 미소	223	안문자
무채나물이 120만원?	226	양호인
수필형(隨筆型)의 인간	231	오성건
한글에 한자를 더하면	234	원준연
레비오사~	237	유경희
대좌불앞의 앵벌이 아이들	240	유기섭
삶이 그대를 속일지라도	243	유병숙
죄송합니다	247	유임종
술	250	유종덕
인왕산과 서촌	254	윤백중

음춘야	258	안과 밖
이기화	262	60주년 이미자 콘서트를 다녀와서
이난영	266	바람을 덮다
이농무	270	잃어버린 우산
이민호	274	나의 열정 나의 일 사랑
이범찬	276	우산잡이 신세
이삼헌	279	대만 중정기념당(中正記念堂)을 찾다
이석룡	283	옛날 옷을 찾아 입고 보니
이순수	287	모나
이영승	290	못 말리는 내 버릇
이영희	294	빈 방의 모놀로그
이은희	297	공 돈
이진형	301	웃고 왔다 울고 가네
이혜주	304	이틀 전의 일기
임대순	308	지지지지
임지택	311	지족상락
장병선	314	눈인사
장봉천	317	한복의 멋
장숙경	320	비오는 날의 기억
장영교	323	여인의 나들이
정경수	327	산티아고 만남의 기쁨
정순인	330	나는 대장이었다
정인호	333	해오름
최승희	336	커피 미학
최영종	340	과거를 모르는 아베
최옥자	344	빨간 해
최천숙	348	아름다운 봄날을 기다리며
최학용	353	핸드폰 속의 10대들
하기식	356	체코 헝가리의 역사관광
하영갑	359	산모롱이 봄 풍경
하창식	362	악 연
한혜정	365	1박 2일
허 근	370	노크 소리
허남오	373	우주 밖에는 우산이 없다
황 빈	377	기다리던 연하장
황장진	380	뻐꾸기 탁란

대표 수필 선집

2019 Vol. 33

정목일

촛불의 말

　인간은 '수명'이라는 한 자루씩의 초를 가지고 태어난다. 초의 길이가 약간씩 다를 뿐이지, 대개 100년 미만의 빛을 낸다. 누가 이 촛불을 켜 주었을까. 태어날 적부터 촛불은 타오르고 초는 점점 줄어간다. 촛불은 자신을 태우며 불을 밝힌다.
　촛불이 선 자리는 삶의 중심점이다. 촛불의 심지는 인생의 한 가운데 솟아 있으며, 촛불의 양식(糧食)은 시간이다. 누구나 자신이 지닌 시간만큼의 빛을 낸다. 촛불은 전깃불과는 다르다. 생명을 상징한다.
　초는 수명(壽命)을 뜻하기도 한다. 촛불이 탄다는 것은 살아있음을 말한다. 촛불이 켜지는 순간, 어둠 속에 있는 모든 것들의 시선과 마음은 불빛으로 향한다. 하루라는 시간과 순간이 빛으로 타오르는 현상을 본다. 우리는 촛불을 보면서 시간이 지나간 궤적의 흔적을 본다.
　지금 내 삶의 초는 얼마나 남았는가. 일생의 남아 있는 시간의 양(量)을 보여준다. 의식하지 못하였던 과거의 흔적들을 떠올려 보게 한다. 반쯤, 혹은 3분의 1밖에 남지 않은 초를 보는 순간, 사라져버린 시간을 떠올리며 망연자실하게 만든다.
　흘러간 시간 속에, 태워낸 촛불 속에서 어떤 의미를 창출하고 행복한 삶을 살았는지를 성찰해 본다. 오, 지나간 시간들에서 찾는 인생 자국들은 초라하고 빈껍데기에 불과하다는 걸 느낀다.

촛불을 바라보면, 삶은 초라하고 허전하다. 어떻게 살아온 것인지도 모르게 촛불 앞에 서 있음을 깨닫는다. 때때로 태풍과 폭설이 들이닥쳐 촛대를 쓰러뜨리려 위협하고, 광풍이 몰아닥쳐 촛불을 꺼버릴 듯 가물거리게 만들기도 했다. 촛불은 창백하게 떨면서 가까스로 혼신을 다해 일어서며 두 손을 모으곤 했다.

"부디 내 초가 다하는 순간까지 빛을 잃지 않게 하소서."

촛불이 꺼질락 말락 위태한 순간엔 기도를 올리지 않을 수 없다.

여인들이 50대가 되면, 갱년기 장애로 우울증에 앓게 된다고 한다. 정신과 의사의 처방을 받고 약을 복용한 경험담을 들려주기도 한다. 정신을 차릴 수 없이 바쁜 세월이 지나가고, 50대가 되니 살맛이 없어졌다는 하소연이다. 이럴 바에야 살아서 무슨 재미가 있으며, 차라리 죽는 게 낫다는 생각이 문득문득 든다는 얘기다.

이런 넋두리를 토하는 사람들을 보면 가슴속에 촛불이 타오름을 느낀다. 그린 사람들에 자신이 켤 수 있는 촛불의 분량을 보여주고 싶다. 이제 3분의 1도 남지 않은 작은 촛불의 모습을 바라보게 하는 일이다.

촛불을 켜고, 일생을 생각해 보는 시간을 갖는 것만큼 엄숙한 일도 없을 듯하다. 촛불이 서 있는 모양을 보면서 인생의 모습을 물끄러미 쳐다볼 때가 있다.

여인들의 삶은 위대하고 아름답다. 어머니, 아내. 며느리, 시누, 올케라는 이름으로 살아오면서 1인 5역을 다하는 동안 자신의 이름을 잃은 듯 살았다. 온갖 시련과 갈등을 이겨내고 살아낸 것만으로도 장한 일이 아닌가. 자신을 녹이고 태워서 3분의 1이 되는 초로 남은 것은 얼마나 대견한 삶의 흔적인가. 자신보다 가족들을 위한 헌신으로 살아온 삶은 가치로운 삶이다. 50대에 닥친 성적(性的) 정체성의 상실, 자녀들의 성장으로 인한 역할 상실, 고독과 소외감에 빠져 의욕을 잃고 있을 뿐이다. 우울증으로 자살까지 생각하는 사람도 있다고 의사들이 들려준다.

자살은 죽는 것이 사는 것보다 낫다는 자기 판단에 의한 것이다. '자살'을 거꾸로 읽으면 '살자'이다. 한 번만 뒤집어 생각해 보면 알게 된다. 50대 여인의 상실감과 고독은 여태까지 가족을 위해 사는 삶이 아닌, 자신의 이름으로 살 때가 온 것을 알려주는 메시지임을……. 지금까지 부모, 자식, 남편을 위한 삶을 살아왔으니, 이제부터는 잃었던 자신의 이름으로 살 수 있도록 신이 준 절호의 시간이 다가온 것이다. 비단 50대 여인들 만의 일인가. 초의 길이가 짧아졌다고 생각하는 순간, 비로소 깨달아지는 인생의 의미와 가치…….

촛불을 보면 안다. 작은 분량의 초로 우주 한 복판에 고독하게 서 있는 자신을 발견한다. 이제 망설일 시간이 없다. 최선의 열중과 집중력으로 남은 시간을 빛으로 가득 채워야 한다. 그 빛으로 한 점의 재와 촛농도 남기지 않고 삶의 의미와 가치를 창출해내야 한다. 촛불에게 귀를 기울이며 다가가면 말해준다.

"삶은 떠오르는 해돋이처럼 경건하고, 지는 해넘이처럼 엄숙하고 아름다워야 한다. 인생은 어둠이 아닌 빛이어야 한다."

정목일
『월간문학』 수필 당선(1975), 『현대문학』 수필 천료(1976).
한국문인협회 부이사장 역임. 연세대학미래교육원 수필 지도교수 역임
한국문인협회 수필교실 지도교수 역임.
수상 : 한국문학상, 조경희문학상, 원종린문학상, 흑구문학상 등.
저서(수필집)『마음 고요』『지금 이 순간』『아름다운 배경』외 30여권

유혜자

승리의 노래 속에

 지난 7월 21일 뉴스(YTN)에서 에스토니아 수도 탈린에서 열린 합창축제를 보았다. '노래하는 민족'이라 불릴 만큼 음악과 춤을 사랑하는 에스토니아 사람들. 올해는 축제 150년을 맞아 100개의 합창단과 700개의 무용단이 참가했고 3만 5천명의 가수들, 총 9만여 명의 참가자들이 탈린에 모였다. 1869년, 이 합창제가 시작된 해에는 강대국에 예속되어 민요와 애국석인 노래늘이 금지곡이었던 처지였다. 폭력 대신 저항의 행동으로 이런 노래들을 불렀던 선조들. 독립을 염원하는 저항 가요들을 불러 이들의 '노래혁명'은 1991년 구 소련으로부터 독립을 쟁취했다. 지금은 합창축제가 언어와 문화를 기념, 발트 3국을 하나로 묶어주는 행사이다. 남의 나라지만 민속의상을 입은 이들의 춤과 아름다운 노래가 울리는 대규모의 현장에 한번 가보고 싶게 만들었다.
 방송의 인터뷰에서 한 시민은 "무척 기쁘고 즐겁습니다. 제가 에스토니아 사람이라는 게 자랑스럽습니다."고 했는데 그 자랑 속에는 피 흘리지 않고 승리를 얻은 1991년의 독립 쟁취에 대한 것도 포함되었을 것이다. 이 노래 축제는 지난 2003년, 유네스코 인류무형문화유산으로도 지정되었다고 한다. 에스토니아(Estonia), 라트비아(Latvia), 리투아니아(Lithuania) 세 나라들은 북으로 핀란드, 동으로 러시아, 남으로 폴란드, 서쪽으로 발트해(Baltic Sea)로 둘러싸여 있다. 서로 이웃하면서 역사적,

지정학적으로 비슷한 경험을 해왔기에 발트 3국이라 불리고 있다. 이 세 나라들은 근세에 들어 주변 강대국들의 침략에 시달렸다. 18세기 러시아의 영토가 되었다가 1차 세계대전이 끝난 1918년 독립하여 공화국으로 새 출발, 1934년 발트3국 동맹을 맺어 공동번영을 기약하기도 했다. 그러나 그 후 이 세 나라 앞에는 가혹한 운명이 기다리고 있었다. 강대국 사이에 낀 소수민족의 비애는 우리 한민족도 경험하지 않았던가. 우리네 3.1 운동도 올해 100년을 맞았는데, 발트 3국 국민들이 강압을 뚫고 벌인 인간띠 운동이 숭고했다. 리투아니아 빌뉴스에서부터 에스토니아 탈린까지 620km의 거리를 약 2백만 명의 각 나라 시민들이 손에 손을 잡고 독립을 외치고 노래를 불렀다. 오늘날 축제의 장면에서 과거의 혈투 없는 독립운동인 인간띠 운동이 생각나는 것이었다.

작년 6월 북유럽 여행의 마지막 날은 에스토니아의 수도 탈린에 들르는 일정이었다. 중세 도시의 모습이 훼손되지 않고 남아 있는 아름다운 도시였다. 구시가지에서 바라보니 산은 없으나 도시의 절반을 차지한 숲이 군데군데 있고 숲 사이로 빨간 원추형의 크고 작은 지붕들과 첨탑이 솟아 있어서 동화마을 같았다.

도시의 분위기는 중세의 모습이었으나 국민들의 의식이나 문화수준은 첨단을 가고 있었다. 인터넷 수준만 예로 들어도 인구 130만 명이 채 안 되는 작은 나라지만 인터넷을 이용한 금융거래 고객만도 70만 명이 넘는 인터넷 강국이라니 놀라웠다. 또 작은 예에 불과하지만 거리마다 꽃을 좋아한다는 국민이라는 소문답게 화단들을 잘 가꿔 놓았고, 거리의 카페에 앉아 있는 사람들의 표정들도 친근감 있게 보여서 말을 걸고 싶었다. 무엇보다도 노래를 좋아한다는 사람들이라는 선입견만으로도 빨리 친숙해질 수 있을 것 같았다.

탈린은 13세기 덴마크 사람이 만든 도시였는데 14세기에 독일인에게 넘겨졌었다. 정치적인 혼란기에도 근대적인 산업이 발달하기 시작하여

2차 세계대전 직전만 하더라도 서구에서 가장 부유한 국가 중 하나였다니 어떤 저력이 숨어 있을까. 2차 세계대전 중 인구의 1/4인 30만 명이 소련과 나치의 탄압으로 죽었고 40~50년대에는 8만여 명의 에스토니아인들이 투옥 또는 처형당하고 10만 명 가까이 시베리아로 유배되는 고통을 겪었다는 설명에 우리가 일제에게서 당한 고통이 생각났었다.

1980년 고르바초프 체제 당시 경제가 붕괴됨에 따라 발트 3국은 모두 하나같이 독립을 외쳤다. 에스토니아인들의 저항운동은 그들의 문화 속에서도 자연스럽게 표출되고는 하였는데 대규모로 열리는 탈린의 가요제가 지금은 세계적으로 잘 알려져 있다. 발트 3국이 각 나라 언어가 따로 있고 민족은 달랐지만 자유화 평화 독립을 위한 마음은 하나였던 것이다.

시내에서 본 에스토니아의 삼색 국기에서 파란색은 하늘과 단결을 뜻하고 검은색은 에스토니아의 대지를, 흰색은 힘들었던 역사를 평화와 자유의 뜻을 가지고 있다는 말을 들었다.

나이 드니까 너무 현대화되고 화려한 빌딩숲의 도시, 찬란한 문화유적으로 유명해서 관광객이 너무 많이 밀려드는 도시보다도 아담한 중소도시에서 살고 싶었는데 에스토니아의 탈린이 바로 그런 도시였다. 탐색이나 호기심으로 눈을 크게 뜨고 바라보지 않아도 되고 따라서 무모하게 높은 산위에 오르려는 욕망을 갖지 않아도 되는 소박한 도시, 오랜 일정의 버거움에서 벗어나 마지막 여행지여서 마음이 편했던가. 조촐한 뒷골목 상점에서 커다란 단추가 두 개 달린 스웨터를 사고 나니 그곳 시민이 된 듯 마음도 편안해졌었다.

서유럽 국가들의 화려한 문화유산에 견주어 보면 에스토니아 문화유산들은 성당만 해도 소박해서 뭔가 아쉬운 느낌이 들었다.

그러나 합창축제의 노래 속에서 오욕과 질곡의 역사를 이겨내고 독립이라는 영광을 쟁취한 힘들을 엿볼 수 있어서 행복한 날이었다.

(월간 『수필문학』 2019년 10월호)

유혜자
『수필문학』(1972)으로 데뷔. 저서 : 수필집 『절반은 그리움 절반은 바람』 『미완성이 아름다운 것은』 등 10권, 음악에세이 『음악의 알레그레토』(2016)등 5권. 수상 : 한국문학상, 한국펜문학상, 조경희수필문학상, 조연현문학상등 다수.

金榮義

잊히지 않는 눈짓

　회색 아침이다. 요즘 밝은 햇살을 가로막는 미세 먼지와의 전쟁이 지속되는 일상이고 보니 세상이 더 삭막하고 피폐해진 느낌이다. 미세먼지는 자연을 파괴한 인간의 부메랑이니 씁쓸해진다. 그렇지 않아도 버겁게 살아가는 우리는 어디서 위로 받으며 안식을 찾을 수가 있을까.
　올겨울은 예상과 달리 경칩이 되도록 눈비 한 번 제대로 못 본 채 춘삼월을 맞았다. 낮 기온이 영상 10도를 웃돌던 어느 주말, 겨울나기를 위해 싸맸던 베란다 화초들의 마분지 상자를 모두 싹 벗겨냈다. 기다렸다는 듯 파란 잎들이 시원하게 기지개를 펴는 소리가 귀를 간질인다. '그래 그래. 그동안 움츠리고 있느라 얼마나 답답했냐! 고생했구나.' 연약해진 그들과 눈을 맞춰 본다. 기특하게도 그늘진 틈에서 고사리 눈 같은 여린 새싹이 돋아나 비죽 웃는 모습이 싱그럽고 경이롭다. 작디작은 새 생명에서 뿜어내는 강열한 힘이 가슴을 파고든다. 나는 지치고 곤할 때면 '장수가 축복일까?' 스스로에게 물음표를 던지던 심정이 부끄러워진다. 창 넘어 산자락의 연녹색 물감이 너울처럼 깔린 희뿌연 안개 사이를 뚫고 다가선다. 봄은 어김없이 오는가 보다. 하지만 '초미세먼지 나쁨'의 경보로 그들에게 베란다 유리문을 열어주지 못했다.
　많지 않은 화초지만 나름의 인연으로 내 작은 화원의 귀한 벗들이라 부르고 싶다. '쓰레기장 근처에 버려진 것을 주워 왔지!' 하며 남편이 환한 얼굴로 안고 들어온 작은 화초. 고구마에서 돋아난 분재 같은 작은 화초, '인삼펜더'에 내 시선이 오래 머문다. 퇴직 후, 분당에 새 둥지를 튼 우리에게 큰 아들이 건네 준 작은 선인장은 23년 동안 2세대가 잘 자라서 더러 분양을 해주기도 했다. 그밖에 군자란, 호야, 계발선인장, 동양란, 해를 넘겨도 싱싱한 포인세티아, 파키라 나무, 산세베리아, 테이불야자, 사랑 꽃, 홍죽 등이 우리 화원의 식구들이다. 짧게는 몇 달, 길게는 4, 5십 년에 얽힌 사연들로 정이든 이들. 남향 베란다를 장식하고 집안에 생기를 준다. 그중 멋쟁이 홍죽(원명:드라세나 아이자카)'은 어느새 늘씬한 줄기가 여섯 대나 뻗어 그 끝에 꽃보다 아름다운 진분홍색 이파리를 들어 올리며 '당신 곁에 있겠습니다.'라는 꽃말로 나를 위로해준다. 언제나 썰렁한 집에 들어선 나를 반기며 맞아주는 다정한 대화의 상대는 오직 그들뿐이 아니더냐!

 1984년 봄, 뜻밖에 서울의 강북에서 강남의 고등학교 교장으로 전근된 나는 신설학교 책임자로 정신없는 나날을 보냈는데, 그때 받은 축하 화분 중에 진분홍 잎이 나풀거리는 화초가 눈길을 끌었다. 4년간 몸담았던 중학교의 서무 주임이 보낸 '홍죽'이었다. 얼마나 세월이 흐른 뒤였을까! 그가 암으로 세상을 떠났다는 소식에 몹시 놀라며 안타까워했다. 아직 젊은 50대였으니.

 그와의 첫 만남은 약 10년 전, 중앙교육원구원에 부임한 때였다. 충실한 모범 공무원인 그는 형님이 고위직에 있는 내무부 근무가 불편하여 교육부로 전보했다고 한다. 그 후, 다른 곳을 거친 내가 모 여중교장으로 옮겨가 보니, 낯익은 그와 또 만나게 된 것이다. 뒷날 소문에는 행정직인 그가 여러 교사들과 부대껴야 하는 학교생활을 힘겨워 했다는 거다. 아, 그랬구나! 암의 원인이 스트레스라는데. 그제야 나는 내 분주함 때문에 그에게 소홀했다는 자책으로 마음이 아파왔다. 받은 화초의 꽃말

'당신 곁에 있겠습니다.'는 어쩌면 '있고 싶습니다.'란 메시지였는지도 모른다. 지금도 홍죽을 대할 때면 그에게 고마움과 미안함을 함께 느낀다. 뿐만 아니라 남편과의 이별의 아픔을 메워준 가냘픈 '사랑 꽃'도 8년째 하얀 꽃망울을 피우고 지며 그리움을 이어주고 있다.

평온하고 살가운 내 삶의 멋은 이런 벗들과의 교감으로 순화되어 거친 세월을 헤쳐 자신을 추스르고 있는 것이 아닌지. 오늘따라 김춘수의 '나는 너에게 너는 나에게 잊히지 않는 하나의 눈짓이 되고 싶다'는 말이 눈물겹게 다가온다.

(월간 『문학의 집. 서울』 2019년 4월)

金榮義
1985년 5월. 수필집 『꿈과 현실의 다리』로 『한국수필』 등단.
한국문인협회 회원, 한국수필문학가협회 이사, 문학의 집 회원
저서 『우물가의 은행 잎』 『맞벌이 엄마아빠 자녀교육 사례』
『비취빛 삶이고 싶어』 외 다수

이정심

아, 우리 민족이여

나 두 야 간다./ 나의 이 젊은 세월을
이대로만 보낼 거냐./ 나 두 야 그곳으로 가련다.1)

산언덕 너머 가파른 산꼭대기까지 붉게 타오르는 그 곳에 나도 가련다. 이 젊은 시절 이대로만 보낼 수 없는 청춘들의 검붉게 타오르는 눈동자 속에 눈물이 있을 소냐. 가자 어서. 열망의 촛불을 잡고 나 두 야 가련다는 저 젊은 청춘들의 어깨에 짊어진 1930년 일제 압제 하 어두운 멍울이 무겁다.

아, 그러나 그때 처참하게도 땅을 빼앗기고 언어도 빼앗긴 침묵 속 배고픈 배를 움켜쥐고서 중국으로, 북간도로 떠났던 우리 민족, 유랑생활의 비극 속 삶의 절망과 고통으로 몸부림쳤던 어머니 아버지시여.

공자가 세상을 유랑하다가 실의에 빠질 때면 제자들에게 '예의와 염치가 살아 있는 사람이 사람답게 살아 갈 수 있는 가장 좋은 곳이 있으니 구이(九夷)2)이니라,' 구이는 동이(東夷)3)와 깊은 관계가 있는 동쪽으로 나가 한반도로 내려와 자리 잡은 곳, 고조선 요동성 일대의 고죽국에

---

1) 박용철 「떠나가는 배」 1930년 페러디
2) 옛날 중국에서 부르던 동쪽의 아홉 오랑캐 즉 우리나라
3) 동쪽 오랑캐 황하중간~하류 동쪽 이민족 일본, 만주, 한국, 등을 가르킴

자리 잡은 우리나라가 아닌가 싶다. 평화스러워 가고 싶은 곳 우리 조국 땅이었다.

평등한 공동체, 모든 사람이 모여 신조선 국가가 나타나 위만조선이 세워졌다. 단군왕검에 의해 건국된 BC 2333년 단군조선이 건국된 나라이다. 당시 중국인들이 '오만하고 사납다'고 경계할 정도로 세력이 컸다.

기원전 202년 중국 한(漢)에 반역한 노관이 천여 명 거느리고 고조선에 이주했다. 당시 준왕은 위만을 신임하며 관직 백리 땅을 주고 변방을 수비하게 했다. 그런데 준왕을 몰아내고 정권을 차지한 게 위만조선이다.

위만의 우거왕 때 강대국으로 발전하자 한 무제는 고조선이 흉노와 연결하여 확장되는 걸 두려워하여 고조선을 제압하려고 한나라 사신 섭하를 보내 만나 우거왕을 돌아가는 길, 고조선 장수를 살해하고 달아나자 우거왕이 죽여 버렸다. 한 무제 5만 군대로 싸웠으나 우거왕은 한을 물리쳤다. 무제는 다시 쳐들어 왔으나 또 실패했다. 그런데 우거왕에 반기를 들고 한으로 망명한 이계상이 사람을 시켜 우거왕을 살해. 고조선은 무너졌다.

고구려는 압록강 유역에서 가장 크게 성장한 강력하고도 용감한 동명왕이 세운 국가이다. 동북아시아 패자 광개토대왕의 거란 정벌, 장수왕의 국토 확장, 을지문덕의 살수 대첩, 당의 강한 전투 국난 극복한 고구려는 나·당 연합국에 멸망했다. 나·당 연합국 마지막까지 나라를 지키려는 백제는 주몽의 아들 온조가 건국해서 고이왕을 거쳐 근초고왕 때 전성기, 기마민족의 이동기에 출현한 정복 왕조, 문화 선주자 근초고왕 영토 확장으로 강화된 왕권 나라 강국이다. 계백장군의 충성 끈질긴 백제인의 8년 저항운동, 충신 성충 잊히지 않는다. 신라는 3국 간에 대립 갈등의 시기 때 대당 외교로 당과의 연합전선으로 삼국통일, 화랑도 정신, 애국애족 협동 단결, 충효정신으로 국가를 형성하고 당나라 국외로

퇴출시켰다. 고구려 장수 대조영은 말갈족과 고구려 유민을 모아 동모산 근거로 발해를 세웠다. 신라의 공격을 독자적으로 격퇴하고, 신라와는 동족이라는 대범한 민족공동체 의식이 있었다. 10세기 초 거란족에 쫓겨 228년 만에 망하다.

후삼국시대 호족들에 의해 혼돈의 과도기적 시대이다. 신라 귀족 방탕세력으로 일어나, 세 나라가 세워지고 호족출신 왕건에 의해 망했다.

고려가 건국되었다. 주체성, 개성이 뚜렷하고 귀족중심의 통치국가로 불교사상적 배경, 문무 귀족화 유교유입, 올바른 사회개혁 중앙집권체제이다. 그런데 무인의 집권 그리고 거란, 여진 침범, 최씨 4대 61년 집권, 몽고 40년 항쟁을 끈질기게 견디며 이겨왔지만, 이성계 무쿠타로 멸망했다.

조선시대는 세종의 육진정책 거란족 퇴치, 일본의 조선침략 야욕, 7년의 임진왜란을 17세기 청나라, 병자호란에, 일본 강화도조약 등 구미의 제국주의, 일제에 나라 빼앗기고, 프랑스 병인양요, 미국의 신미양요의 조약체결 요구와 미국 셔면호 상선이 강화를 맺었다. 일본은 청·일전 승리하여 12년간 내정간섭, 동학민란 때 그대로 영·미 수법을 써 먹다. 러·일전 승리 강대국으로 부상하였다. 1910년 한일 합방으로 조선 말살 정책을 하였을 때 한국군대 의병활동, 민간인들까지 참여하여 전국 확대되었다.

일본은 청·일 전쟁, 러 전쟁 승리로 세계열강의 대열에 오르니, 아시아에서 침략 야욕 충족. 제1차 세계 대전과 함께 만주사변 일으켜 중국 침략 감행 만주 이권대립 미·영 대립, 중일전쟁 남경대학살, 태평양전쟁 세계대전 미·영·프·소(연합국) ↔ 독일, 이태리, 일본 주축으로 해서 전승에 들뜬 나머지 작전범위 확대하며, 고립상태에 빠졌다.

1944년 7월 패전이 명백한데도 전쟁을 계속 강력히 주장한 일본 수상은 전 일본인 최후까지의 항전선언 1945. 4월 오키나와 미군 손에 들어가자 일본 육군 강경파는 더욱 치열하게 6월초 최고 전쟁 지도회의에서는 미군에 마지막 타격을 가한다면 미국 정부로서도 무조건 항복요구는 철회할지 모른다는 기대 아래 본토결전의 준비 결정하고, 7월 일본 무조건 항복 권고, 패배 인정할 수 없다고 강경한 태도 때문에 결국 전쟁의 종결은 미국 측의 군사행동에 맡길 수밖에 없었다.

미국은 1945년 8월 6일 히로시마에 원자폭탄 투하, 9일에는 나가사키에 투하했다. 군부의 몇 명의 고집 망상으로 국민 78,000명 인명 피해, 20세기 비극을 겪었다. 도시 파괴, 8일 소련이 일본에 선전포고하고 만주 북부 공격해 들어왔다. 이런 상황에서도 군부에서는 최후까지의 참전을 고집하고 있었다. 천황은 무조건 항복(1945. 8. 15). 5년간 세계대전은 끝났다.(김희영 엮음 「이야기 일본사」에서)

아, 우리 민족이여, 순수하고 아름다운 조국이여, BC 70만여 년 전부터 지금까지 남의 나라를 침범하고, 노략질을 하지 않은 우리민족의 그 순빅한 징신은 세계 어느 나라에서도 볼 수 없다. 외세의 억압에 굴하지 않고 꿋꿋이 나라를 이어오신 내 조상이여, 그 핏줄을 이어받은 우리 민족은 지금도 기득권을 찾아 발버둥치는 그 치졸한 일본에, 이제는 동조하거나 넘어가지 않는다. 다시는, 다시는 우리정신으로 우리를 지키며, 이제는 세계에서 우리식으로 떳떳하게 살아갈 수 있는 것을 보여주고 있다.

지금 일본은 경제대국으로, 세계경제의 중추적 역할을 하고 있다고 자부하고 있는 것 같다. 우리가 과거에 당신 나라를 지배했으니까, 그 마음속 저의는 과거가 되살아나는 착각에 빠져드는, 느낌이 든다. 전쟁으로 해서 세계를 정복하려는 그 군사적 어리석은 야망이 지금도 살아 있음인가, 아니면 살아나고 있는가. 우리가 세계를, 전쟁으로 승리를 해봤고 경제적으로 선두주자로 달리고 있다고 자만심이 꿈틀거린다.

어느 날 눈을 떠 보니 우리나라가 반도체 세계 1위, 3위에 있고 일본은 10위 안에 한 곳에도 들지 않았다. 반도체 패전의 당혹감에 이성을 잃어버린 것 같다. 타고난 기질은 이성을 잃어버렸다. 과거의 잘못은 다 보상했다고 우리나라를 오히려 역습한다. 불리하면 입 꽉 다물고 말을 하지 않고 외면하고 있다가 우리나라의 GSOMIA(한일군사정보 보호협정) 종료 결정에 '강한 우려와 실망'이라는 미국의 말은 두고라도, 일본 아베 총리는 자기 잘못 일언반구도 없이 '국가와 국가 사이 신뢰관계를 해치는 한국 쪽 대응이 계속되고 있어 유감스럽다'고, 이제야 첫 공식 언급을 했다. 반도체 수출을 막아버리고, 눈 하나 깜박하지 않는 그 이중적인 인간정신을 양심 있는 일본 국민들은 어떻게 생각할까? 한참 자라나는 일본 청소년의 정신세계는 어떻게 될까?

밖에서 시끄러우면 안에서는 조용히 생각하며 무엇이 옳은가 그른가를 대국적인 견지에서 심사숙고해야 하지 않을까? 하는 우리 모두는, 지금 무엇을 하고 있는가.

나 두 야 가련다 / 나 두 야 그곳으로 가련다.
나의 이 젊은 나이를 / 분노로만 보낼 거냐.

이정심
『시와 의식』 수필 등단(1985), 『한국인문학』 평론 등단, 제7회 수필문학상
한국문인협회 이사, 국제PEN한국본부 이사, 광주여류수필 부회장, 징금다리 수필 창감 및 지도교수
_ 수필집 : 『흔적』, 『광주여, 딱딱우여』, 『뺄짓 어만짓』, 『마칭 심벌』 외 다수

하길남

기적 중의 기적

사람이 한평생을 살다보면, 별의별 일을 당하게 되게 마련이다. 그 중에 나는 죽을 고비를 몇 번이나 넘겼다. 한번은 차를 몰고, 가다가 내 차가 천 길 벼랑에서 굴러떨어지고 말았다. 그 굴러떨어지는 불과 몇 분의 일 초 사이에서도 별별 생각이 떠올랐다. 사람 한평생 사는 일이 별것이 아니구나. 이렇게 허무하게 죽고 마는구나 하는 생각이 그 순간에 머리를 스쳐 지나가는 것이었다.

그러나 이상하게도, 나는 살아있을 때처럼 별다른 변화가 없는 것이 아닌가. 분명 벼랑에서 굴러떨어졌으니, 몸이 다치거나 저승에 떨어졌을 것인데 말이다. 그러나 생각도 몸도 정상이라니 우선 나 자신이 나를 믿지 못하는 묘한 처지에 처한 것이 아닌가. 혹시 여기가 저승인가, 이승인가. 하는 긴장된 생각들이 머리를 스쳐 지나가는 것이다.

그때였다. 언덕 위에서 호각을 불며, 소리치는 함성이 들렸다. 언덕 위에서 사람들이 밧줄을, 내가 떨어져 있는 언덕 아래로 내려보내고 있었다. 묘하게도 사람들이 거름을 하기 위해 풀을 묘지처럼 쌓아 놓은 곳에 떨어진 것이다. 그래서 구사일생으로 목숨을 건지게 되었다.

만약 그때 내가 십 분의 일 초, 아니, 백 분의 일 초라도 늦게 떨어졌거나 일찍 떨어졌어도 나는 몸을 다쳐 죽었을 것이 아닌가. 어쩌면 그렇게 묘하게도 그 짚단 위에 정조 준하듯 떨어졌으니, 진정 기적 중의 기적 같은 일이라 하겠다.
　그 후 나는 많은 생각을 하면서 살아오고 있다. 한평생 세상을 살아오면서 너무 세속에 집착할 일이 아니구나, 좀 여유 있게 마음을 비우고 살아가야 하겠다는 생각이 든 것이다. 글쎄 말하자면 무슨 도인이나 된 해탈한 사람처럼 말이다.
　사실 사람이 일생을 살아오면서 한두 번 죽을 고비를 넘긴 사람이 어찌 없겠는가. 그러나 나의 경우는 너무나 극적이란 생각이 드는 것이 아닌가. 그 후 나는 매사에 좀 신중해지지 않았나 싶다. 한 번 생각하고 실행할 일을 한 번 더 숙고해 보거나, 가족들의 의견을 물어본다든지 뭔가 좀 조심스러워졌다.
　이러한 사실들이 축적되어 사람들은 성숙하는 것이 아니겠는가. 사람이 철이 든다는 이야기가 있다. 결국 많은 어려움이나 실수 등을 통해서 조금씩 자신을 성숙시켜 간다는 뜻이다.
　그래서 우리가 잘 아는 손원일의 아버지는 아들에게 '아들아 너는 남을 빛내주는 걸레의 삶을 살아라'.고 교육시켰다는 이야기를 듣고 감동을 받게 되는 것이 아닌가. 나는 이 이야기를 듣고, 한동안 눈시울이 붉어졌다.
　나만 아는 세상에서 이 이야기는 우리를 새삼 놀라게 하는 것이 아닌가. 그렇다면 과연 지금 내가 살고 있는 삶의 진실은 어떻다고 말해야 할 것인가. 비록 득도한 사람의 삶이 되지는 못한다 하더라도 남에게 피해가 되는 삶은 삼가해야 할 것이라고 여겨진다.
　사람들은 남과 더불어 서로 의지하면서 살아가는 존재라는 것을 모르는 사람은 없다. 이러한 점이 이승의 뭇 생명들과 다른 점이라 하겠다. 그래서일까. 사람들 중에는 석가와 같은 성인들이 있는 반면, 사실상 악마와 같은 삶을 살아가는 사람들도 많다.
　그래서 참으로 사람다운 사람이 되기가 쉽지 않다는 것을 실감하게 된다. 수많은 종교들이 진을 치고 있는 것도, 이와 같은 인간이라는 속성 때문인 것이다. 천당이다, 지옥이다, 연옥이다 하는 곳도 모두 사람들의 심성 때문에 필요하였듯이 말이다.

그래서 내가 기적과 같이 죽음의 문턱에서 생명을 보존하게 된 것이 아닌가. 이와 같은 사실은, 그만한 인간의 몫을 하라는 하늘의 분부와 같은 사명 때문이 아닐까 하고 느끼게 된다. 새 중에서 가장 오래 사는 솔개처럼 말이다.

수명이 불과 40년밖에 안 되는 솔개가 70년까지 살려면, 그만한 수행이 필요하다는 것이다. 산 정상으로 올라가 둥지를 만든다. 그리고 부리로 바위를 계속해서 쪼아 부리를 닳게 한다. 그러면 새 부리가 돋아난다. 그 다음에는 날카로운 부리로 발톱을 하나하나 뽑아낸다. 그렇게 해서 새 발톱이 돋아나면 이번에는 날개의 깃털을 뜯어낸다. 그렇게 하는 동안이 6개월쯤 걸리고, 솔개는 새롭게 태어나 30년쯤 더 살게 된다고 한다.

이와 같이 사실상 기적이란 그만한 노력의 결과라는 것을 알게 된다. 기적이란 말하자면 공짜가 아니라는 말이다. 그렇다면, 우연이란 무엇일까. 생전에 쌓아둔 그 사람의 덕일까. 나는 사실상 생전에 덕을 쌓아 둘 만한 인물이 못 된다. 그래서 살아오면서 진 빚을 이 기회에 갚아보라는 절대자의 주문일는지 모른다는 생각을 해보게 된다.

언제나 걸림돌을 디딤돌로 생각하면서 살아라는 교훈처럼 말이다. 그렇다. 기적이여! 만세다.

하길남
1978년도 『수필문학』 등단. 한국수필문학가협회 이사
수필가, 시인, 문학평론가. 경남대학교 교수. 영국인명대사전에 수록.
저서(수필집) : 『닮고 싶은 유산』 『그리운 이름으로』 『흔적』 외

하재준

보내고 그리는 마음

고요히 깊어가는 밤이다.

안식을 마련해주는 지금 이 시간, 나의 침실이 인생을 싣고 가는 열차라 생각해 본다. 그리고 지난날의 상념을 이 차창을 통해 바라보고 있다. 그러면 얼마 전 다정한 문우 한분을 아주 멀리 떠나보내고 남몰래 눈물을 머금기까지 했던 나의 모습이 스쳐간다.

그 문우는 25년 전 나와 함께 같은 대학에서 '수필창작의 작법과 기법'이란 과목을 가지고 둘이 나누어 강의 한 바 있고, 학교는 다르지만 고등학교에서 다년간 국어교사로 학생들을 가르친 바 있었다. 이같이 걸어온 길이 같기 때문인지 더욱 친해져 평소에 속마음을 주고받는 다정한 사이었다.

서로의 마음을 주고받으며 사귄다는 것은 참으로 어려운 일임에는 틀림이 없다. 하지만 이처럼 마음을 줄 수 있고 마음으로 사귈 수 있는 심우(心友)를 가질 수 있다는 것은 참으로 행복한 일이 아닐 수 없다. 그러기에 그를 만나면 항상 반갑고 기쁘다. 이 얼마나 아름다운 일이며 다정한 사인가. 서로 헐뜯고 시기하며 살아가는 분위기 속에서는 늘 피곤하다가 그분을 만나면 서로 위로해주고 의욕을 북돋아 주기에 만남 그 자체가 기쁘고 행복한 일이 아닐 수 없다.

이렇게 마음을 의지하며 지내오던 문우가 얼마 전 췌장암으로 밤 열차를 타고 영원히 내 곁을 떠났기에 그를 보내고 난 후 나 홀로 터덕터덕 걸어오는 그 슬픈 심정이 차창에 어리어 오는 것이다.

영원한 세월 속에 한갓 수유에 지나지 못한 우리들의 인생이 아닌가? 조금도 기다려주지 않는 '운명의 시간' 그 가운데서 살아가는 우리네 안타까운 삶, 그런데도 천년만년이나 살아갈 것처럼 온갖 곤욕을 다 감내해 가며 의욕을 잃지 않았던 지난날의 시간들이었기에 못내 아쉬움이 회한으로 남아 이같이 가슴 아프게 하는지도 모른다. 물론 자기의 꿈을 위하여 인내해 가며 사는 삶이 참으로 값진 일인 줄 알지만 그동안 한 번도 마음 놓고 편히 살지 못했기에 하는 말이다.

그는 우리 곁을 떠난 한낱 촛불일지라도 내 가슴 어딘가 지금도 훈훈한 느낌으로 소통하고 있는 듯하다. 이성 간이든 동성 간이든 남남끼리 정을 주고받으며 사는 것은 진정 뜨거운 것이며 대단한 힘이 되는 것이다. 사랑이건 우정이건 간에 정(情)임에는 틀림이 없고 가슴 가득히 밀려오는 행복감 역시 조금도 다를 바 없다.

지금 문우인 그분을 보내고 난 이후 나는 광막한 허허벌판에 오직 홀로 서 있는 것 같은 허전함이 여울지고 있다. 그 여울을 넘어 딛고 외로운 마음을 달래보고 싶은 심정이 밀려올 때면 그분은 언제 내 곁에 왔는지 연심(戀心)이 되어 여유로운 미소를 지으며 나를 바라보고 있는 것이다. 비록 허상일망정 하늘에서 여전히 내 곁을 맴돌고 있는지도 모른다.

괴로워도 웃고 사는 마음, 얼마나 보배로운 일인가. 동서고금을 통하여 이별 없는 역사가 어디에 있는가. 그 이별이라는 것을 슬픔으로, 그리고 괴로움으로만 받아들이지 말자. 이 세상이 영원한 고향이 아니기 때문이다.

여행을 모두 마치고 나면 각기 자기 집으로 돌아가듯 이 세상의 여행자들은 다 본향으로 돌아가는 것이다. 그러기에 잠깐 머무는 세상에서

부귀나 명예도 소중하지만 영원한 가치를 추구하며 피안의 세계를 바라보는 여유로움, 그 마음가짐도 얼마나 소중한가.

　지금 이 밤에 인생의 열차는 잠시도 쉬지 않고 힘차게 달리고 있다. 이 차에 몸을 실은 모든 승객들은 정처 없이 어디론가 가고 있다. 어느 쯤에서 각기 하차해야 할지는 저마다 다르겠지만 우리는 지금 기쁨과 슬픔과 우울함과 즐거운 감정을 지닌 채 고요한 이 밤, 어둠 속을 뚫고 열차는 운명의 레일 위를 여전히 달리고 있다. 참으로 귀한 이 시간을 달리고 있다.

(『한국문인』 2019년 10월호)

하재준
월간 『한국수필』 등단(1983), 『한국문인』 평론 등단(2016)
한국문인협회 회원, 국제PEN한국본부 회원, 한국수필가회 이사, 한국수필문학가협회 이사, 한국기독수필문학회 회장
수필집 : 『그 큰 아픔이 사랑이던가』 외 6권, 칼럼집 : 『지극히 작은 자가 가장 큰 자』

허학수

그 시절 여름 당산(堂山)

내가 사는 동네 어귀의 당산에는 큰 정자나무 한 그루가 우뚝하다. 반세기 전만 해도 섣달그믐 삼경에는 마을의 안녕과 부농을 기원하는 제사를 올렸던 곳이다. 그런데 요즘 이 정자나무는 여름이면 녹음이 짙어 주민들의 유일한 쉼터와 피서지로 이용될 뿐이다.

나는 이 마을에서 자랐고 지금도 살고 있다. 새마을운동이 한창이던 70년대에는 마을 전체가 60여 가구, 400여 명이 오순도순 인정을 나누며 행복하게 살았다. 비록, 삶이 빈천하고 의식이 얕았어도 이웃을 사랑하고 상부상조하는 따뜻한 마을이었다. 그렇지만 지금은 주민이 겨우 30여 명이라니 이렇도록 서글픈 현실을 누가 무슨 재주로 어떻게 막는단 말인가.

물론 그 시절에는 전기가 없었으니 냉장고와 선풍기가 있을 리 없고 부채마저도 귀했었다. 거기에다 마을에는 더위를 피하여 다리라도 뻗고 쉴 거목도 없었다. 더욱이 정자나무의 그늘은 좁고 동민들은 많았으니 아이들과 여자들은 감히 그 자리에 나가지도 못하였다.

나는 지금 고택 청마루에 서 있다. 검은 구름이 하늘을 스치더니 갑자기 쏟아지는 소낙비가 불현듯이 내 마음 먼 곳까지 거슬러 올라간다. 우리도 한번 잘살아보자고 외치면서, 둘만 낳아 잘 기르자는 표어가 상기둥을 들썩거리던 그 여름이었다. 지주에게 간청하고 애걸하여 당산을 꾸미고 쉴 곳을 넓혔건만 이제는 사람조차 귀하여 빈 터만 쓸쓸하다

금년에도 고목 정자는 새눈이 신록을 자랑하고, 치렁치렁 수음지를 만들어 내 놀던 동네의 파수병이 되었다. 가난이 죄가 되고, 못 배운 한을 씻으려고 도시로 떠나가던 그 시절이 자꾸만 눈앞을 가린다. 해마다 여름철이면 편안한 휴식처요 경로당이던 저 당산! 나 역시 멀지 않아 누구와 대화하며 무엇을 주문하고 어디로 떠나간단 말인가.

촌놈이지만 원대한 꿈을 품었던 두메산골 청소년, 친구들은 산과 들을 즐기며 쏘다녀도, 나는 말 그대로 집일을 돕는 방학이고 가정실습이었다. 주위 사람들은 학생이 무슨 지게질이냐고 했지만, 노동의 대가를 체험하는 자신의 인내와 수신이기에 어쩐지 그 일이 즐겁기만 하였었다.

약관의 그 해 여름, 머슴들과 같이 생초를 수집하고 논매기도 하였다. 꼭두새벽에는 일주일치 식량과 장작을 새끼로 묶어 매고, 사십여 리를 걸었던 학창시절도 있었다. 산골에서 태어나 농부의 아들로 주경야독을 가훈으로 새겼으니 지금에 와서도 떳떳하고 자랑할 수 있으리라.

오늘처럼 보릿고개가 뻣뻣하던 춘궁기에는 찌도록 못살던 그 시절 그 여름이 새롭게 떠오른다. 배가 고파서 초근목피로 끼니를 때우고, 옷이 없어서 벌거숭이 나신을 송두리째 내맡겼던 흉상은 우리네 농촌의 뼈아픈 참모습이었다.

나는 지금 밀짚모자를 챙겨 쓰고 텃밭으로 나간다. 평화와 유열이 넘치는 초록 햇살이 천지에 가득하다. 지난밤에 단비가 내려 눈이 더욱 부시고, 산새들이 반기는 듯 농부들의 발걸음이 한결 가볍다.

어언 22년! 해마다 5월이면 먼저 간 그 사람이 꿈을 채운다. 이제는 한줌의 흙이 되어 영혼마저 비상했을지언정 가신 님을 추상하면 이 또한 망령이 될까 보냐. 인생길은 머무를 수 없는 것, 앞산 진달래가 피고 지면서 뒷동산 두견이가 몇 번을 슬피 울었건만, 삶이란 빤히 보이는 여정만큼이나 뒤돌아보는 그날도 애절한 추억으로 소중한 것이다.

바람처럼 달아난 세월, 지나고 보니 아침이 저녁이고, 하루가 돌아서면 보름이고 그믐이었다. 지명의 문이 몰래 살짝 열리더니, 예순 고개를 채 다지기도 전에, 고희의 자탄으로 함성을 초래한 그날이 벌써 몇 년째인가.

한 손에 가시 쥐고 또 한 손에 막대를 잡은들, 사람이면 누구나 넘어야 할 벽이 있고 걸어야 할 길이 있다. 이제는 인생의 뒤안길에서 내리막 호흡을 가다듬어야 할까 보다. 장난도 없고 연습도 없으며, 반환점도 없고 왕복도 없는 단 한 번의 이생에서, 그 동안 나에게도 좁고도 험난한 기로가 수없이 앞을 가로막았었다. 곱게 가꾸었던 행복의 꿈이 순식간에 날아가 버렸는가 하면, 눈물 속에 묻혔던 초라한 자화상도 숨기면서 살아왔다.

내가 태어나서 살고 있는 진짜 내 집, 지척에 우뚝 선 당산의 정자나무! 너는 오늘도 내 인생의 추억을 한아름 안고 있다. 녹음 내린 여름에 낮잠을 청하였고, 추풍에 시달린 잎사귀를 밟으며 애수의 가을도 노래했었다. 철없는 회한과 원망이 도를 넘는 순간도 있었지만, 고향은 결코 내 영혼의 진수를 간직할 고운 여백이며 최후의 안식처라고 믿으며 달랬었다.

나는 지금 세월을 수놓고 있다. 만남과 헤어짐이 삶을 잇는 이승의 인연이라면, 기약 없는 별리도 한 인간이 남기고 간 역사의 토막이 아닌가. 돌이키면 5월은 나에게는 천지가 무너지고 동행을 앗아간 이별과 눈물의 시공이다. 오늘도 텅 빈 당산에는 고목 정자만 홀로 버티고 있다. 녹음이 길손을 손짓해도 사람이 없으니, 나는 또 언제쯤 떠나갈 것이며, 내 살던 고향의 당산은 오래도록 무탈할까.

(『수필문학』 2019년 6월호)

허학수
『수필문학』 천료 등단(1989), 중등교장 정년, 경남수필문학회장. 수필문학추천작가회장 지냄. 현재; 산청군노인대학장. 산청군향토문화연구소장. 수상 : 황조근정훈장, 수필문학상, 경남수필문학상, 지리산평화상. 수필집 :『짧은만남 긴이별』『사랑과 미움의 세월』『아름다운 용서』『바람 같은 인생』

오경자

무대를 제대로 만나야

　세상을 살아가는 동안 여러 가지 일을 겪게 되지만 주어진 환경이나 상황을 자신이 선택할 수 없는 경우가 더 많을지도 모른다. 우선 태어나는 것부터가 자신의 의지와 전혀 상관이 없지 않던가? 누군들 좋은 환경에 처하기 싫은 사람이 없겠지만 세상은 좋은 환경보다 척박한 환경이 더 많을 수도 있다. 똑같은 정도의 재주에다가 노력 또한 비슷한 수준으로 하는 두 사람이 있다면 그가 처한 환경에 따라 그 결과는 상당히 다를 경우가 많다.
　공작이 나래를 활짝 펴고 도도하게 서서 천천히 돈다. 암컷을 향한 데이트 신청을 하느라 혼신의 힘을 다해 한껏 위용을 드러내는 자태를 연출하는 중이다. 사람들은 자신들의 눈요기를 위해 나래를 펴 준 것으로 착각해서 손뼉을 치며 좋아하지만 그는 열심히 종족 보존을 위한 치열한 업무 수행 중일 뿐이다. 어쨌거나 동물원 너른 마당의 우리 속이라면 그 화려함이 눈부시게 빛날 터이건만 지금 저 공작은 자신의 편 날개가 거의 천정과 철망에 닿을 정도의 좁은 공간에 갇혀서 백만 불짜리 쇼(?)를 벌이고 있는 것이다.
　어린이날 연휴에 아이들과 함께 나들이를 나왔다가 서오릉 근처의 음식점 마당 한쪽에 차려진 커다란 새장 앞에서 만난 행운인데 웃어야 할지 울어야 할지 착잡하기만 하다. 이럴 때 딱 어울리는 속담이 있을 것 같은데 잘 떠오르지 않아 답답하다. 개발에 편자도, 비단옷 입고 밤길 걷기도 무언지 부족한 상황이다. 시골 서커스 장 천막 속에서 비엔나 오페라 극장의 프리마돈나 뺨치는 솜씨로 노래를 부르고 있는 가수를 보고 있는 심정이 오히려 맞을 것 같은 형국이다.

　펼쳐진 날개가 마치 싸구려 쥘 부채를 편 것 같이 초라해 보일 뿐 그 위용을 느껴 볼 구석이 없다. 햇볕도 들지 않는 그늘진 곳이라 날개가 테석해 보여서 더욱 후줄근해 보일 뿐이다. 그렇거나 말거나 공작은 열심히 날개를 가볍게 떨면서 공들여 암컷을 유혹하기에 여념이 없다. 호암미술관에 갔을 때 1시간이나 기다렸다가 겨우 볼 수 있었던 공작의 나래 펴기는 그 아름다운 정원과 어우러져 실로 한 폭의 환상적 그림이었다. 정신없이 보고 있는 사람들을 놀려 주고 싶었던지 그 공작은 이내 도도한 쇼를 마무리하고 들어가 버려서 애를 태웠는데, 오늘 저 공작은 인심도 좋게 오래도록 나래를 펴고 임무를 수행 중이다. 예전에 창경궁에 동물원이 있던 시절 12시면 공작이 나래를 편다 해서 시간 맞춰 갔다가도 얼마를 기다려서야 진풍경을 구경할 수 있게 되는데 어찌나 빨리 접어 버리는지 안타까워 발을 동동 구르던 기억이 난다.

　공작이 나래를 펴고 있는 시간이 대략 비슷하련만 그때는 보기가 좋고 아름다워서 금세 접어버리는 것 같았던 모양이다. 지금은 초라하고 불쌍한 생각에다가 주변이 누추하니 꼴이 보기 싫은 마음이라 오래도록 펴고 있는 것 같이 느껴지는 것 같다. 사람의 한 생도 저와 다를 것 같지 않다. 자신의 재주와 능력을 마음껏 펼칠 수 있고 또 그것이 딱 맞아 떨어지는 행운을 만나면 최대의 결과물로 빛을 발할 것이다.

　고아로 우리집에 들어와 일을 도와주며 자란 순이 언니는 이난영 뺨친다는 찬사를 받을 정도로 노래를 잘 불렀다. 그 언니가 부르던 봄날은 간다는 백설희 같은 고음은 아니지만 야릇하게 사람의 간장을 녹였다. 오촌 아저씨 한 분은 단가의 명수였는데 판소리 또한 일가를 이룰

만해서 사람들을 즐겁게 했다. 그분들 모두 식구들의 귀를 즐겁게 했을 뿐이다.

아직도 펴고 있는 공작의 나래 위로 그 얼굴들이 함께 돈다. 도도히 돈다. 그래 무대를 잘 만나야지 재주가 무슨 대수냐고 소리치는 것 같다. 그래 그것이 인생이다. 공작이 가엾어서 철망 가까이 다가가 본다. 여전히 암컷은 주위를 맴돌고 공작의 날개는 사르르 떨림을 계속하며 천천히 아주 천천히 도도하게 돌고 있다. 처연하게 쳐다보는 내가 오히려 불쌍해 보였는지 묻는다, 너는 무대를 잘 만났느냐고. 글쎄 둔재인 몸으로 이만큼이라도 누리고 살았으니 무대를 잘못 만났다고 하면 교만일 것이다. 그런데 자꾸 고개는 도리질을 치고 있다. 자꾸 묻는다, 너도 그러면서 왜 나를 동정하느냐고. 눈시울이 붉어지며 목울대가 당겨온다. 볼이 뜨끈해지는데 강아지를 보러 갔던 손녀가 뛰어온다.

할머니 공작은 좋아하느냐고 물으며 젖은 눈가를 흘끔거린다. 철망 속에 있는데 뭐가 무서워서 우느냐는 무언의 질문이 입가에 걸려 있다. 워낙 개를 무서워하는 할미를 잘 알기에 공작도 무서워서 우는 줄 알았나 보다. 그래 저렇게 귀여운 손녀를 갖게 해준 정도의 무대면 흡족할 일이지 무엇이 부족해서 청승을 떠는지 알다가도 모를 일이다. 그래도 저 철망 속의 초라한 공작의 모습이 왜 남의 일 같지 않은 것인지, 욕심은 여전히 하늘을 찌르니 아직 늙지 못한 것 같다.

(『수필문학』 2019년 6월호)

오경자
월간 『수필문학』 등단(1990). 제4회 수필문학상 수상(1994)
한국문인협회 이사, 국제PEN한국본부 부이사장, 전, 크리스천문학가협회 회장
한국수필문학가협회 회장
『그 해 여름의 자두』, 『토기장이와 질그릇』, 『밤에 열린 광화문』 외 다수

박종숙

아르메니아의 자장가

　현지 가이드 자스민은 미인이기도 했지만 꾀꼬리 같은 목소리로 정확하게 우리말을 구사하여 모두를 감탄시켰다. 그녀는 한국에 와서 대학 공부를 마치고 대학원 공부를 한 후 자국의 대학에서 한국어를 가르치고 있는 인텔리라 우리말을 정확하게 표현할 줄 알았다. 그뿐 아니라 가이드로서 운영의 묘를 살릴 줄도 아는 기발한 센스를 가지고 있었다.
　코카서스 3국은 소련 연방에 있던 나라들이어서 잘 알려지지 않은데다 정보를 얻기도 힘든 곳이었다. 그런 나라에서 가이드 생활을 하려면 그 나라에 대한 역사, 풍습, 지리를 충분히 알려주고 이해할 수 있도록 도와주어야 할 책임이 있다. 아제르바이잔에 갔을 때 현지 가이드는 우리말이 서툴러서 각자 새겨들어야 했고 조지아에서는 한국인 가이드가 설명을 제대로 하지 못해 불만이었는데 아르메니아에서는 재스민의 해박한 지식 전달에 가슴이 뻥 뚫리는 느낌이었다.
　그 나라 사람들은 낯선 손님을 만나면 달콤한 초콜릿을 나누어 먹는 습관이 있다면서 초콜릿을 나누어 주며 설명을 하기 시작했다.
　"우리나라는 한국과 비슷한 역사를 가지고 있습니다. 이민족의 침략을 많이 받았던 설움을 안고 있는데 아르메니아 전통악기가 그것을 잘 대변해주고 있지요. '두둑'이라고 하는 이 악기소리를 들으면 정말로 마음이 슬퍼진답니다. 그래서 그늘진 얼굴을 보면 '당신 얼굴에서 두둑 소리가 난다'고 말하기도 하지요. 한번 들어 보시겠어요.?"

그녀는 미리 준비해온 음악을 틀어주었다. 한국의 피리 소리와 비슷한 두둑 소리는 은은한 호소력을 가지고 금방이라도 눈시울을 적셔줄 것만 같은 분위기를 연출했다. 나는 청각을 자극하던 그 두둑 소리에 금세 눈물이 나올 뻔 했으니 이상한 노릇이었다.

아르메니아는 이슬람 국가들 사이에서 기독교를 지키기 위해 엄청난 수난을 받았던 역사를 가지고 있다. 세계에서 첫 번째로 기독교를 인정하고 받아들였던 나라인데 스키타이, 페르시아, 알렉산더제국, 비잔틴제국, 셀주크투르크, 몽골, 오스만투르크, 러시아에 지배되면서 잠시도 편안할 날이 없었다.

오스만트루크 국제 령의 아나톨리아에 살던 서 아르메니아사람들은 이주 목적으로 강제 추방되면서 300만 명이 시리아와 메소포타미아로 피난을 가다가 굶어 죽고 병들어서 살아남은 사람이 몇 십 명 안 되었다. 세계 제1차 대전 때도 오스만 제국이 멸망하면서 성립된 터키사람들이 아르메니아인 200만 명을 집단 학살시켰으므로 국민 대부분이 적대 감정을 가진 유족으로 남아 있다. 그 나라 추모공원에는 터키인들의 잔학한 만행 사진이 우리나라를 짓밟았던 일본의 모습과 흡사하게 전시되어 있다.

본국에 아르메니아인이 300만 명 살고 있다면 세계에 퍼져 있는 아르메니아인들은 1000만 명이라니 남북으로 갈려 이산가족 상봉에 눈물 흘리는 우리네보다 더 큰 슬픔을 안고 사는 것이다. 그 나라 사람들은 해외에서 열심히 일하여 모은 돈으로 조국을 위해 투자하는 것을 가장 큰 기쁨으로 여기는 애국자들이었다. 도로 포장공사, 터널공사, 시민공원조성, 박물관, 큰 건축물 등 모두 해외 교민들이 만들어준 것이라고 했다. 언젠가는 빼앗긴 영토를 다시 찾을 것이라고 굳게 믿고 있는 그들은 대학살을 기념하기 위해 4월 24일은 한 손에 촛불, 한 손에는 꽃을 든 추모객들이 영혼의 불길이 꺼지지 않는 추모공원을 향해 빽빽이 행진한다고 한다.

365일 타오르고 있는 이 불꽃을 둘러싼 12개의 탑은 4-5미터 높이로 큰 원을 그리고 있는데 추모일에는 헌화한 꽃들이 원 안을 가득 메운다니 피맺힌 한이 얼마나 큰가를 짐작할 수 있다. 터키령 안에 있는 아라라트 산은 아르메니아인들의 정신적 지주로 망망하게 구름에 가린 봉우리만 바라볼 수 있다. 노아의 방주가 걸려 있다는 산, 그들은 군사 분계선 밖을 그리며 통일을 기원하고 있었다.

더 눈물겨운 이야기는 1차 세계대전이 끝난 후 전쟁터에 흩어져 있던 수많은 고아들을 모두 데리고 올 수가 없어 아르메니아인들은 자국민을 가리기 위해 고민하다가 한 가지 지혜를 짜냈다고 한다.

"자! 여러분! 이 노래를 들어본 사람은 모두 앞으로 나오세요" 아이들은 귀를 기울이며 음악을 듣고 있다가 하나둘씩 걸어 나오기 시작했다. 그들은 지기내 나라의 음악을 듣고 나온 아이들만 데리고 고국으로 돌아왔는데 그 아이들에게 들려준 노래가 바로 아르메니아 어머니들이 불러주던 자장가였다고 한다.

어릴 때 자장가를 듣지 못하고 큰 아이들은 불행하게도 조국의 품을 벗어나 영영 낙오자가 되었을지 모른다. 그 시대 아르메니아의 어머니들 중에는 가슴에 쇠못이 박힌 사람들도 있지 않을까. 생과 사의 갈림길을 놓고 모정의 무게를 저울질했던 자장가는 비련의 곡조가 되어 허공을 맴돌았을지도 모르는 일이다. 나는 재스민이 왜 마지막으로 우리를 데리고 추모 공원을 찾았는지 알 것 같았다. 애국심이 강한 그녀는 아르메니아의 상징 두둑 소리와 어머니의 자장가가 분단된 한국의 현실을 대신할 매개체가 된다고 믿었기 때문이리라.

그들은 비록 어렵게 살고 있지만 친절하고 상냥했으며 와인과 꼬냑을 즐기며 노래 부르고 춤추는 여유를 가진 국민들이었다. 내일은 내일 일이 있다고 믿으며 낙천적으로 살아가고 있는 그들은 언젠가는 빼앗긴 영토를 다시 찾을 수 있다는 믿음 하나로 희망을 버리지 않고 있었다. 특히 재스민은 코카서스 여행이 생각날 때면 언제나 아라라트 산을 그리는 아르메니아 사람들처럼 내 추억의 향수를 불러올 아름다운 여인으로 남아 있을 것이라는 생각을 떨칠 수 없었다.

(『계간수필』 2019년 여름호)

박종숙
월간 『수필문학』 등단 (1990)
강원문협회장. 한국수필문학가협회 부회장
연암수필문학상 외 다수
수필집 : 『호수지기』 외 10편

박종철

꽃이 되고 싶어요

봄을 화사한 꽃으로 부추기는 우리를 영산홍이라 부릅니다.
K시의원대로 주변의 미관을 꾸미기 위하여 도로변으로 왔습니다.
우리 무리들이 지니고 있는 빨강, 분홍, 보라, 흰 꽃들을 색깔별로 무리지어 심고 다른 색 무리들과 어울리게 배치해 놓아서 마치 땅 위의 꽃구름처럼 아름답습니다.
바로 눈앞에는 인도가 깨끗하게 정리되어 있고 가로수를 따라 넓은 차도가 길게 누워 있습니다. 도로 건너편 건물들은 방향이 우리와 같은 서향이라 드나드는 사람을 볼 수가 없습니다. 자동차들만 빠르게 달리면서 배기가스와 소음을 방출하고 하늘에선 미세먼지가 바람을 타고 우리들을 찾아옵니다. 햇빛만이 생기를 잃지 않도록 우리들을 도와주고 있습니다.
사람들의 발걸음도 잦은 편은 아닙니다. 아저씨, 아주머니, 학생들이 지나다니고 꽃구름 중간쯤에 시내버스 정류장이 있어 노인들이 병원으로 가기 위해 고개를 내밀고 버스를 기다리고 있습니다.
우리들은 도시의 환경을 밝게 꾸미고 봄의 축제를 열어 시민들에게 사랑과 기쁨과 희망을 누려 보시라고 최선을 다하여 꽃을 피우고 있습니다. 그러나 대부분의 사람들은 한번 눈길을 주었다가는 이내 거두어 버립니다. 그럴 땐 우리는 아쉬움과 서운함을 느끼게 됩니다.

어느 날, 젊은 어머니가 인형 같은 하얀 강아지를 앞세우고 유치원생인 아들과 함께 우리 곁을 지나고 있었습니다. 강아지가 우리들 종아리에 한쪽 다리를 들고 오줌을 갈기고 있는 사이 어린사내아이는 우리들에게 달려들어 색깔별로 꽃들을 마구 꺾었습니다. 엄마가 그걸 보고 큰 소리로 꾸중을 주더군요. "꽃이 예쁘다고 함부로 꺾는 것이 아니야. 이 꽃들은 지나다니는 사람들에게 기쁨을 주기 위해 심어 놓은 거야. 다음부터는 절대로 꽃을 꺾어서는 안 된다."고 주의를 단단히 주고 있었습니다. 우리는 교양이 있는 엄마가 고마웠습니다.

어느 날, 해가 기울어진 오후 남녀 고등학생들이 우리 앞을 지나면서 남학생이 여학생에게 "야, 미숙아! 너는 이 영산홍보다 더 예쁘다."고 추켜세우자 여학생은 웃음 섞인 말로 남학생의 어깨를 툭 치면서 "거짓말도 자꾸 하면 늘어요. 내가 어떻게 저 예쁜 꽃과 비교가 되겠어. 사람의 꽃은 마음속에 숨겨져 있는 것을 몰라서 하는 소리야." 둘은 유쾌하게 웃으며 우리들을 찬찬히 들여다보면서 지나갔습니다.

어느 날, 장년이 되어 보이는 아저씨가 자전거 길로 자전거를 타고 가다가 인도와 자전거 길을 왔다갔다하면서 길 복판으로 구부정하게 걷고 있는 노인네를 피하려다가 핸들을 잘못 꺾어 꽃밭으로 넘어지고 말았습니다. 가지가 많이 꺾이고 꽃들은 비명을 지르며 떨어져서 놀랍고 안타까웠습니다. 금년 봄에는 일기가 불순하여 밤낮의 기온차가 심하여 낮에는 초여름처럼 덥다가 밤에는 기온이 뚝 떨어져 춥기도 했습니다.

저에게는 특별한 분이 계십니다. 선생님은 지나가다가 꼭 한번 우리들이 다칠세라 조심스럽게 어루만져 주기도 하고 여러 번 사진을 찍기도 하였습니다. 저는 흰 영산홍인데 저의 가지가 잘못 뻗어나가 옆에 있는 붉은 영산홍 무리의 중간쯤에 홀로 피어 있었습니다. 흰 꽃은 다른 꽃들보다 생김새가 컸습니다. 붉은 바탕에 흰점하나라 저의 존재가 뚜렷하게 나타났나 봅니다. 선생님은 지나칠 때마다 꼭 한 번씩 저의 다섯 꽃잎을 부드럽게 만져 주시기도 하고 입맞춤도 해 주었습니다. 옆의 꽃들이 부러워하는 눈치였습니다.

저는 선생님을 기다리게 되었습니다. 지난밤에는 찬비가 내려 우산도 없이 맨몸으로 비를 흠뻑 맞으면서 추위에 떨고 있었습니다. 그날 아침에 선생님이 지나가시다가 나에게 다가와 손으로 조심스럽게 꽃잎을 만지더군요. "아이구, 아직도 찬물이 남아 있네. 얼음물같이 차서 지난밤에도 추위에 떨었겠구나." 하시면서 꽃잎 하나하나를 손으로 닦아 주었습니다. 찬물기가 없어지자 그제야 제정신으로 돌아왔습니다. 선생님에게 고맙다는 인사를 속삭였습니다.

어느 날, 선생님은 병원에 다녀오시면서 다시 저 앞에서 걸음을 멈추시더니 속을 들여다보면서 꿀샘을 찾고 있는 것 같았습니다. 주위의 꽃들에게도 손으로 조심스럽게 어루만져 주시더니 갑자기 저에게 입맞춤을 해 주었습니다. 저는 놀라면서도 선생님의 입술이 따뜻하게 느껴져 가슴이 콩콩 뛰기도 했습니다. 선생님은 지나치실 때마다 빠지지 않고 저의 상태를 확인하면서 위로해 주곤 하였습니다. 저는 마음씨 따뜻하고 인자하신 선생님을 매일 기다리게 되었습니다. 주위 동료들의 부러움을 사면서 말입니다.

저희들은 매년 봄을 장식하면서 시민들에게 웃음으로 위안을 드리려고 무척 노력하고 있습니다. 4월의 끝 무렵까지 다가왔습니다. 저희들은 맡았던 소임을 다하고 떠날 준비를 하고 있습니다. 5월 초쯤 뒷산에서 뻐꾸기 소리가 들리기 전에 우리들은 삽시에 하늘의 바람을 타고 꽃구름을 거두어 갈 것입니다.

안타까운 것은 사람들은 마음밭에 여러 가지의 꽃을 심고 뽑기를 거듭하면서 인생이란 거친 길을 걷게 된다고 합니다. 어디로부터 와서 무엇을 위해 살다가 어디로 돌아가는지 아무도 모른다고 합니다. 그것이 저희들과의 차이점이라고 할까요.

선생님, 선생님이 계셔서 행복했습니다. 내년에도 그 자리로 다시 돌아올 것입니다.

선생님, 여름, 가을, 겨울을 건강하게 넘기시고 재회의 약속을 잊지 않으셔야 합니다. 선생님을 만나기 위해 흰 영산홍으로 다시 곱게 피어날 것입니다. 선생님, 저는 선생님의 꽃이 되고 싶습니다.

(『에세이포레』 2019년 봄호)

박종철
월간『수필문학』등단(1991)
한국문인협회 회원. 국제펜클럽한국본부회원. 영동수필문학회 고문.
한국수필문학가협회 부회장
수필집 :『아버지의 땅』외

김길자

구름다리 건너면

 흔들흔들 출렁출렁, 심술궂은 바람은 공중에 매달린 다리를 흔드는 것인지 나를 흔들어 대는 것인지….
 두 팔을 쫙 편 채 몸의 중심을 잡고 출렁다리를 건너지만 술 취한 사람의 걸음인 양 바람에 휘청거리면서 묘한 스릴도 맛본다.
 마치 빙판 위를 걷듯 아슬아슬하고, 무서움에 긴장되어 앞만 보고 가는 중, 갑자기 뒤에서 누군가 내 어깨를 툭 치고 흔든다. 어머나~ 다리에 힘이 쭉 빠지며 그 자리에 털썩 주저앉을 것 같다. '에구머니 애 떨어지겠네'. 뒤돌아보니 동행한 장난기 심한 문우가 씽긋 웃는다. 함께 소리 내어 웃지만 마치 다리 난간을 잡고 있다가 떨어질 번한 듯 너무 놀라서 머리가 어질어질해진다.
 오늘따라 바람은 수그러들지 않고 온 산을 흔들고, 나는 아직 다리 중간쯤도 못 왔는데…. 우리는 다시 걷기 시작하고, 다리 아래는 검푸른 나무들이 바람에 일렁인다. 아래를 내려다보면 천길만길 아득한 낭떠러지 계곡이다.
 세상의 모든 것을 흔들어 댈 듯한 바람 소리가 상쾌한 쾌감도 맛보게 한다.
 바람이 정신을 맑아지게 하는 것은 가시가 없고 모가 나지 않기 때문이란다.

조금은 위태롭고 무섭기도 하지만 내가 택한 이 길을 나는 끝까지 완주하리라. 가슴 깊이 맑은 바람을 들이마신다.

증평 좌구산은 거북이가 앉아서 남쪽을 바라보고 있는 형상이며, 좌구산은 한남 금복정맥 154km 구간 중에서 가장 높은 산이다.

우리 증평군에서는 자연을 만끽할 수 있는 다양한 길과 공원, 하루 밤을 쉴 수 있는 숙박 시설이며, 어드벤처 시설이 좌구산을 중부권 최고의 휴양 레저타운으로 만들었다.

여러 종류의 시설 중에 좌구산 천문대의 천체관측 실에는 국내 최대인 365mm 렌즈를 장착한 초대형 굴절망원경이 있다. 이 망원경은 기존 반사망원경보다 선명해 천체를 최대 700배까지 확대해 볼 수 있고, 640km 떨어져 있는 사람도 알아볼 수 있다.

가을밤 하늘의 별이 가장 빛날 때 이곳 천문대에서 가슴 가득 별을 품어 보라. 고된 일상 중에도 마음 가득 행복이 넘친다. 초대형 망원경을 들여다보고 있으면 혹시 달에서 방아 찧는 토끼 모습이 보일 듯하여 호기심도 일고, 구만리 창공으로 내 몸이 둥둥 떠서 별무리에 휩싸여 별이 나인 듯, 내가 별인 듯 신비스럽기 그지없다.

'천체투영실' 관람 관에서 올려다본 무수히 반짝이는 별을 보며 나도 우주 속에 하나의 작은 별이지 않을까 하는 착각도 인다.

미세먼지가 하늘을 가리고 공해가 심각해도 좌구산 숲에 들면 공기가 청정하여 밤하늘의 별도 흐드러지게 반짝인다.

그리고 숲 명상의 집에 들면 세상사 잊을 수 있는 힐링을 위한 여러 치유실을 운영 중이다.

좌구산 명상 구름다리는 증평읍 율리 야생화 단지에서 거북바위 정원을 잇는 길이 230m, 높이 50m, 폭 2m로 조성되었다. 이 중 출렁다리 구간은 130m로 야간에는 아름다운 조명도 설치가 되어 있다.

구름다리 건너면 오색 무지개가 보일까? 내가 못 가본 그곳에 대한

강한 호기심으로 명상 구름다리는 누구나 건너보고 싶은 곳이다.

'꽃길만 걸으세요.' 축복도 나누고 누구나 금빛 찬란한 인생길을 소망하지만 어디 뜻대로 되는 일이던가.

지금 내가 건너고 있는 다리처럼 인생길이 때로는 넘어지고 흔들리기도 하면서 운명처럼 가야하는 길. 삶의 여로야 말로 굽이굽이 험난한 여정이다.

정부 양곡 보관 사업을 하던 우리는 벼농사가 연년이 흉작으로 특급창고 수백 평이 벼 수량이 없어 텅텅 비고, 미처 갚지 못한 은행 빚에 그 큰 건물 몇 동이 경매에 붙여질 지경이 되었다. 하늘만 바라보고 풍년 들기만을 기다리기엔 상황이 너무나 급박하게 기울고. 그날도 은행에 재대출을 구걸했으나 대부계장의 냉담한 눈초리와 함께 휴지 조각이나 다름없는 서류 뭉치를 들고 눈물로 범벅된 초라한 모습으로 길인지 허공인지 헤맨 적이 있었으니, 내 나이 사십 초반쯤이었다.

내가 걸어온 인생길을 한번 되돌아본다. 나는 과연 어떤 사람으로 살아왔던가. 만약에 내 인생을 다시 살아보라고 해도 나는 이제 그럴 용기가 없고 자신도 없다.

인생이란 산마루를 넘는 것과 같다고 했던가. 이루어 놓은 것 없이 해는 서산에 걸리었다. 강도 건너고 다리도 건너보니 짧고도 긴 인생길 굽이굽이 그립고 아쉽기만 하다.

때로는 향기도 느껴보면서 하늘의 별도 품어 보고, 흔들흔들 구름다리 건너보며 유유자적 그렇게 하리라.

구름다리 건너서면 무엇이 보일까?

김길자
월간 『수필문학』 등단(1991) 한국문인협회 회원, 국제펜클럽 회원, (사)한국예총 증평지회 초대회장 역임, 제14회 수필문학상(2004), 원종린문학상, 여백문학상 외 다수. 수필집 : 『파란 향기』, 『풍경소리』 외 다수

장정식

나라말은 민족의 혼이다

정보화 시대를 살아가는 모든 생활인은 아침을 여는 조간신문과 TV의 뉴스 방송을 시청하는 것에서부터 하루의 생활이 시작된다. 나 역시 그런 생활 형태에서 예외가 아니다.

기해년 새해의 광명을 맞은 아침 신문을 훑어본 다음 모 방송사의 앵커가 각 신문이 보도 자료를 종합한 중점 뉴스인 TV 화면을 가리키면서 설명하는 내용을 시청하는 중이었다.

신문의 기사인 대서 특필의 활자 끝에 생략하는 표지인 점 '…'을 가리키며 "뗀, 뗀, 뗀"이라고 읽어 내려갔다. 이에 소스라친 나는 밥에 씹힌 돌에 어금니 하나가 무너지는 듯한 충격에 어안이 벙벙했다. 어찌하여 '점, 점, 점'이 일본말 발음인 "てん, てん, てん"이란 말인가.

우리의 국어를 가장 시범적으로 사용해야 하는 위치에 있는 앵커의 국어 표현이 우리말인지 일본말인지 분별없이 예사로 표현한다는 것은 국격을 떨어뜨리는 처신이다.

일제 치하를 경험한 바 없는 젊은 앵커는 대중 속에 침식된 일제 잔재를 멋도 모르고 통상 써온 숙습일 것으로 믿어진다. 그러나 방송 뉴스는 외국인도 청취한다고 생각하면, 민족의 혼이 깃든 나라 말을 국가의 방송이 오도한다는 것은 국민정서가 용납할 수 없는 일이 아닌가 말이다.

여기서 문득 떠오른 것이 흘러간 세월 속에 기록된 설화사건이다. 내용인즉 우리나라 프로야구가 창설된 후 야구팬들이 경기장마다 만원의 성황을 이루던 때로 기억된다. 플레이오프 경기에서 우승 쟁취의 경쟁에 초미의 관심이 깃든 팬맨이 야구해설사인 아나운서에게 물었다.

"오늘 경기의 우승은 어느 편이 우세합니까?" 하는 질문에 아나운서의 대답인즉,

"글쎄요 양편의 실력이 어상반해서 확신이 안갑니다만, 굳이 말한다면 양 팀의 승산은 고부고부라고 해야겠지요."라고 답했다.

그 고부고부, 즉 五分이라는 말은 '서로 차이가 없이 비슷함'이라는 뜻의 일본말이다. 그런데 이 아나운서의 답변이 전국의 방송망을 통해서 퍼져나갔을 때 온 나라가 시끌시끌했다. 무슨 큰 사건이 크게 난 것처럼 민심이 요동을 쳤다.

전국 각지에서 온 국민이 집착된 관심에서 경청한 공영방송에서 중견 아나운서가 통상 쓰는 국어도 분별을 못하고 지껄였다는 비난이 크게 화제가 되었다. 특히 방송요원은 누구보다도 우리말의 바르고 그른 점을 분간할 줄 알아야 하는 전문성을 지녀야 한다는 것이 국민의 신뢰감이다. 누구보다 8·15 광복 세대들은 우리 국어에 일본말의 잔재가 눌어붙은 것에는 신경이 예민했다. 그것은 일본의 식민지 교육이 우리말의 말살정책에 지나치게 가혹했기 때문이다.

조국 광복이 70여 년이 흘러간 오늘인데도 방송인의 신분에서 일본말 사용의 혼동을 예사로 답습한다는 것은 국어에 대한 얼빠진 자괴를 드러내는 것이 아닌가 말이다. 무엇보다 얼굴 뜨거운 것은 이런 상황에서 일본 언론인들이 들었을 때다. 저들은 지난날 우리나라를 식민 통치를 했다는 역사적 사실에 비춰 쾌재를 부를 것이다.

그것은 1945년 조국 광복으로 일제가 물러갈 때, 조선총독부의 마지막 총독인 아베노부유키가 귀국하면서 남기고 간 다음과 같은 망언이

장정식 53

있다. 거기에 우리는 두고두고 공분하고 있기 때문이다.

"우리 일본은 조선 국민에게 총과 대포보다 더 무서운 식민지 교육을 심어 놓았다. 결국 조선인(한국인)들은 노예적 생활을 하게 될 것이다.

보라! 실로 조선은 위대하고 현란했지만, 현재의 조선은 결국 일본이 심은 (시킨) 식민지 교육의 노예로 전락했다. 그래서 나 아베는 다시 돌아온다."

이렇게 앙큼하고 모골이 송연한 망언을 남기고 줄행랑을 쳤다. 그런 그는 1953년 망국의 한을 안고 사망했다고 한다.

그의 천인공노할 망언을 뜯어볼수록 일본 식민지 교육정책이 얼마나 음흉하고 잔악했는지 가슴 저리게 한다. 그것은 곧 우리말과 우리글부터 말살하여 일본어 일색으로 제도화하고 씨족끼리도 혈족의 분열과 족보의 해체를 꾀한 창씨까지를 강제 시행함으로써 반만년 역사의 전통을 뿌리째 지워 없애는 영구 식민지화를 획책한 것이라 생각하면 모골이 송연하다. 그런 일제 교육의 잔재가 오늘날까지도 우리말을 더럽히는 독소가 되고 있다고 생각하면 나라말에 대한 얼빠진 자괴지심을 깨달아야 할 일이다.

프랑스에서는 일찍이 국어에 대한 지적 수준의 높은 비중을 우선 한다고 했다. 국영방송의 아나운서 선발시험에서는 프랑스어의 점수가 낮은 사람은 다른 성적이 아무리 높아도 채용에서 제외된다는 것이다. 너무도 당연한 시책임에 공감이 간다.

나라말 사랑의 중점시책을 구현하는 방안에 대해서 우리는 더 적극적인 연구가 있어야 하지 않을까 하는 마음이다.

(월간 『수필문학』 2019년 6월호)

장정식
『한국수필』 등단, 광주문학상, 한림문학상, 한국수필문학상, 원종린문학상 등
광주수필문학회장, 한국수필가협회작가회장 역임,
한국문협회원, 한국수필, 한국수필문학가협회 이사 현임.
『多島海 천백일』 외 다수

최중호

평생을 그리워하던 파진산

　어렸을 적 꿈이 이젠 그리움으로 남아있다. 초등학교 시절엔 그 산의 이름이 교가에도 있어 학교 행사 때마다 불렀다. 또한 우리집이 동향집이라서 날마다 그 산을 볼 수 있었다. 그 산은 부여군 석성면 봉정리에 있는 파진산(破陣山)이다. 백제 멸망의 슬픈 전설을 간직한 채, 휘돌아가는 백마강에 산자락을 적시며 흐느껴 울던 산이다.
　어렸을 때부디 나는 그 산을 바라보며 살았다. 그 산은 근방에서 제일 높은 산으로 경사가 심해서 쉽게 오를 수 없는 산이라고 소문이 났었다. 게다가 산이 강 건너에 있기 때문에 가보지 못하고 바라만 보던 신비로운 산이었다. 우리 동네에선 그 산에 가 봤다는 사람이 아무도 없었다. 그래 언젠가는 그 산에 꼭 한번 가 봐야겠다고 마음을 먹었다.
　드디어, 오늘 60여 년간을 별러왔던 파진산에 가보기로 하였다. 높고 수려해서 이름난 산은 아니지만, 어렸을 적부터 가보고 싶었던 산이라 마음이 설렜다.
　처음 가는 산이라 위험을 대비해 친구들과 함께 나섰다. 우리는 석성면 현내 2리에 있는 평화교회 쪽으로 올라갔다. 가파른 길을 숨을 몰아쉬며 15분 정도 오르니 산 정상에 도착했다. 그토록 가보고 싶었던 파진산에 올라온 것이다. 정상은 평평했다. 먼저 내가 살던 장암면 장하리 쪽을 바라봤으나 큰 소나무들이 병풍처럼 가리고 있어 잘 보이지 않았다. 하지만 백마강 하류 쪽은 앞이 확 트여 논산과 강경, 임천 방향은 시원하리만큼 잘 보였다. 유유히 흐르는 백마강, 그 양옆으로 너른 들이 펼쳐져 있고 그 끝에 높고 낮은 산이 솟아 있다. 그곳에서 아름다운 풍광을 한동안 바라보았다. 하지만 내가 살던 고향은 보이지 않아 산 정상에 아쉬움 한 자락을 남겨두고 내려왔다.

이곳에 온 김에 파진산 능선에 있는 석성산성(石城山城)에도 가보기로 하였다. 석성산성으로 가는 길가에 탑골공원이 있다. 공원에는 백제무명용사들의 영령을 위로하는 충혼비가 세워져 있다. 먼 옛날 석성산성에서 주둔하던 백제 병사들은 나·당 연합군을 맞아 위기에 처한 나라를 구하기 위하여 목숨을 바쳐 싸웠을 것이다. 병사들의 피맺힌 절규와 처절한 몸부림도 많은 적을 막아내기엔 중과부적이었을 것이다. 그들은 목숨을 바쳐 석성산성을 지키려 했지만 성은 함락되고 사비성마저 적에게 빼앗기니, 그 영혼들은 눈물을 흘리며 허물어진 산성 주변을 맴돌고 있으리라.

다행히 그들의 충정을 안타깝게 생각하는 사람들이, '석성산성 수호 백제무명용사 충혼비'를 세워 그들의 넋을 위로하고 있었다.

마을 안쪽에 산성으로 가는 길이 있다. 그곳에서 산 중턱까지는 자동차를 타고 올라갈 수 있었다. 산언덕엔 많은 돌무더기가 흩어져 있고, 일부는 돌을 쌓아 성을 복원하는 공사가 한창 진행되고 있었다.

석성산성은 사적 제89호로 백제의 수도인 사비성 남쪽을 방어했던 산성이다. 성 아래에 차를 주차하고 걸어서 정상으로 간다. 여기저기에 흩어진 돌무더기를 지나 정상인 옥녀봉에 올랐다. 이곳은 사방이 탁 트인 봉우리라서 시야가 넓고 앞이 시원하게 보인다. 파진산 정상에서 보지 못했던 나의 고향은 물론, 백마강 상류 쪽인 부여도 잘 보였다. 사방을 돌아보며 아름다운 풍경을 마음껏 조망할 수가 있었다. 여기서 아름다운 경치를 더 감상하고 싶었지만, 가보고 싶은 곳이 남아 있어 옥녀

봉에서 내려왔다.

마지막으로 백마강변에 있던 봉무정 나루터로 갔다. 이곳은 전에 장암면 하황리와 석성면 봉정리를 잇는 나루가 있던 곳이다. 하지만 지금은 나루터는 흔적조차 없다. 다만, 추억을 그리워하는 나그네만이 짙은 향수(鄕愁)를 넋두리로 남기고 떠나가는 곳이 되었다.

어렸을 적 파진산은 경사가 심하고 산 아래로 강물이 흘러 사람들이 쉽게 다니지 못했는데, 지금은 자전거 종주길이 생겼다. 길을 따라 강의 상류 쪽으로 가보았다. 참으로 아름다운 길이다. 이렇게 아름다운 길이 파진산 자락에 숨겨져 있다니….

길 왼쪽으로 강물이 흐르고 오른쪽으론 산의 절벽이다. 포장된 길을 자동차로 조금 가니 봉정리 취수장이 나온다. 여기서부터는 데크길이라서 차가 들어가지 못한다. 걷거나 자전거로만 갈 수 있는 길이다.

중국의 천문산 귀곡잔도에선 아래가 천 길 낭떠러지라서 오금이 저렸는데, 여기 데크길 아래엔 시퍼런 강물이 흐르고 있어 가슴을 조인다. 산 절벽에서 뻗어 나온 나뭇가지가 데크길 위로 아취를 그리며 강 쪽으로 향했다. 이 길은 전율을 느끼며 아름다운 경관을 감상할 수 있는 환상의 길이다. 앞에 펼쳐지는 새로운 풍경에 취해 한동안 길을 걷다 보면 어느새 데크길이 끝나고 현북 양수장이 나온다. 여기서부터는 부여 쪽으로 가는 자동차 길이다.

백마강 상류 쪽을 바라본다. 강 가운데에 자연스레 만들어진 작은 섬들이 있어, 또 다른 경관이다. 강물 위에 나무와 억새 그림자가 비치고, 작은 섬들 사이로 청둥오리들이 평화롭게 유영을 한다. 강은 맑아 거울 같은데 작은 섬에서 자란 나무와 억새가 바람과 어우러져 춤을 춘다. 여기 물 위에 비친 그림자는 어느 솜씨 좋은 화가가 그린 뛰어난 그림이 아니던가? 참으로 아름다운 풍경이다.

당나라 시인 백거이(白居易)는, '경치가 좋은 곳은 본래 주인이 없다.'

고 하였다. 내가 이곳의 주인이 된 것 같다.

무릉도원이 따로 있다던가. 이곳이 바로 선경(仙境)이요 무릉도원이 아닌가. 한동안 넋을 잃고 앞에 펼쳐진 아름다운 경관을 바라보았다. 파진산 자락에 파노라마처럼 펼쳐지는 멋진 풍광을 바라보며, 오늘 이곳에 오기를 잘했다는 생각이 들었다.

다시 한번 앞을 바라보았다. 바로 강 건너가 나의 고향이다. 지척이라서 가보고 싶었지만, 강물이 앞을 막아 가지 못한다. 산이 강을 건너지 못하듯 나도 강을 건너지 못했다.

(『월간문학』 2019년 6월호)

최중호
월간 『수필문학』 등단(1991)
한국문인협회, 한국수필문학가협회, 한국수필가협회, 한국수필문학진흥회 이사
수필집: 『장경각에 핀 연꽃』

호병규

생각하는 소리

 녹색이 짙은 안녕골 들판에 조용히 입추가 찾아왔다.
 어느덧 벼 패는 소리는 온 들녘을 채우고 논두렁 밭두렁에는 고추잠자리 떼들이 사뿐사뿐 춤을 춘다. 어쩜 가을은 이렇게 고추잠자리 등에 업혀 오는가 싶다.
 논배미마다 벼 패는 소리는 포기 사이사이로 밀어처럼 쌓이고 잔잔하게 피어나는 꽃술(花穗)들은 마치 미풍을 즐기듯 가볍게 하늘거린다. 고요히 침묵하는 저들의 모습은 마치 머나 먼 미래를 향하여 기도하는 수도사의 묵념처럼 무엇인지 알 수 없는 깊은 생각에 잠겨 무애(無涯)의 긴 터널을 지난다.
 나는 가던 길을 멈추고 쭈그리고 앉아서 생각에 잠긴다. 생각이란 것은 무엇을 의미하는 것일까? 어쩜 동작 곧 행동을 시도(試圖)하는 제스처(gesture)일 게다. 그렇다면 자연의 모습들은 무엇을 생각했기에 저런 아름다운 모양을 갖춰 존재하는 것일까? 그것은 분명 창조주인 신(神)이 자연의 숨소리를 생각했을 것이다. 엊그저께만 해도 불룩했던 포기들이 패기 시작했으니 생각했던 꿈 곧 잉태의 꿈이 해산(解産)한 것이다. 그래서 자연은 생명의 탄생을 신(神)이 원함을 이루는 그 현장이라 하겠다. 세상은 그래서 생명으로 가득 차 있다. 세상은 이와 같이 생명의 무대이다. 신(神)이 준비한 여호와 이레(Jehovah-Jireh)를 펼치는 곳이다. 귀중한 생명들을 통해 신이 내는 생각의 소리를 들을 수 있으니 갑자기 겸허(謙虛)해 진다.

햇살은 사정없이 쏟아지고 간간이 스쳐가는 미풍은 바깥세상의 이야기를 전하듯 녹색의 생명들은 모두가 귀담아 사리고 잠시도 한눈을 팔지 않는다. 수많은 날들을 오늘을 위해 예비한 듯 저들은 정겨운 소리로 지난여름에 있었던 이야기들을 나눈다. 비록 늦은 비였지만 그래도 부족하지 않았고 지나침도 없었다는데 만족들을 한다. 비록 옛날처럼 개구리들이 첨벙대던 모습과 메뚜기 무리 뛰놀던 모습은 보지 못했지만 그래도 달밤이면 여기저기서 베짱이와 방아깨비들이 씨르륵 찌르륵 비파(琵琶) 뜯는 소리를 들을 수 있으니 얼마나 다행인가. 수풀은 이와 같이 한 여름 정겨운 달밤이면 뭇 생명들이 아스라이 고향을 불러오는 곳이다. 숲속의 친구들은 늘 가녀린 목소리로 고향의 노래를 부르는 곳이다. 그 옛날 나는 거기에 끌려 밤을 지새지 않았던가. 그러기에 내심(內心) 그 옛날이 그리울 수밖에 없다. 얼마쯤을 걸었을까. 생명들은 때가 이르면 회복할 수 있다는 듯 졸졸졸 개울물 흐르는 소리가 들려온다. 마치 보이지 않는 그들의 소리인 양 더없이 정겹게 들려온다. 갑자기 힘이 생긴다. 언젠가 회복되리라는 기대감이 밀려오기 때문이다.

생각하는 소리, 생명의 근원적인 의미를 표출(表出)하는 소리이다. 따라서 이 소리는 자연을 무대로 생명들이 살아가는 소리이다. 결단코 없어서는 아니 될 귀중한 소리이다. 존재 철학의 근간(根幹)인 형이상학(形而上學)은 인간만이 들을 수 있는 신(神)이 내는 소리이다. 나는 걸음을 옮기며 좌우에 펼쳐진 논배미를 휘~ 둘러보고 저 머나먼 동(東)에서 서(西)녘 하늘을 둘러본다. 어느 천체 과학자가 밝힌 우주의 신비의 이야기이다. 6천 5백 광년(光年):(1광년은 초속(初速) 약 30만km의 파동(波動)이 1년 동안 갈 수 있는 거리) 밖에서 새로운 형체의 상황(狀況)이 포착(捕捉)됐다는 모(某) 뉴스채널(news channel)이 발표한 소식이다. 과연 그곳에 무엇이 존재할까? 인간은 작지만 그곳에서 생각하는 소리를 들을 때가 왔다. 마치 벼 포기 사이에서 그것들을 보고 들을 수 있었던 생각의 소리처럼 그렇게 들을 수 있으면 하고 기대를 한다. 생각하는 소리, 그것은 분명 보이지 않는 것에 대한 소망을 외치는 소리이다.

(월간 『조선문학』 2019년 11월호)

호병규

월간 『수필문학』 등단(1994), 한국문인협회, 국제PEN한국본부 회원, 한국장로문학회 고문. 제20회 수필문학상 수상(2010) 웅봉문학상. 화성시문화상(교육). 한국장로문학상. 수필집 : 『존재의 고향』 『고독의 비경』 『그 험한 영광 길』 외

김한호

비 오는 날의 행복

비 오는 날은 행복을 느끼기에 좋은 날이다. 비 내리는 경치를 바라보며 잠시 낭만에 젖어보는 것도 좋다. 차를 마시면서 계절에 따라 다르게 내리는 비를 감상하며 아름다운 정취를 즐겨보자. 행복은 평범한 삶 속에서 느끼는 작은 즐거움과 기쁨이니까 말이다.

나는 비 오는 날을 좋아한다. 비 오는 날에 좋은 일이 많았고, 비 오는 날이면 좋은 일이 생길 거라는 기대 때문인지 비가 오면 즐거워진다. 또한 비 내리는 날의 분위기를 즐길 수 있다는 것. 행복은 미래에 화려한 삶을 욕심내지 않고 현재 주어진 삶에 만족하며 사는 것이 아닐까?

우리가 그동안 당연하게 여겼던 것들. 예를 들면 숨 쉴 수 있는 맑은 공기, 따뜻한 햇볕, 아름다운 꽃과 자연, 편안한 집과 사랑스러운 가족, 다정한 친구들. 이 모든 것들이 평범하지만 확실한 행복인 것이다. 행복은 타인의 행복을 흉내내거나 비교하지 않고 나만의 행복을 찾는 길이다.

헬런 켈러는 『내가 사흘만 볼 수 있다면』이라는 글에서 '아름다운 꽃들과 빛나는 저녁노을', '새벽에 먼동이 떠오르는 모습', '밤하늘에 영롱하게 빛나는 별'을 보고 싶다고 했다. 헬런 켈러에게는 이루어질 수 없는 꿈이 우리에게는 매일 볼 수 있는 평범한 삶이다. 이처럼 내가 원하는 것을 갖기 위해 노력하는 것보다, 나에게 이미 주어져 있는 것, 내가 이미 이룬 것들을 소중하게 여기고 감사하는 마음에서 행복은 발견되는 것이다.

행복은 매 순간 경험하는 일상적인 것들을 만끽하고 음미하며 경이로워하는 습관에 의해 결정된다. 우리는 늘 당연하다고 여기는 일들을 기적처럼 놀라워하며 감탄하는 것. 식사를 하거나 차를 마시더라도 바쁘게 서둘러 해치우지 않고 맛을 음미하며 만족감을 느끼는 것. 아름다운 꽃이나 자연을 보며 감탄할 때, 평범한 일상의 삶 속에서 작은 즐거움과 만족이 바로 행복인 것이다.

인생은 어떠한 생각을 갖고 사느냐가 중요하다. 행복 또한 어떻게 생각하느냐에 따라 달라질 수 있다. 욕망을 충족하기 위해 치열한 경쟁을 하며 일중독에 빠져 하루하루를 열심히 살아가는 것만이 최상의 인생은 아닐 것이다. 미래에 더 큰 행복을 위해서 현재의 소소하지만 즐길 수 있는 순간을 포기하고 살아긴다면 미래의 삶도 번하지 않을 것이다. 왜냐하면 우리의 삶은 현재가 모여서 미래가 되기 때문이다.

아인슈타인은 "내가 아무것도 바라지 않기에 행복할 수 있다"고 했다. 성공에 대한 욕망이나 재물과 명예에 대한 집착을 갖지 않았기 때문에 행복했다는 것이다. 세계적인 과학자인 그는 부귀와 명성보다는 자기가 하는 일에 즐거움을 갖고 열정적으로 연구에 몰입했다. 그러면서 여유롭고 평온한 삶을 살며 행복하게 인생을 즐겼던 것이다.

행복은 언제나 마음속에 있는 것. 행복은 마음이 즐거운 상태이고, 일상의 삶에서 즐거움을 찾아가는 길이다. 그러므로 좋은 일이 생겼을 때 남에게 알려서 기쁨을 함께하는 사람이 행복한 사람이다. 그러나 즐거운 일이 생겼어도 표현하지 않고 웃기는 상황에서도 웃지 않는, 자신의 감정을 숨기는 사람은 행복하다고 볼 수 없다. 그렇기 때문에 행복은 내가 만들어가는 것이다.

비 오는 날에 밖에서 일을 하지 못한다고 불평하지 말자. 일을 하는 것보다 비가 내리는 것이 우리들의 삶을 더욱 풍요롭게 만든다. 비가 내리지 않는 사막에는 동식물이 제대로 살 수 없다. 더구나 기후변화로 비가 내리지 않아 토양이 메말라가고 농작물이 자라지 않아 굶어 죽는 사람들이 늘어나고 있다. 그러므로 단비가 내리는 날은 행복한 날이다.

올해는 비가 자주 내렸으면 좋겠다. 비가 내리면 가뭄도 해소되고, 미세먼지도 사라지고, 동식물도 잘 자라 풍요로운 세상이 될 테니까. 또한 비가 내리는 날은 나에게 좋은 일이 생길 수도 있고, 좋은 일이 생기면 내 주위 사람들도 즐거워할 테니까 말이다. 비 오는 날은 행복을 느끼기에 딱 좋은 날이다.

(『수필문학』 2019년 6월호)

김한호
『한국수필』(1994) 수필, 『문학춘추』(2001) 평론 등단, 문학박사
한국수필문학가협회 이사, 김소월문학회 부회장, 광주·전남문협 이사 등
『살아있는 것들을 사랑해야지』 외 8권, 세종문학상, 수필문학상, 전남문학상 등

서경희

서시(西施) 고모님을 찾아서

"부차야, 월왕 구천이 네 아비를 죽였다는 사실을 잊지 말아라."
　기원전 중국 춘추전국시대 오(吳)나라와 월(越)나라는 철천지원수지간이었다. 오나라 왕 합려가 절강성 싸움에서 맞은 화살로 최후를 맞으며 아들 부차에게 그렇게 부르짖었다. 왕위에 오른 부차는 아버지 원수를 갚기 위해 절치부심(切齒腐心)했다. 섶나무를 깔아놓고 그 위에서 잠을 자며(臥薪와신), 신하들이 드나들 때마다 아버지의 유언을 외치게 했다.
　"젖비린내 나는 아들놈이 아비의 복수를? 내가 본때를…"
　오나라 소식을 들은 월나라 왕 구천은 코웃음을 치며 신하들이 말려도 다시 오나라를 쳐들어갔다. 세상에서 가장 무서운 군대는 복수심에 불타는 군대, 불타는 오나라군은 월나라군을 단숨에 궤멸시켜 버렸다.
　"왕께서 스스로 볼모가 되어 그를 섬기십시오."
　오나라에 붙잡힌 구천은 신하 범려의 말 대로 납작 엎드렸다. 부차의 아버지 합려의 묘지기를 하며 치욕스러운 세월을 감당했다. 그래도 목숨은 살았으니 요즘 말로 치면 자신을 숨기고 참고 기다린다는 '도광양회(韜光養晦)'를 한 셈이다. 부차가 구천을 별 의심하지 않게 되자 범려는 다시 꾀를 냈다. 구천은 오나라에 영원한 신하가 되겠노라 맹세하며 월나라로 돌아가게 해달라고 빌었다. 한편 오나라에서는 갑론을박이 벌어졌다. 매파인 오자서는 구천을 죽여 월나라 명맥을 끊자고 하고, 재상

백비는 항복을 받아들여 화해를 해야 사방의 군웅들도 잠재울 수 있다고 했다. 백비가 비둘기파가 된 데는 이미 치밀하게 계획된 월나라의 뇌물이 있었기 때문이다. 안타깝게도 오왕 부차는 백비의 말을 따랐다.

속국으로 살겠다고 거짓 약속하고 월나라로 돌아온 구천은 칼을 갈았다. 항상 곁에 짐승 쓸개를 놓아두고 그 쓴 맛을 핥으며(嘗膽) 복수의 칼을 갈았다. 어떤 목적을 위하여 괴로움을 참고 견딘다는 '와신상담(臥薪嘗膽)'이라는 말은 여기서 나왔다. 와신과 상담을 한 오와 월은 원수이면서도 필요에 따라 뭉친 일도 있었으니, '오월동주(吳越同舟)'라는 말도 낳았.

구천이 쓸개를 핥으며 울음을 삼키고 있을 때 신하 범려가 또 꾀를 냈다. 미인계다. 미인을 무기로 오나라 부차를 한번 요리해보자. 드디어 월나라는 전국에 미인 선발령을 내렸다. 전국대회에서 뽑힌 사람이 저 유명한 서시(西施)다. 흔히 고대중국 4대 미인을 서시·왕소군·초선·양귀비라 하는데, 그 중에서도 서시가 가장 오래된 미인이라 신비롭기가 그지없다. 서시는 월나라 저라산 출신으로 본명이 시이광(施夷光)이라 한다. 아버지는 나무꾼이고 어머니는 빨래 일을 해 어머니를 따라 물가에서 자주 빨래를 했다 한다. 그때 물고기들이 서시의 예쁜 얼굴에 넋을 잃고 바닥에 가라앉았다고 해 서시를 '침어(沈漁)'라고도 한다.

전국미인대회에서 뽑힌 서시는 철저하게 훈련을 받고 적국 오나라에 파견되었다. 오왕에 접근한 서시는 훈련된 매력을 바탕으로 부차의 판단을 무너뜨리기 시작했다. 이때도 충신 오자서가 "구천이 은혜를 잊고 군사를 기르고 있다."고 충고했지만 부차는 모른 척했다. 터무니없이 천하패권 쟁탈에 마음이 가 있었다.

백제 마지막 의자왕에게 충신 흥수와 성충이 간언했듯, 오자서가 계속 간언을 하자 화가 난 부차는 오자서를 죽여 버렸다. "내 눈을 동문에 걸어 내 눈으로 오나라가 월나라에 망하는 꼴을 보겠다."고 한 오자서의 확언대로, 월나라 구천은 12년 세월을 벼린 후 오나라를 침략했다.

신라 경애왕이 포석정에서 놀고 있을 때 견훤의 침략을 받은 것처럼, 이때 부차는 여러 제후국들 앞에서 자신이 패자가 되는 의식을 거행하고 있었다고 한다. 결국 7년 전쟁 끝에 부차는 구천 앞에 무릎을 꿇었다. 구천이 옛 빚을 생각해 목숨은 살려주었으나, 부차는 스스로 숨을 끊었다.

서시는 어떻게 되었을까? 오왕 부차에게 일부러 접근했지만 그를 사랑하게 되어 따라 죽었다는 설이 있고, 월나라 범려와 사실상의 연인관계라 범려와 함께 도망가 행복한 여생을 누렸다는 설이 있다. 믿거나 말거나 지어서 내려오는 이야기일 것이니 『사기(史記)』에는 기록이 없다.

나는 지금 중국 최고(最古)이자 최고(最高)의 미인인 서시의 땅 항주를 찾아 일행과 함께 버스길을 달리고 있다. 울창한 빌딩들의 도시 상해를 떠나 그윽한 옛 부자들의 도시 난쉰(南潯)을 구경하고 다시 항주행 버스길에 오른 것이다. 길가에 끝도 없이 피어난 붉은 유도화가 무척 고혹적이다. 저 강렬한 아름다움 속에 하필 독이 들어있어 옛날 사약을 만드는데 쓰였다고 하지. 지금도 벌레들이 저 아름다운 꽃을 보고 날아들지 못한다니, 아름다움의 표리부동이여! 어쨌든 가로수로는 만점이다.

고혹적인 꽃길을 달리며 차내 흥겨움이 출렁거릴 무렵, 마이크 잡은 오성건 선생님이 해주오씨 가문 자랑을 했다. 오바마, 오프라윈프리, 오드리헵번도 해주오씨라고. 까르르 숨이 넘어가는 통에 갑자기 내 몸이 찌르르했다. 아니, 그러면 미인 서시도 나와 같은 서문중(徐門中)이 아닌가? 나의 항변에 일행 모두가 만장일치로 서시를 나의 고모님이라 인정해주었다. 그렇지요 고모님, 고모님이라 부를게요.

서시 고모님, 옛 월나라 땅인 항주(杭州)에 왔어요. 10여 년 전과는 비교가 안 될 정도로 우뚝우뚝 건물들이 솟았네요. 길거리도 깨끗하고 풍경이 아름다워요. 인구도 서울에 거의 육박해가니 역시 고모님의 나라는 커요. 이제 우리는 항주의 자랑 서호에 배 띄우고 아득히 2천여 년 너머로 흘러가렵니다.

고모님의 고향이라는 사오싱시에는 가지 않지만, 거기에 서시마을이 있고, 매년 기념축제도 열린다고 해요. 역시 고모님은 대단해요. 월나라를 구했잖아요. 사진으로 본 서시사당에 있는 고모님 석상의 모습은 젊은 날의 황신혜 배우 같아요. 황신혜는 한때 우리나라 최고의 미인이었답니다. 미인은 얼굴도 예쁘지만, 마음도 예뻐야 한다지요. 그러니 사람들이 미인을 좋아하지 않을 수 있겠어요?

고모님, 고모님 때문에 여기 또 와야겠어요. 또 올게요. 그때까지 안녕히 계십시오.

(『수필문학』 2019년 7월호)

서경희
월간 『수필문학』 등단(1996) 제15회 수필문학상 수상(2005)
한국문인협회 회원, 한국수필문학가협회 이사
문협 평생교육원 수필창작과 강사
수필집 : 『장미와 안개꽃』, 『비밀번호』, 『코리안 디자인』

이웅재

어떤 여배우의 얼굴

　암만 보아도 예쁜 구석이 없었다. 「최고의 치킨」이라는 드라마 제목에 어울리는 여배우라고는 보이지가 않았다. '최고의'라는 제목을 달았으면, 거기에 등장하는 배우도 내 생각으로는 '최고의' 수준이라야 걸맞을 것 같은데, 이건 어째 멋진 제목에서 받는 느낌을 반감시켜주는 캐스팅이 아닌가 하는 생각이 불쑥 드는 것이었다. 남배우는 그런대로 괜찮다 싶은 마음이 들었지만, 여배우는 징밀 아니었다. 해서 채널을 다른 곳으로 돌려볼까도 해 보았는데, 리모컨이 말을 듣지 않았다. 이상해서 리모컨을 들고 있는 오른손을 쳐다보았다. 그런데 나는 리모컨을 건드리지도 않고 있었다.
　이해가 안 간다. '별로'라고 하면서 왜 다른 채널로 바꾸지를 않은 것일까? 채널을 바꾸지 않았으니, 「최고의 치킨」은 계속 방영되고 있었다. 해서 할 수 없이 그 여배우의 얼굴을 다시 대하게 되었다. 얼굴은 하앴다. 그리고 깨끗했다. 순수(純粹)하다고나 할까? 아니다. 순수하다는 것은 잡것이 섞이지 아니하였다는 의미이고 보면, 언제고 그 순수함은 다른 모습으로 변할 수도 있는 것이 아니던가? 그래서 은근히 걱정이 되었다. 아무것도 섞이지 않은 '순수'함이 앞으로 어떠한 모습으로 바뀌어 갈 수 있을까를 생각하게 되니, 조바심이 나기 시작했다. 저 여배우의 표정에는 어떤 잡것도 침범해서는 안 되겠다는 생각이 나도 모르는 사이에 내 마음속에 굳게 자리를 잡기 시작한 모양이었다. '순수'하다는 것을 그만큼 위험이 뒤따르는 상황이라는 생각이 나도 모르는 사이에 내 생각의 틈을 비집고 들어서고 있었다.

그리고 보니 순수하다기보다는, '순진(純眞)'하다고 표현하는 것이 옳지 않을까 싶었다. '꾸밈이 없고 순박함', 또는 '세상 물정에 어두워 어수룩함'을 의미하는 말이 '순진'이었다. '어수룩함'이 마음에 걸리기는 하였지만, 어떤 측면으로는 강인한 면도 함께 가지고 있는 듯이 보이기도 하여, 앞으로 그 미의 모습이 어떻게 변하여 갈지, 또 그에 따라서 드라마에서는 어떤 반전이 이루어질지가 궁금해지기 시작했다.

그렇게 여겨서일까? 그 여배우의 모습이 차츰 어떤 미묘한 흡인력을 가지고 다가오기 시작하고 있었다. 무심한 듯 전방을 응시하는 모습은 얼핏 표정이 없었다. 그런데 그 표정이 없어 보이는 얼굴이, 묘하게 보고 있는 사람을 자신도 모르는 사이에 끌려 들어가게 만들고 있었다.

아주 긴 머리도, 그렇다고 짧은 단발도 아닌 머리가 양쪽으로 흘러내려 적당하게 얼굴을 감싸고 있었는데, 언뜻언뜻 보이는 모습에서는 그 흔해 빠진 귀걸이도 하고 있지 않은 것 같았다. 그래서 더욱 수수하게 보였다. 어쩌다 웃는 모습에는 요란스러움이 없었다. 눈이 웃음을 머금고 있었고, 약간은 서로 가깝게 붙어있는 것처럼 보이는 두 콧구멍의 거리가 조금은 벌어지지 않았나 싶을 정도에, 위쪽의 가지런한 이가 충분히 드러나 보일 정도였다.

무언가 난감해 하면서 고개를 약간 뒤쪽으로 젖히고 눈은 반쯤 감아버리는 때에는 조금 시원스럽게 보일 정도의 긴 목이, 계속 그 모습을 보고 싶으니 고개를 정면으로 되돌리지 말아 달라고 말하고픈 마음까지 들게 했다.

먹고 싶은 것도 참아가면서 다이어트를 하여 비쩍 마른 모습을 자랑스럽게 내보이며 의기양양해 하는 젊은이들하고는 다른, 약간은 복스럽게 보이기까지 하는 얼굴 전체의 생김새도 마음에 들기 시작했고, 아, 그 잡티 하나 느껴지지 않는 전체 얼굴의 윤곽도 마음에 꼭 들었다. 한때는 얼굴 한쪽에 '나, 여기 있소!' 하고 스스로를 강조해주고 있어 '매력 포인트'라고들 수군거리게 만들던 적당한 크기의 까만 점 하나도 찾아볼 수가 없는 순수함이 은근히 마음을 끌어당기고 있었다.

좀더 그미가 가깝게 다가왔을 때는 무엇엔가 한껏 놀라는 표정을 띠었을 때였다. 평범했던 모습이, 순간적으로 새로운 상황에 대처할 방법을 찾지 못한 듯 당황스러운 모습을 보이기도 하는가 하면, 다른 한쪽으로는 새로운 상황을 맞이하면서 드러내 보이는 약간은 당돌하다 싶을 정도의 다짐도 느껴지는 표정이어서, 평소에는 볼 수 없었던 신선함이 느껴지는 것이었다. 그런가 하면 유난히 동그랗게 보이는 두 눈동자가 더욱 두드러져 보이면서, 약간은 벌어진 붉은 입술을 적당한 크기로 벌리어서, 자연적으로 보여지는 가지런한 치아와 조화를 이루고 있었다. 아, 그래, 그 순간에는 '거짓이나 꾸밈이 없이 순수하며 인정이 두텁다'는 사전적 의미의 '순박(醇朴)'함을 보여주고 있었다.

사람들은 놀라면 눈동자를 동그랗게 확장시킨다. 왜 그럴까? 놀랐을 때 작용하는 신체적 반응은 자율신경계의 '교감신경(交感神經)'이 담당을 하는데, 이 자율신경계는 '자율(自律)'이라는 말이 의미하듯 외부의 자극에 대하여 무의식적으로 작용을 한다고 하며, 흥분이나 긴장을 했을 때에는 바로 그 교감신경이 작용을 하여 심장 박동을 촉진시킴과 더불어 동공(瞳孔)을 확대시킨다고 한다. 놀란다는 것은 예상치 못했던 상황에 부딪혔다는 뜻이니만큼 빠른 시간 내에 보다 많은 정보를 알아야 하겠다는 반사작용으로 보다 눈을 크게 뜨는 것은 아닐까 싶은데, 호기심을 자극하거나 흥분시키는 대상을 볼 때에도 커진다고 한다. 그런 까닭으로 사람들은 눈동자가 큰 사람들에게 보다 호감을 가지며 매력을 느낀다고 한다.

앞으로도 「최고의 치킨」의 여주인공은 좀더 놀라는 표정을 많이 보여 주었으면 싶다. 그것은 극 자체에 놀라울 정도의 반전(反轉)이 많아진다는 의미가 되기도 할 터이니, 내용도 그만큼 재미가 넘쳐흐르게 될 수 있겠기에 말이다. 그래서 「최고의 치킨」의 시청률도 올라가고 여주인공의 주가도 따라서 뛰게 되기를 기대해 본다.

두 가지만 덧붙인다. 나는 아직도 그 여배우의 이름을 모른다. 그리고 '덩달이'를 하나 덧붙인다면 상대역의 남주인공의 주가도 덕분에 만족스러워지지 않을까 싶다.

(『문예운동』 2019. 가을호)

이웅재
월간 『수필문학』 등단(1998) 전 동원대 교수
한국문인협회, 국제PEN한국본부 회원, 한국수필문학가협회 부회장
수필집 『지리산 유혹』, 『믿음직한 남편 되기』 외 다수

최원현

그리움의 맛

아침부터 눈발이 날린다. 겨울 날씨란 이래서 종잡을 수가 없다. 날리는 눈발을 맞다보니 뜬금없이 떠오르는 것이 있다. 딱 이럴 때 먹으면 좋은 것, 어쩌면 그리움의 먹을거리다. 그러고 보니 마침 오늘은 그곳으로 간다. 아 보인다. 벌써 입맛부터 다셔진다. 아직 시작도 안 했지만 이내 그의 손에선 수많은 붕어들이 올라올 것이다.

어김없이 그는 원형의 틀을 열심히 돌리며 기름을 치며 닦고 있었다. 오늘은 영하 10도에 체감온도는 더 떨어진다니 그의 손이 더 바빠질 것 같다. 언제나 같은 황토색 털모자에 회색 귀마개를 하고 나와 하루 장사를 준비하고 있었다. 내가 강의를 마치고 나올 때쯤이면 사람들이 줄을 서 있거나 빵틀에서 연신 붕어들이 올라와 사열하듯 정렬해 있을 것이다.

일주일에 한 번씩 그와 만난다. 오고가는 길에서 보는 것이니 두 번이라는 것이 정확할 것 같다. 그는 내가 좋아하는 붕어빵 장수다. 1천 원에 다섯 마리, 다섯 마리에 천원인 붕어빵을 찍어낸다. 찍어낸다는 것은 똑같은 모양의 붕어를 마구 생산해 낸다는 내 나름의 표현이지만 그의 쉴 새 없이 움직이는 규칙적인 행동을 보면서 어린 날 국화빵틀 앞에서 침을 삼키며 기다리던 그 순간으로 돌아간 착각을 하는 지도 모른다.

아저씨의 손을 거친 붕어빵은 참으로 맛이 있다. 노릇노릇 적당히 탄 것 같은 붕어에서 김이 모락모락 올라오는 것을 호호 불며 입에 베물면 깜짝 놀랄 뜨거움에 입이 얼얼하다가도 달큰한 단팥 맛이 혀끝을 자극하면 그 뜨거움도 잊은 채 목안으로 끌어들이곤 한다.

수업이 끝나 전철로 향하면서 또 발걸음을 멈추고 만다. 금방 점심을 먹고 차도 마신 뒤이건만 그냥 지나칠 수 없는 유혹에 나는 또 지고 만다. 돈 통에 천 원짜리 지폐를 넣고 봉투를 펼쳐 집게로 붕어를 담으면서 오늘은 궁금증을 연다.

"아저씨는 여기서 얼마나 하신 거예요?" 내 생뚱맞은 질문에 그는 내게 눈도 돌리지 않고 "20년이요" 한다. 20년, 그러면서 올해 자신의 나이가 일흔이라고도 붙인다. 전혀 그만큼 되어 보이지 않는다. 잘 해야 60쯤으로 봤는데 그렇다면 쉰 살부터 일흔이 되기까지 20년을 이 자리에서 붕어빵을 구웠다는 얘기다. 하루에 못 팔아야 1,500마리라고 했다. 대단하다. 6월부터 9월까지만 안 한다는데 1년에 여덟 달을 하루에 1,500마리씩 붕어빵을 구웠다면 단순 계산으로도 1년이면 36만 마리다. 그걸 20년이니 720만개, 칠백이십만 마리를 구워낸 셈이다.

한 가지 일을 3년만 쉼 없이 해도 웬만하면 전문가가 된다고 하는데 이 분은 가히 이 분야에 일가를 이룬 분, 대가, 고수, 장인 어떤 이름이 어울릴까.

가만히 그의 손동작을 훔쳐본다. 한 바퀴 돌려 틀을 열고 붕어를 꺼내 진열대 위에 올려 놓은 후 그 자리에 기름칠을 하고 밀가루 반죽을 붓고 거기에 단팥을 넣은 후 다시 밀반죽을 부은 후 뚜껑을 덮어 뒤로 한 칸 이동하면 끝이었다. 당기고, 열고, 붓고, 닫고 밀기를 아주 리드미컬하게 해내고 있었다. 단순해 보이는 동작 같지만 박자와 시간이 노련함 아니 숙련도에 오랫동안 해온 일에 대한 자신감의 여유로움으로도 나타나고 있었다.

내가 이런 붕어빵을 언제 처음으로 먹게 되었는지는 잘 모르겠다. 어린 날엔 국화빵을 풀빵이라 불렀었다. 입에 쏙 들어가는 크기의 빵 하나를 손에 들었을 때의 감촉 그리고 그 뜨거운 듯한 따스함에서 전해지던 맛에 대한 기대감, 그걸 입에 넣고 한 입 베어 물었을 때의 황홀한 맛의 느낌, 그게 풀빵의 맛이었다. 그런 풀빵의 시대가 지나고 조금 더 큰 모양의 둥근 빵으로 나왔고 그게 언제부턴가 붕어 모양의 빵이 되었지만 왜 하필 붕어 모양이 되었는가도 궁금한 것 중 하나다. 이내 붕어보다 큰 잉어빵이 나왔고 황금빛으로 잘 구워진 그걸 황금 잉어빵이라고도 했는데 한 겨울 추운 손을 호호 불며 내리는 눈발을 바라보면서 빵을 먹는 맛은 결코 맛보지 않은 사람은 알 수 없는 맛이 아닐까 싶다.

석촌 호수 근처의 짜장면 집에서 밀가루 반죽을 치대는 모습을 넋을 잃고 바라본 적이 있다. 밖으로 트인 유리창으로 보이는 그의 동작, 때리고 늘이고 합치고 늘이다 뽑아내는 동작은 가히 예술이었다. 그의 손가락 끝에서는 가늘고 긴 국수 가락이 빗살처럼 갈라져 나왔다. 얼마나 힘이 들랴만 보기에는 전혀 힘들어 보이지 않는 그의 공연(?)을 바라보며 그 섬세함에 노련함에 정밀함에 찬탄을 금치 못했다.

그는 또 얼마나 오랫동안 저 일을 했을까. 얼마나 노력을 해서 저만큼의 고수가 되었을까. 자기 하는 일에 최선을 다하다 보면 다 저만큼의 고수는 되는 걸까. 많이 해본다고 다 잘 하는 것은 아닐 것이다. 열심히 한다고 다 저만큼 해내는 것은 아닐 것이다. 세상에는 수없이 많은 일들이 있지만 어떤 일은 힘겨워 보여도 아름답고 어떤 일은 쉬워 보여도 아름답다.

내 삶을 돌아본다. 내 해온 일들도 돌아본다. 하지만 어느 것 하나도 내놓을 만한 것이 없다. 이것만은 누구도 따를 수 없을 것이라고 장담할 만한 것도 없다. 칠십년의 삶인데 나는 아무런 고수도 못 되었다. 왜일까. 무엇 때문일까. 그렇다고 남들 일할 때 논적도 없고 남들보다 해찰한 적도 없다.

글쓰기만 해도 그렇다. 삼십 년을 넘게 수필을 쓴다 했지만 여전히 산 중턱에서 헤매고 있다. 그러고 보면 내 열심보다 재능의 문제일까. 하지만 다시 생각해 보면 똑같이 출발은 해도 우승자는 하나인 운동경기처럼 삶도 글쓰기도 다 그렇지 않을까 싶다. 그 일등이 세상을 움직이기보다 그렇지 못한 대다수가 오히려 세상의 중심을 이루는 것이 삶이 아닌가.

그렇게 스스로 위로를 해 봐도 아쉬움은 있다. 혹 내가 모르지만 붕어빵을 구워내는 저 아저씨의 자신감 넘치는 동작이나 짜장면 가락을 뽑던 고수의 황홀할 만한 손놀림처럼 내 삶에도 그런 황금기나 나만의 자랑스러움이 있는 것은 아닐까. 아니다. 내겐 아무런 뛰어남도 특별함도 없는 평범함이 더 어울릴지 모른다. 앞에 나서기보다 뒤에서 힘을 보태며 응원하는 것, 그게 내겐 맞다. 그러고 보면 붕어빵 아저씨나 짜장면 고수를 부러워만 하는 자체도 나쁠 건 없겠다. 세상은 그렇게 균형과 조화를 이루기도 할 테니까.

그럼에도 내게 무언가 꼭 있을 것 같은 아니 있어야 할 것 같은 아쉬움이 남는 건 무슨 심사일까. 봉투 속에서 아직도 모락모락 김이 나고 있는 붕어빵에 가만히 손을 대본다. 그 따스함이 어서 먹어봐 하는 것 같다. 50년 전 오늘같이 눈이 내리던 날 먹던 맛과 지금의 맛은 무엇이 다를까. 어쨌든 고수의 맛을 빨리 맛보고 싶다. 예나 지금이나 다름없는 그리움의 맛일 게다.

(『에세이문학』 2019. 겨울호)

최원현

『한국수필』로 수필, 『조선문학』으로 문학평론 등단. 한국수필창작문예원장·한국수필가협회 사무처장. 월간 『한국수필』 주간. 한국문인협회 부이사장·국제펜한국본부 이사. 한국수필문학상·동포문학상대상·현대수필문학상·구름카페문학상 외 다수. 수필집 『날마다 좋은 날』『그냥』『누름돌』 등 다수.

문희봉

여백에 그리는 그림

　기대와 희망으로 가득찬 새해 첫머리다. 청청한 소나무들의 가지가 설화를 안고 휘휘 늘어졌다. 꽃잎보다 가벼운 눈송이들이 한데 모여 꼿꼿한 나무의 등걸을 부드러이 길들인다. 남을 감화시키는 슬기는 이 눈만이 가진 속성이다. 기암괴석의 암벽지대를 목화밭의 평화로 바꾸어 놓았다. 구름 위에 솟은 산마루도 인자한 노옹(老翁)의 웃음을 짓고 있다. 거기에 흑돼지 한 마리 자리 굳게 지키며 방문객을 맞이한다.
　나도 눈발 속에 서 있는 한 그루 푸른 소나무처럼 가슴속에 그려지는 한 장의 수채화를 신기한 듯 바라보고 있다. 세상의 온갖 잡다한 것들 모두 지워버리고 의연한 모습으로 서 있는 백색 세상을 바라보고 있다. 나는 여기에 새해 구상을 적고 그리기만 하면 된다.
　강도 어젯밤부터 순백의 눈을 제 몸으로 직접 받아들이려고 강의 가장자리부터 살얼음을 깔기 시작했다. 눈 내린 하늘이 헝클어진 세상을 정리하고 있다. 정말 깨끗한 세상이다. 이 계절에서만 느낄 수 있는 감흥이다.
　차고 맑은 호수처럼 미련 없이 잎을 버린 깨끗한 겨울나무의 베풂을 본다. 11월부터 가지 끝에 누드 차림으로 매달려 까치들을 맞기 위한 살신성인도 본다. 가지마다 안고 있는 상고대가 새해를 더욱 빛나게 장식한다.

12월이 뉘우치고 돌아가는 탕자(蕩子)의 계절이라면 1월은 다시 시작하는 환희로 기쁨을 주는 계절이다. 소복 단장한 북한산이 고향처럼 포근하고, 희끗희끗 잔설을 이고 선 소나무들은 어르신의 자태처럼 근엄하게 보여 갑자기 옷깃을 여미게 한다.

송죽은 백설 속에서 더욱 푸르다 했던가. 송죽과 백설의 협치가 만들어내는 조화된 화음이 아닐까 생각한다. 그 순수한 사상을 내 몸에 주입하고 싶다.

눈이 쌓일수록 가지고 있던 많은 것을 송두리째 버리는 숲을 보고 깨달음이 없다면 그는 발전 가능성이 약한 사람이다. 자기를 버리고 받아들일 줄 아는 지혜, 연잎이 적당량의 빗물을 받아 놓았다가 일정량 이상이 되면 미련 없이 비워버리는 것처럼 그 지혜를 배울 일이다. 그 지혜가 나를 살지게 할 것이니까.

서울 시내가 흰 눈에 덮여 바다가 낳은 하얀 달걀처럼 보이는 오늘이다. 돈은 바닷물과 같아서 마시면 마실수록 목이 마르다 했다. 새해 첫 달에 마음을 깨끗하게 비울 일이다. 욕심껏 호주머니 채워 놓으면 일 년 열두 달이 정말 힘든다. 가지마다 눈꽃이 축복처럼 피어나는 세상을 바라보며 하얗게 하얗게 잠이 든 고요를 마음 가득 채워 넣는다면 앞길은 탄탄할 수밖에 없다.

새해에 내가 할 일은 순백의 여백에 내가 생각하는 그림을 아름답게 그려 넣는 일이다.

(『수필문학』 2019년 1,2월호)

문희봉
1989년 월간 『에세이』 등단 / 한국문인협회 회원 / 한국수필문학가협회 이사 / 대전문인협회 회장 / 수필집 :『작은 기쁨 큰 행복』/ 외 다수 /
수상 : 소운문학상 /대전광역시문화상(문학) 외 다수

김학인

폭설과 동전협상

눈이 부시다. 눈송이가 빛을 안고 땅을 찾는다. 하늘의 그리움을 담고 살포시 내려앉는 눈을 나뭇가지는 멋없이 뻗은 채 받기 민망하여 고개를 숙인다. 꽃잎이듯, 은가루이듯 흩뿌리던 눈발이 바람을 세우고 사락사락 쌓이기 시작한다. 지면이 늘 비에 젖어 있기 일쑤인 시애틀의 겨울. 눈이 온다고 해도 쌓이기 전에 질척한 길에 몸을 풀고 모른 채 하기 예사인데.

눈은 작심한 듯 소리 없이 밤을 새워 길을 덮고, 지붕을 하얗게 높인다. 소나무 꼭대기까지 용감하게 흰옷을 입힌다. 모처럼의 이 아름답고 신비한 하늘의 선물에 사람들은 탄성을 연발하며 행복한 미소를 나눈다. 적설량 6내지 8인치라는 폭설주의보에 발 빠른 주부들은 식품점의 진열장을 비워가며 필요한 먹거리로 냉장고를 채운다. 공중에서 열린 화려한 백설의 무도회 한 복판에서 가로등의 조명은 한껏 효과를 돋운다.

눈 창고를 활짝 열어젖힌 하늘을 우러르면 어지럽던 생각이 멎고 마음이 청결해진다. 티 없이 맑고 깨끗한 눈, 비로소 순수라는 단어가 제 몫을 찾는다. 평온해지는 마음, 넉넉해지는 생각. 평화는 역시 하늘에서 내려와야 참인 것을. 환한 새벽, 막다른 골목의 나직이 엎드린 여덟 채의 집은 눈부신 설경에 묻혀 깊이 잠든 동화나라인 양 고즈넉하다.

처음 미국에 와서 짐을 푼 시카고는 바람과 눈으로 유명한 도시다.

눈이 내리기 시작하면 며칠씩 계속되어 온 동네가 눈에 뒤덮였던 기억이 새롭다. 대로에는 차의 미끄럼 방지를 위해 소금을 뿌린다. 눈 녹은 찻길에는 새 차, 헌 차 할 것 없이 소금기 대문에 얼룩진 몸통으로 거리를 질주하는 자동차들. 방금 출시한 명품차가 흙탕물을 뒤집어쓴다 해도 하늘을 탓하기엔 눈이 티 없이 깨끗한 걸 어쩌랴. 한국처럼 긴 겨울방학이 없는 학교에는 동계 학사 일정에 '눈 휴일(Snow days)'을 아예 잡아둔다.

오래전, 그해는 20년 만의 폭설이라 했다. 적설량 1미터가 넘는 곳도 있다는 기상 캐스터의 흥분한 음성이 경각심을 일깨웠다. 우리가 살던 위네막 동네 길은 동서로 길게 뻗었고 도로 양편에 아파트가 이어져 차가 왕복으로 다니기에 충분했다. 아침에 창밖을 내다보니 인도 옆에 나란히 세워둔 차들은 빨간색 검은색의 지붕만 동그마니 드러내고 있었다. 오후에 약속이 있는 나는 불안했다. 기온이 오른 탓도 있겠지만 제설차가 한 번 지나간 듯 자동차 한 대가 간신히 지나갈 정도의 길이 뚫렸다. 막내가 운전을 자청하고 나섰다. 차의 눈을 쓸어내고 어렵사리 그 외길에 들어섰는데 난감한 상황이 벌어졌다. 반대편 초입에서 자동차 한 대가 우리 쪽으로 오는 것이 보였다. 뒤로 물러가기엔 너무 멀리 왔고, 그렇다고 옆으로 비켜설 수도 없다. 눈 벽에 부딪치게 되는 것이다. 상대방도 비슷한 생각이었는지 계속 천천히 다가온다. 어쩌면 좋담! 나는 운전자의 옆얼굴을 힐끗 쳐다본다. 아들은 그 특유의 미소 띤 얼굴로 말없이 운전대를 잡고 천천히 앞으로 나가면서 내 염려를 의식했는지 한마디 한다.

"어머니, 걱정 마세요. 그냥 차 안에서 구경만 하세요."

마침내 두 대의 차가 외길에서 코를 맞대고 멎었다. 아들이 밖으로 나갔고 상대편에서도 한 젊은이가 차에서 나왔다. 열아홉 살 막내보다 서너 살 더 먹어 보이는 키 큰 백인 청년이다. 어떤 해결책이 나오려나.

나는 걱정 반, 호기심 반이다. 두 사람은 '하이!' 하며 웃는 표정으로 서로 인사를 나눈다. 아들이 제안한다.

"우리 동전 던지기로 순서를 정할까요? (Should we flip a coin?)"

"그렇게 하죠.(Sure.)"

둘은 각기 25센트짜리 동전을 찾아 꺼내들고 공중에 높이 던졌다가 손바닥으로 탁! 받는다. 주먹을 펴보고 동전의 얼굴로 누구에게 우선권이 있는가를 정하는, 이를테면 '가위, 바위, 보'인 셈이다. 먼저 가게 된 아들은 "미안해요.(Sorry!)" 한다. 우리는 승자답게 어깨를 펴고 전진했고, 청년은 연신 뒤를 보며 가끔씩 눈 벽에 부딪히면서 큰길까지 밀려갔다. 갈림길에서 두 사람이 손을 흔드는 모습에선 어느 쪽도 기분 상한 표정이란 찾을 수 없었다.

한국 같으면 이런 경우 어떻게 되었을까? 당연히 연장자에게 양보하겠지. 그럼 같은 연배라면? 아들이 재빨리 대답한다. '목소리 큰 사람.' 나는 피식 웃었지만 아니라곤 못했다. 여섯 살에 미국 온 아이가 그걸 어떻게 알았지? 우리도 어떤 경우에나 유머를 잃지 않는 여유를 가지고 살 수 있기를 바라면서 눈더미를 본다.

오후의 햇살 한 자락이 눈 위에서 반짝, 윙크로 동의한다.

(『시애틀문학』 2019년 제12집)

김학인
월간 『수필문학』 등단. 제21회 수필문학상 수상(2011)
한국문인협회 워싱턴주(시애틀) 지부 창립 회장, 시애틀 형제실버대학 학장 역임
수필집 : 『비 그리고 맑음』, 『시애틀 환상곡』, 『내 마음의 벤치』

김 원

우리는 노마드였나

아침 햇볕이 창으로 새어들어 오면 나는 헤르만 헤세의 「방랑」에 나오는 글이 생각난다. 그는 어느 날 꿈에 '고향을 갖고 정원이 딸린 아담한 집에서 정적에 싸여 아침에 정원 일을 하고 마을 사람들과 어울려 살고 싶으며 동쪽에 침대를, 남쪽에 책상을 두고 독서를 하고 싶다'고 했다. 얼마나 고향이 그리우면 그런 꿈을 꾸었을까. 하지만 우리는 이런저런 이유로 그 꿈을 쉽게 이룰 수 없다. 나는 평생을 객지에 돌아다니다가 팔십 중반에 고향의 옛집에 돌아와 정원을 갖고 남향에 침대를 두고 동쪽에 서재를 꾸며 책을 읽고 글을 쓰고 있으니 헤세를 부러워할 처지는 아니다.

잠시 행복해지려면 술에 취하면 되고, 한두 해 행복해지려면 사랑에 빠져 보면 되며, 평생을 행복해지려면 정원을 가꾸어 보라는 말이 있다. 그래서 그런지 헤세는 거주지를 옮길 때마다 정원을 가꾸며 사색을 하고 그림을 그리며 멋진 삶을 살았으니 누구보다도 평생이 행복했을 것이다. 그가 남긴 「정원일의 즐거움」에 보면 자연을 내 것으로 만들기 위해 자기 생각대로 정원을 꾸며보는 기쁨을 즐겼다고 한다. 그렇지만 이미 가꾸어 놓은 남의 정원을 즐기기보다 자기 것을 가꾸어서 완성되는 모습을 보는 게 정원일의 기쁨인지도 모른다.

사실 꽃을 이리 옮겨 보고, 저기로 옮겨 보며 느끼는 기쁨은 정원을 가져보지 않고는 모른다. 과일 나무를 심어서 열매를 맺는 걸 보는 것은 먹는 것 이상으로 기쁘다. 작년에 심었던 살구나무가 움을 트지 않고 죽어 버려 여간 속이 상하지 않았다가 올해 새로 심은 살구나무에서 꽃을 피우고 잎이 실하게 내미니 내 마음의 기쁨이 우주를 갖은 것 같다.

작은 꽃밭 몇 평 안 되는 맨땅을 갖가지 색채의 물결로 넘치는 정원을 만들어 놓고 보면 천국처럼 다가온다. 자연을 있는 그대로 보고 즐기기보다 헤세처럼 약간의 내 뜻대로 심어 놓고 보면 변화하는 자연의 새로운 모습에서 소박한 기쁨을 갖게 되니 자연에 고마움을 갖지 않을 수 없겠다.

나도 서재와 마주보는 자리에 어려서부터 보아왔던 정원 일의 기쁨을 즐기고 있지만 내 경험으로는 약간의 자유마저도 통하지 않을 때가 있다. 자연(自然)의 뜻을 해석해 보면 스스로 자(自), 그대로 연(然)이다. 누구의 도움도 받지 않고 있는 그대로가 더 아름다울 수가 있다. 인간의 의지를 넘어 그대로가 더 좋다. 일년생 화초들은 인공적인 색채를 가미해 아름다움을 뽐내지만 그해 봄에서 여름뿐이고 서리가 오면 추한 모습을 내고 쓰러지고 만다. 이듬해 그 자리가 휑하다. 그러나 야생화들은 피고 지는 꽃이라 매년 볼 수가 있어 좋다.

내가 한때 서울 근교 전원주택에 살 적에 야생화에 미쳐 어지간히도 많이 수집을 했었다. 그 놈들 가운데 좋아하는 몇 종류를 고향집 정원에 옮겨 놓고 약간의 자유를 사용해 내 뜻대로 '이놈은 여기, 저놈은 저기' 하는 식으로 정연하게 군락을 이루어 배치를 했었다. 보기가 좋았다. 아침에 일어나 물을 주고 가꾸며 정원의 즐거움을 만끽했다.

그리고 몇 해가 지났다. 어느 해 보니 그 중 몇 놈들은 내가 만들어 놓은 곳에서 탈출해 옆 군락지에 가 있는가 하면 옆 밭의 놈들이 딴 곳에 자리를 차고 앉아 있는 게 아닌가. 애기기린초, 초롱꽃, 자주달개비, 꿀풀, 벌호랑, 여름 구절초가 거의 제자리를 떠나가 있다. 내가 만들어

준 보금자리를 마다하고 살던 곳을 버리고 다른 곳에 자리를 잡았으니 나로선 약간의 배신감 같은 느낌이 와서 그냥 둘 수가 없었다. 내 의지와는 다르다는 것을 받아들일 수가 없어 그 놈들을 캐다 제자리에 도로 심어 놓았다. 그리고 만족했다. 이렇게 몇 년을 되풀이했다. 그리고는 자연의 새로운 원리를 터득하게 됐다.

야생화는 내 의지와 상관없이 자연 그대로가 더 아름답다. 뿌리로 번식하는 놈들은 한곳에 계속 머물지만 씨로 번식하는 놈들은 저네들이 좋아하는 곳을 찾아다닌다. 같은 곳에 계속 머물지 않는다. 여름 구절초가 특히 그렇다. 그 놈은 제자리를 떠나 더욱 세를 부리고 온 집 빈 자리에 차고 앉아 있는 모습이 당당하고 내 보란 듯 우쭐해 한다. 생물들이 갇혀 있을 때와 풀려났을 때의 차이인 듯하다. 발도 없고 손도 없는 꽃들이 생태적으로 제 갈 길을 가니 누가 나무랄 건가. 살아가는 방식이 장하다. 새로 보금자리를 잡은 곳에서 자란 놈들과 억지로 제자리에 옮겨 놓은 것과의 모양새가 현격히 차이가 난다. 영양가가 다 소진된 곳에 머물다 보면 성장이 실하지 못하다. 제가 좋아하는 곳에 바람을 타고 날아가 자리 잡은 놈은 훨씬 키도 크고 영양상태도 좋다. 야생화는 야생으로 놓아두어야 한다. 내 의도대로 멍석을 깔아 놓는 다는 것이 다 인간의 욕심이고 어리석음이다.

우리 정원은 이제 옛 모습을 찾아볼 수 없을 정도로 들꽃의 낙원이 되었다. 제멋대로 명당을 찾아 서로 얽히고 섞여 보란 듯 야생(野生)의 자태를 뽐내고 있다. 보기에도 더 좋고 자연스럽다. 온갖 야생화가 한데 어울러 빚는 자연의 오케스트라에서 시나브로 하모니를 보는 듯하다. 여기에 따끈한 아침 커피 한 잔 들고 걷다 보면 브람스가 간절해진다.

야생화는 생태적으로 노마드인지도 모른다. 인간도 결국 마찬가지다. 어느 한곳에 정착해 머물지 않고 새로운 사회적 환경을 찾아 돌아다닌다. 들뢰즈는 이런 현대인의 노마드는 특정한 가치와 삶의 방식에 매달리지 않고 끊임없이 자신을 바꾸어 가는 창조적 행위라고 했다. 내 경우도 그런 것 같다. 태어나 여덟 살까지 살던 시골서 나와 도회지에서 여기저기 옮겨 다니다가 근년에 와서 미국에서 십수 년을 산 것까지 따져 보니 십 년 주기로 새 보금자리를 찾아다녔던 것 같다. 그러면서 늙어 갔다. 이제 와서 누가 누구를 나무랄 건가. 우리는 우주의 한 개체이자 자연의 호모사피엔스다. 이젠 더도 아니고 덜도 아닌 오갈 데가 없이 종착역에 거의 온 듯하다. 노마드의 끝이 보인다.

(『수필과 비평』 2019년 7월호)

김 원
월간 『수필문학』 천료 등단(2002), 제18회 수필문학상 수상
한국문인협회 회원, (전)시립대 부총장

강미애

마음으로 말을 걸어오는 순간

친정아버지의 왼쪽 손가락은 4개다. 그 손을 한 장의 사진으로 남겼다. 단 한 컷이다.

1938년생 아버지는 기계공학을 전공한 엘리트였다. 1970년대는 박정희 대통령이 주창한 자주국방론에 힘입어 무기 국산화가 시작되던 시기다. 당시 방위산업체에 근무하던 아버지는 신형 소총과 탄환을 연구하며 연일 실험과 제작에 매달렸다. 사고 소식을 들은 건 폭설이 내리는 어느 겨울밤이었다. 그날도 어머니는 며칠째 집에 들어오지 않는 아버지를 기다리며 아랫목 이불 속에 흰쌀밥이 소복이 담긴 밥주발을 넣어두었다. 철없는 우리 3남매의 발 언저리에 따뜻한 아버지 밥주발이 있었다.

흑백사진처럼 흐릿하고 낡아진 아버지의 지난 시간…. 아버지는 장애 5급이 되었다. 다행스럽게도 아버지는 그 시간을 아프게 기억하지 않았다. 사고 후에 무슨 혜택을 받았는지는 모르겠다. 다만 낡은 포니 승용차 앞 유리창에 얇은 철판으로 된 장애 표지판을 붙이고 다녀야 한다고 했다. 어쨌든 아버지는 9개의 손가락으로 우리나라의 자주국방에 기여했고, 근대화산업의 역군이었으며 든든한 가장이었다.

어느 날 밤인가 얼큰하게 취한 목소리로 아버지가 전화를 했다. 무슨 일이냐고 나는 묻지 않았다. 우리 부녀는 서로의 침묵을 들어주고, 이해하며 위로했다. 당신은 그저 살아 내야 할 삶을 열심히 살았을 뿐인데, 왜 이렇게 쓸쓸한지 모르겠다고 울먹였다. 그럼에도 이렇게 살아 있는 것은 아직도 당신이 견뎌야 할 숙제가 남은 모양이라고. 그래서 네 엄마가 더 보고 싶다고 했다. 나는 소리 없이 아버지와 함께 울었다.

친정어머니가 돌아가신 후 한 달에 한두 번 고향에 계신 아버지를 뵈러 갔다. 함께 점심을 먹거나, 어머니가 다니던 절에 간다. 아버지가 특별히 좋아하는 음식은 장어구이와 소주다. 그날도 단골식당에서 장어와 소주를 주문했고 아버지는 빈 소주잔을 내 앞에 내밀었다. 그런데 왼손이었다. 내 기억 속의 아버지는 단 한 번도 왼손으로 소주잔을 들지 않았다. 처음 있는 일이었다. 얼른 스마트폰으로 아버지의 왼손을 찍었다. 그렇게 아버지의 손이 내 사진에 남았다.

지금도 가끔 그 사진을 본다. 언제나 말없이 소주잔을 비우던 아버지가 그립다. 그때 사진을 찍지 않았다면 이렇게 추억할 시간도 갖지 못했을 것이다. 순간을 어찌 세울 수 있을까….

작가 조지 기싱(George Gissing)은 창작에 대해 '자기 주변 세계의 특정한 양상을 최고로 향유함으로써 감동과 영감의 고취를 받는 순간'으로 묘사한다. 장엄한 자연이나 걸작의 반열에 오른 작품에서만 예술적 영감을 받는 건 아니다. 아무도 앉아 있지 않은 겨울날의 벤치, 바람결에 날리는 커튼의 아름다운 흔들림 그 순간을 포착하고 기쁨을 느낄 수 있다면 그것이 창작이며 예술의 원천이 되지 않을까 한다.

살다 보면 피할 수 없는 순간이 있다. 해내야 할 때, 버텨내야 할 때도 있다. 도무지 긍정하기 힘든 순간들도 많다. 이러한 삶의 고비를 넘다 보면 잊어버리기 쉬운, 항상 곁에 있는 것들을 되짚어 보고 싶어진다. 사람들이 다른 이의 일상에서 위안을 얻고 때로 응원을 보내는 이유인지도 모르겠다. 일상의 아름다움은 발견에서 나온다. 그런 점에서 세상이 주목하지 않는 사소한 순간을 발견하고 아름다움을 부여하는 긍정적 태도는 삶의 중요한 요소라고 하겠다.

  나는 카메라의 프레임을 통해 세상을 본다. 일상을 예술로 바꿔 놓는 힘은 관찰과 발견이다. 신호등 없는 횡단보도에 멈춰 서서, 작은 꼬마 아가씨를 찍었다. 그리고는 엄마의 손을 잡은 귀여운 아이의 미소 띤 인사를 받았다. 작은 해프닝이고 별일은 아니다. 사실 우리의 삶이란 것은 많은 고민과 상념들이 마음을 휘젓는다. 그러다 보면 작은 아름다움은 잊히기 마련이다. 행복은 현재의 소소함에 집중하는 것이다. 본능은 초조한 욕망으로 마음을 유혹하고 이끈다. 무작정 그것에 온 신경을 이끌리기보다 찬찬히 지금을 음미하는 연습을 해보면 어떨까. 별 감흥이 없던 일도 행복으로, 조그만 기쁨은 더 큰 감동으로 다가올 것이다.

  사진을 찍는 일, 글 쓰는 일 그 모든 과정과 결과에 인연이 있다고 믿는다. 나에게 조용히 마음으로 말을 걸어오는 순간들이 오래도록 이어지기를 소원한다.

(『수필문학』 2019년 4월호)

강미애
『수필문학』 등단(2001)
한국문인협회, 국제PEN한국본부, 수필문학추천작가회 회원
저서, 산문집 『모래바람 나무가 되다』 『이미지기록 蒼』 외 다수

강양옥

식탁

　식탁하면 우선 생각나는 예수님 열두 제자가 모여 앉아 식사하던 성화의 모습의 떠오른다. 다음으로 가족들이 오순도순 모여 앉아 정담을 나누며 식사하는 광경이 생각난다.
　우리 어린 시절에는 식탁은 고사하고 두레반이라고 하여 나무로 만든 둥근 소반에 가족들이 둥그렇게 둘러앉아 배고픈 시절이라 만족한 식사는 아니지만 마음만은 풍요롭고 정겹게 식사하던 시대가 있었다.
　그러나 시대의 변천에 따라 경제가 향상하고 식문화가 발달하면서 언제부턴가 우리의 가정에도 서구식 식탁문화가 깊숙이 자리잡게 되었다. 가정마다 식탁은 필수가 되고 식탁에서만 식사를 해야 한다는 고정 관념까지 갖게 되었다. 그러다가 급격히 시대가 변천하면서 저마다 생활이 바빠지다 보니 식탁에 마주앉아 식사를 할 기회도 흔치 않게 되었다.
　식탁은 가족의 유일한 만남의 장소요 식사를 즐기며 그 날에 있었던 일들을 오순도순 이야기하며 서로의 정도 나누고 몰랐던 정보도 공유하며 가족들의 대화의 장이 되었던 곳이기도 하다.
　요즘은 각자 바쁜 생활에 허덕이다 보니 가족이라는 정체성도 멀어져가고 한 지붕 밑에 살면서도 얼굴 보기조차 힘든 세상이 되었다.
　일찍 나가고 늦게 들어오다 보니 식탁도 한가해지고 가족들이 다 모일 기회도 없어진다. 그럴 때면 학생이 있는 가정은 책상으로 활용하는 등 식탁은 본연의 목적을 떠나 여러 가지 역할을 하기도 한다.

더욱이 시대의 급격한 변천은 외식 문화시대로 변천하게 되면서 더러는 사 먹는 식생활 위주로 바뀌는 이변이 일어나게 되었다. 그리고 그 사 먹는 식문화가 자연스럽게 가정에 침투하면서 이제는 깊숙이 일상화되다 보니 밥을 안 해 먹는 집이 늘어 가는 추세다.

더구나 핵가족시대는 그런 식문화를 자연스럽게 당연시하게 되었고 그나마도 시간에 쫓기다 보니 여의치 않은 적이 허다하다.

이런 시대에 사는 우리 노인들은 이게 아니라고 항변해 보지만 고집은 현대를 이기지 못하니 울며 겨자 먹기 식으로 따라갈 뿐이다.

식탁에 앉아 식사한 지도 오랜 세월이 흘렀다. 남편이 떠난 후 식탁은 아이들이 모일 때를 제외하고는 무용지물이 되었다.

혼자 식탁을 차지하기엔 번거로워 대신 쟁반에 간단히 밥 하나 반찬 하나 담아서 혼밥을 먹은 지도 꽤 오랜 세월이 흘렀다. 그럴 때면 텔레비전을 켜 놓고 텔레비전에 동화되어 무의식중에 밥을 먹는 식습관이 되었다. 그러므로 식탁은 외롭게 혼자 떠나간 가족을 기다리는 식탁이 되었다.

요사이 고령화 시대로 들어서면서 음식점도 좌식을 입식으로 바꾸는 시대가 대세다. 백세시대가 도래하면서 다리 아픈 사람들이 늘어가는 추세여서 바닥에는 다리가 불편해 앉을 수 없기 때문이다.

밥 안 해 먹는 집이 늘다 보니 파는 밥 또한 여러 종류의 밥들이 입맛대로 쏟아져 나와 골라 먹는 시대가 온 것이다. 참 좋은 시대다. 감히 우리는 상상도 못했던 일이다.

또한 반찬 문화는 어떠한가? 우리가 미처 모르는 반찬까지 다양하게 쏟아져 나와 우리의 입맛을 유혹하고 심지어 각종 국까지 나와 집문 앞까지 배달하는 시대가 되다 보니 이 얼마나 요즘 세대들은 편리하고 행복한가.

 시대와 문화는 급속도로 변해가고 우리 노인들은 세대차를 줄이려고 숨가쁘게 따라가 보지만 역부족이다. 앞으로의 세상은 가정의 식탁보다 식당의 식탁이 늘어가는 시대에 돌입하고 있다고 생각한다. 우리나라도 어언간 집에서 밥해 먹지 않는 그런 시대가 가까워지고 있다고 유추해 본다.

 현대는 눈썹이 사이가 좋아지기 바쁘게 변하는 시대를 보면서 이 시대에 사는 사람들은 앞으로 더 좋은 무궁무진한 행복한 시대를 누릴 것이라 믿는다.

 우리 늙은 세대는 비록 식탁과 이별은 했지만 모든 것 조용히 내려놓고 자연에 순응하여 살다, 자연에 순응하여 가는 것이 가장 행복하고 아름다운 순간이라 생각해 본다.

(『경기여류문학』 2019년 10월)

강양옥
『동양문학』 등단(1990)
국제PEN한국본부 회원, 경기PEN 상임이사, 한국문인협회, 한국수필문학가협회 회원, 경기한국수필가협회, 경기여류문학초대 회장역임
수필집 : 『금빛내리는 계절』 『운평선』 『추억에 비치다』

강정희

손주의 대학입시

내 아이들의 대학입시로 한두 번 글을 쓴 적은 있지만 이 높은 나이에 이런 제목으로 글을 쓰려니 만감이 교차된다. 요즘 대학 입시는 노년을 사는 사람으로서는 정말 알다가도 모를 요지경이다. 수십 년 전 우리 연배들 학생시절 그때도 대학입시는 경쟁이 치열했다. 세칭 명문 고등학교에서는 S대 등 상위 대학에 몇 명을 합격시키느냐가 최대 관심사였고 그 학교의 자존심을 한껏 높여 주는 일이기도 했다. 그때 내가 다닌 여고에서도 그해 제법 많은 명문대 합격자를 배출한 생각이 난다.

어릴 적부터 쉴 틈 없이 과외를 하지 않아도 학교를 다니면 성적의 우열은 어쩔 수 없이 따르기 마련이다. 전기대, 후기대 입시를 치르며 지난 세월들이 지나고 연배들의 자식들이 대학 입시를 치를 즈음부터 학력고사를 치르고 그 점수에 맞추어 대학을 가는 제도가 오랫동안 지속된다. 그러다가 언제부터인가 수시, 정시 입시체제로 전환되었나 보다. 물론 그에 따른 많은 연구도 이루어지고 타당한 점을 채택했으리라 믿고 싶지만 손주가 치르는 대학입시는 모르긴 하지만 정말 신경 써야 하는 부분이 훨씬 많아진 것은 틀림없나 보다. 수시는 내신을 정시는 수능 점수를 더 위주로 한다는 정도만 알고 있는 얕은 내 상식으로는….

어느 대통령 재임 시 바뀌었는지도 모른다. 동시에 몇 개의 대학에 응시 원서를 넣을 수 있고 날짜가 다르기도 해 복수 합격자도 나온다. 한쪽에서 미등록이 생기면 차선의 대기자가 합격하게 되니 등록이 끝나기를 기다려야 한다. 정말 복잡다단하다. 열심히 공부하면 원하는 대학에 합격하는 건 어느 사회에서도 가능한 일이 아닐는지. 어쨌든 손주는 금년 입시생이다.

　내 손주라서 그런 게 아니라 정말 열심히 공부하는 학구파다. 초등학교 다닐 때부터 과외에 시달리는 많은 어린이들에 비해 과외를 받아본 적도 없다. 오로지 혼자 하는 공부다. 중학교 때부터 밤 10시까지 책상에 앉아 공부한다. TV도 거의 안 본다. 핸드폰 들고 게임 등을 많이 하는 시기임에도 그런 것과는 거리가 멀다. 고등학교 가서는 4시간 남짓 자는 모양이다. 어쩌다 가게 되면 애처로워 보인다. 영어 수학도 혼자 한다기에 물어본 적도 있다. 어찌 혼자 다하느냐 물으니 그냥 웃기만 한다. 중학교부터 고3에 이르기까지 전교 1등을 놓친 적 없다는 거다. 중, 고등학교 입학식 땐 신입생 대표선서를 했고 졸업할 때도 물론 수석이다. 경기도에서 우수학생에게 주는 장학금도 받은 모양이다. "너희 집은 애들 공부 잘하니 더욱 힘이 나겠구나."라며 아들, 며느리에게 말했던 적도 있다.

　물론 전국의 그 많은 도시, 시골의 고등학교에서 수석을 놓치지 않는 학생들도 많고 그 중 손주처럼 혼자 하는 애들도 있을 거다. 그들과의 경쟁 해야겠지만. 저리도 열심히 하니 대학 입시는 무난할 거라는 믿음을 항상 갖고 있은 셈이다. 내신은 확실하니 수시는 문제없겠지 하며…

　드디어 수능 시험이 끝난 뒤 지원 원서 넣은 S대에서 면접을 한다고 해서 합격이 가까이 오는가 하는 기대도 갖는다. 면접 뒤 수능시험 성적이 발표된다. 올해 수능이 어렵게 출제됐다는 발표도 있었다. 수시 합격 발표가 나오는데… 전화가 없다. 전화하기도 어렵다. 그러고 보니 수시엔 내신뿐 아니라 활동 여하 등 여러 변수가 있다고 한다.

시험에 과목 난이도가 있었다니 과외 안 한 학생들에겐 어려운 어떤 한계가 있었던 것일까. 조용한 그날 괜히 눈시울이 뜨거워지려고 한다. 어릴 적부터 그리도 혼자 열심히 공부하지 않았던가. 왜 그리 이유 모를 억울함이 몰려오는지. 나 홀로의 공부는 정녕 어려움이었던가. 그러기에 유명학원도 스타강사도 존재하는 건가.

아들네 식구가 머리 식히려 내려온다고 한다. 힘없는 모습일까 염려했는데 모두 얼굴들이 밝다. 한시름 놓인다. 당사자도 씩씩한 모습이다. '재수는 필수다'란 말도 있다는데 재수를 각오하고 있는지 걱정 끼칠까 짐짓 태연한 건가. 밝은 손주 가족 하룻밤을 자고 가는 가운데에서도 좋아하는 해운대를 찾는다. 해질녘 동백섬 한 바퀴 돌며 각국 정상들이 회의한 누리마루도 가보고 바다 저편 보이는 아름다운 노을도 보며 새로운 마음을 다졌으리라. 수시, 정시 입시 잠시 잊고 해운대 바다를 걷는다. 그들 모두 어찌 마음의 고뇌가 없었을까. 그래도 고맙다. 이렇게 내려와 마음을 다잡는 것 같기도 해서. 그러리라 바라본다.

이 나이에 손주의 대학입시로 저 멀고 먼 식구들의 대학입시도 떠올려 보는 등 나 또한 그런 시간도 가질 수 있었다. 소중한 기억과 더불어 쓰린 마음을 삼키고 삼키며 다독여 본다.

(『수필문학』 2019년 4월호)

강정희
월간 『수필문학』 천료 등단(1994)
한국문인협회회원, - 한국수필문학가협회 이사
수필문학부산작가회 회원
수필집 『피아노 소리』

고영문

창수어른

우리는 그를 창수어른이라고 했다.
 세상에 급한 게 없었고 얼굴은 항상 편해 보였다. 그를 태우고 집으로 돌아가야 할 학교 버스가 교문 앞 지정된 정차장에서 기다리고 있다. 그가 버스에 오르면 버스는 출발해도 되었다.
 창수는 다운증후군으로 체중이 아주 많이 나가는 17세 남자 학생이다. 초능부에 다닌다. 몸집이 커서 좀 느리게 보이기는 하시만 행동이 순박하고 착했다. 기분이 좋을 때면 잘 웃어서 다른 사람을 편하게 해주었다. 거기다가 그는 화를 내는 일이 거의 없었다. 학급 일에 협조적이고 선생님을 잘 따랐다.
 오늘도 창수는 반 친구들과 어울려 즐겁게 공부를 했다. 선생님이 나누어 주신 하얀 도화지에 큰 동그라미를 그리고 눈, 코, 귀, 입을 부분 부분에 그려 넣어 그림을 완성했다. 선생님께서는 잘 그렸다고 칭찬해 주신다. 기분이 좋아서 연방 싱글벙글 웃었다. 신이 났다. 그렇게 좋을 수가 없다. 마무리를 하고 복도를 돌아 물리치료실로 간다. 계단오르내리기 운동기구에서 조심조심 올랐다 내렸다 연습을 한다. 그러나 그것보다는 구슬목욕탕에서 마음대로 뒹굴 때가 더 좋다. 색색가지 구슬 속에 파묻혀 보기도 하고 팔과 다리를 휘돌리고 젖혀 보기도 했다. 다음은 운동장에 나가 달리기를 한다. 빨리 달리려 하다가 넘어지기도 한다.

그럴라치면 선생님이 재빨리 달려와 일으켜 세워 주신다. 신이 난다. 넘어져도 재미가 났다. 포근한 잔디 위에 이리저리 굴러도 보고 뛰어도 본다. 매일매일 웃고 신나는 즐거운 공부다.

창수가 다니는 학교는 지체부자유 학생과 지적장애 아동들이 함께 어울려 공부하는 학교다. 유·초·중·고등부가 같이 생활하고 있다. 운동장 모퉁이에서 큰 도로로 나가는 길 어귀에는 하교를 위한 학교버스가 세워져 있다. 연한 하늘색 학교 통학버스다.

운전기사는 특히 시간을 잘 맞추어 운행해야 했다. 버스가 문산읍을 거쳐 금산면, 진주 시내 곳곳을 돌며 정해진 시각에 항상 그 장소에서 하나, 둘 학생들을 내려주어야 했다. 그러면 학생의 보호자는 그곳에서 기다리고 있다가 아이들을 인계받아 집으로 데리고 간다. 보호자가 정한 시각에 나와 있지 않으면 그곳에 내려주지 못하고 보호자에게 연락하여 다시 장소와 시간을 약속하고 그 장소로 가야한다. 시간이 서로 맞지 않으면 혼란이 일어나기도 한다.

담임교사는 여유를 두고 학생들을 교실에서 버스까지 인솔해 나온다. 공부를 마치면 잃은 물건이 없도록 아동이 챙기고 선생님이 확인해 준다. 신발을 찾아 신겨야 하고 내일 과제물을 복사물로 만들어 가방에 넣어준 것도 다시 한 번 더 확인해 보아야 한다. 그러고 나면 친구들과 앞뒤로 손을 잡고 걸어 나온다. 항상 '손잡고 가자. 바르게 가자. 끝까지 가자'라고 말씀하시는 선생님을 따라 오늘도 즐겁게 배우고 열심히 익혔다.

창수는 선생님의 손을 잘 잡지 않는다. 그저 혼자 힘으로 점잖게 걷는다. '군자는 대로행'임을 실행하려고 하는 것일까. 뿐만 아니라 교실에서 나오면 정해진 포장길 이외로는 잘 걷지 않는다. 배운 그대로를 실천하려 한다. 어떻게 보면 책대로다.

창수는 파랗게 돋아나는 새싹 잔디밭으로는 아예 걸을 생각을 하지 않았다. 바른 길로만 걷고 있는 창수 뒤로 아이들이 줄지어 하나 둘, 하나 둘 구령에 맞추며 통학버스로 나온다. 어떨 때는 아이들이 먼저 버스를 타고 기다릴 때가 있는데 이럴 때도 혼자서 나름의 지조를 지킨다. 무슨 일이든 급하게 서둘지 않고 '갈 테면 가거라. 나는 오직 내 길로 가면 된다.'를 보인다. 이를 본 선생님 한 분이 "창수어른 오신다."라고 큰 소리로 알려준다. 그러나 그는 누가 무슨 말을 하든지 나하고는 아무 상관없다는 듯 하는 태도다. 담임 선생님은 종종 "세상에는 창수어른보다 못한 사람들이 훨씬 많다."고! "창수어른만큼만 하면 세상은 좀 더 좋아질 것"이라고 말하곤 했다.

　우리에게는 어른이 있어야 한다. 잘못된 일이 있으면 바르게 타일러 주고 안내해 주는 어른이 곳곳에 많아야 한다. 지키고 행해야 할 일이 우리 가까이에 있다. 서로 옳다고 고집하며 충돌하여 싸움이 일어나고, 일을 하지 않고 쉽게 가지려 하며 남을 속이고 자기 이득을 취하려는 사람들을 우리 주변에 흔히 볼 수 있다. 이럴 때면 창수어른이 생각난다.

　세월이 한참 지났다. 세상은 창수를 어떻게 더 잘 키워냈는지, 사회는 창수를 어떻게 더 잘 자랄 수 있는 환경을 만들어 주었는지 오늘따라 궁금해진다. 창수어른은 지금 어디서 무얼 하고 있을까.

(『신문예』 2019년 1/2월호)

고영문
월간 『수필문학』 등단
한국수필문학가협회 이사
수필집 『감동을 찾아 떠나다』

김덕림

불안한 동거

 그가 보이지 않는다.
 어느 지난(至難) 한 가정의 가장이었을까.
 집 한 칸 없어 남의 집 문간이라도 빌붙어 살아야 할 만큼 어려웠을까? 강제 철거를 당해 쫓겨 가고도 며칠을 찾아와 허물어진 보금자리를 맴돌던 그가 더 이상 보이지 않는 것이다.
 지난 6월 중순, 3박 4일의 상해 문학기행에서 돌아오니 그는 주인의 허락도 없이 남의 집을 차지하고 있었다. 끼니를 나눠 먹지는 않으나 같은 지붕 아래 살게 됐으니 집주인으로서 동거인(?)에게 환영의 말이라도 건네야 하나? 계약도 하지 않고 무단 침입한 그들을 어찌해야 하나 잠깐 고민한다. 하긴 무단 침입 죄는 법에 존재하지도 않으니 저들을 처벌하려면 주거 침입죄로 해야 한단다. 그렇다면 주거 침입죄로 신고하고 그래도 나가지 않으면 명도소송을 하고 다음에는 명도집행을 해야겠지. 갑자기 머리가 복잡하다. 얼마 전 옛 노량진수산시장에서도 명도집행이 있었다. 옛 시장 상인들이 비싼 임대료, 좁은 통로 등을 이유로 새 건물 입주를 거부하면서 현재 8차에 이르는 집행에 이른 것이라 했다. 상인들과 집행 인력과의 물리적 충돌이 대단했다던데 나도 저들의 목숨 건 저항에 맞닥뜨리면 어찌하나 걱정이 앞선다.
 그러나 법은 멀고 주먹은 가깝다던가. 모기 살충제를 사왔다. 하루

빨리 내쫓으라는 남편의 성화를 못 이겨서다. 막상 집행하려니 망설여진다. 비록 우리집 창 옆에 무단으로 집을 지었지만, 저들이 우리 생활에 무지막지한 지장을 주는 것도 아닌데 보금자리를 무너뜨린다는 게 썩 내키지 않아 좀 더 지켜보기로 한다. 집은 사는(居) 곳이지 사는(買) 것이 아니라지만 우리는 거금 들여 이 집을 사서(買) 왔는데 저들은 거저 살고자(居)하니 미운 구석이 없지 않다. 더구나 펄펄 날아다니며 이 더운 날 문도 못 열게 위협하니 걱정이다. 벌들의 집은 자꾸 커지고 식구도 나날이 불어나니 더불어 나의 걱정도 날이 갈수록 늘어난다. 그래도 한 달은 기다려야 하지 않을까. 전세도 아니도 그렇다고 월세를 받는 것도 아니지만.

한 달이 지났다. 용인에 호우경보 안전 안내문자가 온 날, 천둥소리가 요란했으나 그다지 많은 비는 오지 않았다. 점점 커져가는 벌집과 늘어나는 벌들의 숫자에 위협을 느낀 남편, 명도소송대신 모기 살충제를 늘었다. 벌집에는 살충제가 들이부어졌고 벌들은 쫓겨 갔으며, 그 틈에 허가 없이 지은 집은 철거되었다. 충주 오두막에서의 두 번의 공격도 벌들이 쫓겨난 이유 중의 하나이니 벌에 쏘여 고생했던 남편을 나무랄 수도 없는 형편이다. 내일도 비가 온다는데 집을 잃고 쫓겨난 그들은 어디에서 배회할까. 강제 철거의 행위에는 동참하지 않았지만 무언의 동조를 한 나를 어찌 생각할지. 미안하고 안쓰럽다.

철거 다음날 또 그 다음날에도 찾아온 벌을 보고, 악덕 주인이 없는 적당한 곳을 찾아보라고 혼잣말을 해 본다. 사람이 살다간 자취의 아련함은 아니지만 뭔가 그들의 흔적이 허전하다. 한 달을 수시로 살피며 정이라도 들었던 걸까. 벌들과 같이 한 지붕 아래서 잘 살아갈 방법은 정말 없었을까 생각해 본다.

요즘 온 나라가 시끄럽다. 일본의 대(對) 한국 수출 규제 조치 즉 한국 경제의 핵심 경쟁력인 반도체 소재에 대한 수출 제한으로 시작된 사실상의 경제 보복이 행해졌기 때문이다. 그래서 우리 국민은 일본 불매 운동으로 맞서고 있다. 일본 제품은 물론 일본 여행도 가지 말자는 거다. 올 연말에 친구들과 오키나와 여행이 예정돼 있었는데 다른 나라를 찾아봐야 할 듯하다. 함께 잘 살기가 이리 어려울까.

'사상 최대의 번개팅', '드라마 같았던 30시간' 이는 지난 6월 30일 남북미 정상들의 판문점 만남을 표현한 것이다. 김정은 위원장과 트럼프 대통령이 남북군사분계선(MLD)을 사이에 두고 악수를 나누는 장면은 온 세계에 평화를 전하는 것이었다. 북핵을 둘러싸고 속내는 복잡하지만 결국은 모두가 이 지구촌에서 평화롭게 같이 잘 살자는 것이 아닐까.

나는 벌들과 불안한 동거를 끝냈지만 이 지구촌에서의 불안한 동거는 언제나 끝이 날는지.

(『농민문학』 2019 가을호)

김덕림
『농민문학』 수필 당선(1991)
한국문인협회 회원, 한국수필문학가협회 이사, 한국농민문학회 이사
수필집『목련, 별이 되다』(2004)『달팽이와 식구하기』(2015)
수상 : 수필문학상(2015)

김미원

사진은 슬프다

　처진 입 꼬리를 최대한 자연스럽게 올리고, 작은 눈에 잔뜩 힘을 주고 카메라 렌즈를 바라본다. 눈가에 주름이 지거나 눈이 더 작아 보이면 안 되니까 함박웃음은 물론 금물이다. 셔터를 늦게 누르면 억지 미소와 어색한 표정으로 입은 경련이 나려고 한다.
　우리는 카메라 앞에 언제 서는가. 행복한 순간이다. 여행을 떠나거나, 멀리 떨어졌던 가족들을 만났을 때, 오래 만나지 못했던 친구를 만났을 때도 그 순간을 영원히 붙잡아 두고 싶어서 카메라 앞에서 미소를 짓는다. 요즘은 카메라 대신 화소가 좋아진 손전화가 그 역할을 대신해 한때 유행했던 손에 맞춤한 디지털 카메라는 어느새 다 사라져 버렸다.
　시어머니 칠순 잔치 때 어머니로 인해 세상 빛을 본 자식들과 손자들이 모두 모여 사진관에서 기념사진을 찍었다. 가족사진을 찍고 난 후 독사진을 찍자고 말씀드렸다. 어머니는 그 사진의 용도를 눈치채셨지만 흔쾌히 응하셨다. 카메라 앞에서 어머니는 이 세상에서 제일 행복한 미소를 머금으셨다. 그 후 21년을 더 사신 어머니는 작년 봄 사진 속에서 분홍빛 재킷을 입고 곱게 화장을 한 행복하고 예쁜 모습으로 장례식장에서 우리를 맞았다. 삼 년여 요양원에 계시며 남자처럼 바짝 깎은 허연 머리와 뼈만 남아 움푹 들어간 볼과 콧줄을 꿴 고통스런 모습을 충분히 잊게 만들었다. 장례일정 내내 그 사진을 보며 어머니와 함께했던 행복했던 순간들이 떠올랐다.
  오랜만에 앨범을 펼쳐본다. 지금은 어른이 된 아이들이 기저귀를 차고 뒤뚱뒤뚱 걸어가는 모습, 경주 보문단지에서 만개한 벚꽃을 뒤로 하고 아들을 어깨에 올리고 무등을 태우고 함박 웃던 젊었던 시절의 남편, 선글라스를 끼고 긴 머리카락을 날리던 30대의 나도 있고, 내 결혼식장에서 슬픈 표정을 보이던 엄마도 있다. 나도 모르게 작은 한숨이 새어 나온다. 우리 모두는 헤어스타일도, 얼굴도, 표정도 변했다. 흘러가는 것들, 사라지는 것들 사이로 변한 우리가 있다. 일찍이 정현종 시인은 모든 흔적은 상흔(傷痕)이라 했다. 그래서 사진은 슬프다.
  마음이 지칠 때면 컴퓨터에 연도별로 저장한 사진을 들여다본다. 그때 불던 바람과 동행한 사람의 미소를 느끼고 내 마음은 어떠했는지 생각하면 어느새 맘은 평온해진다.
  입체를 평면으로 만드는 사진은 신기하게도 거짓말을 하지 않는다. 사진은 내가 육안으로 보는 것보다 더 정확하게 사실을 전달한다. 불과 1년 전의 세월의 흐름도 잡아낸다. 그래서 사진은 역사다.
  나의 시력과 기억을 의심하게 된 이후 셔터를 자주 누른다. 사진은 흐려져 가는 내 눈보다, 기억보다 정확하다. 하여 요즘 나는 여행을 눈 대신 카메라 렌즈로 다닌다. 일단 찍고 나서 컴퓨터 화면으로 옮겨 돋보기를 쓰고 들여다보면 육안으로 못 보던 것도 보게 된다.
  2014년 여름에 안타깝게도 자살로 생을 마감한 내가 좋아하는 배우 로빈 윌리암스가 열연한 『스토커』라는 영화가 있다. 그는 대형 편의점 사진 현상소에서 일하는 중년 남자다. 혼자 인스턴트 음식을 렌지에 돌려 데워 먹고 홀로 잠에 드는 그의 유일한 즐거움은 사진 속 다른 가족의 행복을 훔쳐보는 일이다. 훔쳐본다는 표현은 어폐가 있다. 수많은 사진을 인화하다 자연스레 그리되었을 것이다. 외로운 그는 어느새 그들과 행복을 공유하고 있다. 그런데 그가 관심을 가지는 어느 행복한 가정의 남편이 아내 몰래 딴 여자를 만나는 것을 알게 되고 단란한 가정을 파괴한 남편을 용서할 수 없어 스토커가 되어 그 남자를 응징하는 일에 나선다.

수잔 손택은 '사진을 찍는다는 것은 사진에 찍힌 대상을 전유한다는 것이다.'고 했다. 로빈 윌리암스는 자신도 모르는 사이 피사체의 모습을 소유하고 급기야 그들의 삶에 동참하고 개입하게 된 것이다.

결혼 후 한 동네에서 16년을 살던 우리 가족은 길 건너 버스 정류장 뒤 단골 사진관 아저씨에게 아이들의 입학 사진, 우리 부부의 주민등록 사진, 운전면허용 사진, 여권사진 등을 찍었다. 사진사는 필름을 가족별로 분류하여 사진을 보관했다. 사진관에는 비록 증명사진이라 할지라도 우리 가족의 역사가 있었다. 어느 날 그가 사정이 있어 사진관 문을 닫는다며 인화지를 돌려주었다. 그 후, 동네 사람에게서 그가 폐암에 걸렸다는 말을 들었다. 그는 정말 사진에 영혼이 있다고 믿었을까. 일일이 자신의 고객에게 사진을 찾아가라고 전화를 돌릴 때 어떤 마음이었을까. 그는 자신 앞에서 행복한 표정을 짓고 긴장된 표정으로 렌즈를 바라보았을 바로 그 '순간'의 의미를 알았을 터이다.

직장 다니며 바쁜 아들, 결혼한 딸네 가족과 모처럼 집에서 저녁을 해 먹고 유쾌한 대화를 나누다 노래방 마이크를 잡았다. 적당한 알코올 기운에 노래를 찾아 부르며 딸도, 아들도, 사위도, 남편도 행복해했다. 나도 이 평화가 감사했다. 그리고 알지 못할 슬픈 기운이 밑에서 차올랐다.

아이들은 키와 지혜가 자라고 어른들은 노쇠해지고, 우리 모두는 언젠가는 이 기억조차 떠올리지 못할 때가 올지도 모른다. 나는 카메라 렌즈를 돌리듯 손주들과 자식들과 남편의 얼굴을 하나씩 천천히 응시했다. 딸이 우리 부부를 위해 옛날 같이 부르던 노래를 찾아 불렀다. 옆에서 듣고 있던 남편이 조용히 일어나 카메라를 들고 나와 우리를 원경으로 찍었다. 사진이 왜 슬픈지 알 것 같았다.

(『계간수필』 2019년 봄호)

김미원
월간 『수필문학』 천료 등단(2005. 4.)
수필집 『즐거운 고통』, 『달콤한 슬픔』
제5회 남촌문학상 수상, 제5회 조경희수필문학상 수상

김민섭

자린고비

　나 같은 사람을 자린고비(考妣)라고 할 것이다.
　나는 지금까지 살아오면서 남에게 베풀 줄도 모르고 금전 씀씀이에 인색했으며 어떤 물건을 막론하고 지나치게 아껴 온 편이어서다. 자린고비란 어원(語源)은 일설에 의하면 '옛날 충주 사는 한 부자 양반이 부모 제사 때 쓰던 제문(祭文)을 태우지 않고 두고두고 사용하였더니 제문 속의 고(考)와 비(妣) 두 자가 때에 절게 되었다고 한다.' 그래서 절은 고비→ 저린 고비→ 자린(考妣)로 바뀌게 되었다는 것이다. 그리고 하찮은 것도 함부로 버리지 않고 절약하는 정신을 높이 사 주는 의미도 포함된 것이다.
　요즘 물질만능 시대에 소비 풍조가 지나치다. '개구리 올챙이 시절 모른다.'고 다소 여유롭다 해서 근검절약을 할 줄 모른다. 몸에 옷을 걸치는 것은 치부를 가리고 체온 유지와 기왕이면 아름다운 모습을 보이려 함이지만 겉치레 구매와 소유욕으로 지나치게 낭비를 하는 편이다. 특히 여성들은 의류나 가방, 신발 가게 앞에서 눈빛이 반짝거리고 남성들은 배가 불러도 정력에 좋다거나 감미로운 술안주를 보면 군침을 흘린다. 돈은 필요할 때 써야 하고 아껴야 할 때는 아껴야 가치가 있으며, 음식과 생활용품 역시 필요 이상의 구매는 낭비다. '티끌 모아 태산'이라고 적은 것을 아낄 줄 알아야 큰 것을 이루어 낸다고 했다. 연일 각 가정에서 쏟아내는 각종 쓰레기로 거리 곳곳이 지저분하고 강과 바다까지 몸살을 앓고 있다. 미세먼지가 심할 때는 2~3일이 멀다 하고 하늘이 흐려서 호흡이 곤란할 지경이다. 인과응보요 자업자득인 셈이다.

예로부터 전해오는 구두쇠에 관련한 풍자적인 이야기다. '어느 부자간에 끼니때마다 마른 조기 한 마리를 매달아 놓고 밥 한 술 떠먹고 그 조기를 한 번씩 쳐다보기로 했는데, 아이가 두 번 쳐다봤다 해서 반찬을 짜게 먹었다고 꾸중을 했다.'는 근검절약에 관련한 교훈적인 내용이다.

내 6촌 형님에 대한 실례다. 초등학교 4학년 때 선친(당숙)께서 너에게는 아무것도 물려 줄 것이 없다는 말에 충격을 받고, 그때부터 학업을 중단하고 돈벌이에 나섰다. 가난한 집에 장사 밑천이 없어서 손수 족제비 덫을 10여 개씩 제작하여 하루에 한두 마리씩 잡아온 족제비 가죽을 말려서 5일 시장에 내다 팔았다. 그 돈으로 가정 필수품인 비누와 성냥 등을 구입하여 동네 아주머니들에게 되팔았다. 그때는 농촌에 족제비가 많았고 그 털가죽으로 목도리나 붓을 만드는 재료로 쓰였다. 그처럼 어려서부터 근검절약과 일거리를 만들어 돈벌이 요령을 터득하고, 성인이 되어서는 농토를 구입하고 늘려서 자수성가로 인근에서 부농 말을 듣고 살았다. 그리고 서울에서 유학한 큰아들은 점심값까지 아껴가며 명동을 무대로 꾸준히 사업을 키워서 그 아버지 정신으로 수백억(億)대 재력가가 되었다. 청출어람이라고 현대판 부자간 자린고비 실화이다. 그 아들의 결혼식 때 필자가 주례를 하면서 6촌 형님에 생활관을 주제로 한 적도 있었다.

나의 경우 생활용수는 식수를 비롯하여 밥 짓고 설거지 세면까지 보통 20L이면 가능하다. 2~3일에 샤워와 간단한 손빨래 때는 더 소요된다. 집안에서 화장지는 거의 쓰지 않고 수건과 행주 걸레로 사용하며 용변 때는 화장지 두세 마디로 처리 후 2차 세척으로 마무리 한다. 땀이 많은 편이어서 직장 때부터 정장은 가급적 피하고 잠바나 편의복 차림이다. 따라서 내 몸뚱이 차림을 가격으로 환산하면 머리끝에서 발바닥까지 계절에 따라 5~10만원 사이다. 교통편은 거의 전철을 이용하고 1km쯤은 보행으로 하기에 그만큼 운동을 한 셈이다. 퇴직 후 가끔 외식 말고는 99.99% 비빔밥 식단에 주방 음식물 쓰레기는 주로 과일 껍질에 불과하다. 오래전부터 길들여진 습관이라선지 전혀 불편하거나 부족함을 모르고 지낸다.

또한 나는 매일 이른 아침 2시간 산행을 한다. 건강의 제일 요소는 혈액 순환이다. 노년에 편하다고 움직이지 않고 살다 보면 쇠약해지기 마련이어서 가급적 걸어서 다니니 차비도 절약 된다. 어렸을 때 할머니께서 음식물을 버리면 천벌을 받는다고 하셨다. 나는 검소한 채식에 대식을 하는 편이나 밥 한 톨을 버리지 않는다. 우리가 말로는 자연과 더불어 공존한다지만 실제는 자연을 마구잡이로 훼손하고 오염시켜 왔다. 천리 길도 한 걸음부터요 대형 화재도 성냥개비로부터 비롯된다. 마냥 버리는 것을 미덕으로 여기는 이들이 허다하다. 쓸모없는 것이야 당연하지만 분별없이 지나치게 구매하여 마구잡이로 버리는 것은 현금을 무심코 내버리는 것이나 진배없다. 따라서 자연과 공존하려면 평소 음식물 쓰레기와 플라스틱 스티로폼과 남용하는 화장지부터 줄이는 습관을 들여야 한다. 그것을 사소하다 할지 모르지만 매일 아침 미화원들이 거두어 가는 쓰레기는 각 동 단위로 3톤 트럭 10여 대 분량이다. 물질이 풍부하다고 함부로 낭비하지 말고 절약과 아낌에서 우리 주변의 환경도 쾌적해 질 것이다. 나는 평소 가정에서 물건을 사용할 때도 하나를 쓰면 둘을 정리하는 습관으로 살았다.

그런가 하면 70세 전후로 10여 년 동안 지나친 노동으로 퇴행성관절염 때문에 몇 개 손가락은 몽당 손가락이 되었다. 그리고 혹자들은 자기가 가지고 있는 돈은 다 써버리고 이승을 떠난다고 하지만 필요한 만큼 쓰고 남겨두면 누군가 후손들이 요긴하게 쓸 것이다. 그래서 평생

근검절약하며 살아왔고 노령의 남아도는 시간에 인력시장을 다니면서 힘겨운 노동과 경비근무, 청소부 일을 하면서, 저축해온 기금으로 출생지 고향 문중의 후손들에게 장학금(가칭 몽당손 장학회)을 주고 있다. 나의 현대판 자린고비 삶에서 비롯된 것이다.

(『글의 세계』 2019년 가을 호)

김민섭
월간 『수필문학』 등단(1993)
한국문인협회 회원, 한국수필문학기협회 이사, 오우수필문학회 회원

김상분

명의(名醫) 노주부(魯主簿)

고삐에 끌려가는 송아지가 그랬을까? 할머니께 손 잡혀 아무 말도 못하고 고갯길을 넘어가던 그때 나는 아마도 예닐곱쯤 되었을 것이다. 울음을 참느라 애를 쓰면서 흘러내리는 눈물을 연신 훔쳤다. 봄날, 산골고개 양쪽 벼랑에는 진달래꽃이 그날따라 어찌 그리도 흐드러지게 피었던지 지금도 눈에 선연하다. 하지만 분홍빛 진달래꽃이 무슨 소용이랴. 고갯마루에 올라서면 가득히 펼쳐지던 하늘도 잿빛이었다.

녹번리 삼거리에 있는 노주부 한의원은 문안까지 그 명성이 자자했었다. 새벽부터 원근 각처에서 수소문하여 찾아왔을 줄줄이 늘어선 아픈 이들의 차례를 제치고 우리는 노주부의 큰 방으로 안내되었다. 한의원 사람들이 할머니께 유난히 머리를 조아리며 굽실거리며 대접을 했던 까닭은 고개 너머 제일가는 부잣집 할머니여서도 그랬겠지만, 유난히 우환이 많았던 집안의 어르신이었기 때문이기도 했으리라. 파리도 낙상할 만큼 반들거리는 콩댐 장판 바닥은 어찌나 공들여 닦았는지 눈이 부셨다. 나는 할머니 옆에 바짝 붙어 앉았다. 할머니께서 대충 나의 증상에 대한 말씀을 전하시는 동안 겁에 질린 나는 오로지 노란 방바닥만 내려다보고 있었다. 드디어 노주부 할아버지가 다가와 내 손바닥을 펴 보고 손목을 지그시 눌러 맥을 짚었을 때 나는 숨이 멎는 것 같았다.

무슨 용기였을까, 노주부의 얼굴을 살짝 보았다. 흠칫 놀랐다. 무서웠다. 하얀 수염과 눈썹의 신선 같았던 우리 할아버지와는 너무도 달랐다. 지금도 또렷하게 떠오르는 그분의 얼굴에는 이마와 뺨에 검버섯이 가득히 피어 있었다.

당신은 나를 향해 무척이나 부드럽게 웃어주셨겠지만, 섬광처럼 빛나는 노주부 할아버지의 두 눈에 진저리를 치며 할머니께 더 바짝 다가갔다. 터질 듯한 울음을 참고 있는데
"어디 이번엔 발을 보자" 하며 의원 할아버지는 더욱 바짝 다가왔다.
할머니가 내 양말을 벗겨주시고 발을 내밀게 해주셨다. 할머니 품에 안기다시피 발만 내민 나는 겁에 질려 눈을 꼭 감았다. 또 살짝 눈을 떴다. 벽에 걸린 수많은 약봉지에 적힌 한문 글씨들이 보였다. 그 사이에 그만 일은 벌어졌다. 예리한 침이 발가락과 발등 사이를 찌른 뜨끔한 느낌과 나의 자지러진 울음과 할머니의 민망해 하시는 웃음이 동시에 일어났다.
"자아, 다 됐다. 괜찮다. 아무것도 아니다. 할머니께선 걱정하지 마시고 약이나 두어 첩 지어 드릴 테니 달여 먹이세요."
맨 나중에 노주부가 한 말은 아마도 그렇게 할머니께 드렸던 말씀일 것이라는 추측일 뿐이다. 내게 남아 있는 것은 오로지 검버섯이 가득한 얼굴과 무섭도록 나를 노려보던 빛나는 두 눈동자에 대한 기억뿐이다. 그 어떤 병의 증상이나 원인도 다 꿰뚫어 볼 듯이 환자를 대하는 태도에 어린 나는 자지러질 듯이 놀랐고, 번쩍이는 그 눈빛에 나의 오랜 체증은 이미 아주 멀리 달아났는지도 몰랐다.
미꾸라지처럼 피하던 나를 노주부에게 데리고 가신 할머니는 개선장군 같았다. 엄마에게 한약 두 첩을 내미시며 "아무것도 아니란다. 체기가 좀 있는데 약이나 두 첩 달여 먹이면 괜찮단다. 쓸데없이 걱정했구

나." 하셨다. 무엇에 체했는지 한동안 속이 더부룩하고 선하품을 하며 배가 많이 아프기도 했었다. 하지만 아프단 말도 못하고 한참을 고생한 후였다. 양의나 양약이 귀하던 그때는 누구든 아프면 노주부에게 가서 진맥을 보고 침을 맞거나 탕제를 지어오곤 했다. 하지만 동네의 아이들이나 사촌이며 조카들은 모두 노주부가 무섭다고들 했다. 침도 무섭고 노주부의 얼굴도 이상하다고 했다. 혹 체하거나 어디가 아파도 '노주부한테 가보자'는 말 한마디로 아이들은 괜찮다고 아프단 소리조차 못했는지도 모른다. 나도 이 핑계 저 핑계를 대며 한참을 모면했지만 할머니의 권위 앞에는 꼼짝을 못했다. 눈물을 참으면서 노주부 할아버지께 가야 했던 시대, 어르신이 무서운 줄 아는 시대였다. 할머니의 말씀이라면 노주부의 무서운 얼굴이나 침조차 거역할 수 없는 법으로 알고 자랐다.

 아무튼 그날 노주부 할아버지에게 침을 맞고 쓰디쓴 첩약을 달여 먹고 나서 나는 언제 배가 아팠는지 모르게 건강하게 자랐다. 노주부는 단 한 방의 침과 두 첩의 탕약만으로 아직 큰 병 모르고 지낼 수 있도록 단단한 면역력을 주셨나 보다. 내가 건강한 체질이었을까, 노주부가 명의셨을까. 살아오면서 이따금 속이 불편할 때는 그날의 놀라운 경험이 생각나곤 했다. 이제 나이 들어 여기저기 아프다 보니 이렇다 할 약도 주사도 별 효험이 없는 듯하여 더욱 생각나는 유년의 기억이다. 첨단의 의료기술 신약개발과 더불어 온 국민이 의료보험 혜택을 받는 복지 천국에 살면서도 약탕관의 불을 조절하며 부채질하던 불편했던 옛 시절을 그리워하다니… 그때는 몸서리쳐지도록 두려워서 인사는커녕 얼굴도 제대로 바라보지 못하던 노주부 할아버지가 지금 이토록 생각이 난다. 따끔한 침 한 방이면 자라목도 굽은 어깨도 펴질 것만 같고 무시로 저려오는 다리도 시원해질 것 같다.

 유년 시절을 향하는 이율배반은 진달래 빛으로 물들여진 추억이기 때문일까. 오래된 약탕관 앞에 쪼그리고 앉아만 있어도 머리 아픈 것도 가슴 답답한 것도 다 나을 것만 같다. 졸아드는 한약 냄새가 집안 가득하고 한지로 덮은 뚜껑에 약물이 배어 오른다. 끓어 넘지 않도록 조심스레 살피며 정성을 다해 약을 달여 주신 어머니의 모습이 그 위에 포개어진다. 세월의 강을 누가 거스를 수 있으랴. 사대 문안까지 유명했던 명의 노주부도, 할머니의 위엄도, 자식만 알던 어머니도 저세상 가신 지 오래인 것을… 우리들의 육신이란 진정 그 누구도 벗어날 수 없는 생로병사의 굴레 속에 들어있지 않은가.

(『계간문예』 봄호)

김상분
월간 『수필문학』 등단. 한국문협 회원, 국제PEN한국본부 이사,
한국수필문학가협회 이사, 수필문우회 회원
저서: 『류시의 작은 정원』, 『겨울정원』 『글밭에서』
수상: 원종린수필문학상작품상, 한국문협 서울시문학상, 청향문학상, 산귀래문학상

김상환

어머니의 우산(雨傘)

　출근하는 아침에 어머니는 아들과 함께 골목 꽃길을 걸어 나오셔서 아들을 매일 보내주셨다. 하루도 빠짐없이 아들이 무사히 잘 다녀오라고 합장하면서 소망을 기원하시는 어머니였다.
　러시아 대문호 도스토옙스키는 '가정은 끊임없는 사랑의 노력에 의해 창조되는 것이다. 이 세상에 가정의 행복 이상으로 중요한 일은 없다'고 했다.
　계절과 관계없이 비가 오나 눈이 오나 변하지 않았다. 나는 만류했으나 그런 행동이 건강관리에 도움이 되겠다고 생각하면서 나는 감사하는 마음이 자랐다. 나는 무엇을 하고 있나 자문하면서.
　집에서 도로까진 어머니 걸음으로 80보는 되니 몸을 움직이는 것이 건강상 좋겠다는 생각으로 수용했다. 차를 타고 출근하는 아들을 보고 두 손을 합장해 절을 하는 것이다. 감사하는 마음으로 차창 문을 열고 답례를 하고는 창문을 닫고 출근을 했다. 모자간의 아침 생기발랄한 생명의 꽃을 피우는 것이다.
　스트레스 연구로 1958년 노벨의학상을 수상한 한스셀리는 스트레스 해결 방안을 한마디로 요약하면 '감사하면서 사는 것'이라고 했다.
　'감사합니다' 평소 습관화되면 스트레스도 사라지고 행복한 삶이된다고 말하고 있지만 그게 쉬운 일이 아니다.

비가 많이 내리는 어느 날 아침이었다. 우산 한 개는 접고 한 우산 속으로 함께 들어가서 사랑의 대화를 나누며 모자의 아름다운 사랑의 꽃을 피웠는데, 지금도 비가 오면 빗방울 속에서 그 꽃송이가 향기를 내뿜고 있다. 어머니는 평소와 다름없이 나와 우산을 함께 쓰고 나오셨다. 비가 많이 쏟아지기 때문에 창문을 닫은 채 어머니께 인사를 하고 시동을 걸었다. 백미러에 비친 어머님의 모습을 보고 놀랐다. 비가 많이 쏟아지고 있는데도 우산을 땅에 내려놓고 평소처럼 합장하여 나를 위해 머리를 숙이며 기원하시고 계셨다. 나는 비가 많이 온다고 차창문도 열지 않았는데.

나 참 부끄럽게 생각하고 자신을 꾸중하면서 출근했다.

어머니의 마음속에는 생기발랄한 생명의 꽃, 감사의 꽃, 행복의 꽃, 지혜의 꽃, 희망의 꽃, 승리의 꽃을 피우기 위해서 늘 기원하신다고 하셨다. 어머니의 모습에서 큰 깨달음을 얻었다.

> 인생은 순풍도 있고, 역풍도 있다. '작은 긁힘조차 두려워 피하는 자는 아름다운 음악도 감동적인 인생도 들려줄 수 없다'
> (박재규의 「내 삶의 힌트」 중에서)

생기발랄한 생명의 꽃을 피우기 위한 기원을 하는데 어떤 장애가 있더라도 그것을 극복해야 한다. 소나기가 쏟아지는 것쯤이야 무엇이 문제냐 당당한 자세로 초지일관 목표를 향해 용맹 정진해야 하는 것이 우리의 삶이다. 조그마한 장해를 물리치지 못하면 안 된다. 장애를 물리치고, 소망을 성취하기 위해 최선을 다해야 한다. 어머니는 소나기 이런 것이 무슨 문제인가 더 큰 장애가 가로막더라도 물리치고 소망을 실현해야지 하는 정신으로 우산을 옆에 놓고 소나기도 흠뻑 맞으면서 합장하며 초지일관 희망의 꽃을 피우기 위해서 기원한 것이다. 그 정신의 빛남을 마음에 새겨 어머께 가르침을 받은 것은 첫째 감사하며 살기, 둘째 삶에서 시련의 바람을 극복하여 승리하기라는 인생 삶의 지침을 받은 것이다.

'아! 오늘도 이 깃발을 보라/ 전진의 깃발/ 시련의 바람을/ 현자는 기뻐한다.' (이케다)

어머니가 나를 위해 아침마다 합장하여 기원해주셨기에 오늘도 감사하며 자신 속에 내재해 있는 활력과, 생명력을 샘솟게 하기 위해 신심으로 기원하고 있다.

'당신이 나를 일으켜 주시기에/ 나는 산에 우뚝 서 있을 수 있고/ 나는 폭풍의 바다도 건널 수 있습니다./ 당신이 나를 일으켜 주시기에/ 나는 더 큰 내가 될 수 있습니다./ 당신이 나를 떠 받혀줄 때 / 나는 더 강인해집니다.' (you raise me up 중에서)

나는 오늘 새날에는 모든 면에서 더욱더 좋아지고 있습니다. 오늘이란 귀한 선물 감사합니다. 소중한 오늘 건강하고 행복할 것입니다.
우리의 삶에서 은혜와 감사가 아닌 것은 단 한 가지도 없다. 무조건 감사를 하면 인생이 순풍에 돛단배같이 술술 풀린다고 한다. 긍정적이고 낙관주의자가 된다고 한다. 감사하면서 살고 싶다.
윤항기의 노래 '나는 행복합니다' 노랫말을 '나는 감사합니다'라고도 즐겁게 부르고 있다.

(『수필문학』 2019년 7월호)

김상환
월간 『수필문학』(1994) 등단
경남문협, 한국문협회원, 한국수필문학가협회 회원.
함안문협회장, 함안예총회장 역임
수필집 『따뜻한 손길』

김성배

그곳에 살고 싶다

내 고향…, 중학교를 졸업하고 떠났으니 16년간 살았구나.
고향이라는 따뜻한 감정은 있어도 지금은 부모형제 모두 하늘나라로 가셨고 가깝고 허물없던 벗들도 거의 모두 이 세상 사람이 아니다.
그리운 마음과 멀고도 서먹한 기분이 드는 고향이 내가 태어난 경남 공성이다.
부산에서 고등학교를 마치고 곧장 서울 생활이 시작되었다.
군 생활, 대학 생활, 직장, 결혼… 그리고 삶의 현장에서 누구보다 열심히 살았다.
은퇴 후에는 어릴 때의 향수에 젖어 시골에서 전원생활을 하고 싶어 찾고 찾은 곳이 산 좋고 물 맑고 인심 좋은 강원도 영월이었다.
'영월' 하면 어린 왕 단종의 슬픈 사연이 있는 곳이라는 작은 지식 외에는 별로 아는 것이 없었는데 김삿갓면 각동리에 작은 집을 짓고 자식들이 모두 분가하여 홀가분한 마음으로 아내와 둘이서 집 주위를 예쁘게 가꾸며 힘든 줄 모르게 지냈다.
영월을 잘 모르는 서울의 지인들이 우리도 만날 겸 관광도 할 겸 겸사겸사 자꾸 찾아오니 어느새 나는 자칭 영월의 홍보대사와 가이드가 되어 있었다.
대학 친구들, 직장 동료들, 고희 지인들, 그리고 내가 속한 장로 산악회 수필문학, 한국문인협회 등등에서 개인적으로 또는 버스를 몇 대씩 대절하여 단체적으로 찾아오셨다.

짧은 거리지만 작은 배를 타고 주위의 아름다운 풍광을 보며 도착한 아픈 역사를 품은 청령포에서 17세 어린 단종이 외로움과 그리움과 서러움속에 깊은 한을 품고 죽어가는 모습을 지켜봤다는 관음송과 함께 그려보며 그 옛날 슬픔을 되새겨 보았다.

청령포가 간직한 말 없는 한숨을 뒤로하고 회한의 세월을 삿갓과 죽장만으로 이땅 곳곳을 찾으며 발길을 이어가던 김병연 시인의 사연이 고스란히 담긴 김삿갓 계곡에서는 기념관에 전시된 詩 한 편 한 편을 읽으며 감탄과 함께 시인의 마음을 느낄 수 있어 행복해 하던 모습들이 지금도 눈에 선하다.

그 외에는 영월이 자랑하는 절경의 관광 코스를 안내하면서 이곳을 방문하신 모든 분들이 아름답고 순박한 고장에 무한한 호감을 가질 수 있도록 최선을 다했다. 떠날 때에 만족스러운 관광을 할 수 있게 해줬다고 고마움을 표시하여 나 또한 고생을 즐거움으로 보상 받는 기분이었다.

언제까지나 살고 싶었는데….

나이가 들며 하나뿐인 가족인 동시에 일생의 동반자인 아내가 아프기 시작하여 큰 병원이 가까이 있는 서울로 다시 가려고 준비했다. 마침 큰아들의 회사가 인천으로 옮기게 되자 아들 가까이 살고 싶어 생각지도 않았던 인천으로 이사를 했다.

너무나 소박하면서도 따뜻한 영월 사람들과의 헤어짐이 지금 생각해도 아쉽다.

특히 나를 보고 끊임없이 관광객들이 찾아올 때마다 모든 편의를 제공해 주려고 마음 써주시던 박선규 군수님의 후의(厚意)를 잊을 수 없으며 감사드린다.

또 성균관대 동문회 김영수 회장님과 다정했던 동창들….

서울 나의 교회(영락교회)와 오래전부터 인연이 있는 영월 장로교회에 가끔 참석하면 본 교회처럼 따뜻하게 대해 주시던 목사님을 비롯한 장로님들과 성도님들…, 그리고 영월을 대표해서 열심히 문학활동을 함께한 동강 문학회 文友들….

지금 생각해 보니 나의 지나온 날들 중에서 가장 여유롭고 행복한 마음으로 하루하루를 보냈던 곳이 영월이었던 것 같다.

이름 있는 큰 병원에서 몇 번의 위험한 수술을 하고 지금도 투병 중인 아내와 한 해가 다르게 노쇠해 가는 나 자신을 돌아보면 살고 싶어도 다시는 그 따뜻한 곳으로 갈 수 없다는 것을 알기에 더욱 그리운 그곳 영월….

지금까지도 그랬지만 앞으로도 누구에게나 따뜻한 마음을 나누어 주어 영월을 다녀온 모든 사람들이 다시 찾고 싶은 사랑받는 고장이 되기를 바란다.

내가 그리워하듯 누구에게나 잊지 못할 아름다운 영월이 더욱 알차고 건강하고 믿음이 가는 우리나라의 으뜸 관광 도시가 되었으면 하는 마음 간절하다.

(『수필문학』 2019년 10월호)

김성배
월간 『수필문학』 천료 등단(2010)
한국문인협회 회원, 한국수필문학가협회 이사, 기독문학시인협회 회원

김용관

주사위는 던져졌다

카이사르(Caesar, BC 100~44)는 가끔 씁쓸한 생각에 잠겼다. '알렉산드로스(Alexandros)는 30세가 못 되어 세계를 정복했는데 나는 지금 뭐냐~!' 40세가 되었다. 카이사르는 명분보다 실리를, 명예보다 권력을 택했다. 세계사 교과서에는 제1차 삼두정치라고 나온다. 카이사르, 폼페이우스, 크라수스 세 사람이 힘을 합했다. 로마의 중앙정치에 큰 영향력을 행사하게 되었다. 서로 밀어주고 도와주었다. 카이사르는 로마의 영토가 넓어지고 인구는 많아지니 원로원 중심의 통치체제인 공화정은 맞지 않고 제정(帝政)이 되어야 한다고 보았다.

원로원(300~600명)은 인재 풀(Pool)의 역할도 했지만 의사결정의 시간이 오래 걸리고 의원인 귀족들은 새로운 비전의 창출에 능동적이지 못하고 현상유지와 기득권 지키기에만 매달리고 있다고 생각했다. 원로원 주도의 공화정은 삼두정치의 출현으로 일정 부분 무너졌다. 카이사르가 갈리아(Gallia, 오늘날 프랑스)를 정복하러 떠났다. 7년간이었다. 카이사르의 능력이 유감없이 나타난 시기가 되었다. 「갈리아 전쟁기」는 수려한 문학적인 작품으로도 정평이 나 있다. 갈리아 정복의 성공으로 인기가 높아지고 그에게 힘이 실리게 되자 카이스르는 원로원에 정치적으로 부담스러운 존재가 되어 갔다. 카이사르의 해임을 결의하려 했으나 폼페이우스의 반대로 뜻을 이루지 못했다. 원로원은 폼페이우스(G Pompeius)에게 권력을 주기로 약속하고 포섭했다. '원로원의 최종 권고'가 결의 되었다. 갈리아 총독 카이사르는 원로원의 귀국 소환령에 복종할 것, 로마로 돌아와 집정관에 입후보할 것을 명령했다. '원로원의 최종권고'는 비상사태 선언과 다름없다. 호민관도 거부권을 행사할 수 없다. 최후의 통첩인 셈이다. 원로원은 카이사르가 끝났다고 판단했다.

카이사르의 인생관은 자신의 신념에 충실하게 사는 것이었다. 그의 신념은 로마 국가체제의 개조이고 조국 로마에 새로운 질서를 수립하는 것이었다. 내전은 부모와 자식, 형제, 친구사이를 갈라놓는다. 카이사르의 명쾌한 태도와 듣는 사람의 마음을 움직이는 솔직한 표현력, 갈리아에서 거둔 빛나는 공적은 로마의 젊은이들을 매료시키고 있었다. 평생 카이사르의 반대편에 섰던 키케로(M T Cicero)의 15세 아들도 열렬히 카이사르를 지지할 정도였다.

루비콘(Rubicon)강을 건너지 않으면 '원로원의 최종권고'에 굴복하고, 군단 지휘권을 내놓으면 내전은 피할 수 있다. 그러나 꿈꾸어 온 조국 로마의 새로운 질서 수립은 꿈으로 끝난다. 50년을 살아온 보람을 찾을 수 없다. 보람 없는 인생을 살았다고 인정하는 것은 그의 자존심이 용납하지 않았다. '원로원의 최종권고'에 복종하지 않으면 역적으로 규정하겠다는 것으로 그의 명예는 이미 더럽혀져 있었다. 그는 병사들을 모이게 했다. 수도 로마에서 자신을 겨냥하여 내려진 원로원 결정을 사실대로 말했다. 반대파가 온갖 책략으로 자신을 깎아 내리려고 취한 부당함을 지적했다. 목적 달성을 위해 폼페이우스까지 포섭한 원로원의 비열함을 비판했다. 나는 제군들과 더불어 그 동안 숱한 고난을 함께하며 승리를 거두었다. 갈리아를 평정하고, 게르만족을 몰아내어 국가에 지대한 공적을 세웠다. 그런데 원로원의 폼페이우스 일파는 나를, 너희들의 총사령관을 제거하려고 한다. 그들의 음모로부터 나의 명예와 존엄을 지켜 달라. 비장한 카이사르의 연설이 끝나자 병사들은 일제히 소리쳤다. "총사령관을 지키자." "총사령관의 명예를 지키기 위해서라면 어디

든지 따라갈 준비가 되어 있습니다." "고맙다. 너희들이 그처럼 나를 믿고 따라 준다면 나는 로마로 가서 그들의 음모를 쳐부술 것이다." 카이사르의 부하 장병들은 결의에 찬 우렁찬 음성으로 답했다. "총사령관 만세. 카이사르 만세."

　루비콘강이 어디인지 자세하지는 않지만 고대 로마와 갈리아의 경계였을 것으로만 짐작한다. 큰 강은 아니어서 건너기에는 어려움이 없었을 것으로 말해진다. 루비콘강은 군 주둔지에서 30km쯤의 거리였다. 한밤중에 출발했으니 이른 아침에 루비콘강에 도착했을 것이다. "이미 엎질러진 물이다. 이 강을 건너면 인간세계가 비참해지고, 건너지 않으면 내가 파멸한다." 병사들이 카이사르를 쳐다봤다. 카이사르가 힘 있게 외쳤다. "가자, 신들이 기다리는 곳, 우리의 명예를 더럽힌 적이 기다리는 로마로 가자. 주사위는 던져졌다."(The die has been cast) "장군의 뒤를 따르자."

　BC 49년 1월 12일, 카이사르의 생일이 50세 6개월이 되던 날이었다. 주사위(Dice)는 가장 오래된 놀이 기구라고 한다. 3천 년 전의 무덤에서도 발굴된다. 각 6면에 작은 점이 표시된다. 앞면과 뒷면의 숫자를 합하면 언제나 7이 된다. 점들의 합이 가장 큰 경우에 이긴다고 한다. 원시인들이 점치는 기구로도 이용되었던 모양이다. 카이사르가 루비콘 강을 건넌 이후, 되돌아갈 수 없는 상황, 결정을 다시 반복할 수 없는 상황, 다른 선택의 여지가 없을 때 쓰이는 말이 되었다. 마음을 다한 결심, 다짐과 각오의 의미가 담겨져 있다.

　여담 같지만 카이사르의 포용력과 인물됨이 느껴지는 얘기 한 토막이다. 13년이나 카이사르의 오른팔로 따르던 라비에누스(Labienus)는 루비콘강을 건너는 카이사르를 따르지 않았다. 아들과 노예들만 데리고 이탈했다. 카이사르는 두고 간 짐을 모두 그에게 보내주라고 명령했다. 그 후에도 그를 원망하지 않았다. 폼페이우스의 측근 쿠리오(Curio)가 그를 찾아왔다. 자기 사람으로 끌어안았다. 호민관 안토니우스(Antonius) 장군도 자기 사람으로 만들었다.

독일의 역사가 몸젠(T Mommsen, 1902 노벨문학상, 1817~1903)은 '인류가 낳은 가장 위대한 창조적 천재'라고 평했다. 천년 로마제국의 초석을 놓았다. 청사진을 그렸다. 역사는 카이사르를 시기했을까? BC 44년 2월 15일 종신독재관(Dictator Perpetua)에 취임했다. 꼭 한 달 후인 BC 44년 3월 15일 원로원에 들어서는 카이사르의 투니카(Tunica)를 킴베스가 잡아당겼다. "웬 무례한 짓이냐?" 곁에 있던 카스카(Kaska)의 단검이 목을 스쳤다. "카스카 이 천한 놈, 무슨 짓이냐?" 카스카는 겁에 질려 소리쳤다. "동지들 도와주시오." 부르투스(Brutus) 일파들이 카이사르를 공격했다. 단검에 찔린 곳이 23군데였다. 셰익스피어(W Shakespeare)의 「쥴리어스 시저(Julius Caesar)」에 나오는 "부르투스 너마저~"도 유명한 대사이다. 부르투스는 카이사르가 아들처럼 아끼던 최측근이었다.

누구나 인생에는 주사위를 던져야 할 때가 있다. 국가도 마찬가지다. 되돌아갈 수 없는 상황에서는 우유부단(優柔不斷), 좌고우면(左顧右眄) 하지 않는 결단의 용기가 필요하다.

최만리 등 신하들의 반대에도 불구하고 세종대왕은 훈민정음 제정에 주사위를 던짐으로 우리는 지금 문화민족이 될 수 있었다. 오늘날처럼 상대방은 모든 것이 틀렸고 내 주장, 우리 주장만 옳다고 정쟁에만 죽기 살기로 주사위를 던지면 우리는 앞으로 더 나아가지 못 한다. 내 이익 지키기, 내 몫 챙기기에 주사위를 던지면 우리 공동체는 공멸하고 말 것이다.

(『광주수필』 2019년 69호)

김용관
월간 『수필문학』으로 등단(2015. 4.)
한국수필문학가협회 이사 / 광주수필문학회원
『장로문학』 수필부문 문학상(2019)

김윤욱

웰싱킹(well-thinking)은 걷기 운동으로!

　우리나라는 세계 10대 경제 강국으로서 국민 생활수준의 향상과 동시에 의료기술 발전과 건강보험제도의 선진화로 평균수명이 급격히 늘어나 100세 시대를 맞고 있다. 그러나 우리 노년세대는 이 장수시대가 결코 희망적일 수만은 없다. 맑은 정신에 내 뜻대로 활동하다가 어느 날 홀연히 사라지는 게 가장 큰 희망인데도 지금 육체적, 정신적 질환의 확산에다 국정의 난맥상으로 국가의 모든 분야가 혼란 상태이기 때문이다.
　경제 대국에 의료제도가 선진국 수준이라고 하지만 소화기병, 심장병, 혈관 질환에 이어 정신질환 그 중에서도 인간의 존엄성을 상실케 되는 치매와 같은 무서운 질병이 창궐하고 있기 때문에 심신이 허약해진 노년세대들은 불안할 수밖에 없다 사회 경제적 구조의 변혁에 따라 우리나라의 미풍양속이던 대가족 제도는 허물어지고 소가족 또는 나홀로 시대가 됨에 따라 중병에 걸리면 신고려장(高麗葬)으로 일컬어지는 양로원으로 갈 수밖에 없는 추세 또한 노년세대들의 불안을 가중시키고 있다.
　의료기술이나 건강보험제도가 아무리 잘 확립되었다고 해도 자기의 건강은 1차적으로 자신이 챙겨야 한다. 그런 이유 때문인지 각종 정보매체에서는 다양한 건강관련 정보와 자료가 범람하고 있다. 내가 요즘 본 자료 중에서는 오시마 기요시라는 일본의 뇌과학자가 펴낸 "걸으면 젊어진다"라는 책에 수록된 웰싱킹(well-thinking)에 대한 연구 내용이 관심을 끈다.

　우리는 지금까지 걷기는 주로 육체적 건강을 위한 운동이며 그래서 건강이 좋지 않은 노인분들에게 많이 권장하던 운동이다. 그런데 오시마박사는 걷기 운동의 정신적 효과에 대하여 집중적으로 연구한 결과를 제시하고 있다. 걷기 운동은 "뇌를 깨우고 창의력을 향상시키며 마음의 안정을 취할 수 있기 때문에 현대적 정신 질환의 치유에 효과가 크다"는 것이다. 그 외에도 걷기는 집중력과 사고력을 15% 이상 증진시켜 주기 때문에 비단 노년들뿐만 아니라 학업에 전념하는 학생들이나 각 분야에서 연구에 몰두하는 청·장년들, 갈등과 스트레스를 겪으며 일하는 경영자 등 모든 분야의 사람들에게 필요한 만병통치적 운동으로 묘사되고 있다. 아인슈타인 박사가 걸으면서 상대성 원리를 생각해 냈다는 사실을 증거로 제시한 것도 웰싱킹의 한 사례라고 할 수 있다. 또한 내가 20여 년 전 위암 수술 후 퇴원할 때 주치의께서 들려준 "걸으면 살고 누우면 죽는다."는 말이 새삼 떠오르기도 한다.

　걷기 운동은 일찍부터 주창되어 온 육체적 활력을 증진하는 웰빙(well-being)과 더불어 뇌의 활성화를 위한 웰싱킹(well-thinking)의 양면적 효능을 갖고 있음은 틀림없는 사실인 것 같다. 등산이나 달리기 등이 모두 걷기 운동의 일환이기도 하지만 여기서 말하는 걷기 운동은 적어도 1주일에 3번 이상 일정한 시간에 일정한 거리를 습관적으로 계속 걷는 것을 말하는 것이다. 이렇게 걷는 데는 갖추어야 할 복장이나 신발로부터 걷는 자세, 보폭은 물론 호흡 등 많은 유의 사항이 있으며 이에 대하여는 전문가들의 조언과 일반인들의 체험적 사례들을 인터넷등에서 쉽게 찾아볼 수 있다. 그 외에도 또 중요한 것은 정신 자세이다. 모든 일을 긍정적으로 생각하며 매일 한 가지씩 테마를 정해 생각하면서 걸으면 그에 대한 사고력을 제고할 수 있다. 걷기 운동 중 일관되게 가져야 할 '즐기는 마음가짐'도 중요한 습성이라고 한다.

　나는 원래부터 허약한 체질인 데다 운동에 소질이 없던 터라 훈련이나 기교가 필요치 않은 걷기를 건강 유지의 기본기로 하고 있다. 그리고 다행히 내가 살고 있는 서울 서북단의 맨 끝자락에 위치한 은평뉴타운은 북한산이 병풍처럼 펼쳐져 있어 공기 맑고 조용한 데다 신도시로 건설하면서 북한산에서 발원한 실개천에 한강수를 끌어올리고 지하수를 개발하여 수량을 늘리고 3.2km의 실개천 양편의 산책로에 각종 진귀한 나무와 약초 등 화초류를 심고 아름답게 가꾸어 서울에서도 으뜸가는 산책로로 인정받고 있다. 이 산책로는 사시사철 남녀노소 산책객들로 붐빈다. 가끔씩 커다란 개를 몰고 나오는 사람들이나 자전거로 막 달리는 사람들이 산책 분위기를 거슬리기도 하지만 그런 것을 너그럽게 보아 넘기는 것도 산책객들의 자세가 되어야 하지 않을까 싶다.

조변석개식 교육제도와 과외 광풍으로 전인교육의 장(場)인 학교 교육이 붕괴되어 우리 자녀들이 가정에서는 하숙객이고 학교는 잠자는 곳이며 학원에서는 주입식 기계가 되어야 하는 오늘, 교육 과정에서 사라진 체육시간의 흉내라도 낼 수 있게 걷기 운동 시간을 설정했으면 하는 바람이다. 1주일에 3일 정도, 그리고 하루에 1시간 정도를 할애해서 3km 정도를 걷도록 한다면 버스 한 정거장 거리도 걷기 싫어하는 지금의 학생들에게 웰빙은 물론 웰싱킹으로 오시마 박사의 연구 결과처럼 학생들의 사고력과 집중력을 향상시킴으로써 본인들의 성취감은 말할 것도 없고 선생님이나 부모님께도 보은과 효도가 될 것이다.

이와 같이 걷기 운동이 노년 세대들을 비롯해서 온 국민에게 웰빙 및 웰싱킹할 수 있는 편안하고 안정된 세상이 되기를 기원한다.

김윤욱
월간 『수필문학』 등단(2015)
한국수필문학가협회 이사(현)
남강문학기협회 운영위원(현)

김재귀

3.1운동 100주년을 맞아 간송특별展, '대한컬렉션' 관람

　일제 강점기인 1935년, 일본 골동계 인사들이 하나같이 군침을 흘리는 매물이 있었다. 이른바 고려청자 '천학매병' 개성 근교에서 발굴된 이 청자는 골동 거간들의 손을 거쳐 시장에 나왔는데 가격이 몹시 높았다. 총독부 박물관에서도 가격이 높아 손을 대지 못했을 정도다. 그런데 일본 상인들이 큰 충격을 받은 일이 벌어졌다. 이 청자를 나이 서른도 안 된 식민지 청년이 2만 원의 대금을 치르고 사들인 것이다. 이 청년이 간송 전형필(1906-1962)이었다. 그는 일제 강점기에 빼어난 안목으로 우리 문화재의 가치를 알아보고 이를 지켜낸 문화재 수집가이자 보성중, 고등학교 동성학원 설립자다.
　당시 2만 원은 서울 장안에 쓸 만한 기와집 열 채를 살 수 있는 값이었다. 이 청자를 놓친 일본인 아미이캐는 간송에게 거래를 제안했다. "그 물건값은 몇 배 지불하겠소." 그러자 간송은 이렇게 대답했다고 한다. "이 천학매보다 더 좋은 물건을 저한테 가져다주시고 이 매병을 본금에 가져가시지요. 저도 대가는 남만치 치를 용의가 있습니다." 청자를 절대로 내줄 수 없다는 옹골찬 다짐이었다. 이 청자가 국보 68호, 고려 상감청자의 '백미'로 꼽히는 '청자상감운학문매병'이다
　1년 뒤인 36년 간송은 경성미술 구락부 경매에서 또 한 번 일본인을

놀라게 한다. 매몰로 나온 조선 도자기의 대표 명품 백자(국보 294호)를 14,580원이라는 거금을 불러 일본인 거상들을 물리치고 낙찰받은 것이다. 당시 명동 한복판에 자리한 경성미술 구락부는 일제 강점기 최대의 미술품 매매기관으로, 합법적인 문화재 반출구나 마찬가지였다. 그러나 간송에게 이곳은 우리 문화재를 지키기 위해 매번 전쟁을 치르는 최전선이었다. 간송은 여기서 멈추지 않고, 이듬해엔 영국인 수집가 '존 개스비'로부터 고려청자 20점(개스비컬렉션)을 인수했다. 서울의 기와집 400채를 사들일 수 있는 가격이었다.

일제 강점기에 간송이 지켜낸 청자와 백자, 개스비케컬렉션이 서울 동대문 디자인 플라자(DDP) 배움터 디자인 박물관에서 관객들을 만난다. 3.1 운동 100주년을 기념해 여는 '삼일운동 100주년 간송 특별전 대한컬렉션'이다. 서울 디자인 재단(대표 최경란)과 간송 문화재단이 함께 여는 전시로 국보 6점과 보물 8점 등 총 60여 점을 한 자리에 모아 전시하고 있다.

'수집 히스토리'에 초점: 백인산 간송 미술관 연구실장은 전시에 나온 '청자상감 운학문매병'을 가리켜 "고려 상감청자 기술을 보여주는 작품"이라고 했다. "당당하게 벌어진 어깨에서 굽까지 내려오는 유려한 곡선. 화려하면서도 정교한 모양이 탄성을 자아낸다."며 "요즘 도자 장인들도 고개를 저으며 이를 재현해 내기 어려워한다."고 그는 설명했다. 귀하기로는 백자도 마찬가지다. 백연구 실장은 "이 화병은 조선백자 기술의 총집약체"라며 "다른 백자에서도 보기 드문 코발트색 난과 붉은색, 갈색 꽃의 빼어난 발색을 눈여겨보라"고 주문했다.

삼일운동 100주년의 정신을 살린 이번 특별 전시는 수집을 둘러싼 비화를 공개하는데 초점을 맞췄다. 전시품 하나하나가 일본인 손에 넘어가거나 세상에서 사라질 뻔한 위기에 처했던 문화재이기 때문이다. 말 그대로 친일파 집에서 불쏘시개가 될 뻔했던 겸재 정선(1676-1759)의 화첩인 『해악정신』도 그 중 하나다. 오래전 골동계의 원로이던 장형수가 1933년 남의 집 아궁이 앞에서 이를 적극적으로 구해낸 이야기가 아찔하다. 당시 그는 경기도 용인군의 한 친일파 집을 찾아갔다가 그곳에서 우연히 하룻밤을 머물렀는데, 밤에 변소에 가다 보니 군불을 때던 머슴이 문서 뭉치를 아궁이에 넣고 있었단다. 그 안에 땔감으로 끼어 있던 책자가 겸재 정선의 화첩이었다. 그 시각에 변소에 가지 않았거나, 한 발짝만 늦었어도 영원히 아궁이에서 사라졌을 터다. 정선이 금강산을 중심으로 한 강원도와 동해안 일대의 명승지를 그린 이 화첩은 후에 간송 손에 들어갔고 이번 전시에 나왔다.

개스비컬렉션을 인수한 사연도 인상적이다. 고려청자 수집가였던 영국인 변호사 개스비가 고국으로 돌아간다는 소식을 듣고 간송은 일본으로 달려가 20점을 인수했다. 집안 대대로 내려오던 충남 공주 일대 땅 일만 마지기를 팔고 그 대가로 얻은 '우리 보물'이었다.

DDP에서 마지막 전시 : 이번 전시는 간송미술문화재단(이하 간송 재단)이 동대문 디자인 플라자에서 여는 열세 번째 전시이자 마지막 전시다. 그동안 간송 재단은 DDP에 수장고를 마련하고 지난 5년간 협력하며 전시를 이어왔다. 전인건 간송 미술관장은 "1938년에 지어진 서울 성북동 보화각(간송 미술관)이 낡고 협소해 그동안 그곳을 떠나 DDP에서 대중적인 전시를 해왔다."며 "앞으로는 다시 성북동으로 돌아가 빠르면 금년 가을, 늦어도 내년 봄부터는 관람객을 다시 맞겠다."고 말했다. 최경란 서울 디자인재단 대표는 "간송 컬렉션은 간송이 문화보국 정신으로 지킨 것들"이라며 "삼일운동 100주년의 의미를 전하기 위해 뜻깊은 전시를 함께 준비했다."고 말했다.

필자는 2013년 12월에 발간한 수필 『기다림의 행복』(제2집)에서 '굿바이 동대문 운동장아!'의 마무리 글에서 동대문 운동장은 '한국 스포츠의 역사이자 체육인의 마음의 고향이었다. 풍물 벼룩시장도 신설동 서울 풍물시장으로 옮겨갔다. 환호성과 탄식 희비에 쌓인 82년의 세월! 추억과 옛이야기 거리를 간직한 채 우아하게 나이를 들어갔으면 좋겠는데!'라고 소개를 했었다. 나무 한 그루 한 그루가 오랜 세월을 지나 든든한 뿌리를 내리면 아름다운 숲을 만들 수 있다. 지붕이 없는 미로와 같은 '동대문 디자인 플라자(DDP)'가 서울 패션 디자인 중심지로 재탄생하였으니 새로운 추억은 미래지향적인 공간에서 찾을 것이다.

김재귀
월간 『수필문학』 등단(2005) 제26회 수필문학상
한국문인협회 회원, 한국수필문학가협회 이사
수필집 : 『천년의 향나무』, 『행복지수 플러스』 외 다수

김정태

옛날에 금잔디

　살아가며 가끔은 좌표를 잃어버리고 허우적댈 때가 있는데 그럴 때면 잠시 일상에서 벗어나 먼발치에서 바라보면 모든 것이 일목요연하게 보여진다. 애증과 갈등의 협소한 공간이 너그러워지고 집착했던 것이 지극히 하찮은 것이었음을 깨닫게도 된다. 학창시절 슬럼프에 빠질 때면 무작정 시외버스를 타고 나가 마음을 추스르곤 했던 적이 있다. 여행은 힐링(healing)과 문제해결을 위한 훌륭한 수단이 될 수 있다 하겠다.
　재직시절, 어느 경제 단체의 인사 노무 시찰단 일원으로 일본 출장을 간 일이 있었다. 업무와 관련된 부담 때문인지 미지의 곳에 대한 불안 때문이었는지 출장에 앞서 모종의 두려움과 설렘으로 밤잠을 설쳤던 기억이 새롭다. 당시 출장에서는 경단련 측의 협조로 일본의 분야별 대표 기업들을 방문할 수 있었다. 세계 굴지의 S전자를 갔을 때, 노조위원장과 인사 책임자가 손을 잡고 같이 들어와서 노사문제를 설명해주었다. 둘은 대학 동기인데 한 명은 인사책임자요, 한 명은 노조 책임자로 대립 노선에 서 있다고 했다. 노선은 틀리지만, 궁극적으로는 회사를 위해 같이 노력한다며 노사문제를 어떻게 풀어 가는지 설명해 주었다. 그들은 노사가 머리를 맞대고 한해의 경영전략을 수립하면서 먼저 당해 연도 매출을 어떻게, 얼마로 늘릴 것인가를 협의하고 그 늘어난 파이(pie)를 가지고 주주와 회사와 사원에게 어떻게 배분할 것인가를 논의한다며 그것이 노사협의의 요체라고 했다. 오일쇼크 같은 악조건으로 회사가 어려움에 봉착했을 때는 임금을 동결했고 때로는 임금 일부를 반납하고 실적이 회복될 때 그것을 돌려받는 방안을 노조가 앞장서 제시하기도 한다고 했다.

도쿄 긴자 거리 어느 대형마트에 들렀을 때 남자들이 카타를 끌면서 장을 보는 모습이 눈길을 끌었다. 우리에게는 낯설어 민망스러운 광경이었는데 알고 보니 그것은 일본의 주말부부들 모습이었다. 당시 일본 직장인들은 생계를 위해 맞벌이를 해야만 하는 사회구조였다. 부인은 오사카에서 남편은 도쿄에서 떨어져 근무하다가 주말에 만나는 식의 주말부부들이었다. 그 시절 우리나라는 여자 사원들이 결혼을 하면 직장을 떠나 가정을 다스리는 것이 정해진 코스였다.

그때 우리나라 대졸 초임은 50만 원 수준이었고 일본은 18만 엔이었다. 4)환율이 5:1이었는데 얼핏 환산하면 50만 원 대 90만 원으로 일본이 높아 보이지만 물가가 다섯 배 정도였으니까 그대로 50만 원내 18만 원이었을 뿐이다. 그것 받고 어떻게 살아가느냐 했더니 "적정 수준으로 우리는 모두 만족하고 있어요" 했다. 적은 월급이지만 당연한 것으로 받아들이고 해결책을 찾으려니 맞벌이, 주말부부를 해야 했다. 뿐만 아니라 낭비할 여유가 없으니 생맥주 한잔을 해도 모두가 더치페이를 하는 풍토가 확립되어 있었던 것이었다. 나이 들어 은퇴할 무렵이 되면 손바닥만 한 '내 집'을 마련하여 문패를 걸어놓고 부부가 감동의 눈물을 흘린다고 했다.

그것이 그때 경제대국 일본 직장인들, 일본 사람들의 모습이요 삶이었다. 힘들고 숨 막히는 **빡빡한** 삶 속에서도 언론이나 정치가 금수저, 흙수저 청춘수당 타령으로 젊은 아이들을 들쑤셔 놓지 않고 각자의 위

---

4) 1990년 당시 원화대 달러는 700:1 엔화대 달러는 150:1정도

치에서 열심히 살아가는 모습이 내게 비춰진 당시 일본의 모습이었다. 언젠가 일본 거래처 부장이 한국에 출장 나와 모 과장 집에 초대받은 적이 있었다. 30평 아파트에 사는 모습을 보고는 어떻게 이렇게 넓은 집에 사느냐?며 부러워 입을 다물지 못했다.

봄 기운이 아직은 차게만 느껴지던 몇 주 전, 둘째 아이가 일본에 잠깐 바람이나 쐬고 오자고 해서 후쿠오카를 다녀왔다. 후쿠오카 텐진의 솔라리스 호텔에 숙소를 정해 놓고 많이 걷고 맛있는 것 먹고 많이 보는 여행을 하기로 했다. 그러자니 하루에 보통 2만 보씩 어느 날은 3만 보를 걷기도 했다. 호텔 아침 식사는 분위기도 좋고 맛도 좋았다. 패키지여행에서 호텔 조식은 한 끼를 때우는 것에 불과하지만 자유여행에서 가족끼리의 호텔 조식은 은혜와 축복이요 그 자체가 평화였다. 하카타 캐널시티의 분수 쇼, 모네의 풍경화를 연상케하는 유후인의 유노쓰보 거리, 우리는 줄을 서서 고로케도 먹고 아이스크림도 먹고 각종 볼거리를 구경하며 긴린코(金鱗湖) 호수까지 갔다. 그러다가 유후다케를 넘어 벳부까지 가서 규슈 동부의 바닷가 해변을 걸어도 보았다. 다자이후에서는 인파에 섞여 매화모찌와 매실사이다를 사 먹으며 즐거워도 했다. 야나가와의 버들잎 늘어진 강가에 뱃놀이 하는 풍경, 모모찌 해변의 모래 사장과 바닷바람. 남해 바닷물이 이곳까지 흘러왔을 것이라며 바닷물에 손을 적시고는 소녀처럼 좋아하던 아내의 모습. 여행을 통해 배려하고 사랑하며 같이 즐거워했던 시간이 꿈처럼 황홀하다.

며칠간의 여행에서 우리는 일본 거리의 질서와 친절, 활력을 보았다. 그 친절과 질서가 참으로 따뜻하며 소중한 것이며 또한 삶을 얼마나 편하게 해주는가를 새삼 깨닫게 했다. 차들은 신호등 앞에서 정지선을 철저히 지킨다. 전철을 기다리는 사람들은 승객들이 다 내릴 때까지 미동도 않고 칼같이 기다려준다. 출퇴근 그 바쁜 시간에도 계단이나 대합실을 뛰는 젊은이들이 없고 발걸음은 밝고 당당하다. 전철 안은 물론 에

스컬레이터를 오르내리며 부둥켜안고 히히덕거리는 장면도 없다. 핸드폰을 보며 길을 걷는 모습도 드물고 길거리에 개를 끌고 다니는 사람들도 보이지 않는다. 음식점이나 상가에 사람이 북적거리고 웬만한 곳은 줄을 서서 기다려야 한다. 라면 한 그릇을 사 먹으려 해도 줄을 서고 패밀리마트에 가도 줄을 서야 했다. 잃어버린 20년은 옛말이다. 경제가 살아 활력이 넘치고 사회의 구석구석은 법치와 질서로 청결하고 깨끗하다. 거리는 미세먼지도 없고 날씨마저 따뜻하여 편하고 쾌적하기 이를 데 없었다. 내가 편하고 아름답고 즐거운 것은 남들도 편하고 즐거운 법이다. 일본은 스스로 공유할 편하고 쾌적한 문화를 만들어 소중하게 가꾸고 다듬는 사회처럼 보였다.

그동안 일본은 우리에게 교활하고 야비하고 악질적인 족속들로 각인되어 있다. 정치인들의 못된 침략 근성은 아직도 틈만 나면 민족 감정에 불을 지르고 있어 치가 떨리지만, 그 일상의 모습은 얄미울 정도로 가지런하고 평온하기만 해 보였다. 불현듯 광화문 거리의 어지러운 천막이 떠오르고 꽹과리 확성기의 환청(幻聽)이 들려와 가슴이 답답해져 왔다.

일본 출장을 마치고 돌아오던 비행기 안에서 일행들은 결의나 하듯이 외쳤었지.

우리는 일본처럼 살지 말자! 우리는 더치페이로 빡빡하게 살지 말자!
우리는 절대 마누라에게 맞벌이를 시키지 말자!

그것이 30년 전의 일이었다. 그동안 일본도 변하고 한국도 변했다. 일본은 잃어버린 20년을 벗어나 골목마다 활력이 넘치고 있다.

풍요롭던 대한민국은 지금, 남북문제, 탈원전, 소득주도, 최저임금 등으로 몸살을 앓고 있다. 맞벌이는 이미 생존을 위한 필수가 되었고 워킹맘들은 가정과 직장 문턱을 넘나들며 숨이 넘어갈 지경이다. 수렁을 향해 질주하는 듯한 위태로운 세월이지만 모두들 패배의식으로 길들여져 가마솥의 개구리처럼 무디어져 가고 있다. 저주와 증오, 적개심으로

김정태 133

얼룩진 광장은 나팔 소리 요란한 채 어떠한 감동이나 환호도 없다. 힐링(healing)과 문제해결 수단의 여행(?)도 별무신통인가? 조그마한 삶의 반향(反響)에도 곧잘 감동과 떨림으로 환호하고 의기가 치솟던 그 푸르렀던 계절! 옛날에 금잔디 동산이 그리운 세월이다.

(『수필문학』 2019년 7월호)

김정태
연세대학교 법대, 『문학의 봄』 수필등단 (2015)
동아꿈나무재단 이사, 한국문인협회, 국제PEN한국본부 회원
『희망의 사다리』(수필집), 씨알의 문학상 수상 (문예춘추사)

김종기

비정사회와 반려동식물

요샌 반려(伴侶)의 전성시대다.
반려자란 짝이 되는 부부나 친우의 교분(交分) 관계를 뜻하는 좋은 말이다. 그런데 이 아름다운 정애(情愛) 관계가 반려의 대열에서 추방당하고, 현대에 와서는 반려의 반열에 오른 대상이 동식물로 확장되는 시세(時勢)다. 대표 주자는 반려견(犬, 개)이다. 게다가 반려묘(猫, 고양이), 반려귀(龜, 거북), 반려어(魚, 물고기), 반려서(鼠, 쥐), 반려사(蛇, 뱀), 반려조(鳥, 새), 반려돈(豚, 돼지) 반려악(鰐, 악어), 반려충(蟲, 벌레), 이제는 반려식물(伴侶植物, 나무나 꽃, 그중에도 다육이)까지…, 그 종류를 다 헤아려 옮길 수 없이 확장되고 있다.
현대인이 고독을 해소하려는 방편으로 동식물을 반려로 삼고, 이제는 더 나아가 벌레에 이르고 있다. 어디까지 확장될까 모를 일이다. 본래는 눈먼 이를 인도하는 개를 반려견이라 부른 데서 나온 고마움이 담긴 말이었다. 다시금 인간끼리의 따뜻한 반려가 회복되어야 한다. 막상 아이를 입양한다는 말은 사라져 가고 동물을 입양한다고 말한다. 돈을 주고 사는 걸 말하기도 하고, 유기된 짐승을 데려 오는 일을 말한다. 어미 개에게 허락을 받은 입양이 아니라 돈벌이의 일환이라면 더욱 큰 문제다. 키우다 싫어지면 언제 어디서나 버리면 유기(遺棄)이고, 팔아버리면 파양이 되는 것일까? 입양과 파양은 사람에 한하여 쓰인 말이었는데, 어느새 사람의 영역이 침범 당하고 있다. 어린이를 낳아 키우는데 돈이 많이 들어 장가 시집도 가지 않고, 혼자 산다면서 반려동식물을 키우면, 힘 드는 건 말할 것도 없고, 돈도 거의 아기를 키우는 만큼이나 든다. 사 오는 돈은 말할 것 없고, 먹이고 입히고 재우고 운동시키고 미용 단장하고, 예방 주사 맞히고 병들면 약 먹이고 주사 맞히고 심지어 수술까지 시키고…, 어린 아기보다 더 손이 많이 가고 돈도 많이 든다는데 왜 이러는지 모르겠다.

반려인과 반려자는 다 사람끼리를 가리키는 말이었는데, 요사인 사람을 반려하면 반려자(伴侶者)라 하고, 동물을 반려하는 사람은 반려인(伴侶人)이라 부른다. 개의 주인을 오히려 반려인이라 하니 이 모순된 표현은 어찌 된 것인가? 신문에서 반려인 1천만 시대라는 사설이 실리고 있다. 우리 인구 약 5천 2백만, 5분지 1, 1천만이 동물의 반려인이 되는 셈이다. 더 심각한 건, 결혼하지 않으니 또 이혼자가 많아지니, 게다가 외로운 늙은이가 많아지는 추세니, 사람끼리의 반려자보다 동식물을 기르는 반려인이 훨씬 많아질 시대가 멀지 않다. 반려인이 많아질수록 인구절벽에 다다라, 인간 스스로 소멸될 위기의 시대가 도래할 것이다. 유아나 어린이나 청소년이 없어지고, 독신자(미혼자)와 이혼자와 노인이 가득하면 우리나라는 고독 국가, 노인 국가, 이웃 없는 국가에다가 동식물의 반려인이 충만한 국가가 될 참이다. 아름다운 지구촌의 한반도에, 인류 자멸의 황량한 시대가 맨 먼저 닥치지 않을까?! 나의 노파심이 애면글면하다.

개 이름을 '사랑, 나비, 이쁜이. 토실, 깔끔, 까미'이라 지은이들이 있다. 우리 고유어로 지은 이름이니 애국심의 발로일까? '다빗, 지니, 레인, 미키, 말로, 쵸코, 포비' 외래어투성이니 비애국자이라 할까? 더욱이나 개의 품종에 대한 관심이 너무 지나치다. 다분히 값의 고하(高下)와 순종, 잡종 등을 따지는 건 상거래를 전제한 관심이며, 비싼 개의 주인이라며 품격을 뽐내고, 사고 팔 때 가치의 우월성을 자랑하고픈 심리가 숨겨져 있다. 애완견도 포화 상태지만, 유기견도 극심하다. 지방 자치단체마다 감당하기 힘들어 몰래 도살한다고 한다. 알려지면 곤욕을 치르기 때문이다. 유기견을 보호한다는 미명 아래, 지원을 받던 케어단체에서 수를 감당할 수 없게 되자, 몰래 안락사를 시켰다고 온 나라가 들썩이고, 그녀에게 보호 지원금을 보내준 사람들이 분노했었다. 심지어 그 단체 대표는 처벌을 받을 처지에 놓였다. 동물 구조 요구는 폭발적으로 늘어나지만, 구조 보호할 시설은 턱없이 부족해 난감할 정도다. 보호소 운영 부담을 어찌해야 할까? 유기와 파양의 건수에 비례해 입양 건수는 턱도 없이 부족하다. 특히 상처를 입었거나 병들어 불치라면 속수무책으로 내버려진다. 버려지는 개 고양이는 들개 길고양이가 되어 굶주림을 견디지 못해 민가를 침범해 고통을 받는 사람들, 공격을 받는 경우도 허다하다.

개에게도 인권?! 요사이 개의 인권이라는 말을 당당히 쓴다. 견권(犬權, 혹은 物權)이라 해야 맞는 말이다. '동물보호를 위한 인도적 처리'라고 해야 할 것이다. 오직 동물보호법에 준해 처리해야 할 일이다. 생명 윤리에 입각한 배려가 마땅하다. 외국에서는 동물 거래를 금지하는 법률이 실현되고 있다. 우리나라도 법이 만들어져야 하고, 돈을 벌기 위해 좋은 품종을 대량생산하는 일이나, 은밀한 거래가 금지되어야 한다. 일단 키우기로 했으면 책임지고 끝까지 애호해야 하고, 마지막이 되면 스스로 죽을 때까지 그 주인이 보호해야 한다. 어쩔 수 없을 때는 정당하게 안락사를 시켜야 한다. 감정의 기복 때문에 입양, 파양, 유기, 방기하는 일은 결단코 없어야 한다.

"인간의 사랑을 많이 받는 동물일수록 불행하게 죽는다."는 역설적인 말이 우리 사회에 회자(膾炙)되지 않도록 아끼고 돌보아야 한다.

(『수필문학』 2019년 12월호)

김종기
『크리스천문학』『현대시조』『문예사조』 등단
·한국문인협회, 국제펜클럽한국본부 회원, 한국장로문인회 이사
·저서 : 『빈자리에 내리는 햇살로』, 『코끝 찌잉한 웃음』 외 10권
·수상 : 장로문학상, 아름다운 문학상 외 다수

김종원

인사동 골목길

　대도무문(大道無門)이란 거창한 말도 있지만, 탄탄대로(坦坦大路)인 큰길보다는 좁은 길인 골목길을 나는 더 좋아한다. 이는 농촌에서 나고 자란 나에게는 당연한 귀결(歸結)의 정서가 아닌가 하고 단정해 본다. 특히 가을에는 누렁 열매가 주렁주렁 열려 황금빛 신비를 느끼게 하는 감나무가 몇 그루 서 있고 오밀조밀(奧密稠密)한 초가지붕이 정다운 그런 풍경의 골목길을 더 좋아한다. 더욱이 인생 80고개를 넘은 요즘도 나는 고향을 생각할 때마다 많은 형제 중에서 어머니의 사랑을 가장 많이 독차지 할 수 있는 막내로 자란 관계로 초등학교 입학기가 도래할 때까지도 가족의 반찬거리를 위해 채소밭에 가는 어머니의 손목을 잡고 따라가던 그 골목길이 늘 생각나면서 눈에 선하게 펼쳐지기도 한다.
　고향 마을의 골목길에는 늘 아기자기한 인정이 흐르는 곳이요 고향의 애틋한 정서(情緖)가 피어난다. 나의 유년 시절에는 모두가 보릿고개를 넘어야 했기에 군것질감이 그리 많지 않아 주로 콩이나 밀 같은 오곡류를 많이 볶아서 먹기도 했는데 그럴 때는 그 고소한 냄새가 골목길을 따라서 온 마을로 퍼져 나가기도 했다. 코를 킁킁대며 고소한 냄새를 놓치지 않으려고 골목길을 휘젓고 다니던 그때가 늘 새롭게 다가온다. 냄새의 진원지(震源地)를 찾아내면 괜히 무슨 볼일이라도 있는 것처럼 대여섯 명의 개구쟁이들이 몰려가서 "철이야 놀자" 소리치면 철이 어머니는 금방 상황을 알아차리시고 우리들을 집안으로 불러들여 주머니 한가 득 볶은 콩을 한 줌씩 넣어주던 그런 훈훈한 인심을 어이 잊을 수 있으 랴! 이처럼 내 고향 마을 돌담길 골목길에는 언제나 인정이 철철 흘러 넘치던 곳이다.

요즘도 나는 골목길을 많이 가지고 있는 서울 인사동(仁寺洞)을 자주 찾아간다. 아마도 한 달에 한 번 이상을 찾아간다고 볼 수 있는데 복잡 미묘한 골목길이 좋아서다. 수필을 사랑하는 문인 친구들이 함께 모이 는 오우수필문우회가 또 인사동에서 열리기 때문이기도 하다.

안산에 살고 있는 나는 4호선 전철을 타면 1시간이면 서울역까지 후 닥닥 실어 준다. 교통카드 덕택으로 전철 요금은 물론 공짜로 말이다. 참으로 고마운 노인우대 정책이 아닐 수 없다. 오우수필문우회가 2001 년에 탄생했으니 벌써 20년이 가까워 오기 때문에 오우수필문우회는 청 년기에 접어들었다고 할 수 있으나 회원들은 모두가 70세를 넘어선 노 인들이다.

무료한 시간을 많이 가지고 있는 나는 서울 바람을 쐬거나 우울한 기 분을 전환하기 위해 모임에는 빠지지 않고 참석하려고 노력한다. 회원 모두가 중후(重厚)한 나이에 수필을 좋아하는 심성이 한데 어울려 나누는 구수한 대화들이 너무 좋아 꾸준히 참석하고 있다.

서울 인사동에도 골목길이 많다. 그래서 나는 인사동을 좋아한다. 인 사동은 큰길 보다 아기자기한 골목길로 이루어져 있다. 나의 인사동 진 입로는 지하 서울역에서 1호선으로 갈아타고 종각역에 하차하여 3번 출 구를 통해서 밖으로 나와 옛 국세청 빌딩을 지나 인사동 쪽으로 방향을 잡아 조금만 들어가면 인사동 골목길들이 펼쳐진다.

인사동 골목길에 들어서면 관광객들이 항상 여유 있는 걸음으로 느릿 느릿 움직이고 있는 것이 특징이다. 결코 빠른 걸음이 아니다. 그만큼 시간적으로 여유 있는 사람들의 모습들이다. 모처럼 맞은 관광 시간을 최대한 즐기려는 그들의 모습에서 여행의 즐거움을 발견할 수 있다. 나는 빠른 걸음으로 관광객들 사이를 뚫고 인사동 한복판에 자리 잡은 목적지에 도착하면 오우수필문우회가 탄생하고 지금까지 지극정성으로 키워준 상록갤러리가 언제나 활짝 웃는 모습으로 나를 반겨준다.

거미줄처럼 펼쳐진 인사동 골목길에 깃들어 있는 우리나라의 역사와 소박한 정서가 다만 관광객들의 마음에 조금이라도 심적 감동과 충격을 가져다주기를 간절히 기원해 볼 뿐이다.

(『수필문학』 2019년 9월호)

김종원
월간 『수필문학』 천료 등단(1998)
한국문인협회 회원. 한국수필문학가협회이사
법무부장관상(문예우수). 교도관 35년 봉직 정년퇴임.

김형규

풀꽃을 찾아서

　삼 년 전 한여름이었다.
　느릿느릿 걷는 톱니바퀴 열차를 타고 새하얀 만년설이 뒤덮인 유럽의 지붕 융프라우에 올랐다. 봉우리와 골짜기, 파란 호수, 숨 막히는 풍경이 사방에 펼쳐졌다. 하얀 구름 위의 행복한 산책이었다. 풀꽃으로 물든 들판과 젖소 떼를 지나 구부러진 터널을 뚫고 나가자 광활한 침엽수림이 펼쳐졌다. 무리지어 피어난 늘판의 각가지 풀꽃이 내 눈 속에 들어왔다. 그때의 아련한 가슴 설렘이 아롱아롱 추억되어 맺혀 있다.
　사람들은 산과 들에 피는 꽃을 흔히 야생화, 산야초, 자생화, 풀꽃, 들꽃이라 부른다. 나는 풀꽃이란 이름이 그저 좋다. 형형색색의 풀꽃은 종류도 다양하거니와 아기자기한 이름도 많다. 달맞이꽃, 비수리꽃, 쑥부쟁이, 애기똥풀, 며느리밥풀, 궁궁이, 너도바람꽃, 비비추꽃, 금낭화, 복수초, 구절초….
　그냥 미소 띤 여린 꽃잎의 모습과 색깔이 예뻐서 사람들이 붙여본 이름이리라. 풀꽃들은 자신의 이름을 불러달라고 요구하지 않는다. 자신의 이름도 모른다. 때가 되면 그 자리에서 소리 없이 피어나고 진다.
　언제부터인가 나는 풀꽃에 관심을 가지게 되었다. 화사하고 화려한 꽃보다 숨은 듯이 몰래 피어나는 풀꽃이 좋아서다. 스스로 드러내어 자랑하지 않고 뽐내지도 않는다. 큰 꽃들을 시기하거나 탐하지도 않는다.

꽃잎마다 순수함과 청렴성이 고스란히 묻어난다. 꿀벌과 나비가 찾아들면 반갑게 맞이한다. 가녀린 줄기를 뻗어 다소곳이 피어나는 꽃이 앳되고 귀엽다. 누가 가꾸고 돌보지 않아도 온 정성을 쏟아 피워낸다. 밤하늘의 달빛과 별빛을 삼키며 이슬로 살포시 품어 안는다. 비바람에도 쓰러지지 않는 굳센 의지와 인내심이 그립다. 새 소리, 바람 소리, 물 소리에 깨어나 깨끗하게 꽃잎을 씻는다. 바람이 데려가는 곳이라면 풀꽃은 어디서나 새롭게 태어난다. 하얗게 바랜 가슴 두고 간 자리에 바람이 어루만져 주고 가득히 사랑을 채워놓는다. 풀꽃은 자세히 보고 오래 보아야 예쁘고 사랑스럽다.

영국의 시인이며 화가인 윌리엄 블레이크(William Blake)는 "한 알의 모래에서 우주를 보고, 들판에 핀 한 송이 꽃에서 천국을 본다. 그대의 손바닥에 무한을 쥐고, 찰나의 순간 속에서 영원을 보라"고 노래했다.

며칠 전, 그리움이 맺히고 쌓인 고향 언덕을 찾았다.

실바람이 불어오는 가을 언덕에 남몰래 수줍어 미소 짓는 풀꽃이 피어나고 있었다. 누구를 사모하기에 외롭게 기다리고 있는 것일까. 오고 가는 사람들이 무심하여 본 듯 만 듯 지나쳐도 무엇 하나 투정하지 않는다. 비바람에 시달리어 무척 힘들지 않았을까. 은은한 향기는 가까이만 머물러도 풀꽃의 맑은 영혼이 아름답게 피어난다. 구름다리 건너 밤하늘의 달이 되고 은하수를 건너 별이 되리라.

오솔길을 걸으며 풀꽃을 바라보면 나 자신이 살아갈 의미 있는 존재라고 깨닫는다. 인간이 아닌 풀꽃과 사귀는 시간은 새삼 귀중하고 아름답다. 삶이란 무엇이며 인생이란 무엇이고 사랑이란 무엇인가. 대답 없는 물음에 가을은 깊어만 간다.

얼마 전, 나는 사진작가인 친구 한 명을 병고로 잃었다. 일찍이 카메라와 야생화 도감을 들고 풀꽃을 찾아다녔다. 희귀한 풀꽃을 찾아내고 그 참모습을 담기 위해 방방곡곡을 누볐다. 훤칠한 체격에 다정다감한 친구였는데 애틋하기 그지없다. 물리학을 전공하여 장학관과 과학교육연구원장도 역임했다. 퇴직 후에도 풀꽃 사진에 관한 연구와 강의를 꾸준히 계속하였고 풀꽃 전시회도 여러 번 개최하였다. 동호인들과 풀꽃을 찾아 들과 산으로 부지런히 나갔다. 풀꽃 사진첩도 여러 권 내놓았다. 친구는 풀꽃이 세상에서 가장 아름답다고 했다. 풀꽃 속에는 야릇한 신비함이 담겨 있다고 했다. 풀꽃 사진은 찰나의 순간을 포착하고 그리움을 담아야 생명이 살아난다고 주장했다.

내 집에는 선물로 받은 풀꽃 사진 한 폭이 걸려 있다. 친구와 풀꽃이 생각날 때면 시선은 그곳에 머문다. 지금은 풀꽃 속 천국에 머물면서 풀꽃을 사랑하고 연구하고 있을지 모른다.

어느덧 노을 진 서녘 하늘에 내 마음이 붉게 물든다. 올가을에는 풀꽃과 함께 더욱 비옥한 시간을 가꾸고 싶다.

김형규
『문학세계』 등단(1998), 경북대학교 명예교수
한국수필문학가협회 이사, 한국문인협회 회원
수필집: 『어머니의 그림자』, 『빠알간 석류알』, 『보랏빛 맥문동꽃이 필 때』

김형애

멋진 인생

요즈음은 꽃들의 천국이다. 어디를 가나 아름답게 핀 꽃들이 환한 웃음으로 우리를 바라보고 있다. 그들을 보고 있으면서 어두운 이 나라의 정치, 경제 문제를 잠시나마 잊을 수 있는 위로를 받는다.

우리나라에도 100세 시대가 왔다며, '내 나이가 어때서'라는 노래 가사가 한창 뜨고 있다. 90세 이상 된 노인들이 농가에서 파종하며 부지런히 일 하는 모습이 심심찮게 텔레비전을 통하여 방영되고 있는 것이 한국의 현실이다.

2019년 4월 30일자 조선일보 100년 포럼에서는 '가장 빨리 늙는 한국… 이민 수용 늘리고 연장자 지혜 재활용해야'라는 제목의 기사가 실렸다.

내용은 갈망하던 장수가 사회문제로 가족 행복 등 모든 개념이 바뀔 수도 있으며, 다이내믹 코리아가 다잉 코리아 돼 돈 쏟아붓는 저출산 대책의 잘못을 지적하며, 아이 낳는 좋은 환경을 만들어야 한다는 의견을 한 참석자는 내어놓았다. 또한 지금 2030세대는 임금피크제나 정년에 관심 없고, 늙어서 국민연금 받을 것으로 기대도 하지 않는다고 말한 젊은 참석자는 "저 같은 젊은 세대는 백 살까지 사는 것보다 스위스처럼 존엄사를 합법화하는 이슈에 더 공감하는 것 같다."라는 말도 덧붙였다.

중환자실에서 의식도 없이 생명을 연장하고 있는 수많은 환자들을 보면 '사전연명의료의향서'를 작성하여 둘 필요가 있다.

2012년 6월 타임스지는 'How to die'(어떻게 죽을 것인가)를 실었고, 여러 나라에서 죽음에 관한 영화도 다양하게 제작되었다. 그중 한편을 소개한다. 프랑스 영화로 '여름의 조각들(Summer Hours)'은 어머니의 75세 생신을 축하하기 위해 두 아들과 딸 그리고 손자 손녀들이 모이는 장면으로 시작된다. 어머니는 언제 닥칠지 모를 자신의 죽음에 대비하려고 장남에게 유품의 정리와 인계에 관해 얘기하지만, 이를 불편하게 받아들이는 장남은 강한 거부감을 보이며 어머니의 얘기를 흘려버린다.

생일잔치가 끝나고 자녀들이 떠난 후 혼자 남겨진 어머니는 쓸쓸하게 독백을 한다.

"죽는 얘기, 당연히 할 말인데…. 내가 떠날 땐 많은 것들이 함께 떠날 거야. 기억들, 비밀들…. 사랑하는 모든 것들을 언젠가는 떠나보내야 해"

그 후 얼마 지나지 않아 어머니의 부고를 듣고 달려온 장남은 묘지 자리를 둘러보고 돌아오는 길에 차를 세운 채 흐느껴 운다. 부모가 머지않아 맞게 될 자신의 죽음에 대해 자식에게 준비시키고 싶어 하지만 받아들이지 않는 현실을 이 영화는 보여 준다. 한편 우리 현실에는 이와 정반대의 상황도 많다. 웰다잉 책을 읽은 어느 독자는 고혈압에 의한 합병증으로 장애인이 되어 불편한 몸으로 살아가시는 아버지께 농담 반 진담 반으로 미리 유언장도 작성해 놓으시고 마음의 준비도 하시라고 말씀드리자, 버럭 화를 내셨다고 한다.

로마의 철학자 키케로는 "지혜로운 사람에게는 삶 전체가 죽음에 대한 준비이다"라고 했다. 1817년 미국에서 태어난 『월든(Walden)』의 작가 헨리 데이비드 소로우(Henry David Thoreau)는 "죽음은 크루즈 여행이다."라고도 했다. 스위스의 정신과 의사이자 분석심리학의 창시자인 칼 구스타브 융은 "사람은 사는 동안, 사후 생에 대해 이해하기까지 또한 최소한 개념을 가질 정도로 되기까지 최선을 다해야 한다. 그렇지 못했다는 것은 아주 결정적인 손실이다."라고 하면서 사는 동안 우리들이 죽음 이후의 문제에 대해 관심을 가질 것을 촉구한 바 있다. 고생물학과 지질학을 전공한 과학자였던 프랑스의 샤르댕 신부(1881~1955)는 "우리는 영적 체험을 하는 인간이 아니라 인간이 된 체험을 하는 영적 존재다."라는 말을 남겼다.

몇 년 전에 아르헨티나의 부에노스아이레스를 여행한 일이 있다. 그 중심부에 공동묘지가 있었으며 가장 땅값이 비싼 곳이 공동묘지 주위라는 말을 가이드한테 들었다. 그들은 삶과 죽음을 한 직선상에 놓고 산다. 삶과 죽음은 연속이다. 영혼의 삶이 지속되기 때문이다. 이를 생각할 때 현실에서 잘 살아야 한다. 잘 산다는 것은 성공한 삶이리라. 내가 처한 이곳을, 이 세상을 내가 태어나기 전보다 밝게, 아름다운, 살기 좋은 세상으로 만드는데 조금이라도 보탬이 되었다면 그 인생은 성공한 삶이요, 잘 산 것이라고 생각된다. 이 공은 영혼의 삶에도 영향을 끼치리라 생각된다. 이것이 멋진 인생이 아니겠는가.

떠날 때에, "사랑했고, 고마웠어요, 잘못한 것은 용서하여 주세요. 다음에 기쁘게 만나요."하며 미소 짓고 떠날 수 있는 여유가 있기를 바란다.

계절의 여왕이라는 이 오월에 장미의 향기를 따라 발길을 옮기며, 멋진 인생을 꿈꾼다.

(『수필문학』 2019년 6월호)

김형애
월간 『수필문학』 등단, 2012. 제22회 수필문학상
한국문인협회 회원, 국제PEN한국본부 국제교류위원회 위원 및 이사,
한국수필문학가협회 이사,
수필집 : 『내 마음의 페치카에서』 외 다수, 시집 : 『시가 있는 페치카』 외 2권

류춘영

사랑하는 마음과 감사하는 마음

　우리가 이 세상에서 살면서 모든 사람들과 사랑하는 마음과 감사하는 마음을 가지고 살아가면 미워하거나 다투는 일이 없어지고 화목한 가정이나 사회가 이루어 질 것이라고 생각된다.
　그런데 사람들은 감사하는 마음보다는 불평하는 마음을, 만족하는 마음보다는 불만족하는 마음을, 신뢰하는 마음보다는 불신하고 의심하는 마음을, 기쁜 마음보나는 섭섭한 마음을, 징찬하는 마음보다는 헐뜯고 흉보는 마음을 가지는 등 이외에도 원망, 짜증, 불평, 불안, 초조 등을 가질 때가 더 많다.
　우리가 눈으로 보는 것, 귀로 듣는 것, 코로 맡는 것, 입으로 먹는 것 등 사사건건 시시비비를 따지고 간섭하고 남을 원망하거나 미워하는 마음을 품고 살아가면 다투거나 싸움만이 있게 되고 잘 할 수 있는 일도 아니 되고 우리의 피는 매우 나빠지고 음식 맛도 좋게 느끼지 못하게 될 것이다. 그러나 반대로 사랑하는 마음과 감사하는 마음을 가지게 되면 모든 것에 사랑하게 되고 감사하게 되고 화평과 기쁨과 사랑이 넘치는 경우로 바뀌게 될 것이다.
　성경에서는 사랑은 오래 참고 온유하며, 시기하지 아니하며, 자랑하지 아니하며, 교만하지 아니하며, 무례히 행하지 아니하며, 자기의 유익을 구하지 아니하며, 성내지 아니하며, 악한 것을 생각하지 아니하며, 불의를 기뻐하지 아니하며, 진리와 함께 기뻐하고 모든 것을 참으며, 모든 것을 믿으며, 모든 것을 바라며, 모든 것을 견디느라고 하였으며, 범사에 감사하라고 하였다. 날마다 평범한 생활 속에서 사랑과 감사를 발견하는 지혜를 가져라. 무엇이 생겨서가 아니라 무엇이 발생하지 않아도 사랑하고 감사하는 마음을 가지는 것이 중요하다.

　사랑은 겸손하고 섬기는 마음이며 자기의 유익을 구치 아니하는 마음이며 잘못도 덮어주고 감싸주는 마음이며, 감사는 감사를 느끼는 사람이 감사한 마음을 가지게 한 사람에게 고마움을 표현하는 것이며 베풀어 준 호의에 대하여 인정을 하는 것이 감사이다. 사랑하고 감사하면 불행을 멈추게 하고 기적을 창조하는 은총이며, 더 큰 사랑과 감사를 낳게 하는 길이고, 사랑하고 감사한다고 바로 환경이 바뀌는 것이 아니지만, 사랑하고 감사할 때 마음이 풍요로워지고 보는 시각과 깊이가 달라지므로 사랑하고 감사하는 자신이 바뀌게 된다.

　편리한 세월에 태어난 것과 세어도 세어도 끝이 없는 그 많은 사랑할 일과 감사할 일들을 찾아서 사랑하고 감사하면, 사랑하고 감사할 내용이 점점 더 많이 생각나게 될 것이다. 사랑하고 감사하는 깊은 생각을 가지는 것이 사랑과 감사를 불러일으킨다. 우리의 삶 속에서 은혜와 감사가 아닌 것은 단 한 가지도 없으니 모든 것에 사랑하고 감사하는 일이 매우 중요하다.

　다른 사람과 비교하며 살지 않고 질투와 시기, 미움, 다툼, 등 육신의 정욕과 탐심을 다 버리고 사랑하는 마음과 감사하는 마음을 가지고 살아가면 사랑하고 감사할 일들이 더욱 많아지게 된다. 사랑하는 것과 감사의 능력을 믿고 모든 일에 사랑하고 감사하면, 사랑하고 감사한대로 이루어진다. 먼저 자신에게 사랑하고 감사하며 작은 것부터 아주 사소하고 작아 보이는 것에 먼저 사랑하고 감사하면 사랑하고 감사할 일들이 점점 더 많이 발생하게 될 것이다.

우리가 어떠한 어려운 문제가 발생할 때가 있으나 그럼에도 불구하고 사랑하고 감사하면 문제에는 해결책도 있게 마련이므로 문제 앞에서 드리는 사랑과 감사가 더욱 아름답게 잘 해결될 것이다. 우리는 자신의 건강을 위해서라도 미움이라는 감정보다는 사랑의 감정과 감사하는 감정으로 사랑의 언어(사랑합니다, 감사합니다, 고맙습니다, 미안합니다, 실례합니다)를 많이 사용하면서 하루하루를 보내야 한다.

항상 긍정적인 생각으로 범사에 사랑하는 마음과 감사하는 마음으로 사랑하고 감사하게 되면 나뿐만 아니라 내 가정과 직장, 그리고 사회도 서로 사랑하고 감사하게 되고 행복하고 화목한 우리 가정, 직장, 사회가 되어 매일매일 기쁘고 즐거운 삶을 살아가게 될 것이라고 생각한다.

(『PEN문학』 2019년 7.8월호)

류춘영
월간 『수필문학』 등단(2014)
한국수필문학가협회 이사
국제PEN한국본부, 한국장로문인회 회원.

리철훈

고마운 사람들

깜깜한 밤 아무도 없는 신호등 앞이다. 몇 사람이 서 있다. 바쁘게 달리던 자동차들도 정지해 있다. 모두들 초록불이 켜지기를 기다리고 있다. 나는 그들이 아니었으면 그냥 건너갈 뻔 했다. 상황이 급했기 때문이다. 운동을 하고 돌아오는 길인데 배가 쌀쌀 아프더니 갑자기 설사가 나올 것만 같았다. 그러나 있는 힘을 다해 참았다. 그들과 함께 신호를 지키기 위해서다. 당황스러우면서도 내심 놀라지 않을 수 없었다.

언젠가 결혼식장엘 가려고 전철을 탔을 때도 그런 적이 있었다. 분명히 노약자석이 비었는데도 그 앞에 있는 젊은이들이 앉지 않고 서 있는 것이다. 자리가 비었으면 앉았다가 일어나도 되는데 그들은 그렇게 서 있었다. 물론 노약자가 아니기 때문에 그렇겠지만 이상하다 싶을 정도로 보기 드문 장면이었다. 요즘 젊은이들은 예의가 없고 싸가지가 없다는 등 듣던 것과는 정반대였다. 그렇게 늠름하고 자랑스러워 보일 수가 없었다.

일단 70이 넘으면 노약자라 할 수 있다. 그렇다면 나도 확실한 노약자에 속한다. 그러나 아직은 그것을 숨기며 산다. 늙을 '로(老)' 자에 약할 '약(弱)' 자가 왠지 자신을 작게 만드는 것 같아 의도적으로 숨기고 있다. 가급적 노약자석에도 접근하지 않는다. 누군가가 자리를 양보해도 부드럽게 사양한다. 그리고 무안해 할까 봐 문 있는 곳으로 피해 간다.

내가 자리에 앉아 있을 때도 마찬가지다. 임산부나 힘들어 보이는 노약자가 다가오면 즉시 자리를 양보한다. 분명히 나보다 아래로 보이는 사람인데도 약하게 보이면 무조건 일어난다. 그리고 역시 한쪽 구석으로 자리를 피한다. 그것이 젊게 사는 방법이 아닐까 싶어 항상 그렇게 한다.

어쨌든 원칙을 지키면 사람이 당당해 보인다. 힘도 받고 기분도 좋다. 보이지 않는 곳일수록 더 그렇다. 한밤중 변두리의 신호등인데도 그것을 지키려고 서 있는 사람들…. 그리고 노약자석이 비었는데도 앉지 않고 서 있는 젊은이들…. 정말 고맙다는 생각이 들었다. 사실은 나도 그들 때문에 설사를 참느라고 얼마나 식은땀을 흘렸는지 모른다. 그때는 고통스러워서 몰랐다. 지나고 나서 생각해 보니 스스로 나다웠다는 감동이랄까 그런 느낌이 들었다.

아무리 노약자석이라도 비어서 앉는데 누가 뭐라고 하겠는가. 그런데도 지기들은 해당되지 않는다는 생각에 그냥 서 있는 젊은이들을 볼 때 밝은 미래가 앞당겨진 느낌이었다. 한 마디 더 덧붙인다면 건전하게 높아지고 있는 젊은이들의 수준이 자랑스럽다. 또한 원칙을 지키려는 가치관이 그렇게 돋보일 수 없다. 그러나 개중에는 원칙을 지키지 않는 그렇지 못한 사람들이 의외로 많다. 요즘은 거의가 다 아파트 생활이다. 혼자 사는가 하면 둘이 살기도 하고 또는 가족들이 한데 모여서 살기도 한다. 게다가 애완동물까지 함께 사는 사람도 있다. 이처럼 다양하게 모여서 사는 곳이 바로 아파트 생활이다. 나는 지금 17층에 살고 있다. 엘리베이터가 아니면 움직일 수 없다. 나갈 때도 타고 들어올 때도 타야 한다. 그런데 가끔 그 안에서 못 볼 것을 볼 때가 있다.

사실 엘리베이터는 주민들의 유일한 중심 통로다. 또한 이웃을 만날 수 있는 없어서는 안 될 생활공간이다. 때문에 늘 청결해야 좋다. 물론 매일 아침 청소를 하는 분이 있다. 그런데도 지저분할 때가 많다. 간혹 우유갑이나 플라스틱 요크르트 통 같은 것들이 떨어져서 뒹굴 때가 있다. 물론 어린 아이들의 소행이다. 문제는 자기의 아이들이 저지른 잘못을 보고도 그냥 지나치는 보호자들이다. 몹시 기분을 상하게 할 때가 있다. 돈을 받고 청소하는 분이 있으니까 내가 치우지 않아도 된다는 생각을 갖고 있는 것 같다. 그러나 절대로 그래서는 안 된다고 생각한다.

어느 날 저녁, 함께 타고 올라오는 세 식구가 있었다. 1남 1녀에 깔끔한 차림의 늘씬한 여자였다. 진하게 바른 화장과 더불어 복장도 꽤나 고급스러워 보였다. 그런데 아차! 하는 순간 그 딸아이가 아이스크림을 먹다가 떨어뜨렸다. 반쯤 남은 것이다. 즉시 꼬마 딸아이는 그것을 주우려고 허리를 굽힌다. 그러자 엄마인 그 늘씬한 여자가 더럽다고 하면서 아이 손을 낚아챈다. 당연히 엄마인 그 여자가 줍는가 했는데 10층인가에서 그냥 내려 버린다. 바닥에서 녹는 아이스크림이 몹시 흉측스러웠다. 옆에서 보고 있자니 나도 모르게 눈에서 열이 뻗친다.

세상에 저런 엄마도 있는가 싶었다. 꼭 그렇게 해야 한다는 규정이 있는 것은 아니지만 자기 자식이 떨어뜨렸으면 당연히 엄마가 치워야 하는 것이 상식이다. 늘씬하면 뭐하고 진한 화장에 고급 복장이면 무슨 소용이 있는가 싶었다. 상식과 원칙을 모르는 무식한 엄마였다. 저런 엄마 밑에서 뭘 배우겠나 싶었다. 잘만 가르치면 훌륭하게 클 수 있는 아이들인데 너무나 안타깝다는 생각이 들었다.

어느 가정이건 교육의 출발은 엄마다. 가장 중요한 인간 교육도 엄마 손에 달렸다고 생각한다. 항상 모범을 보이고 용기 있게 행동할 때 아이들은 그것을 보고 배운다. 본보기 교육이랄까. 성장하는 아이들에겐 자신도 모르게 그것이 커다란 영향을 미치는 것이다. 때문에 아이들 앞에선 늘 조심하며 행동해야 한다. 오히려 보이지 않는 곳일수록 더 실천에 옮기려는 용기가 필요하다. 지금 우리 교육에서 가장 심각한 문제가 있다면 바로 그런 엄마들이 아닌가 생각한다. 소위 배웠다는 엄마들

일수록 더 심한 것 같다. 지나친 이기주의와 과잉보호 심리만 팽배해 있다.

　나는 하도 어이가 없어 멍하니 서 있었다. 고층으로 올라갈수록 사람들이 내려서 텅 비었다. 엘리베이터 안에는 중학생으로 보이는 남학생과 나 그렇게 둘이만 남았다. 그 학생 때문에 나오는 욕도 간신히 참았다. 마침 구석에 광고지 한 장이 있었다. 할 수 없이 그것으로 싸서 내가 들고 내렸다.

　집에 들어 와서도 영 기분이 좋지 않았다. 저런 인간이 같은 아파트에 산다는 것 자체가 몹시 자존심을 상하게 했다. 아무리 돈이 좋은 세상이지만 저런 속 빈 강정들 때문에 우리 사회가 심각하다는 생각이 들었다. 자기들만 잘살면 그만이라는 그 행동에 할 말이 없었다.

　좋은 사회란 자기 스스로가 주인이라고 믿는 사회일 것이다. 과연 어떤 사람들이 주인다운 주인인가 생각해 본다. 아무도 없는 한밤중 신호등 앞에서 초록불을 기다리고 있는 사람들…, 노약자식이 비었는네도 앉지 않고 서 있는 젊은이들…, 그런가 하면 남이 버린 것을 말없이 참고 줍는 사람…. 아주 작은 일 같지만 쉽지 않은 행동이다. 이렇게 원칙을 지키며 실천하는 사람들이 주인다운 주인이 아닐까 싶다. 아직은 소수에 불과하지만 이런 사람들이 있기에 우리 사회가 지켜진다고 믿고 있다. 정말 고마운 사람들이다.

(『월간문학』 2019년 8월호)

리철훈
월간 『수필문학』 등단(1997), 28회 수필문학상 수상
한국문인협회 회원, 한국수필문학가협회 이사
수필집 : 『사랑의 고리』 『희 망』

문학희

외숙모의 누름돌

 오늘도 외숙모는 아궁이 앞에 앉아 마른 솔잎(깔비)을 수도 없이 넣어가며 끝없이 불만 뒤적인다.
 "외숙모 나 왔어요."
 "오냐, 니 왔나" 짤막한 대화에 나는 멀쑥해서 자리를 떠 외양간으로 갔다.
 쉼 없이 침 흘리며 여물을 되새김하는 소의 입놀림이 말없이 불만 뒤적이던 외숙모의 손놀림과도 흡사했다.
 닭이 알을 낳았나 보고 싶은데 짚으로 만든 닭 둥지는 내 키가 닿지 않아 볼 수가 없다. 할 일 없어 다시 부엌으로와 외숙모 옆에 조용히 앉았다. 무슨 말인지 혼잣말로 하던 말을 끊고 숙모는 일어나 밖으로 나가신다. 숙모가 불을 뒤적이던 부지깽이를 들고 불을 뒤적이려 했지만 그 길던 부지깽이는 다 타고 솔잎을 밀어 넣기가 어려웠다.
 여느 때는 누구보다도 더 반가워하시며 손을 잡고 불 앞에 앉혀 놓고 미리 따끈하게 구워 놓은 고구마를 손수 벗겨 입에 넣어 주시곤 하던 숙모이시다.
 그런데 오늘은 무슨 일일까? 외할머니께 싫은 소리를 들으셨나?
 숙모님은 둘째 외삼촌댁이시다. 청도에서 시집 오셨다고 청도댁으로 불리 운다. 외숙모는 자태가 곱고 범절이 뛰어나 종친 어른들의 칭송이 자자하고 동네 아낙들의 귀감이며, 그 고을의 표상이시다. 작은 얼굴에 검은 머리 동백기름 발라 정중앙 가르마를 타서 양옆으로 참빗으로 빗어 내린 흑단의 머리채를 틀어 은비녀를 꽂아 주면 합죽선 조선 여인의 한 폭 그림이다. 시모이신 우리 외할머니께서는 대농(大農)의 안살림을 이끄시는 분이시라 개미허리에 작은 얼굴, 나직한 키가 약골로 보여 조건 없이 불만이시다. 봄에는 옥양목, 여름엔 모시, 가을 겨울엔 무명으로 옷 갈아입으시며 긴 행주치마에 머리엔 흰 무명 수건을 두른 외숙모님은 참으로 고우시다. 지금 생각해도 손색없는 미인이시며 부잣집 예쁜 마님이시다.

외삼촌은 객지 생활에 집에 오시는 횟수가 뜸하다. 사업 때문에 자주 못 오시기에 시어머님께 당하는 설움을 혼자 삭혀야 하기 때문에 아궁이 불만 뒤적이는 습관이 생기신 모양이다. 외할머니는 수하 사람 다스리기엔 더없는 품격이시나 외숙모로선 말 못하는 속앓이가 있지 않으셨을까 하는 생각이 든다. 속상할 내면 고삭해서 문 밖 앞산만 바라보고, 그것도 잠시 아랫사람 눈에 띌세라 빠른 발길 되돌리곤 하신다. 밤이면 여러 식구의 버선을 일손 돕는 아주머니들이 기워 놓은 것들을 뭉을 지어 쌓아 놓고 때론 보자기에 싸서 옆에 밀어 놓았다 날 새면 옮기곤 하셨다.

지금 생각해 보면 내가 겪은 두 차례 큰 전쟁(세계 2차 대전, 6.25사변)이 나를 힘들게 했고 국가나 가정으로선 큰 불행의 연속이었으나 나를 철들게 하고 나에게 제2의 고향을 선물해준 것은 내 인생(人生)에서 얻은 행운(?)이기도 하다. 내가 피난을 가지 않았으면 영영 농촌을 모르고 지내지 않았겠는가?

동네에 불이나 아들이 무서워 떨고 있으니 그 아버지의 하는 말 "우린 태울 집이 없어 다행이지 않냐?"라는 말과 맥이 같을런지?(웃음)

충주호가 생기기 전 단양이나 충주로 여행할 때면 으레껏 냇가의 매끈한 큰 돌을 몇 개씩 주어다 집에 두곤 했었다. 겨울 김장철 김칫독에 누름돌로 쓰기 위해서였다. 누름돌로 김치를 눌러주면 묻어 놓은 김치는 다음해 여름까지도 맛이 변치 않고 제 맛을 내는 맛있는 김치로 여름 밥상을 즐겁게 해준다. 숙모님은 마음의 고통을 김치 누름돌처럼 꾹꾹 눌러 잠재우게 한 것은 아궁이 앞 부지깽이가 짧아질 때까지 참고 견뎌 내셨기에 그 가정을 지키며 외삼촌과 백년해로를 하시지 않았나 생각해 본다.

때늦은 감이 있으나 천상에서 곱게 계실 외숙모님 영전에 내 노년의 한 줄의 글이 위안이 되기를 바라는 마음에서 멀리 띄워 보내려 한다. 언제고 끊임없이 누름돌로 마음을 다스리던 숙모님의 넓은 지혜가 요즘 세대에도 전달되었으면 하는 마음도 함께 담아 보낸다.

아주메 이제 그만 하이소
부지깽이 다 타면 우짤라고 -
아주메 이제 그만 두이소

부지깽이 자투리 이제 얼마 안 남았심더
아주메 이제 그만 일라이소
부지깽이 만들 나무도 없심더

아주메 외삼촌 오시나 삽작에 나가보이소
한숨 소리에 부지깽이 타는 소리 안 들리는교?
아주메요, 밖에 신발 소리 들리니이다!

그제사 일어나 담 밖으로 눈길 돌려 먼 산을 본다
황금벌 한가운데 다람쥐 노는 도토리 나무숲

아주메 젊은 꿈 숨겨 놓은 옥산이 섰다.
옥산 참나무 잎은 아주메 한숨으로 붉게 물들고 있나 보다.

아주메요, 이제 그만 편히 쉬이소.

문학희
월간 『수필문학』 천료 등단(2016)
한국수필문학가협회 이사, 국제PEN한국본부, 여울문학회 회원

박경화

지상의 별

2016년 성탄절에 미국의 천문학자 베라 루빈(Vera Cooper Rubin) 박사(1928. 7. 23 ~ 2016. 12. 25)가 타계했다. 1970년대, 그녀는 보이지 않는 암흑물질(dark matter)이 별들 사이를 채우고 있어 중력의 법칙과는 달리 은하의 안쪽에 있는 별들과 바깥쪽의 별들이 같은 속도로 회전한다는 것을 발견한 천문학자다. 별이 회전하면서 흩어지지 않는 것이 성간을 메우고 있는 암흑물질 때문이라는 연구이다. 1948년 프린스턴대학의 천체물리학 대학원은 여자라는 이유로 그녀의 입학을 거절했다.

그녀는 후에 코넬대와 조지타운 대학에서 공부했고, 조지타운 대학의 교수로, 카네기 연구소의 연구원으로 평생 천문학자로서 많은 일을 했다. 여성 과학자들이 받는 부당한 차별을 개선하기 위해서도 노력했다고 한다. 코넬 대학의 물리화학 교수인 남편과의 사이에 네 명의 자녀를 두었는데 그들은 다 부모의 전공과 관련된 분야의 교수로 재직하고 있다 한다. 그녀는 노벨상위원회의 성차별로 노벨물리학상 수상에서도 번번이 제외되었다. 여성 과학자가 그랬다면 다른 분야에서 남성과 마찬가지로 업적을 낸 여성들은 제대로 된 대우를 받았을까? 특출한 여성들이 아닌 평범한 여성들의 경우는 어땠을까?

남자들과 같은 대접을 받은 건 대학을 졸업할 때까지였던 것 같다. 가끔 대학 속에 있었어야 했다는 생각을 할 때가 있다. 적어도 그때까지의 내 인생은 아버지와 마지막 첩, 자식 같은 어린 첩 때문에 어머니가 돌아가신 가정사를 논외로 제쳐두면, 단지 여자라는 이유로 그렇게 힘들었던 적은 없었다.

내가 마주쳐야 하는 많은 일들이 힘에 부쳐서 생각해낸 대책이 다시 대학으로 돌아가는 것이었다. 지방에 있는 대학에 가 있던 남편과 다시 서울로 왔을 때 나는 대학원에 가기 위해 불어공부를 시작했다. 그 당시 불문과 대학원생에게 불어를 배웠는데, 몇십 년 만에 황현산 교수 병실에서 만난 불어 선생님 정명희 씨를 나는 기억하지 못했다. 그 당시 불어를 배우러 다닌 지 그리 오래지 않아, 책 한 권을 다 공부하기 전에 할머니, 어머님 두 분 어른들로부터 '금지' 명령이 떨어졌다. 다음해까지 불어공부를 하고 대학원 진학을 하려던 내 계획은 마지막 불어공부를 하러 간 날, 제2 외국어가 필요 없는 교육대학원에 원서를 내면서 수정되었다. 대학원을 다니는 동안 내 고난은 대단했다. 대학원을 끝내고 세 곳에서 교양 영어와 비즈니스 영어를 가르치는 동안은 너 내난했다.

숨이 막혀서 현관문을 열고 깜깜한 마당으로 나왔는데 그래도 숨이 잘 쉬어지질 않았다. 마치 다시는 돌아오지 않을 것처럼 반지를 빼서 책상에 올려놓고 안에서 누가 열어주지 않으면 들어올 수 없는 대문을 열고 밖으로 나왔다. 눈이 내린 며칠을 지옥처럼 보내다 얼어붙은 밤길에 무턱대고 나섰던 것이다.

쌓인 눈이 녹았다가 사람들이 낮 동안 밟은 발자국 모양대로 다시 얼어붙은 밤길이 검은 융단처럼 펼쳐져 있었다. 그 위로 수억 개의 별이 지상으로 내려와 얼어붙은 발자국마다 가득 차 있었다. 그때야 울기 시작했다. 지금 생각하면 집을 나온 이유 때문에 운 게 아니고 내 발 밑 얼어붙은 발자국 속으로 쏟아져 내려온 별들이 너무 아름다워서 울었던 것도 같다.

추워서인지, 우느라 심호흡을 해서인지 숨이 쉬어졌다. 숨이 좀 쉬어지자 추위가 손끝 발끝을 찔렀다. 반지 빼놓고 나오면서 홈웨어 위에 카디건도 걸치지 않고 맨발에 고무 슬리퍼를 끌고 나왔으니 얼마나 추웠을까? 십 분은 걸어야 가는 슈퍼 앞까지 갔다가 너무 추워서 엉엉 울면서 다시 집으로 왔다. 그래도 그 새벽에 쏟아져 내린 수 억 개의 별들은 내게 은총이고 구원이었다. 그 후로 한동안은 숨이 막히지 않았다. 그리고 다시 반지를 빼지 않았다. 나는 가끔 눈 그친 추운 밤에 언 땅에 비치는 별이 보이나 나가본다.

(『PEN문학』 2019년 5·6월호)

박경화
월간 『수필문학』 등단
고려대 영문과 졸업, 고려대 교육대학원 석사, 한국색채연구소 교수 역임.
국제PEN한국본부 회원, 한국수필문학가협회 이사, 여울문학회 회원
저서(수필집) : 『다른 과거를 위하여』

박수민

남한산성 오르며

　남한산성은 나의 단골 등산코스다.
　등산로에는 우람한 거목과 다양한 수종의 작은 나무들이 자라고 골짜기마다 퐁퐁 솟는 샘물들이 있다. 정상 가까이 가면 기암 묘석들이 자리하고 정상에 오르면 광활한 전망이 일품이다.
　집에서 버스로 20분, 남한산성역에 내리면 등산로 입구가 있다. 이 길에 들어서면 그곳에 사는 크고 작은 나무들이 나를 환영한다. 나무와 반갑게 인사하며 함께 걷노라면 어느새 모든 근심을 잊고 편안한 마음이 된다. 나무가 있는 곳은 어디나 안정되고 평화롭다. 생명의 근원인 산소를 내뿜어 언제나 상쾌한 환경을 만든다. 자연의 순환에 따라 봄이면 가지마다 잎과 꽃들로 생명력의 장관을 이루고 여름에는 우거진 푸르름으로 무한한 정기를 뿜는다. 가을엔 알찬 열매로 풍성한 결실을 선사하고 겨울이 오면 벗은 몸으로 혹독한 시련을 인내한다. 나무들은 철 따라 만나는 환경에 말없이 순응하며 늠름히 살아간다. 언제나 있는 자리에서 하늘을 향해 지성스럽게 뻗는다. 가상하지 않은가. 등산길에 만나는 나무 앞에서 나는 언제나 마음의 평정과 삶에 대한 많은 감화를 받는다. 산에는 무언의 스승인 나무가 있어 참 좋다.

　나무숲을 지나 깊숙이 들어가면 골짜기마다 샘물이 있다. 나는 샘물을 좋아한다. 그래서 내 아호를 산 속 샘물을 뜻하는 곡천(谷泉)이라고 지었다. 높은 산에서 퐁퐁 솟는 이곳 샘물은 청량하며 그 양이 풍성한 것으로 유명하다. 산등성을 오르는 사람들이 땀을 닦고 숨을 고르며 샘에 이마를 묻고 청량한 물을 들이켜 갈증을 푸는 그 기분을 어떻게 표현할 수 있을까. 체험 외에는 무엇으로도 설명할 수 없을 것이다. 요상한 맛과 색소를 가미한 산 아래 인스턴트 음료수와는 비교할 수 없는 상쾌한 그 맛은 돈으로는 환산할 수 없는 귀한 것이다. 샘물을 마시며 산에서 얻는 무사한 기쁨은 인간 본연의 심경이라고 생각한다.

정상 가까이 가면 급경사가 되며 기암 묘석들이 자리하고 있다. 평범한 것 같지만 자세히 보면 바위 하나하나가 큰 바위 얼굴만큼이나 신비한 그 무엇을 풍긴다. 저들은 폭설과 혹한에도 표정이 없고 비바람 폭우가 와도 움직일 줄 모르며 찬란한 봄날과 풍요로운 가을에도 물들지 않고 의연하다. 모든 시련과 영광을 안으로 안으로만 삭이며 억겁의 세월을 함묵으로 일관하는 저들의 자태는 언제 보아도 듬직하고 미덥다. 생각이 깊어서 행동하지 않고 어떤 자극에도 반응하지 않는 바위가 있어 산은 위엄이 있고 아름답다. 나는 바위가 좋다. 희로애락을 초월한 넉넉한 그 정신 앞에서 나는 경박한 나의 삶을 반성하며 무언의 교훈을 얻는다.

급경사의 층계를 오르면 해발 495미터의 정상, 남문 앞이다. 성 안은 역사적 유적이 많은 넓은 평지이고 성벽으로 둘러싸여 있다. 이곳은 인조 14년(1636) 청나라의 2차 침입 때 인조와 문무백관이 47일 동안 버티다가 치욕적인 항복을 한 곳이다. 당쟁과 사리사욕에만 몰두하던 당시의 위정자들은 결국 나라를 지키지 못하여 국토를 초토화시키고 백성을 도탄에 빠지게 했다. 그날의 참담한 역사를 생각하면 가슴이 아프다.

성벽을 따라 걸으면 임금이 머문 행궁이 아래로 보이고 북문과 동문을 차례로 만나며 산성의 주봉인 청량산 수어장대(당시 전투지휘소)에 도착한다. 성벽을 따라 난 이 길은 전망이 일품이다. 북동쪽으로 서울 시내가 멀리 눈에 들어오고 남쪽으로는 성남과 분당이 내려다보인다. 빌딩과 아파트는 어린아이 장난감 같고 한강은 실개천 같다. 시원한 산바람을 맞으며 모든 정경을 한눈에 내려다보노라면 통쾌한 기분이 되며 마음에 쌓였던 온갖 스트레스가 한순간에 사라진다.

최고봉인 수어장대 전망대에서 하늘과 구름을 바라본다. 산 아래 평지에서는 거의 하늘을 보지 않는다. 본다고 해도 비가 오려나 하는 이해에 얽힌 사무적인 마음에서다. 그러나 산 위에서 평정한 심정으로 보는 하늘과 구름은 정말 아름답다. 한없이 드넓은 하늘에 유유히 흐르는 구름을 보는 것만으로도 마음이 확 트인다. 세속에 찌든 삶을 벗어버리고 천상의 세계를 날으는 기분이다. 정상에 서서 나 아닌 내가 되는 것을 느끼며 본래의 나를 되찾는 기쁨을 만끽한다. 나의 남한산성 등산은 건강뿐 아니라 삶의 교훈과 마음의 생기를 얻는 신묘한 효능이 있다. 그래서 남한산성 등산은 나의 삶에 소중한 부분이 되었다.

(『수필문학』 2019년 5월호)

박수민
『창조문예』 수필등단(2005), 순수문학 시 등단(1994)
한국수필문학가협회 이사, 장로문인회 자문위원, 기독수필문학회 부회장
수필집 : 『비교될 수 없는 가치』 시집 : 『나무와 뿌리』 외 7권

박순철

두들겨 맞고 돈 주기

오늘은 개선장군이 된 기분이다. 아니 나 혼자가 아니고 일행 모두 개선장군이다. 우리 개선장군이 가마에서 내리자 도열해 있던 아름다운 여인들이 일제히 고개를 숙이고 그중 행수로 보이는 여인이 우리를 환영회장으로 안내한다. 뒤이어 늘어섰던 여인들도 질서정연하게 개선장군의 뒤를 따라오고 있다.

참깨, 들깨 노는데 아주까리라고 못 놀 리 없다. 더구나 오늘 개선장군이 되기까지는 숨은 내조자가 있었기에 가능했던 일이다. 그러니 이 공로를 그들에게 돌려야 마땅하리라. 눈치 빠른 행수가 그냥 있을 리 없다. 손짓 한번으로 그 옛날 화랑처럼 잘 생긴 동자들이 일렬로 나타난다. 우리 개선장군의 내조자들은 그들의 안내를 받아 다른 환영회장으로 들어간다.

그런데 환영행사치고는 좀 이상하다. 아니 각별하다고 해야 맞을 성 싶다. 아니다 격이 높다고 하는 편이 더 적절하지 싶다. 남자 개선장군들이 좋아하는 음식이 따로 있고 내조자들이 좋아하는 음식이 다름을 오랜 세월동안 환영회장에서 잔뼈가 굵은 행수가 모를 리 없다.

우리가 안내된 환영행사장은 상다리가 휘어질 정도로 산해진미가 가득하고 그 옛날 진시황이 마시던 불로장생주가 대령하고 있을 줄 알았는데 달랑 침대만 가지런히 놓여 있을 뿐 다른 것은 눈에 띄지 않고 썰

렁하기만 하다.

　이윽고 우리 개선장군들에게 다가온 여인들이 옷을 벗고 그곳에 있는 옷으로 갈아입으란다. 들어올 때의 당당함은 슬쩍 꼬리를 내리고 숨어 버린다. 우리는 순한 양이 되어 미녀들이 시키는 대로 겉옷만 갈아입을 수밖에 없다. 이번에는 침대에 누우란다. 이제 완전히 전세가 역전되고 말았다.

　개선장군 대우가 아니라 포로로 전락하고 만 기분이다. 그들은 뜨거운 물이 담긴 통을 가져와 다짜고짜 발부터 주워 넣는다. 삶아먹을 작정인가? 아니면 때를 벗길 동안 양념장이라도 준비하겠다는 건가? '식인종은 아닐 것이니 과히 걱정은 말자' 하면서도 주위를 살피게 된다.

　어느 정도 발이 익었다고 생각되었는지 발을 꺼내어 수건으로 감싸고 1단계 첫 번째 순서 일명 기도 손(스크럽)이라고 양손으로 발의 긴장을 슬슬 풀어준다. 바쁘게 쫓아 다녀 고단했던 발이 고마워하는 것 같았다.

　나를 시중들기 위해 배정된 여인은 미소를 짓는 법도 모르는지 사기 일에만 열중한다. 얼굴이 어떻게 생겼나 하고 좀 보려 해도 고개를 숙이고 있어 전혀 살필 수가 없다. 짐작으로 수수하지 않은 삶을 살아온 것 같고 나이도 꽤 있어 보였다.

　내 발을 잡고 슬슬 문지르던 여인이 어느 순간 발을 오른손과 왼손에 번갈아 올리면서 돌리기를 시도한다. 사방팔방(발목 풀어주기)인가 보다. 여섯 번째 순서인 육수 짜기(발등 감싸주기)에 이어 구멍파기(고관절)는 복숭아뼈 밑을 중지로 강하게 밀어 올리는 바람에 비명이 터져 나오려는 것을 간신히 참았다. 이게 개선장군에 대한 예의이고 환영행사의 일환인가 의심된다.

　나에게만 그렇게 심한 대우를 하는가 싶어 옆자리의 송 장군을 보니 제일 젊고 예쁜 미희가 시중을 들고 있다. 그것도 보드라운 손으로 살살, 일행들의 시샘이 일어나는 것 같았지만 바로 앞에서 시중드는 여인을 두고 남의 여인을 탐내는 무뢰한 소리를 들을까 봐서인지 애써 참는 눈치가 역력하다.

조금 지나자 2단계인 두부 짜기(두 손 교차 다리 뒤 종아리 부분 자극)에 이어 '엿장수(아킬레스건, 비복근 풀어주기) 동서남북(발목 비틀기)가 이어진다. 어느 때는 시원하고 어느 때는 좀 아프지만 사내대장부가 비명을 질러서야 쓰겠는가. 모두들 겉으로는 태연한 척 하지만, 속으로는 꾹 참고 있는 모습이다.

"송 장군 시중드는 아가씨가 제일 젊고 예뻐요. 공은 똑같이 세웠는데 이런 차별이 어디에 있어요. 우리에게도 저런 미희로 바꿔주면 안돼요."

장난하기 좋아하는 김 장군이 이윽고 불만 아닌 불만을 토로했다. 송 장군의 답변이 걸작이다.

"평소에 덕을 많이 쌓으면 이런 행운도 오는 법이라오. 그러니 앞으로는 좀 베풀고 사시오."

"뭐요? 베풀고 살라고요?"

"하하하. 농담이었소."

"나도 농담이었소. 하하하."

이제 마지막 3단계 '도레미파솔라시도'의 순서가 있다는 게다. 그중 제일 마지막으로 엎드리게 해놓고선 등짝을 가볍게 두드리는데 그 소리가 꽤나 크게 들려왔다.

"송 장군 평소에 잘못한 게 많은가 봅니다. 그러니까 그렇게 두들겨 맞으면서도 가만히 있는 것 아니우?"

"맞아요. 이렇게 두들겨 맞으니까 시원합니다. 하하하"

모두의 웃음소리가 장내를 울린다.

옷을 갈아입고 밖으로 나오자 내조자들은 벌써 나와 있었다.

"돈 주고 나왔지요. 두들겨 맞고 돈 주는 사람 처음 보았네. 호호호"

"남자들 두들겨 맞는 소리 듣고 체증이 다 내려가는 것 같았어요. 호호호"

우리 개선장군들은 정말 평소에 덕을 쌓지 못한 모양이다. 그러니까 내조자들로부터 그런 소리를 듣지.

다리 떨릴 때 떠나지 말고 가슴 떨릴 때 떠나라는 말이 있다. 정말 그 말이 맞는 것 같다. 비록 두들겨 맞고 돈을 주고 나오긴 했지만, 도하협곡을 즐긴 하루의 피로가 말끔히 풀리는 기분이다.

(『좋은수필』 2019년 7월호)

박순철
월간 『수필문학』 등단(1994년) 한국문협 충북수필 회원.
한국수필문학가협회 이사.
충북수필문학상 수상(2004년)외 다수.
수필집 『달팽이의 외출』 『예일대 친구』 『깨우지 마세요!』 콩트집 『소갈 씨』

박순혜

까무러칠 것 같다

　요즘 자꾸 기운이 없고 어지러운 증세도 있다. 남편은 내가 해마다 3월 달만 되면 한 번씩 아프더라고 어느 날 말했다. 그리고 보니 일 년에 한 번씩 걸린 감기는 꼭 3월이었고, 지난해 3월엔 아침에 일어나다 천장이 빙빙 돌아 방 안에서 쓰러졌던 이석증이란 병을 앓았다. 그러나 올해는 3월을 무사히 넘겼는데 며칠 전부터 어지럽고 멍한 기분이니 웬일인지 모르겠다. 이석증은 재발이 잘 된다고 의사 선생님이 말하더니 그 무서운 어지럼증의 이석증이 재발하려는 조짐인가?
　지난해 이석증도 하루아침에 증상이 나타나 쓰러진 게 아니었다. 전조증상이랄까 며칠 전부터 조금씩 어지럼증이 있었다. 또 그 이석증이 오려는가? 아니면 요즘 다투어 한꺼번에 피는 봄의 꽃들, 그 향기에 내가 그만 취해버려 어지러운가?
　정신 차리자. 내 다시 이석증에 걸리지 않으리라. 꽃들의 향기에도 취하지 않으리라. 꽃향기에 취하지 않으려면 꽃향기보다 더 짙은 분 내음 풍겨야겠지. 그래서 화장을 진하게 하였겠다. 뒤 방천 둑길이라도 운동이란 명목으로 걷기 위해서 집을 나섰다. 그런데 몇 걸음 못 가 발걸음을 멈췄다. 단독주택에 사시는 이웃집 할머니가 대문 앞에 서 계셨기 때문이다.
　할머니와는 이웃이어도 내가 할머니 사시는 집 쪽으로는 잘 다니지 않아 만나기가 쉽지 않았다. 어쩌다가 만나도 할머니는 핸드백을 들고 경로당을 가시는 길이거나 어딘가를 다녀와 대문 안으로 들어가시곤 하셨다. 대화를 나누고 싶어도 인사를 하는 외에 한마디 말도 할 수가 없었다. 하여 오늘 나는 한가로워 보이는 할머니가 여간 반갑지 않았다.

점심은 잡수셨냐고 형식적인 인사가 아닌 진심으로 궁금하여 물었다. 며느리가 돼지고기를 볶아 점심상 차려놓고 출근을 했는데 목으로 잘 안 넘어가 조금 먹었다고 하신다. 그러면서 나이 먹으면 돈 있어도 쓸 데가 없고, 맛있는 음식도 없고, 먹고 싶은 게 없다며 젊을 때 부지런히 좋은 거 맛난 거 사 먹으라고 하신다. 돈 모으려 애쓰지 말고 어쨌든지 간에 맛있는 거 사 먹으라며 친정엄마 같은 당부를 거듭하신다.

할머니는 100세다. 허리가 꼿꼿하고 머리숱도 많고 귀도 밝다. 삶의 곤때라곤 찾아볼 수 없는 뽀얀 얼굴 한쪽에 갯바위 같은 검버섯만 없으면 팔십 중반이라 해도 의심할 사람 없을 것이다.

요즘 100시대라고들 떠들지만 텔레비전에 나오는 내가 본 장수노인들 대부분은 허리가 구부정하였다. 허리가 굽지는 않았어도 걸을 때 몸을 앞으로 엎어질 것 같은 자세로 걷곤 하였다. 그러나 할머니는 노인에게서 느낄 수 있는 부자연스러운 자세를 그 어디에서도 찾아볼 수 없다.

나는 100세까지 살고 싶지 않고 살 자신도 없다. 그러나 할머니를 뵐 때마다 어찌 저리 깨끗하게 건강을 유지하고 나이를 드실 수 있을까 알고는 싶었다. 할머니의 건강의 비결이 뭘까? 함께 사는 아들과 며느리의 효도인가? 아니면 꾸준한 자기관리?

성격도 상냥하셔서 내가 어떤 질문을 해도 친절히 답해 주실 것만 같다. 그러나 나는 식사하셨냐는 말 외에 더 이상 아무 것도 묻지 못하고 머쓱하게 서 있어야 했다. 한 여인이 자전거를 와르르 타고 오다가 내려 할머니에게 인사를 하고 두 분의 이야기가 길게 이어졌기 때문이다.

집에 있으려니 몸이 처지고 가라앉아 자전거 타고 한 바퀴 돌고 온다는 여인, 두 분은 서로 다른 경로당에 나가므로 이야깃거리가 많나보다. 내가 끼일 틈이 없다. 오늘이 며칠이고 무슨 요일이고 무슨 요일에 경로당에서 행사가 있고 그날은 어느 식당에 가서 식사를 한다고 말하는 할머니, 오늘이 화요일이든가 수요일이든가 잠시 헷갈려했던 나는 기억력 좋은 할머니가 신기하게만 느껴졌다.

할머니는 살아온 세월 동안 가스 불에 냄비 태운 적 없었을 것 같고, 장보아 냉동실에 넣은 식품 한세월 없이 잊는 일도 없었을 것 같다. 다리미 코드를 안 뽑고 시장 가다가 화들짝 놀라 부랴부랴 집으로 되돌아갔던 적도 없었을 것만 같고, 내가 뭘 가지러 이 방에 들어왔더라? 하며 고개 갸웃거린 적도 없었을 것만 같다. 내 친구들이 일쑤 겪는 모임의 날임을 잊고 집에서 밥을 먹는 일도 없었을 것 같다. 암보다 더 무섭다는 치매를 앓는 사람이 많다고 하는 요즈음, 할머니는 나이 더 드셔도 치매 같은 건 얼씬거리지도 않을 것 같다. 건망증 따위는 더더욱 없을 것만 같고.

건강검진을 하면 심뇌혈관 나이가 적혀 나오지 않던가. 만약에 기억력 수치도 나온다면 할머니의 기억력 나이는 아마도 50중반쯤으로 나오지 않을까 하는 생각이 든다. 할머니라고 100년을 사는 동안 어찌 몸 아픈 적이 없었을까만, 내 앞에 서 계신 할머니는 암만 봐도 한평생 무병으로 살아오신 것만 같다.

할머니가 갑자기 세월 빠른 넋두리를 하신다. 이에 한숨 쉬며 맞장구치는 자전거 여인. 자전거 여인의 나이가 갑자기 궁금해졌다. 그래서 나이를 물었다. "내 나이 올해 구십 둘이요." 목소리도 크게 당당하게 말한다. 그러고 보니 얼굴에 주름은 자글자글하다. 건강미가 넘치고 자전거까지 타는지라 나는 90대로 보지 않았던 것이다.

100세 할머니의 건강에 놀란 가슴이다. 92세로 자전거 페달을 밟아

시내를 씽씽 달리는 여인의 건강에 또 놀라 나 이석증 재발로 쓰러지기 전에 지레 까무러칠 것 같다.

(『수필문학』 2019년 6월호)

박순혜
월간 『수필문학』 등단. 제17회 수필문학상(2007).
한국문인협회 회원, 한국수필문학가협회 이사.
수필집 : 『엉컹퀴의 절규』 외 다수

백선욱

세심탕(洗心湯)

　나지막한 휘파람 소리가 목욕탕에 퍼진다. 수증기와 열기의 흔들림. 조용하던 실내가 낯선 소리의 침입으로 살짝 긴장감이 깃든다. 여기저기서 힐끗대며 소리의 발원지를 찾는다. 하지만 휘파람 부는 사람을 확인하고는 이내 고개를 돌리며 딴청을 피운다. 탕 안에 깊이 몸을 담그고 상념에 빠졌던 나도 몸을 일으켜 소리의 끝을 찾았다. 바로 내 앞에 있는 평범한 중년의 남자다. 숱이 없어 이마가 넓어 보이는 사내, 나보다 몇 살 연하로 보인다. 양볼을 부풀리며 소리를 내는 모습이 꽤 희화적이다. 그가 휘파람으로 부르던 노래는 이용의 「잊혀진 계절」 그런데 가끔씩 소리가 샌다. '깨 벗고 장도칼 찬다.'는 말이 생각나 실웃음이 새어 나온다. 커다란 몸집의 건장한 사내들이 탕 주변으로 하나둘 모여든다. 기세들이 예사롭지 않다.
　사내들이 몸을 움직일 때마다 등과 가슴의 잉어, 호랑이, 그리고 여의주를 문 용들이 살아있는 듯 꿈틀댄다. 눈을 감은 채 여유롭게 불어대던 남자의 휘파람이 '한마디 변명도 못 하고' 부분에서 탁한 쇳소리를 내며 음이 튕긴다. 눈을 뜬 사내가 휘파람을 멈추고 몸을 세운다. 물 밖으로 나갈 기회를 재며 방황하던 나의 시선이 우연히 사내의 눈길과 엉켰다. 순간 갑자기 뜨거운 탕의 온기가 사라지고 등 주변이 서늘해진다. 조용히 시선을 내리고 어찌할 바를 모르는데 그의 목소리가 들렸다.

"뭐터냐, 느그들도 목욕들 혀."
"예, 그렇게 하겠습니다요, 형님."
 순식간에 들어온 사내들로 탕의 물이 한번에 바깥으로 넘쳐나간다. 어서 나가긴 해야 하겠고…. 어색하지 않게 물 속으로 머리까지 들어갔다가 일어나 나가려는데 억센 손이 팔을 잡는다.
"괜찮은께 허던 목간 계속 하소."
"아, 예 다했습니다. 나가려고요."
 빈모 사내가 눈에 힘을 주며 다시 한마디 한다.
"그니까 괜찮은께 목욕하라고." …라고는 반말인데,
 야 너 몇 살이야. 내놓을 수 없는 소리는 입 속에서만 불어터진다. 하는 수없이 다시 탕에 몸을 맡겼다. 새삼 물이 뜨겁다. 눈을 감았다. 요즘 세상에 이게 무슨 일인가. 죽기 살기로 한번 객기를 부려. 아니다. 문제 만들 필요는 없지. 조용히 시간을 보내자. 몸도 닦고 마음도 닦고…. 세신(洗身)에 세신(洗心)이렸다. 이런, 바로 옆의 시내와 어깨가 맞닿는다. 남의 맨살이 닿는 느낌에 소스라쳐 몸을 움츠린다. 범고래들 속에 낀 보리새우마냥 갑자기 내 신세가 처량하다. 물도 뜨겁고 이제는 탕에서 나가야 하는데…. 결정 장애에 빠졌다. 고민하다가 눈을 떴다. 오호라 이 장면은 뭔가. 빈모 사내의 주변에는 아무도 앉지 않아 혼자인데, 나를 중심으로 어깨들이 죽 앉아 있는 모양새가 마치 내가 조직의 보스 같은 그림이다. 다시 눈을 감고 뜨거움과 싸우려는데 갑자기 호기가 일어선다. 에라, 모르겠다. 나도 이용의 「잊혀진 계절」이다.
 휘파람을 불자. 어쩔 것인가. 휘파람 분다고 때리기야 할까. 초등학교 때부터 휘파람하면 나였다. 입 모양을 가로로 하고 혀를 말아 이의 안쪽에 살짝 대고 소리를 내는 휘파람 솜씨는 자타가 공인하는 나의 개인기다. 대학생 때 친구들과 산에서 야영하는데, 일단의 여학생들이 휘파람 소리를 따라 우리 텐트까지 찾아와 같이 놀고 간 적도 있다. 마적(魔

笛)까지야 아니지만 나름대로 휘파람에는 일가견이 있다는 자부심. 더 앞뒤 재지 않고 눈을 꼭 감은 채 「잊혀진 계절」을 불었다. 시작은 음을 따르지 않고 새소리를 흉내내어 분위기를 잡아갔다. 가을의 쓸쓸한 정취를 기억하며 조심스럽게 계단을 내려가듯 낮은 음역에서의 음차도 해결했다. 고음 부분에서는 목욕탕의 넓은 실내가 콘서트홀이라도 된 듯 소리의 공명으로 잔향들이 꼬리를 문다. 바이브레이션을 한껏 넣어 멋지게 끝을 장식했다. 앙코르를 바라거나 우레와 같은 박수를 기대하지는 않았다. 눈을 떴다. 싸늘하고 험악한 눈빛들이 사방에서 나를 찌른다. 고개를 갸웃하며 빤히 쳐다보던 빈모의 사내가 탕에서 몸을 일으킨다. 짝짝. 한 템포 늦게야 옹색한 박수를 치더니 나를 위아래로 훑고 미간을 찡그리며 한마디 한다.

"선상, 히파람 참 자알 부는구만. 잘 부우러 조커따고. 어이, 야들아."

사내들이 서둘러 빠져나간 실내가 휑하다. 탕에 남아 있던 몇몇 사람들이 나를 보며 갑자기 박수를 치기 시작한다. 승전의 감흥과 감사의 표시로 두 곡 정도를 불었다. 현기증이 나서 그 이상은 무리다. 탕에서 나와 벌겋게 달아오른 몸을 찬물로 식혔다.

요즈음 드는 고민은 판단력의 혼란이다. 무엇을 결정해야 하는 순간이 오면 무엇이 옳은지 그른지 아무것도 선택할 수가 없다. 살아오면서 겪은 그나마 조금 쌓인 경험도, 무엇을 결정해야 할 때는 아무런 영향을 주지 못한다. 게다가 삶은 일상만이 있는 것이 아니다. 갑자기 느닷없고 어이없는 현실과 맞닥뜨리면 정지된 화면처럼 사고가 멈춘다. 나이가 들면서 더 선명해져야 할 것들이 오히려 더 희미해진다. 탕에서 있었던 일도 돌아보면 우스꽝스러운 나의 모습이 있다. 처음에 정중하고 단호하게 의사를 표현하고 탕에서 나왔으면 귀찮을 일도 없었을 것이다. 참을 수 있겠으면 끝까지 참아야 하고 그럴 자신이 없으면 의사를 바로 전달하고 거절하는 것이 맞다. 확신이 있고 타인에게 해가 없다면 자신의 목소리를 바르게 내는 것이 옳은 결정이라는 것을 믿는다. 잔뜩 익어 성이 났던 피부가 찬물에 숨이 가라앉았다. 수업료가 들지 않는 인생 수업에는 가끔 비싼 대가가 따르기도 한다. 별다른 일정이 없다면 다음 주에도 목욕을 하러 올 것이다. 의외로 목욕탕에서 깨닫는 것이 많다. 아르키메데스도 아니면서.

(『월간문학』 2019년 9월호)

백선욱
『월간문학』 144회 신인상 수상 등단(2017년)
한국문인협회, 한국수필문학가협회, 대표에세이 문학회, 문학동인 〈글풀〉 회원
공저 : 『나는 바람입니다』 외 9권

백승희

빗소리가 지나간 자리

우산살이 녹슬어 있다.
하교 종소리가 울리자 운동장은 부모와 아이들로 붐빈다. 빗소리를 따라 몰려오는 우산들. 형형색색의 우산 무리가 모였다가 빗속으로 흩어진다. 운동장을 빠져나가는 우산들 속에 엄마의 우산을 찾느라 내 시선도 분주하다. 엄마는 보이지 않는다. 뚫어지도록 내 시선은 교문을 향하지만, 빗줄기는 점점 더 거세지고 운동장은 비어갔다. 결국 엄마는 오지 않았다. 선뜻 나설 수 없는 빗줄기를 무심히 바라보다 드디어 결심이 선다. 무수한 발자국이 지나간 자리, 질퍽거리는 웅덩이에 물살이 그리는 동그라미를 따라나섰다.
'엄마는 오지 않을 거야. 비가와도 엄마는 데리러 오지 않겠다고 했지. 이제 집으로 가야겠다.'
신발주머니 속에 있던 실내화를 꺼내 가방에 넣고, 빈 신발주머니를 툭툭 털었다. 머리에 실내화 주머니를 고깔처럼 썼다. 빗속을 달리기 시작했다. 얼마나 비를 맞았는지, 얼마나 빠르게 달렸는지는 모르겠다. 집으로 향하는 길의 절반쯤 갔을까. 저만치에서 엄마가 걸어오고 있었다. 믿을 수 없었다. 나를 데리러 오는 거였다. 나는 우산 속으로 들어가 엄마를 덥석 끌어안았다. 엄마가 온 것이다. 친구들처럼….
그날도 소낙비가 내리고 있었다. 고열이 있었지만, 비 오는 날도 결석하면 안 된다고 기어이 여덟 살 아이를 학교에 보냈다. 필요한 것이 있어도 한 번에 사주지 않았다. 의도적으로 참을성을 갖게 하려고 한 것이다. 때론 포기도 해야 하고 원하는 걸 쉽게 손에 넣을 수 없다는 걸 알게 하고 싶었다. 모범답안처럼 아이 키우는 법을 궁리하고 나만의 방법으로 실천했다. 하지만 다른 아이보다 이른 나이에 입학한 어린 마음을 나는 제대로 헤아려주지 못했다.

"글씨 좀 잘 쓰자."

아이의 알림장에 적힌 선생님의 빨간 글씨가 회초리처럼 따가웠다. 아이가 잠든 뒤에 책가방을 열어보았다. 겉장이 떨어져 나간 공책, 이리저리 흩어져있는 필기도구들…. 하지만 어수선한 가방과는 다르게 공책을 보니 숙제는 해놓았다. 한편 다행이라는 생각을 하며 못 본체 가방을 제자리에 놓아두었다.

중학교에 갈 무렵에는 장난기도 줄어들고 손 가는 일이 별로 없었다. 수학여행 갈 때도 스스로 짐을 꾸렸다. 대견했다. 진로문제로 속이 상하긴 했지만 제 의사를 존중했다. 제대한 후에 학업을 더 연장하겠다고 결정한 것도 아이의 선택이었다.

작든 크든 선택해야 하는 일들이 매 순간 팽팽한 신경 줄을 세운다. 그럴 때마다 운동장의 빗속을 생각했을지도 모른다. 우산을 잃어버린 것처럼 빈손이 되었을 때 빗속으로 뛰어들어도 될지 묻고 싶었을 것이다. 아이는 레고블록을 이리 재고 저리 끼워 맞추며 원하는 모양을 만들어내곤 했다. 혼자서 궁리하던 생각처럼 엄마를 포기하고 속내를 털어놓지 않는 날이 많아졌다. 아이의 생각과 결정을 간섭하지 않기로 했다. 그러자 아이는 오히려 훌쩍 어른스러워졌다.

비가 내리고 있다. 지하철 출구에서 연계된 버스까지 걷기엔 조금 멀다. 우산을 하나 살까…. 남편은 버려진 우산을 가져와서 곧잘 고쳐놓는다. 그렇게 멀쩡한 우산을 생각하면 새 우산을 살 수가 없다. 사실 집을 나설 때부터 빗방울이 떨어졌다. 돌아올 때쯤에는 큰비가 올 것으로 예상했지만 되돌아갈 시간이 없었다. 귀가 중에 만난 빗줄기가 등을 후려친다. 미숙한 엄마를 기다리던 아이의 얼굴이 생각난다. 잠깐 머뭇거리다 스카프로 머리만 덮은 채 빗속을 뛰었다. 나는 우산을 사지 않았다. 그냥 가슴에 빗소리를 맞으며 시간 속을 덤덤히 지나가고 있다.

내가 펼쳐주지 않은 우산을 제 아내가 받쳐준다. 우산 속에서 서로의 젖은 어깨를 안타까워한다. 가족의 우산이 되어가는 아들의 모습에서 개구쟁이였던 때를 떠올린다. 미안하기도 했지만 잘 해냈다고 말해주었다. 아들은 내 말에 고개를 끄덕이며 환하게 웃는다. 제 아이와 뒹구는 얼굴에 무지개가 뜬다. 제 아이를 안고 성큼 빗속으로 발걸음을 떼어놓는 아들.

이제 너는 어른이 되었단다.

멀쩡하게 고쳐진 우산을 펼치고 나도 7월 속으로 들어선다.

(『수필문학』 2019년 7월호)

백승희
월간 『수필문학』 천료 등단(2006. 5.)
월간 『시문학』 시 신인상(2017)
한국문인협회 회원, 한국수필문학가협회 이사, 운현수필동인회장
저서 : 수필집 『시간의 소쿠리』

서달희

산타 모니카

늘 벼르기만 하다가 올해는 겨울 김장을 일찍 담가놓고 LA에서 8년째 사는 딸네 집에 가게 되었다. 어떻게 살고 있는지 궁금하고 아직도 터를 못 잡고 사는 것 같아서 늘 걱정이 되었다. 지인들이 딸이 보고 싶지도 않으냐며 다녀오라고 성화를 대지만 나름대로 바쁜 일들이 있어서 선뜻 나서지를 못하였다. 나는 딸 사위보다는 외손녀 선영이가 더 보고 싶었다. 초등학생 때 떠났던 선영이가 이미 대학생이 된지도 2년이 지났었다.

특히 봄만 되면 텃밭에 오이, 상추, 고추, 토마토 등을 심을 기대에 망설여졌고, 여름이면 싱싱한 채소들을 만나는 기쁨에 선뜻 나서지를 못했다. 자두를 비롯한 복숭아, 포도, 석류, 등도 발길을 붙잡았지만, 가을에는 대봉감이 가지가 휘어질 정도로 달려있으니, 과일들을 버리고 떠날 수는 없었다. 모두 따서 이웃과 나눈 다음에나 움직여야지, 그 열매들을 두고 간다는 것은 어린아이를 두고 가는 것이나 마찬가지였다. 아무리 매정한 엄마라고 해도 품안에 아이를 어떻게 떼어놓고 떠날 수가 있을까 보냐. 상상도 안 되는 일인데 안 간다고 지인들이 오히려 재촉한다. 하지만 나는, 그 과일들로 인한 행복한 일상을 반납하기는 정말 싫었다.

드디어 날짜를 정하고 아들이 마일리지로 비행기 표를 예매하고 출국, 입국에 대한 수속 일정을 서류로 작성해서 팩스로 보내준 걸 받고 나니 실감이 난다. 그런데 외국 다녀온 지가 오래되다 보니 은근히 부담이 된다. 특히 입국 시에 인터뷰하는 물음을 제대로 응대할지도 부담스럽다. 트럼프가 대통령이 되고 나서는 입국 절차가 까다롭다고 들었다. 출국장 안에서 탑승을 기다릴 때였다. 긴 의자에 앉아서 시간을 보내고 있는데 저만치에 앉아 계신 분이 한국 여자분이셨다. 그분이 할머니가 혼자 앉아 있으니까 말을 걸어온다. LA에 누굴 만나러 가시느냐고 묻는다. 딸이 얼바인에 사는데 혼자 간다는 게 약간은 부담이 된다고 하였더니, 자기도 얼바인 간다고 한다. 은근히 반가워서 혹시 교회에 다니는지 물었다. 즉시 성당에 다닌다고 한다. 안 다닌다고 하면 전도하는 말을 할까 봐서 말 막음으로 빠른 대답을 하였다고 한다. 나는 성당에 다닌다고 하는 그 말이 어찌나 반가운지 그곳에는 한국 성당이 몇 군데나 되는지 물었다. 한 군데밖에 없다는 말에 혼자 가야 하는 부담감에서 벗어난 듯하였다. 딸 이름을 알려주었더니 이미 전화를 걸고 있다.

"내가 지금 누구하고 있게?~" 한다. 나는 전화가 안 되니 카톡 문자를 넣었다. '유진아! 공항에서 성당에서 예쁜이 데레사라고 불린다는 분을 만났다. 어디 가느냐고 물어서 같은 비행기 타고 가니까 든든하다. 걱정하지 마라 하느님의 안배라는 생각이 든다.'

"아! 우와~ 놀랍다. 조심히 오세요. 아주 좋으신 자매님을 옆에 딱 앉혀주셨네요." 하느님, 감사합니다. 이렇게 좋은 분을 동행하게 해 주시니 감사할 뿐입니다. 마침 내가 앉은 좌석 가운데가 비어있다. 누군가와 바꿔 달라는 부탁도 필요 없이 옆으로 와서 이야기도 나누며 동행을 하였다. 하느님께 감사!

정작 입국할 때 그분은 미국 여권 소지자라 내국인 쪽으로 가서 도움을 못 받았다. 길고 긴 줄을 서서 기다리는데, 옆에 한국 여자가 은근히 부담 주는 말을 한다. 대답을 잘못하면 출국이 어렵다고 한다. 실제로 인터뷰하다가 뒤로 밀려나는 사람들이 보인다. 하지만 할머니한테 심하게 할 일이 뭐가 있을까 싶은 게 걱정이 안 되었다.

그런데 안검하수증 수술 때문에 내 얼굴 인상이 변해 있어서 내가 보아도 내가 아닌 것처럼 보였다. 10여 년 전에 눈가가 얼마나 처졌는지, 눈이 무거워 성당에서 미사를 드릴 때는 아예 눈을 감고 있었다.

손자가 서너 살 때인데 좀 쉬려고 안경을 벗으면 누워서 우유를 먹고 있다가도 우유병을 쏙 빼고 "할머니! 안경 써, 안경 써." 하며 안경을 못 벗게 했다. 매번 이런 상황이 벌어져서 왜 그러는지 물었다. 할머니 눈이 무서워, 그런 대답을 할 줄 알았다. 그랬는데, 지혜롭게도 "할머니 눈 아파서 안 돼, 안경 써" 한다.

내 짐작으로는 안경을 벗으면 처진 눈이 무서워 보이나? 하는 마음이 들어 작심하고 눈 수술을 받기로 결정했다. 진찰을 한 의사가 아예 쌍꺼풀 수술을 하라고 한다. 나는 당치도 않은 말처럼 들려서 "아닙니다. 저는 쌍꺼풀수술을 하려고 온 게 아니에요. 눈 위 처진 곳만 올려주세요." 하고 거절을 했다.

그래도 10여 년은 잘 지냈다. 그런데 또 처지기 시작한다. 마침 안과에서 안검 하수증 수술을 하는데 보험이 적용되어 비용도 적게 든다고 하였다. 그것이 또 잘못된 판단이었다. "성형외과를 가서 했어야지요." 만나는 사람마다 한마디씩 한다. 수술한 지 일 년이 넘었는데도 쌍꺼풀 수술한 자리가 수퉁 맞은 게 인상이 무섭다. 보는 사람마다 못 알아보고 누구냐고 묻는다. 이렇게라도 제대로 눈을 뜨고 볼 수 있으니 얼마나 다행인지 모른다. 우리 어머니는 이런 수술도 못 받고 눈을 감고 몇 년을 사신 걸 생각하면 지금도 가슴이 아파온다. 요즘은 의술이 발달해서 눈도, 치아도, 다 고치고 사니 백세를 산다는 말이 나올 법도 하다.

이런 상황이니 박스 안에서 체크를 하던 사무원이 여권을 보고, 나를 보고 비교를 하다가, 의문이 드는지 안경을 벗어 보라고 한다. 겁이 덜컥 났다. 여권 속의 사람과 다르다고 하면 어쩌나? 안경을 벗었다. 한참을 대조하더니 여권을 돌려준다. 얼마나 감사한지 '하느님, 감사합니다.' 하며 다시 잡히기라도 하듯이 재빠르게 나왔다. 짐을 찾아서 카트에 싣고 있는데 그때서야 데레사 자매님이 나타나서 "출국 심사를 잘 받으셨네요." 하며 웃는다. 그래도 같이 동행하게 된 것이 큰 힘이 되었다.

마중 나온 딸이 엄마는 어디가 제일 가보고 싶으냐고 묻기에 여기저기 다닐 필요 없다. 있는 동안 이곳에 사는 사람들의 생활이나 마을 분위기가 어떠한지 살펴보면 된다. 그럼 캘리포니아 미션 성당에 다니자고 한다. 캘리포니아 미션?

18세기경 미국 샌디에이고에서 샌프란시스코에 이르는 650마일 해안 지역을 따라 세워진 미션 성당 21곳을 말한다고 한다. 스페인이 미국을 식민지화 하려는 의도에서 프란치스코 수도회 신부님들을 현지에 파견해 인디언들을 복음의 세계로 이끌려는 노력을 펼치면서 세워진 성당들이다.

외손녀가 산타바바라 대학교에 재학 중이어서 일단 선영이 부터 만나러 갔다. 얼바인에서 2시간 반이나 걸려서 도착하였는데 성당 문이 닫히기 전에 산타바바라 미션 성당부터 가 보기로 하였다. 마침 미사가 끝난 시간이라 사람들이 여기저기 모여서 담소를 나눈다. 넓은 마당 한쪽에는 생전 처음 보는 후추나무가 열매를 주렁주렁 매단 채 서 있는 게 신기하였다.

230여 년 전에 지어진 성당이라 그런지 아담하게 지어졌다. 그 후에 방문한 10곳의 성당들의 모양이 크기만 조금씩 다를 뿐 대부분 똑 같다. 특히 뾰족하게 세워진 종탑에 종이 무려 여섯 개가 설치된 곳도 있다. 시간을 맞춰 미사를 보러 간 성당에서는 타종도 하여서 우리나라에서는 들어본 지 오래된 종소리도 들었다. 어릴 적에 하루에 세 번씩 들으며 살던 추억에 잠기게도 한다.

화려하진 않지만 아담하게 지어진 성당들이 평화롭다. 엄동설한인 우리나라를 떠나와서 만난 온갖 꽃들로 가꿔진 정원들도 아름답다. 특히 하얀 장미꽃들이 가는 곳마다 만발하여서 행복한 여행이 되었다. 하지만 선교를 위해서 고생하시던 신부님들의 흔적이 보여서 마음이 아팠다. 협소한 침대며 작은 식탁들을 보며 얼마나 고생을 하며 사셨을지 짐작이 가고도 남는다. 천주교 박해 시절 우리나라에 오셔서 순교하신 신부님들만큼이나 선교에 힘을 다하신 듯하다. 그 당시 침략자로 생각한 인디언들과도 마찰이 심했다고 한다.

그 후에도 산타바바라에 가서 이틀을 자며 주위에 미션 성당들을 방문하였다. 선영이가 영어가 짧은 엄마를 위해서 가이드 노릇을 제대로 한다. 우리 선영이는 몸매가 완전히 미국 스타일로 변해 있었다. 그 모습이 어찌나 멋져보이던지, 미국 스타처럼 보여서 웃음이 났다. 아르바이트를 하며 학업에도 최선을 다하는 모습이 장하다. 대학교 안에서 볼 수 있었던 비디! 그곳에서 맞이한 붉게 물든 석양이 장관이었다.

이번 여행에서 더 감동으로 느낀 점이 있다. 미션 성당들의 이름은 물론이지만 모든 도로의 표지판이 다 가톨릭 성인 성녀들의 이름으로 되어 있다. 그 옛날 스페인 신부님들이 지으셨을까? 어디쯤이었는지 앞에 걸린 표지판에 '산타모니카'라는 지명이 나타났을 때 신선한 충격이었다. 내 세례명이 앞에 턱하니 걸려 있어서 특히 더 그랬다. 전에는 그냥 지명으로만 알고 있던 샌프란시스코나(성 프란시스코), 산타루치아(성녀 루시아),처럼 샌 이 앞에 오면 성인이고 산타가 앞에 붙으면 성녀이다. 산타 바바라, 산타 마리아, 산타로사, 산타안나, 등 수없이 많았다. 성인들의 이름으로 지어진 지명은 더 많았다. 산디에고, 산이시돌, 산호세, 산클라멘토, 등 다 헤아릴 수가 없다. 미션 성당을 다니며 만났던 성인 성녀들의 지명이 얼마나 은혜롭게 느껴지던지 표지판을 만날 적마다 감사한 생각이 들었다. 내가 다녔던 곳에서 만났던 성인들의 이름만도 30

여 명이 넘었다. 샌프란시스코까지 갔다면 성인 성녀들의 이름이 얼마나 더 많았을지, 시간이 없어서 다 방문하지 못한 것이 조금은 아쉽다. 미국이란 나라가 왜 축복을 받고 사는지 알 것 같다. 대통령에 당선되면, 성경에 손을 얹고 선서를 하는 모습에서도 신의 가호가 함께하는 나라인 것을 느꼈다.

(『수필문학』 2019년 5월호)

서달희
월간 『수필문학』 등단(2013),
한국수필문학기협회 이사, 여울문학회, 시비문학 회원,
수필집 : 『까치가 다시 올까』 『모니카의 낙서장』

서대화

메아리 같은

딸아이가 손자 녀석을 데리고 동네 마트에 갔다. 빽빽이 들어찬 자동차 사이로 주차를 시키고 조심스럽게 문을 열고 내렸다. 그런데 차 안에 있던 아이가 문을 벌컥 밀어 옆에 있던 고급 승용차의 문 부분에 충격이 가해졌다. 확인하니 검은색 문에 우리 차의 흰색 페인트가 묻었고 찍힌 자국이 눈에 보일 만큼 남아 있었다. 그냥 모른 척 하기에는 양심이 허락지 않아 메모장에 전화번호를 써 놓고 왔다면서 걱정스러운 표정을 짓는다.

자동차 주인이 까다로운 성격이라면 문제삼아 변상을 요구할 것이다. 그와 반대로 마음이 너그럽거나 남을 배려하는 일에 인색치 않은 성격이라면 별것 아니라며 부드러운 수건으로 문질러 버리고 신경 쓰지 않을 것이다. 그러나 그 정도의 고급 승용차라면 우리 차 두 대 값에 맞먹는 고가이니 재산 가치로 계산해서라도 쉽게 넘어가지는 않을 수도 있다며 제 어미와 걱정스러운 의견이 분분하다. 터무니없이 큰돈을 변상하라면 보험으로 해결하자는 결론을 내렸지만 듣고 있던 나도 마음이 편치가 않다. 그냥 현장을 떠나올 것을 공연히 긁어서 부스럼을 만든 격이 아니냐는 의견도 있었지만 엄밀하게 말하자면 알고도 모른 척 한다는 것은 뺑소니 범죄에서 벗어날 수가 없는 사실이기에 결국은 잘한 일이라고 생각을 고쳤다.

저녁시간에 누군가 알 수 없는 번호로 전화를 걸어왔다. 역시 차량 긁힘의 사고를 이야기하면서 좀 만나자고 한단다. 목소리만 듣고서야 확실하게 알 수는 없지만 나직하고도 감정이 격하지 않은 남자의 톤으로 보아 그리 크게 문제 삼을 것 같지는 않다고 한다. 사건의 당사자인 세 살짜리 아들을 데리고 그를 만나러 나가는 딸에게 "큰소리가 나오거든 순순히 인정하고 변상하라"고 일러 보냈다. 아이들이 나가고 난 뒤에 나와 아내는 궁금한 마음이 여간 아니다. 원만하게 해결되기를 기대하면서 초조한 시간을 보내고 있었다.

지난 4월 어느 비오는 토요일 오후였다. 우산을 쓰고 역삼역 인근 이면도로를 천천히 걷고 있는데 느닷없이 RV승용차 한 대가 나를 밀어 넘어지게 했다. 차는 급히 멈추었어도 빗물이 고여 있는 아스팔트 위에 뒤로 넘어지고 보니 등짝과 바지 뒷부분이 삽시간에 물에 젖었다. 내가 요즘 근력이 없어져서인지 아니면 자동차에 의한 충격이란 의외로 큰 것이라서인지 일어나기조차 쉽지 않았다. 주변의 행인들이 순식간에 모여들어 나를 일으켜 주면서 옷매무새를 고쳐 주기도 하고 옷에 묻은 빗물도 털어 준다. 저만큼 동댕이쳐 진 가방을 들어다 주기도 하는 일련의 모습들이 고맙게 느껴진다.

운전자는 중년의 여인이다. 차에서 얼른 내리지도 못하고 당황해 하는 표정이 역력하다. 한참 만에야 내린 그녀는 죄송하다며 백배 사죄를 한다. 나는 몸을 여러 각도로 굽혀 보기도 하고 팔다리를 움직여 보아도 어디 한군데 통증이 느껴지지 않는 것으로 보아 큰 충격은 받지 않은 것 같다. 주변의 사람들은 웬만하면 병원으로 옮겨서 확실한 진단을 받는 것이 좋지 않겠느냐고 한다. 운전한 여인도 모여든 사람들처럼 일단 병원으로 가자고 한다. 그러나 나는 아무런 이상이 없는데 병원까지 갈 것이 무엇 있겠나 싶어 잠시 망설였다.

비는 계속 내리고 있었다. 내가 넘어지는 바람에 들고 있던 우산은 뒤집어져 못 쓰게 되었다. 우선 비를 피하기 위해서라도 나는 그녀의 자동차 안으로 들어갔다. 큰 구경거리라도 생긴 것으로 알고 모여들었던 사람들도 별 것 아닌 것이라고 판단되어서인지 하나둘 제 갈 길을 가고 운전자와 나만 남았다. 그녀는 수십 년 무사고로 지냈는데 오늘은 황당한 일을 당한 끝이라 정신이 없어 실수를 했노라며 극구 자기변명을 늘어놓는다. 내가 합의금조의 많은 배상을 요구하거나 해결 방법을 민형사상의 골치 아픈 쪽으로 몰고 가면 어쩌나 걱정하는 눈치가 빤히 보인다. 마침 그날이 토요일이니 일요일 하루 쉬면서 경과를 본 뒤에 병원치료를 결정하자고 말한 뒤 그녀와 헤어져 집으로 왔다.

집에 돌아온 후에 아내에게도 그 일에 대해서는 말하지 않았다. 가족이나 주변의 그 누구에게라도 함구한 것은 혹 내가 생각하지 못했거나 바르지 않은 어떤 다른 방법의 해결책을 권유할 수도 있겠다 싶은 우려 때문이었다. 또한 교통사고라는 사회적 트라우마로 인한 긴장을 떨치지 못 할 가족들을 염두에 두었기 때문이기도 했다. 하룻밤을 지내고 나니 넘어질 때의 충격으로 엉치뼈가 약간 저릿저릿 한 것 외에 다른 곳은 아무렇지도 않다. 병원에 갈 정도는 아닌 것 같아 그냥 참기로 했는데 그 외에 별다른 증상이 없는 것이 나에게는 물론 사고를 저지른 가해자에게도 퍽 다행스러운 일이다.

월요일 오전 시간에 나는 가해 여성에게 전화를 걸었다. 이틀간 지나보았어도 아무런 이상이 없으니 병원에 갈 필요는 없을 것 같다며 안심시켰다. 그녀는 몇 번이나 미안하고 감사하다는 말을 되풀이하면서 내게 은행 계좌번호를 알려 달라고 한다. 연만하신 어른을 빗길에 넘어트리는 사고를 저질렀으니 다만 얼마라도 위로금 조의 성의를 표하는 것이 예의라는 것이다. 그녀의 말에 동의했던 것은 만약 내가 가해자였어도 그런 방법으로라도 미안하고 고마운 마음을 전했을 것 같아 그녀가 원하는 대로 알려주고 일단락을 지었다. 큰일을 해결한 것 같아 마음이 개운하다.

낯선 남자의 전화를 받고 나갔던 딸아이가 한 시간 쯤 뒤에 귀가 했다. 우리는 궁금한 마음으로 결과를 물었다. 대답하는 딸아이의 표정이 밝다. "그냥 지나쳐도 될 일인데 연락처를 기입한 분이 누구신가 궁금해서 뵙고 싶었어요."라는 사내의 표정은 오히려 즐거워 보이더라는 것이었다. 그는 세 살짜리 손자아이의 작은 손에 만 원짜리 지폐 한 장을 들려주고 "자동차 찍힘 부분은 괜찮으니 염려 말라"면서 찻값까지 지불하고 돌아갔다는 것이다.

인생사는 메아리 같아서 내가 베푼 만큼 되돌려받는다는 사실을 나는 믿는다. '사람이 무엇으로 심던지 그대로 거두리라.' 이와 같은 교훈은 성경에만 기록되어 있는 것은 아니다. 인생을 살다 보면 누가 알려주지 않아도 저절로 알게 되고 경험으로 깨닫게 마련이다. 우리는 아들딸 사위까지 운전을 하며 나 역시 가끔씩 운전대를 잡는다. 그런데 자신이 조심 운전을 한다 해도 크고 작은 사고는 늘 우리 주변에 도사리고 있다는 것을 안다. 모처럼 심성과 정서가 아름다운 인격체를 만난 것으로 그날 이후 오랫동안 흐뭇한 기분 속에 지냈다.

(2019년 가을호 『選수필』)

서대화
월간 『수필문학』 천료 등단(2001)
한국수필문학가협회 회원
저서 : 수필집 『휘파람새의 전설』

서부길

배다리는 있다

인천 도심 한가운데 '배다리'가 있다.
한 세기 전만 해도 배가 닿았는데 언제부터인지 육지가 되어 흔적조차 없다. 아마 이곳이 도시 형성의 근간이 되는 매립의 시발지가 아닌가 싶다. 나는 배다리와 50미터쯤 떨어진 금곡동에서 태어났고 장가들며 분가할 때까지 그곳에서 살았다.
얼마 전 찾은 '배나리'는 세월이 정지된 듯 예전 그대로였다. 넓게 느껴졌던 도로는 좁고 상가와 주택은 낡고 퇴색되어 쓸쓸함마저 느꼈다.
원도심을 중심으로 발전한 인천은 1960년 인구 37만 명에서 80년 초 100만 명이 되고 이제는 300만 명을 넘는 거대도시가 되었다. 이런 과정에서 도시가 팽창하고 생활 중심지가 신개발지로 옮겨가며 구도심은 자연스레 쇠락과 침체에 빠져든 것이다.
배다리는 원래 나루터였다. 19세기 말까지 큰 갯골을 통해 만조가 되면 배들이 드나들어 지명의 유래가 되었다고 한다. 그러니까 할아버지 세대 이야기쯤 되리라. 내 기억 속의 배다리는 바쁘고 활기찬 모습으로 남아 있는데….
그 모퉁이에는 무소불위의 파출소가 있어 조심스레 지나다니곤 했다. 보행 위반자를 새끼줄로 쳐 놓은 사각 우리에 잡아넣고 몇 시간씩 서 있게 하거나 강제로 장발을 가위질하던 1970년대식 순경도 거기 있었다.

북쪽으로는 청과물 가게가 줄지어 있었다. 여름이면 속이 붉은 '개구리참외' 김막가라고 부르던 신품종 '노랑참외' 어머님이 좋아하시든 푸르고 큰 '상참외'를 지천으로 늘어놓고 팔던 '참외전 거리'다.

중간쯤에, 상인들이 애용하던 설렁탕 전문집 '삼강옥'이 있고 이름은 잊었지만 곰탕집도 있었다. 군 생활 중 휴가 오면 아버님과 함께 해장국 먹던 기억이 새롭다. 3분쯤 거리의 동인천역은 반시간마다 오르내리는 기차 승객들로 번잡스러웠다. 유일한 역 앞 지하상가 입구에 서있으면 젊은이들 모두 거쳐가듯 여러 친구를 만나게 된다. 차비가 없을 때 서성이면 해결할 만큼 갈 곳이 뻔한 시절이었다.

동쪽으로는 쇠가 난다고 하여 '쇠골'이라던 금곡동이 시작되고 송림동으로 넘어가는 길에 지금의 동구청사가 있다. 그 자리는 원래 소나 돼지를 잡던 도축장이었다. 비 오는 밤이면 쇠귀신 울음소리가 들린다는 괴담이 있어 지나가기를 꺼리기도 했다. 재미난 것은 당시 손, 발에 동상(凍傷)든 사람이 많아 소의 내장에서 쏟아 놓은 누런 소똥 속에 남녀노소가 무릎까지 빠지며 서 있던 모습이 눈에 선하다. 인부가 김이 무럭무럭 나는 것을 한 삼태기씩 오물통에 쏟아 놓으면 식기 전에 들어가려고 야단들이었다.

먼 곳에서 곱게 차려입고 찾아온 아낙도 결국은 쇠똥 속에 발을 담그고 서 있는 모습이 민망스럽지만 별 치료방법이 없었으니 어찌하랴, '쇠똥도 약에 쓴다.'는 옛말이 딱 들어맞던 시절이었다.

우리 윗동네에는 휴전이 되어 미군이 본국으로 철수하면서 며칠씩 숙영하던 초등학교가 있었다. 월미도 외항에 정박 중인 수송함을 타고 태평양을 건너는데 대부분 아침 일찍 이동하였다. 수십 대씩 줄지어 가는 덩치 큰 'GMC'트럭 위에서 젊은 병사들은 신나게 웃고 떠들며 귀향을 재촉했다.

이때쯤 우리들은 배다리까지 트럭 뒤꽁무니를 쫓으며 무슨 뜻인지도 모른 채 '헬로, 오케이'를 연신 외쳐댄다. 병사들 중에는 이빨만 하얀

흑인들이 있어 신기하기도 하고 약간은 두렵지만 그건 문제가 아니었다. 이들은 휴대용 아침 'C-ration' 속의 짭짤한 비스킷과 '찹스'라는 새콤달콤한 사탕과 일회용 소금, 설탕, 커피, 추잉껌 등을 마구잡이로 던져준다.

간혹 잼이나 땅콩 짓이긴 캔도 던져주는데 트럭의 '클랙슨' 소리에 놀라면서 푸르스름한 매연 속을 헤집고 열심히 쫓아간다.

미군들은 낄낄대며 재미있어 했지만 우리에게는 처절한 걸식이었고 배고픔을 달래던 애절한 몸부림이었다. 신통한 것은 누구라도 먹거리를 그냥 집으로 가져가지 않고 경찰서 옆 간장 공장 폐허 터로 갖고 온다. 그러면 대장(?) 격인 형들이 다 모은 후 형평에 맞게 골고루 나누어 주었다. 배고픈 시절 아이들도 공존 방식을 조금이나마 터득했던 것이 아닌가 싶다.

배다리 고서점 거리 지척에 창영초등학교가 있다. 1907년 개교하고 1910년 제1회 졸업생을 배출하였으니 112년의 유구한 역사를 갖고 있다. 내가 51회 졸업생이니 감회가 새롭나.

창영(昌榮)이란 1936년 '새롭게 번창하기를 기원한다.'라는 뜻으로 지어졌고 이에 걸맞게 인천지역 3·1 독립만세 운동의 진원지이다. 교사(校舍)는 시 유형문화재 제16호로 지정되어 있다. 전철을 타고 지나다 보면 빨간 벽돌의 2층 건물이 옛날 그대로 서 있어 아련한 추억에 젖곤 한다.

전쟁 통에 배움의 시기를 놓친 형, 누나들과 동급생이 되어 전교생이 6천 명에 달했다. 2부제 수업에다 한 반이 칠, 팔십 명에 달하는 콩나물시루 같은 교실이었다.

학교에서는 기름기 뺀 우유가루와 옥수수가루를 배급 주었고 '산토닌'이라는 구충제도 먹였다. 한 끼를 굶게 한데다 독하여 세상이 노랗게 보일 때는 한두 시간씩 단축 수업을 하기도 했다. 지금은 발암물질이라는 하얀 DDT 가루를 손 펌프로 속옷과 머리에 마구 뿌려 주었는데 이(Lice)를 잡는 데는 특효였다.

이 무렵 미국에서 보내주는 480-Ⅱ라는 무상 양곡이 아니면 연명하기 힘든 실정이었고 특히 밀가루와 옥수숫가루는 고마운 식량이었다. 지금은 잊힌 보릿고개 속에 극단의 선택을 하는 음울한 소식과 부황기 뜬 얼굴들, 1인당 국민소득이 70달러로 세계 꼴찌 수준의 최빈국이었으니 어찌할 도리가 없었으리라.

창영초등학교 출신 중에는 훌륭한 선배들이 있어 자랑스럽게 생각한다. 인천 언론계의 선구자 고일(6회), 문화 정체성을 세운 미술사학자 우현 고유섭(9회), 민사소송의 틀을 세운 대법원장 조진만(10회), 서울대 총장 신태환(18회), 국회부의장 김은하(28회), 세계 일주 3번과 14번의 여행으로 140여 개국을 오토바이로 9년 넘게 다닌 여행가 김찬삼(29회), 수류탄을 몸으로 덮쳐 부하들을 살리고 장렬히 산화한 강재구 소령(40회)의 흉상이 오늘도 본관 앞에 꿋꿋이 서 있다.

사람은 과거를 먹고 산다지만 고유명사가 돼 버린 배다리가 아직 거기 있어 소중한 '추억 여행'을 한 기분이다. 더불어 옛 시절을 회상할 수 있었으니 '배다리'는 분명 있는 게 맞는 것 같다.

서부길
월간 『수필문학』 등단, 2016. 제26회 수필문학상
한국문인협회 회원, 한국수필문학가협회 이사, 인천문인협회 이사,
갯벌문학, 청라문학, 회장 역임
수필집 : 『바다, 그 영원한 꿈』, 『파일을 열며』

서영자

첫눈 내리는 아침

아침에 일어나 커튼을 젖히고 창밖을 보니 하얀 눈이 소복이 쌓여있다.

젊어서 마산에 살적에는 남부 지방이라 겨울에도 좀체 눈을 보기가 드물었다.

첫 딸이 초등학교 2학년일 때다. 동짓달 긴긴 밤에 남편이 집에 돌아오기를 기다리며 뜨개질을 했다. 겨울에 딸에게 입힐 반코트를 두툼한 감홍색 뜨개실로 뜨기 시작한 것을 마무리했다. 그 밤에 완성을 하려고 정신없이 늦은 밤도 모른 채 내일 아침 딸이 학교 갈 때 입혀야 하는 마음에 정성을 기울여 끝맺음을 했다.

날이 밝았다. 첫눈을 맞이한 아침이었다. 밤새 몰래 소복이 내린 남부 마산의 첫눈 아침!

밤새껏 만든 정성에 엄마의 따뜻한 온기와 사랑이 배어 있을 외투를 입혀 학교를 보내면서 흐뭇함과 보람을 느꼈다.

당신 솜씨 있는데 …. 하고 남편도 칭찬의 한마디를 거들었다.

딸이 학교를 파하고 친구들과 집으로 오는 길인데 뒤에서 오던 젊은 아저씨가 딸에게,

"얘, 그 옷 어디서 샀어?" 하고 묻더란다.

"우리 엄마가 짰어요." 하고 대답을 했다며 나에게 고한다.

딸도 기분이 좋았던 모양이다. 생긋 웃었다.

시중에 사서 입히는 것보다 엄마의 한 올 한 올 정성으로 이어진 옷이기에 더욱 가치와 보람찬 것이리라.

담임 여선생님께서도 전화가 왔다. 그 옷에 엄마의 정성과 사랑이 함께한다고….

젊었을 때는 하려는 의욕과 열성이 함께했던 때라 돌이켜 생각해 보면 무엇이든 하려면 모두 이루어지는 패기와 능력이 있어 친하게 지낸 이웃들은 나를 빈틈없는 사람으로 불렀다.

그런데 이제 팔십을 넘은 나이가 되니 기억력도 희미해지고 가지고 있던 물건도 잃을 때가 잦다. 노년에 되돌릴 수 없는 망각의 늪이 자꾸 오라고 손짓을 한다.

가진 것 다 놓고, 나옹 선사의 말씀대로 탐욕도 버리고 물같이 바람같이 살다 가는 것에 인생 마지막 노을을 보면서 행복에 젖어 감사할 뿐이다.

서영자
월간『수필문학』천료 등단, 한국문인협회 회원, 한국수필문학가협회,『문학공간』(사)한국수필가연대 이사
수필문학상 수상(2019)
수필집:『내 인생의 조각보』,『내 삶을 뒤돌아보며』, 수상 : 수필문학상(2019)

손미경

가을 빛

 가을 빛깔과 함께 내 마음도 능금처럼 익어간다.
 내가 사는 골목이 울긋불긋 진한 가을빛으로 물든다. 어느새 은행잎이 노랗게 깊어가는 계절의 중심에 서 있다. 마음 안까지 산들 가을이 왔다. 선선한 아침엔 시린 바람이 코끝을 스쳤다. 계절마다 바뀌는 표정과 색깔은 다채롭고 선명하여 희열을 맛본다, 색동옷 입은 고운 색 내 마음까지 붉게 물들어 설렌다.
 내가 사는 동네공원의 나무들이 하루가 다르게 울긋불긋 단풍들어 곱다. 황금빛으로 물드는 은행나무 아래 스치는 바람결이 차고 쓸쓸하게 다가온다. 자연이 주는 겸허한 아름다움에 눈을 뗄 수가 없다. 은행잎이 바람에 후드득 떨어진다. 코끝을 간지럽히는 냉기가 차다.
 노랗게 익은 은행나무 아래서 따뜻한 차를 한잔 마시고 싶었다. 그마저도 삶이 바빠서…. 은행 알이 고약한 향을 뿜어낸다. 노란 낙엽비가 비 오듯 후드득 쏟아진다. 호수공원에서 떨어지는 낙엽을 밟으며 긴 침묵으로 밤바람을 맞으며 걷는다. 산바람처럼 산뜻하고 선선한 찬바람이 가슴으로 와락 안겨 후련해진다.
 어느 해 가을 황홀하게 불타는 진풍경을 아름답게 기억한다. 동네 공원길을 혼자 타박타박 걷는다. 가을은 모든 나뭇잎들이 다 꽃이 되는 계절이다. 열매를 맺기 위해 꽃을 피우고 아쉬움 없이 자기를 날려 보낼 줄 아는 봄의 꽃잎처럼, 가을낙엽은 누구를 위하는 꽃처럼 할 일을 마치면 힘없이 떨어지는 자연의 오묘한 순리. 요즘 들어 가끔 가슴 한 구석이 부쩍 뻐근해질 때가 있다. 하여 밤새 잠들지 못해 온몸을 뒤척이는 일이 잦다. 뒤척이며 피곤은 더 쌓여간다. 그러나 글 한편 마무리 할 때는 기꺼운 희열로 짜릿함을 맛본다. 진정 행복하다.

세월이 흐르면서 그 느낌이 더욱 또렷하고 간절해진다. 풀꽃들이 무성하던 여름의 기억이 있듯이 계절의 변화를 보는 기쁨도 한 해 한 해가 다르다. 숲의 잡초들마저도 한여름 햇살로 두터워진 잎과 수풀 사이로 풀냄새도 좋았다. 가을의 다양한 빛들이 신비하고 아름답다. 살랑바람에 흔들리는 배롱나무를 보면 요란하지 않으면서 기품이 있어 보기가 좋다.

어느 날 집채만한 짐수레를 끌고 가는 어느 노파의 모습에 마음이 서늘해졌다. 수레를 끌고 가다가 꽃가게 앞 계단에 털썩 주저앉는다. 지친 나는 물어오는 말에 무표정으로 답했다. 나도 몰래 참았던 설움에 그렁그렁 눈물이 고였다. 그야말로 저마다 사는 것도 가지가지, 자식새끼들을 위해 손발이 다 닳도록 최선을 다한 일일 텐데 노인의 석양빛이 서글픔으로 다가왔다. 우여곡절을 겪은 인생의 겨울을 보내는 가난한 노년의 모습이 이 가을 나뭇잎 같이 애잔했다. 나뭇잎도 제 할 일을 다 하면 힘없이 떨어지는데….

곧 다가올 나의 노년을 보는 것 같아 가슴이 먹먹해져 왔다.

저마다 사는 방식이 다 다르지만 가을이 오면 나는 참 가슴이 저며 온다. 시월이 되면 사랑했던 가족들의 기일이 연이어 있는 까닭이다. 허망한 이별의 흔적으로 헤어나기 힘들 만큼 우울함이 밀려든다.

며칠 전 조카 결혼식에 참석했다가 뒤풀이 시간에 말없이 슬쩍 빠져나왔다. 서울 난곡에서 출발해 지하철 타고 내리는데 교통 문화가 익숙지 않아 전철을 타고 내릴 때도 헷갈리고 우왕좌왕 거렸다. 혼잡한 서울의 교통이 나는 불편하며 노선 찾기가 늘 어렵다. 마침 아들이 곁에 있어서 어려움을 모면했으나, 한양에 모처럼 가는 나로서는 늘 헤매기 일쑤다. 지하철 노선을 파악하려고 가까이 다가가 봐도 글씨는 콩알처럼 작아 보이지 않아 짜증이다. 쏜살같이 요리조리 날뛰어 볼 일을 보러 다녔으나 이젠 차를 잘못 타면 어쩌지 하는 두려움이 앞서 자꾸 우물쭈물거리게 된다. 촌티를 내지 않으려 해도 물어보는 입장은 민망하다. 지하철 속에서도 사람들의 옷차림이 짙은 빛으로 좀 도톰해진 따뜻한 모습들 온기가 느껴진다. 깊어가는 가을빛이 역력하다.

짧은 여정을 마치고 선택의 여지없이 내 삶의 터전으로 돌아왔다.

맘 같아서는 간단한 찬 몇 가지와 도시락을 사들고 산으로 올라가 하루쯤 늦가을 볕 좋은 잔디밭에서 여유를 누리고 싶다. 나도 나이가 드는지 이 계절 풍경 하나하나 놓치기가 아쉽다. 마을 뒷산까지 찬란하게 나무들이 마구 불탄다. 억새마저 뒤흔들며 석양빛에 은빛 물결로 반짝인다. 나를 흔들며 마음을 뺏는다. 가장 아름답고 황홀한 빛깔로 내 가슴가지 물들인다.

문학동인 『시와 산문』 2019

손미경
『한맥문학』 수필 신인상(1998) 월간 『수필문학』 천료 등단(2001)
한국문협, 전남문협, 순천문협 회원, 한국수필문학가협회 이사
수필문학작가회 회원, 문학동인 시와산문(부회장), 순천수필(회장)역임
전남수필사무국장 역임, 현) 손미경플라워 대표,
저서(수필집) 『베란다의 오후』『소통의 창』

신건자

찻잔에 머문 미소

 소중히 보관해 온 찻잔 한쌍이 있다. 찻잔이 부족할 때나 오늘처럼 비가 부슬거려 마음이 축축해 질 때에만 꺼내 쓰는 잔이다. 흰 바탕에 빨간 체리 두 쌍과 하트모양의 갈색 잎 네 개가 단정하게 그려져 있다. 비싸지도 예쁘지도 않은데다 투박하게 생겨 마구 써도 되건만 '함부로 손대지 마라.' 했더니 가족들조차 건드리지 않는다. 이런 건줄 모르는 친구가 이삿짐 싸는 걸 거들며 "이 잔 버릴까?" 했다. 나는 놀라 "안 돼, 얼마나 소중한 잔인데!" 하면서 행여 깨질세라, 모르는 사이에 버려질세라, 화장지로 겹겹이 싸 핸드백에 고이 넣어 이사를 했다.
 장학사 시절, 특수학급 업무를 담당했던 3월 초였다. 깨끗한 용모임에도 얼굴 가득 초췌하고 슬픈 빛을 띤 젊은 부부가 시선이 산만하고 표정이 없는 남자아이 손을 잡고 날 찾아왔다. 그 아이 이름이 '현민'이었다. 현민이를 특수학급에 입학시키려는데 인원이 꽉 차 받아주는 학교가 없어 왔단다.
 "초등학교조차 못 다니면 어떻게 해요. 도와주세요."
 눈물까지 글썽이는 부부의 모습이 안쓰러웠다. 불행히 그들이 사는 집근처에는 특수학급이 없었다. 전화로 여기저기 알아본 결과 멀어서 통학이 어려운 S초등학교에만 입학이 가능했다. 그런데도 부부는 얼굴을 활짝 펴고 "멀어도 좋아요. 학교 근처로 이사를 하면 돼요" 했다. 자식이 뭐기에….

현민이는 곧바로 S초등학교 특수학급에 입학되었다. 한 달 후 궁금하여 가 보았더니 "자폐증세로 학습 장애가 심하지만 그리기 능력은 뛰어납니다." 라고 담임이 말했다. 나는 그리기에 몰두해 있는 현민이가 대견하여 머리를 쓰다듬어 주었다. 담임이 한마디 더 알려줬다.

"현민이 아빠는 기러기아빠가 됐어요. 현민이와 엄마만 학교 근처로 이사를 했거든요"

그 말을 듣고 그 가족이 함께 모여 살도록 하고 싶었다. 그러려면 현민이 집 근처의 D학교에 특수학급을 설치해야 한다. 내 간절한 요청을 D학교 교장선생님이 쾌히 수락했다. 허나 일반학급 학부모들의 반대가 극심했다. 이유는 두 가지였다.

첫째, 특수학급을 설치하면 일반학급 두개반이 교실 부족으로 2부제 수업을 해야 한단다.

둘째, 특수학급의 장애아들이 일반학급의 정상아들 정서발달에 지장을 줄 것이란다.

자기 자식만 위하는 팥쥐 엄마와 하등 다를 바 없는 이유였다. 건강한 자녀를 둔 것만도 큰 축복임을 안다면 장애아들에게 교실 전체를 내주고 운동장에서 수업을 해도 행복하련만!

대개 부모들은 자녀들이 훌륭한 사람 되길 원한다. 훌륭한 사람의 기준을 어디에 두는 걸까? 사람들이 어우러져 사는 세상에서는 머리보다 선행 쪽에 비중을 두어야 한다는 것이 내 소견이다. 허나 많은 사람들이 공부, 명문대, 학위, 명예, 권력 등. 선두와 군림하는 쪽에 비중을 두고 인재를 속속 배출하여 쌓여 가고 있다. 그럼에도 세상은 왜 이리 시끄럽고 피곤할까? 다툼과 거짓이 만연하고 진실과 선행이 왜곡 당하는 세상 아닌가.

요즘도 어느 곳에서는 장애아 학부모들이 특수학교 설립을 위해 무릎을 꿇고, 정상아 학부모들은 특수학교 설립 반대추진위원회를 결성하는 등. '특수학교 설립반대 집단 이기주의에 사법부의 경종'이란 기사가 뜨고 있으니 어디 이런 일을 사법부만의 경종으로 넘길 일인가? 겉모양만 멀쩡하고 이기적이며 인간 존엄성을 망각한 정신적 장애자가 득세하는 세상이 되어선 안 될 일이다.

속을 끓이고 있는데 D학교 교장 선생님으로부터 '학부모회를 소집했으니 와서 설득해 달라.'는 연락이 왔다. 얼마나 고마운지! 나는 교육장님을 모시고 나섰다.

"마음이 넉넉하고, 착한 일을 많이 하고, 좋은 것은 양보하고, 어려운 이웃을 도와 주변을 행복하게 하는 사람이 훌륭한 사람입니다. 그런 사람은 부모의 솔선수범에서 탄생합니다." 교육장님의 구구절절한 설득으로 마침내 D학교에 특수학급이 설치되었다. 얼마 후 비가 부슬부슬 내리는 날이었다. 현민이를 앞세운 부부가 선물 상자를 들고 찾아왔다. 열어보니 찻잔 한쌍이 들어 있었다.

"감사와 사랑이 가득 담긴 잔임을 기억해 주세요."라는 부모님 글과 "고맙습니다. 사랑해요. 현민 올림"이라 삐뚤빼뚤 쓴 쪽지도 들어 있었다. 나는 찻잔을 가슴에 꼭 안으며 "고마워요. 평생 간직할게요." 했다.

지난날을 회상하며 바라보는 큰 나무 밑에서 봄비를 흠뻑 맞은 꼬마 나무가 아까보다 더 파랗게 보인다. S학교와 D학교 특수학급을 거친 현민이도 저렇게 잘 자라 사회적응을 잘하는 청년이 되었겠지? 지금 어디서 무얼 하고 있을까? 현민이를 떠올리며 찻잔을 어루만진다. 그윽한 커피 향과 함께 감개 깊은 미소가 찻잔에 머문다.

(『시선 66』 2019. 여름호〉

신건자
『詩와 意識』 수필 등단(1991). 『아동문예』 동화 등단(2003)
한국문협 회원, 크리스천문협, 한국수필문학가협회 이사.
수필문학상, 한정동아동문학상 등 다수 받음.
수필집 『사랑은 두드리는 것이 아니란다』 외 동화집 다수 펴냄.

신성범

내가 커피를 좋아하는 이유

무지 졸리다. 커피 생각이 정말 간절하다. 구수하고 은은한 커피 향을 마음껏 느낄 수 있는 진하고 따뜻한 아메리카노를 마시고 싶다. 천천히 음미하면서 느끼고 싶다. 커피는 향을 느끼며 아주 천천히 마셔야 한다. 커피는 마시는 장소도 중요하다. 나는 푹신한 소파에 나 홀로 앉아서 마시는 것을 좋아한다. 나는 커피에 있는 카페인 성분이 좋다. 그 카페인 때문에 졸린 것을 참을 수 있다. 커피를 나시면 정신이 맑아신다. 뭔가 새로운 아이디어가 떠오른다. 커피를 마시면서 시를 쓰면 아주 잘 써진다. 커피가 내 영혼을 깨우는 것 같다.

커피를 마시고 싶은 데 마실 수 없다면 상당히 고통스럽다. 주위에 깔린 게 커피숍인데 왜 커피를 마실 수 없단 말인가. 아무리 주위에 커피숍이 많다고 해도 마실 수 없는 상황이 있다. 커피숍을 찾아갈 시간적 여유가 없을 때도 있다. 미리 커피를 준비했다면 괜찮겠지만 그렇지 않으면 몇 시간 동안 커피를 마실 수 없다.

담배 피는 사람이 담배를 피우지 못하면 미칠 것 같듯이 커피를 좋아하는 사람도 마찬가지다. 커피도 중독성이 있다. 매일 마시다가 하루라도 안 마시면 허전하다. 뭔가 중요한 것을 빼먹은 것만 같다.

우리나라에는 스타벅스, 이데아, 탐앤탐스, 앤젤리너스 등 수많은 커피 체인점이 있다. 보통 아메리카노 한 잔에 4천 원 안팎이다. 커피를 좋아하는 사람은 그 돈이 하나도 아깝지 않다. 4천 원으로 누릴 수 있는 행복이라고 생각한다. 나 역시 마찬가지다. 4천 원만 투자하면 분위기 좋은 커피숍에 앉아서 오래도록 커피를 즐기며 글을 쓸 수 있다. 커피숍은 피곤한 몸을 쉴 수 있는 최고 휴식처다.

따뜻한 커피가 목줄을 타고 몸으로 들어가는 걸 온몸이 느낀다. 그것은 쾌락이다. 이 세상에서 가장 향긋하고 아름다운 냄새를 가진 향이다. 나는 그 향이 너무 좋아 커피 마시는 것을 즐긴다.

내가 마시는 커피는 진한 아메리카노다. 커피에 설탕이나 프림을 첨가하지 않는다. 설탕과 프림을 추가하면 커피 향이 줄어든다. 커피는 써야 맛있다. 쓴맛을 오래도록 음미하다 보면 커피에서 나오는 구수한 맛을 느낄 수 있다. 어떤 사람들은 믹스커피나 캔 커피를 즐기기도 한다. 나는 그런 커피는 전혀 마시지 않는다. 설탕이 많이 들어가 있어서 몸에도 안 좋을 뿐만 아니라 커피 향도 없다. 커피는 향으로 마시는 음료다. 그 향을 느끼지 못하는 커피는 죽은 커피다.

매일 커피를 가까이하고 살고 싶다. 나는 밥은 안 먹어도 커피는 마셔야 한다. 특히 졸음이 와서 미칠 것 같은 오후에는 커피를 안 마실 수 없다. 내게 커피는 졸음을 쫓는 마약이다. 졸음이 올 때 커피를 마시면 정신이 번쩍 든다. 왜 그럴까? 커피가 내 몸을 깨우는 힘이 있기 때문이 아닐까.

운전을 하다가 졸릴 때 제일 먼저 생각나는 게 커피다. 특히 장거리 운전을 할 때는 커피숍을 찾으려면 휴게소에 들러야 한다. 요즘 휴게소는 없는 게 없을 만큼 잘 되어 있다. 전문 커피숍이 있어서 질 좋고 맛있는 커피를 사서 마실 수 있다. 졸음이 올 때 마시는 커피 한 잔은 특효약이다. 그보다 더 좋은 졸음 퇴치약이 없다.

커피는 내게 있어서 없어서는 안 되는 기호식품이다. 나는 술, 담배는 잘하지 않는다. 술과 담배는 몸에 이로울 게 없다. 술은 간에 나쁘고 담배는 폐에 안 좋다. 반면에 커피는 어떨까? 어떤 사람들은 커피도 몸에 안 좋다고 한다. 커피에 있는 카페인은 중독성이 있기 때문에 많이 마시면 불면증이나 속 쓰림 등이 생길 수 있다고 한다. 뭐든 많이 마시면 좋겠는가. 적당히 즐기면 된다. 아무리 좋은 약도 많이 먹으면 몸에 좋을 수 없다.

나는 커피를 좋아하지만 하루 3잔 정도만 마신다. 아침에 마시는 모닝커피는 하루를 힘차게 시작할 수 있는 원동력이다. 점심때 마시는 커피 한 잔은 나른한 몸을 풀어주는 활력제다. 저녁때 마시는 커피 한 잔은 하루를 돌아볼 수 있는 휴식이다.

나는 커피를 마시면서 온몸을 힐링한다. 이런 커피를 어떻게 안 마실 수 있단 말인가. 은은한 커피 향을 어떻게 잊을 수 있을까? 나는 오늘도 커피를 마시고 내일도 마실 것이다. 그야말로 커피는 나에게 아주 좋은 친구다.

(『수필문학』 2019년 9월)

신성범
『수필문학』 천료 등단(2014)
문학세계 신인문학상(2015)
한국문인협회, 한국수필문학가협회, 구로문인협회 회원

신인호

책을 벗 삼아

 7월의 아침 창을 열면 앞동산 나무숲에서 불어오는 초록 바람이 싱그럽다.
 소파 탁자에 차 한 잔 올려놓고 책을 펼치면 벅찬 희열이 몸을 감싼다. 이러한 나만의 감동에 매료되어 책을 읽는 것 같다. 인생은 만남의 존재다. 자연과의 만남, 사람과의 만남 그 외 무수한 만남이 있다. 누구를, 무엇을 어떻게 만나느냐에 따라 운명이 바뀔 수도 있다. 그 중 좋은 책과의 만남은 참으로 소중하다.
 '사람은 책을 만들고 책이 사람을 만든다.'고 한다. 나는 오랜 세월 교직에 몸담고 있었기에 책을 손에서 뗄 수 없었고 퇴직 후엔 문학과 책은 불가분의 관계이므로 놓을 수가 없다. 요즘 몇 년은 H문인협회에 독서의 중책을 맡고 있어 책은 나의 유일한 벗이자 인생이 되어버렸다. 책이 주는 지혜와 지식의 향기만큼 내 영혼에 기쁨을 주는 것은 없다.
 세월이 바래면 인간도 가고 당당했던 정권도 가고 나라도 망하지만 영원히 살아남는 것은 명작들이다. 명작을 낳고 사라진 위대한 인물들을 육안으로 볼 수는 없지만 그들이 남긴 책 속에서 만나고 함께 살면서 지혜의 영감을 얻으며 생기와 희열을 느낀다. 그들의 인생에 간접체험은 무엇과도 바꿀 수 없는 소중한 재산이 되기도 한다. 그러므로 좋은 책을 만날 때 가슴이 뛴다. 외출 할 때도 가방에 책 한두 권은 꼭

가지고 다닌다. 약속 시간에 상대방이 늦어도 책이 함께하는 한 지루하거나 혹 너무 늦었다고 기분 상할 필요도 없다.

특히 전철에서는 물론 종합병원에 가서 오래 대기할 때나 어느 자리에서나 홀로일 때 책은 유일한 벗이다. 책이 없이 다닌다는 것은 '영혼 없는 육체'만 떠도는 것처럼 허전하게 느껴진다. 물론 명상도 필요하고 일에 대한 깊이 있는 생각도 필요하다. 생활을 생각하는 기본 이외에는 잡념이 들어올 수도 있고 비생산적인 엉뚱한 생각으로 일을 그르칠 수도 있고 괴로운 일을 만들 수도 있고 시간을 낭비할 수도 있기 때문이다.

독서가 당장 삶에 큰 이익을 주고 성공을 가져다주는 것은 아니라 하지만 적어도 인생의 큰 고통과 시련 앞에서 갈 길을 잃고 방황할 때 지혜와 통찰을 길러주는 것은 감출 수 없다. 독서가 주는 좋은 점이야 열거하자면 끝이 없고 모르는 이가 없다. 그러나 요즘은 읽을 책은 많으나 읽을 능력은 사라지는 시대라고 한다. 특히 우리나라 사람들은 2016년 통계를 보더라도 세계 선진국에서 독서량이 하위권에 머물고 있다. 지하철이나 공원 벤치에서나 심지어 걸어가면서까지 핸드폰만을 보고 있는 것을 볼 수 있다. 물론 그 속에서 지식을 찾는 이도 있겠으나 대다수가 그렇지 못한 것 같다.

지금은 책을 많이 읽는 사람이 세상을 바꾸는 시대다.

세계의 재벌 정치가들은 독서광이다. 미국의 마이크로 소프트 창업자 빌게이츠는 "오늘날 나를 만든 것은 동네에 있는 도서관이었다."라고 말했다.

그는 10살이 되기 전 백과사전 전체를 독파하고 집 근처의 공립 도서관 독서경진대회에서도 아동부 1위, 전체 1위를 했다고 한다. 지금도 매일 책을 읽고 주말에는 시간을 늘려 읽고 있다고 한다. 워렌 버핏 부호도 성공했다고 그냥 있는 것이 아니라 대부분의 시간을 사무실, 도서관에서 독서로 보낸다.

　오바마 대통령도 독서가 자신의 대통령직 수행과 인생에서 가장 중요한 역할을 했다고 말했다. 사례를 들자면 한이 없다. 이처럼 독서하는 사람에 의해 세상이 바뀌고 있다.

　국민의 독서량과 국가의 수준은 정비례 한다고 본다. 우리와 민족 감정이 있는 일본은 세계에서 독서 1등 국가다. 1년이면 국민 1인당 독서량이 40권에 책을 읽는다. 노벨상도 29명이나 탔다. 물리 과학 분야에서도 19명이나 탔다. 물론 우린 한 명도 없다. 그들은 국민의식, 질서의식, 상도의, 근면성, 가치관. 애국심, 청결의식 등 배척만 하기엔 너무 배울 것이 많다. 독서로 인하여 수준이 높다. 그래서 그들은 적(敵)이었던 미국을 배우고 경쟁해 오늘에 이르렀다. 우리는 기업이 발전할 때 임금을 올려달라고 그 기업이 망할 때까지 데모하나 일본인들은 기업이 부도나면 사원들이 자기 주머니를 털어서라도 다시 일으켜 세운다. 이런 국민정신이 어디에서 나왔을까? 책을 통한 교육이라고 생각한다.

　세계 대학별로 볼 때 하버드 대학생들은 1년에 98권의 책을 읽고 영국 옥스퍼드 대학생들은 108권을 읽는다. 우리 서울대생들은 8권~9권, 카이스트대가 14권 읽는다고 한다. 세계 우수대학 순위에서도 하버드대 1위, 우리 서울대는 101~152위. 고려대, 연세대가 201위~300위, 포항대, 성균관대 301~402위, 부산대 500위로 나왔다. 우리나라 학생들은 너무 책을 읽지 않는 것이다.

　'하버드대학에 불이 꺼지지 않는 한 미국은 살아 있다'라는 말이 있다. 우연한 기회에 나는 밤에 하버드대학을 가 보았다. 그 말은 내 앞에 사실로 드러났다. 환하게 불을 밝힌 연구실마다 학생들이 열심히 책을 읽고 연구에 몰두하고 있었다. 놀라운 일이였다. 특히 도서관엔 밤새 불이 꺼지지 않았다. 새벽 4시 반이면 이미 자리가 없을 정도로 책 읽는 학생들로 꽉 차 있다. 학생식당, 복도, 교실, 심지어 보건실에도 저마다 담배는 폐에 안 좋다. 반면에 커피는 어떨까? 어떤 사람들은 커피도 몸에 안 좋다고 한다. 커피에 있는 카페인은 중독성이 있기 때문에 많이 마시면 불면증이나 속 쓰림 등이 생길 수 있다고 한다. 뭐든 많이 마시면 좋겠는가. 적당히 즐기면 된다. 아무리 좋은 약도 많이 먹으면 몸에 좋을 수 없다.

나는 커피를 좋아하지만 하루 3잔 정도만 마신다. 아침에 마시는 모닝커피는 하루를 힘차게 시작할 수 있는 원동력이다. 점심때 마시는 커피 한 잔은 나른한 몸을 풀어주는 활력제다. 저녁때 마시는 커피 한 잔은 하루를 돌아볼 수 있는 휴식이다.

나는 커피를 마시면서 온몸을 힐링한다. 이런 커피를 어떻게 안 마실 수 있단 말인가. 은은한 커피 향을 어떻게 잊을 수 있을까? 나는 오늘도 커피를 마시고 내일도 마실 것이다. 그야말로 커피는 나에게 아주 좋은 친구다.

(『수필문학』 2019년 9월)

신성범
『수필문학』 천료 등단(2014)
문학세계 신인문학상(2015)
한국문인협회, 한국수필문학가협회, 구로문인협회 회원

신인호

책을 벗 삼아

7월의 아침 창을 열면 앞동산 나무숲에서 불어오는 초록 바람이 싱그럽다.

소파 탁자에 차 한 잔 올려놓고 책을 펼치면 벅찬 희열이 몸을 감싼다. 이러한 나만의 감동에 매료되어 책을 읽는 것 같다. 인생은 만남의 존재다. 자연과의 만남, 사람과의 만남 그 외 무수한 만남이 있다. 누구를, 무엇을 어떻게 만나느냐에 따라 운명이 바뀔 수도 있다. 그 중 좋은 책과의 만남은 참으로 소중하다.

'사람은 책을 만들고 책이 사람을 만든다.'고 한다. 나는 오랜 세월 교직에 몸담고 있었기에 책을 손에서 뗄 수 없었고 퇴직 후엔 문학과 책은 불가분의 관계이므로 놓을 수가 없다. 요즘 몇 년은 H문인협회에 독서의 중책을 맡고 있어 책은 나의 유일한 벗이자 인생이 되어버렸다. 책이 주는 지혜와 지식의 향기만큼 내 영혼에 기쁨을 주는 것은 없다.

세월이 바래면 인간도 가고 당당했던 정권도 가고 나라도 망하지만 영원히 살아남는 것은 명작들이다. 명작을 낳고 사라진 위대한 인물들을 육안으로 볼 수는 없지만 그들이 남긴 책 속에서 만나고 함께 살면서 지혜의 영감을 얻으며 생기와 희열을 느낀다. 그들의 인생에 간접체험은 무엇과도 바꿀 수 없는 소중한 재산이 되기도 한다. 그러므로 좋은 책을 만날 때 가슴이 뛴다. 외출 할 때도 가방에 책 한두 권은 꼭

책 읽기에 여념이 없다. 어떤 학생은 집에서 학교가 15분 거리인데도 그 시간이 아까워 기숙사 생활을 한다고 한다.

이 책벌레들(공부벌레들), 이 열정의 불꽃이 타오르는 젊은이들이 쏟아져 나와 막강한 미국을 만들고 있었다. 난 존 하버드 동상을 만지며 이 멋있는 강국의 힘의 배후의 모습을 뒤돌아보며 이 불꽃이 우리나라에 번졌으면 얼마나 좋을까?… 우리는 언제 이처럼 될까 탄식하며 나오는데 다람쥐 한 마리가 남들 공부하는데 웬 뜨내기인가? 하듯 힐끗힐끗 뒤돌아보며 도망치고 있었다.

하버드대는 오마마를 비롯하여 케네디, 루즈벨트 등 8명의 대통령을 배출했지만 노벨상 수상자도 157명으로 놀라운 일이다. 이에 못지않게 시카고 대학에서는 고전 100권을 읽지 않으면 졸업을 시키지 않을 정도로 책을 읽혀 세계적인 대학으로 발돋움했다. 노벨상 97명, 캘리포니아대학 버클리대도 수상자는 107명이다. 좌우간 우수대학들의 독서량이 높다.

우리나라 역사를 거슬러 올라가보면 세종 8년(1426년)부터 영조가 규장각을 세우기 전까지 300년 동안 사가독서제(賜假讀書制)를 두었다. 국가의 인재를 양성하고 문운을 진작시키기 위해서 젊은 수뇌들(신석견, 남채, 남수훈)에게 휴가를 주어 독서에 전념하게 함으로써 국가에 유익을 주도록 했다. 후에 집현전학자 신숙주, 성삼문 서거정은 많은 책을 읽고 많은 책을 써서 나라에 이바지 했다. 특히 천 년에 한 사람 날까 말까한 조선시대 6대 천재(신숙주, 이이, 이순신, 김홍도, 정약용, 김정희) 중 신숙주는 그 당시 7개 국어를 했고 해동제국기, 경국대전, 국조보감, 북정록, 병장설, 예기이결, 오례의, 선천지도, 평정양봉의 등 외 많은 책을 쓰고 언어학자요 외교관으로서의 사명을 다했다. 오늘날에도 국민들이 책을 많이 읽고 창의력과 사고력, 수준 높은 국민의식을 길러 강국인 미국이나 일본에 밀리지 않았으면 하는 생각이 절실하다.

나는 책을 읽고 한 달에 한 번 독서토론을 하면서 독서가 조용한 관조의 세계라면 같은 책을 읽고 생각의 차이를 경험하는 독서토론은 독서의 실천 현장으로 의미가 깊다. 주어진 사명을 나름대로 다하기 위해 스페인 여행을 갔다가 가이드 해설을 열심히 받아 적고 돌아서다 아람브라 궁전 뜰에서 돌에 걸려 넘어졌다. 손과 다리 눈 옆에 피멍이 들어 부어오르고 찰과상을 입어 쑤시고 아픈데도 여행에서 돌아오는 날이 토론회 날이라 큰 가방을 끌고 와서 토론회를 주관하고 집에 돌아와 오래도록 아팠던 일도 있었다. 언젠가는 좋은 글을 써서 국가의 위상을 높이고 이웃에 유익을 주었으면 하는 마음 간절하다.

책을 읽다보면 오래 전 읽은 것은 내용이 생각나지 않을 때도 있어 아쉽지만 콩나물시루에 물을 부으면 물은 빠져 나가도 콩나물은 자라듯이 책을 읽고 내용은 다 기억할 수 없어도 내적 세계는 나도 모르게 성숙되어 가고 있을 것이다. 라고 생각하면 가슴이 뿌듯해진다.

오늘도 열린 창으로 들어오는 7월의 초록바람을 마시며 책장을 넘긴다.

(월간 『수필문학』 2019년 8월호)

신인호
『지구문학』 등단(2005), 한국문인협회 독서진흥 위원장
지구문학작가회의 회장(전), 한국수필문학가협회 이사
수필집: 내 마음의 지우개 외, 시집: 수평선을 태우는 해 외
수상 : 중앙 뉴스 최우수상. 지구문학상 외

안 숙

프리즘을 통과한 빛처럼

　창밖은 비단 폭을 펼친 듯 연둣빛 물결이 출렁인다. 살살대는 실바람이 50여 년 전 갈래머리 앳된 얼굴들을 흔들어 놓는다. 흐릿한 인화지를 재생시키듯 생각만으로 행복한 기억들. 이 아침 프리즘을 통과한 빛처럼 색색이 빛난다.
　오전 7시, 압구정동 현대백화점 주차장을 출발한 버스가 고속도로를 달린다. 서울 동문 930명을 실은 버스 22대가 개교 80주년을 맞은 모교 축하 기념식에 가는 길이었다. 28회는 8호차. 떠날 시간 20분 전에 도착했지만 앞좌석은 차버리고 뒷좌석만 남아 있다. 대충 인사를 나누며 뒷자리로 가는데 미국에서 온 친구가 있다며 내 이름을 부른다. 꼴깍 침을 삼킨다. "왔구나." 한마디하고 뒷자리로 가 앉는다. 얼마 만인가. 머릿속이 멍해진다.
　대학 앞 그린하우스 빵집에서 세 사람이 만난 이후 몇 년 만의 해후인가. 헤어질 때의 뒷모습이 가물거린다. 이름만 남기고 그 빵집도 폐업한다는 기사를 신문에서 읽은 터였다. 시간은 프리즘을 통과한 빛처럼 빠르게 반세기를 달려와 버렸는데. 너무 변해버린 모습에 목이 꺾인다.
　중학교 때부터 그와 나는 단짝이었다. 동갑이었지만 나보다 의젓했고 성숙했다. 성숙함이 문제였을까. 다시는 돌이킬 수 없는 지난 시간들. 태평양만큼이나 멀어진 그간의 사연으로 가슴이 서늘하다. 반갑고 즐거워야 할 만남이 이리 뒤죽박죽이 된 것은 지난날 철없던 시절의 가혹한 별리 때문만은 아니지 않은가. 사람의 마음이 참 모질 수 있다는 생각에 더 비참해진다. 그때는 어쨌더라면 하는 것은 다 부질없는 일이다. 인연은 비켜갔지만 운명은 이미 정해져 있었던 게 아닌가 싶다.

11시경 대구에 도착했다. 도심 곳곳에 내걸린 개교 80주년을 경축하는 현수막이 우리를 반긴다. 중앙통을 지나면서 학교가 가까워 오자 인파가 몰린다. 얼마 만에 보는 모교인가. 우선 정문이 바뀌어 있었다. 동쪽으로 난 교문이 서쪽 대로변으로 나 있었다. 버스에서 내려 우르르 교문 안으로 밀고 들어간다. 생의 부분 부분을 공유하며 명문이라는 이름에 미지의 꿈을 키웠고 청순한 소녀시절을 보냈던 아름다운 교정이었다.

교복 바지 옆선에 길게 내린 흰 선은 우리 학교만의 표시다. 우리의 자랑이고 자존심이었다. 여학생 교복바지에 흰 선을 두른 교복은 전국에 유일했고 멀리서도 눈에 잘 띄었다. 남학생들에게는 흰 칼 찬 여학생은 동경의 대상이었다. 다른 지방 사람들은 유치해 보인다는 말도 했었지만, 입학하면 새 교복을 입고 보란 듯이 거리를 활개치곤 했다.

"이제 80년을 맞게 되는 모교를 눈앞에 두고 생각해 보면, 사람은 여든 나이가 되면 팔순잔치를 치를 정도로 축복의 대상이 되는데, 하물며 척박했던 이 땅에서 여성교육 기관으로써 80년간 발전해 왔다는 사실은 충분히 경하 받을 만하다고 생각합니다." 개회사에 이어 총동창회장의 축사가 이어진다.

'우리에게 지혜의 묘목을 심어주고 사랑으로 채찍질하시던 스승님들, 말없이 꿈을 키워주고 열매를 익게 하던 그리운 교정, 선의의 경쟁을 통해 목표하는 상아탑을 이루게 하던 소중한 벗들을 의식하며 스스로를 가꾸어 온 세월.' 강단을 꽉 메운 선후배 동창들의 모습이 모두 상기되어 있다.

참되고 착하고도 아름다워라
높은 향기 지니는 여인이 되자

백합화 백합화 그 맑은 정신
그 전통에 빛난다
우리학교 ○○여고

교가가 울려 퍼진다. 입 속으로 흥얼거리며 교정을 돌아보고 싶어 기념식이 한창인 강당을 빠져 나온다. 꿈도 많고. 헤설픈 웃음도 많고. 구김 없이 가장 행복했던 시절이 아니었나 싶다.

본관 뒤편에 있던 한반도 지도 모양을 한 작은 연못을 찾아 한 바퀴 돌았다. 여학교다운 아기자기한 정원으로 가꾸어져 온갖 꽃이 피어 있고 진홍색 샐비어가 한창 불을 뿜어낸다. 꽃 사이를 헤집고 들어가니 그 자리에 옛 작은 연못이 나온다. 이 학교 졸업생이면 누구에게나 사진 몇 컷으로 남았을 연못이다. 봄부터 철 따라 많은 꽃들이 피었고 여름 내내 나무가 푸르렀다. 사람들은 힘든 고비 때마다 행복했던 유년시절을 떠올리곤 이겨낸다고도 한다. 이 아름다운 교정은 그래서 졸업생들에게는 잊힐 수 없는 공간이 되었을 것이다.

운동장을 바라본다. 이쪽에서 저쪽 끝까지 누가 먼저 달리나 달음박질하였던 기억 속에 친구들 얼굴이 점점이 떠오른다. 태평양을 건너온 친구도 그 속에 걸린다. 시간의 덧없음에 눈시울이 뜨겁다. 결혼해서 아들딸 잘 키워 출가시키고, 건강한 몸으로 고국 동창회에 참석했다는 것은 이민생활에 성공했다는 뜻일 거다. 감사하며 박수를 보내고 싶은데. 이제 떠나면 다시는 못 만날지 모른다. 무슨 말로 서로 위로하며 헤어져야 하나. 메말라 버린 마음이 슬프다.

돌아오는 길, 차가 떠나갈 듯 왁자지껄해도 가슴 한 구석이 짠하다.

개교 90주년 때는 우리 중 몇 사람이 참석 할 수 있을까. 창밖을 바라본다. 서쪽 하늘에 노을이 붉다. 남은 삶도 프리즘을 통과한 노을빛처럼 색색으로 빛났으면 좋겠다.

   태평양 건너온 친구는 끝내 말없이 떠났고. 그린하우스 빵집에서 만났던 다른 한 친구는 그사이 돌아올 수 없는 먼 길을 떠났다. 큰 덩치에 비해 마음은 제비꽃 같았던 친구. 서늘한 마음으로 명복을 빈다.

(『강남문학』 2019년도 10월)

안 숙

월간 『수필문학』 등단(1998). 국제PEN한국본부이사, 서울강남문인협회, 한국수필문학가협회, 한국수필문학진흥회 이사, 수필문학추천작가회부회장, 사임당문학시문회회장 역임, 서울문예상(수필), 사임당문학상(수필), 허균문학상(수필)수상. 수필집 『흐르는 것은 강물만이 아니다』 『검은 넋 눈꽃으로 피는가』 외

안경환

진수식

　사람은 새로운 인연을 만들면서 살아간다. 그러면서도 그 뿌리에 대한 진한 연대감 같은 것은 타고나는 것인지 모른다. 오늘도 새로운 인연 따라 길을 나섰다. 용산역 TMO에서 만난 제독님 이하 일행들이 어느새 비가 추적추적 내리는 거제의 거가대교를 지나고 있다. 서울을 출발할 때만 해도 멀쩡했던 날씨가 남쪽으로 내려오면서 비를 뿌리기 시작했다. 부산역에서 갈아탄 버스는 대우조선 해양에서 제공해 준 것이다.
　차창에 사선으로 떨어져 부딪히는 빗줄기를 세면서 상념에 젖어든다.
　2년 전 페이스북 친구로 알게 된 그녀를 만나러 대전에 가는 그날도 비가 내렸다. 전국에서 모인 12명의 친구들은 여러 분야에서 다양하게 활동하고 열심히 살아가는 여성들이다. 직업과 나이도 각기 다른 주부들로 이루어져 있다. 그날 모임의 주목적은 얼굴도 익히고 돌아가며 재능기부를 하는 걸로 사전에 얘기가 되어 있었다.
　주관한 대전의 그녀가 손바느질로 복주머니를 만드는 재능기부를 했고 모두들 열심히 배우고 금방 친해졌다. 즉석에서 '여우처럼'(여자라면 우리처럼)이라는 회명도 지었다. 우리들은 운무가 내리는 저녁 무렵 도예방도 견학하고 알찬 하루를 보내면서 급속도로 친해졌다. 세월호, 촛불시위, 대통령의 탄핵을 맞으면서 정치라고는 하나도 모른다던 민심(주부)들이 거리로 뛰쳐나와 태극기를 들고 애국을 한다고 들끓고 있었다.
　그 무렵 그녀의 권유로 진해에 있는 해군사관학교 견학을 하고 잠수함을 알고 잠수함 내부를 들어가 보게 되었다. 말로만 듣던 잠수함! 두 사람이 비켜가기도 힘든 협소한 공간에서 생활하며 한 번 잠수를 하면 몇 달씩 외부와 철저하게 차단된다는 소리를 들었다. 한창 혈기 왕성한 우리의 자식들이 힘들게 바다를 지키는 모습을 보고 조금이라도 보탬이 되고자 잠수함 연맹 명예회원이 되었다.

　이런 인연으로 오늘은 도산 안창호 함 진수식에 가는 날이다. 철저한 신원조회와 여러 단계의 몸수색 끝에 입장하게 되었다. 초대된 내빈들은 속속 거제의 옥포만에 모여들고 있었다. 행사가 시작될 무렵 대통령 내외와 같이 차에서 내리는 콧수염을 기른 남자와 외국인 여자가 눈에 들어왔다. 알고 보니 그 둘은 부부였고 미국에 살고 있는, 도산 안창호 선생의 후손이었는데 이번 진수식에 특별 초대되어 온 것이었다. 멀리서 보아도 사진속의 안창호 할아버지와 많이 닮아 있었다. 후손을 보는 순간 종씨라는 묘한 감정으로 설레고 있었다. 독립운동가, 교육자, 애국가의 작사자 도산 안창호 선생, 그 분의 이름으로 명명된 잠수함의 진수식에 참석하게 되다니 뜻밖의 행운에 다시 한 번 감사드린다.

　행사를 마치고 자리를 옮겨 뒤풀이가 있었다. 차려진 음식에는 관심이 없고 초대된 사람들의 건배가 끝나고 기념사진 촬영이 있었다. 부르지도 않았는데 내 몸은 이미 앞자리의 귀빈석으로 달려 나갔다. 복잡한 자리를 비집고 들어간 나는 그 후손에게 손을 내밀어 악수를 청하고 있었다. 그 후손은 의아해서 누군가하고 눈으로 묻고 있었다. 우리말을 알아듣지도 못하는 사람에게 종씨요 종씨! 하고 외쳤다.

　곧이어 한국에 사는 종친회 몇 분과 같이 사진을 찍었다. 원탁에 있던 일행이 나를 발견하고, 아니! 저 언니 왜 저기 서 있지 하는 소리가 들렸다. 나의 돌발 행동이 의외였나 보다 그 후손과 마주 잡은 손에는 형용할 수 없는 끈끈한 무언가가 흐르는 것 같았다 피는 물보다 진했다.

　진수식이란 선체 구성품을 조립하고 고유 명칭을 부여하는 명명식과 함께 군함을 바다에 띄우는 의식이다. 진수식의 유래를 알아보았다. 초기에는 성직자가 관장하는 종교 행사였으나 19세기 초 영국의 빅토리아 여왕이 최초로 영국군함 진수식을 주관한 이후로 성직자 대신 대모가 손도끼로 진수 줄(테이프)을 절단하는 전통이 정립되었으며 이는 갓 태어난 아기의 탯줄을 자르는 것과 같은 의미라고 한다. 처음 보는 행사이고 여자가 자르는 거라고 해서 호기심 있게 지켜보았는데 남자 셋 여자 둘 다섯이서 자르는 게 아닌가! 좀은 무성의 해보였고 정통을 거스르는 것 같아서 의아하게 지켜보았다.

"우리는 죽어도 거짓말을 하지 말자"라는 안창호 어른의 말이 자꾸만 떠올랐다. 그 말 한마디에 더더욱 존경하는 마음이 일었고 안 씨라는 자부심을 느끼는 순간이었다. 젊은 시절 눈이 부시게 새하얀 제복을 입은 해군이 선망의 대상인 때도 있었다. 명예회원이 되면서 2018년 3월 13일에는 해군사관학교 해군생도 제72기 졸업, 임관식에도 초대받아 내빈으로 참석하는 영광을 누리기도 했다.

대우조선 해양은 1981년 방위사업체로 지정된 이래 37년간 최고 수준의 군함을 건조해 왔고 오늘 진수식을 거행하는 '도산 안창호함'은 대우조선 해양의 모든 기술력이 결집된 세계 최고 수준의 잠수함이라고 한다. 저 앞에 보이는 옥포 항은 임진왜란 당시 성웅 이순신 장군이 첫 승전고를 올린 의미 있는 곳이다 어수선한 지금의 시국이지만 이순신 장군의 업적과 바다를 지키는 해군들의 늠름한 모습을 보면서 한시름 더는 기분이 들었다.

소통이 인연을 만들고 인연은 새로운 세상을 보게 하였다. 잠수함 연맹 회원이 되어 작은 힘이라도 보탬이 되었으면 하는 마음이며 자랑 할 수 있는 세계 최고의 기술력이 있는 것도 알았고 우리 조상님의 이름이 함 이름으로 명명되어 뿌듯한 날이었다.

(『수필문학』 2019년 9월호)

안경환
월간 『수필문학』 등단(2013), 한국수필문학기협회 이사

안규금

해맑은 웃음소리가 그립다

　오랜만에 '호호 하하!' 아무 꾸밈없는 어린이들의 해맑은 웃음소리가 들려왔다. 아파트 아래 놀이터를 내려다봤더니 유치원생 또래의 남매가 그네를 타고 있다. 오빠가 동생의 그네를 밀어주며 즐겁게 웃는 소리였다. 다정하게 노는 모습을 바라보는 아빠의 얼굴도 웃음이 가득했다. 한쪽에서는 두 어린이가 아빠와 함께 야구를 하고 있다. 뭐니 뭐니 해도 어린이들이 모여든 미끄럼놀이터가 제일 신이 났다. 추석을 맞아 부모님을 찾아온 가족처럼 보였다. 이렇게 즐거운 웃음소리가 밤낮으로 그치지 않던 때가 엊그제 같은데 명절이 지나면 뜸해진다. 이곳으로 입주한 때에는 각종 놀이기구를 이용하느라 밤중까지도 떠들썩하여 잠을 설치기까지 했었다.
　평생을 어린이들의 해맑은 웃음소리 속에 묻혀 살아왔기에, 시끌벅적한 소음 사이에 들려오는 그 웃음소리를 잊을 수 없다. 무슨 인연인지 퇴직 후에도 백여 미터 안팎의 거리에 있는 초등학교 옆에 터를 잡았다. 어린이들의 생활을 그대로 엿들을 수 있는 곳이었고 체육시간의 함성에 빠져들고 음악시간의 동요를 따라 부를 수 있는 곳이어서 추억에 잠기곤 했다.
　인구 절벽시대에 접어들었다며 여러 가지 정책을 쏟아내고 있다. 저 지난 정부 때부터 10여 년 동안 153조원대의 천문학적인 예산을 집중

투자했어도 출산율은 오르지 않고 0%대까지 내려갔다. 투자액에 출산율을 비교해 보면, 어린이 1명 출산에 1억 원을 쏟아부은 결과란 통계까지 있다. 그렇다고 청년들에게 무조건 결혼을 권장하고 출산을 강요할 수는 없다. 취업이 어려우니 결혼이 늘 뒤로 미뤄지고 있다. 결혼한다 해도 날로 치솟는 주택가격 때문에 수년간을 원룸, 투룸이나 셋방을 전전해야 한다. 점점 내 집 마련의 꿈이 멀어지고 있다. 자녀들의 육아에 드는 시간과 노력, 경제적 교육비 부담이 너무 벅차다. '무자식이 상팔자'란 말로 자위하는 사람까지 늘고 있어 우울하다.

왜 이렇게까지 출산율이 저조한지 그 원인이 궁금하다.

2018년에 우리나라 출산율은 경제협력개발기구인 OECD 37개국 중 0.98로 꼴찌다. OECD국가 평균 출산율은 1.65명, 유럽평균은 1.6%, 제일 높은 곳은 이스라엘로 3%대 내외다. 일본은 우리보다 인구노령화 사회에 먼저 진입했어도 1.42명으로 높다.

또 성별 임금격차도 36.7%로 꼴찌다. 남성이 100만원 받을 때 여성은 63만 3천 원쯤 받고 있다 한다. 여기에 연간 노동 시간도 2,285시간으로 OECD 회원국, 평균 1,770시간보다 515시간이나 더 많이 일을 하고 있다. 하루 8시간 노동 기준에서 다른 나라 근로자에 비해 두 달 이상 일터로 떠미는 나라이니, 청춘들의 직장 생활이 결코 순탄치 않은 현실이다.

이런 극한 경쟁에서 살아남기 위해 몸부림치고 있는 젊은이들이니 결혼과 출산은 뒷전으로 밀릴 수밖에 없다. 또, 여성 근로자는 아기를 낳으면 성공을 포기해야 할 강박감에 살고 있다. 법적으로 보장되어 있는 육아휴직도 쉽지 않고 보육비가 지나칠 만큼 많이 든다. 맞벌이 부부라고 다를 게 없다. 아내가 가사에 130분 매달릴 때 남편은 단 17분정도 협조하고, 육아도 아내가 52분, 남편이 15분을 노력한다고 '한국 보건사회연구원'이 밝히고 있다. 남성들이 가사나 육아에 너무 비협조적이라는 지적이다. 여성들에게 출산을 장려할 많은 시책을 펴고 있으나 효과가 더디기만 하다. 모든 걸 포기하면 편하게 살 수 있다는 편견을 갖는 청춘들이 늘어나고 있으니 또한 걱정이다.

인구가 일정 수준을 넘지 못하니 각급 학교에서는 입학 정원을 확보치 못해 학급수가 줄어들고 있다. 대학에서는 학과를 통폐합하거나 폐과까지 하며 학생 유인책에 최선을 다하고 있으나 큰 성과를 얻지 못하고 있다. 따라서 각종 생산품도 수요가 급감해지고 나라의 경제도 현상 유지가 어려울 수밖에 없어진다. 미래학자들은 출산율이 국가 경쟁력을 좌우한다며, 30년 후의 인구 동향을 내다보고 장래를 염려하고 있다.

늦게나마 유럽 선진국의 정책을 분석하여 한국형 인구 정책을 수립하여 적용해 가고 있어 다행이다. 무엇보다 일자리 확보와 선진국에 버금가는 근로환경 개선이 급하다. '특별근로감독관 조장풍' 드라마가 왜 인기몰이를 하였는지 다시 곱씹어 볼 때다. 경제대국으로 발돋움한 이때, 임신에서부터 일정 성장기까지 보육도 노동이라는 관점으로 경제적인 뒷받침을 적극 펼쳐주길 바란다. 질 높은 일자리가 행복한 가정을 꾸릴 수 있는 지름길이다. 우리는 위기를 극복해낼 수 있는 저력이 있는 국민이다. 획기적인 정책으로 출산율이 1%대를 넘어 2%에 이룰 날이 올 것으로 믿는다.

곳곳에서 어린이들의 해맑은 웃음소리가 넘쳐나기를 고대한다.

안규금
월간 『수필문학』 천료 등단(2005.)
한국수필문학가협회 이사
한국문협, 전남문협, 광주수필문인협회 회원
수필집 : 『마음을 살찌우는 지혜』 외 다수

안명영

상원사동종 젖꼭지 하나

대산 상원사! 끌리는 이름이다. 눈으로 확인하고 싶은 사연 있는 물건이 있기 때문이리라. 안동도호부에 있다가 소리가 애절하고 멀리 퍼진다고 죽령을 넘어 제천 원주 진부령을 거쳐 옮겨진 종, 죽령 정상에서 주저앉자 종의 젖꼭지(종유) 하나를 떼어 제자리에 묻자 움직이고, 상원사로 옮겼다는 그 종에 종유 하나 떨어져 나간 흔적이 있는지 보고 싶었다.

월정사에서 계곡 양쪽으로 오름 내림길을 텄는데 오대산 선재길이다. 문수보살은 지혜와 깨달음을 상징하는 보살이며, 문수의 지혜를 시작으로 깨달음이라는 목적을 향해 나아가는 이가 화엄경의 선재동자! 참된 나를 찾아볼 수 있기를 기원하며 걷는다.

섶다리를 만난다. 나룻배를 띄울 수 없는 강에 임시로 만든 다리이다. 물푸레나무 기둥을 세우고, 소나무나 참나무로 만든 상판 위에 솔가지 등 잎이 달린 잔가지를 엮어 깔고 그 위에 흙을 덮었다. 출렁거려 멈칫거리는데 보폭을 짧게 뒤꿈치를 들고 율동에 몸을 맡기자 안정된다.

두 계곡이 만나는 지점에 자연석을 세우고 오대산 상원사, 옆에 금테 두리 안에 적멸보궁(寂滅寶宮), 문수성지(文殊聖地)라고 새겼다. 좌측으로 길을 잡아 조금 걷노라니 허리 높이 돌을 깎아 세우고, 머릿돌을 얹었는데 송이버섯을 확대한 모양이다. 요모조모 뜯어보고 만져보는데 관대걸이란다.

세조가 어의를 걸어 놓고 오대천 맑은 물에 목욕을 하다 지나는 동자승에게 등을 밀어달라고 한다. 손이 닿는 곳마다 시원하고 개운한지라 목욕을 마친 세조는 동자승에게,

"어디 가든지 임금의 옥체를 씻었다 하지 말라."
"임금도 문수보살을 친견했다 말하지 마시요!"

울창한 잎갈나무 그늘 속에 고개 숙이고 걷는다. 한참 만에 벗어나 우측으로 잔디를 조성하고 눈길 가는 곳에 오석을 구름 모양으로 다듬어 세 화상 탑비라 새기고 설명을 덧붙이기를,

한암대종사는 강원도 화천에서 태어나 금강산 장안사로 출가, 경허선사로부터 인가를 받고, 50세에 상원사로 들어와 열반 때까지 산문을 나가 않았다. 조계종 초대 종정이며 1.4후퇴 때 국군이 적의 소굴이 된다하여 상원사를 태우려 하자 불상 앞에 바르게 앉은 뒤 "나는 부처님의 제자요, 법당을 지키는 것이 나의 도리니 어서 불을 지르시오!" 하고 말하자 감동한 군인들이 문짝만 뜯어내 태우고 떠났다.

탄허대종사는 전라도 김제에서 태어나 한학에 능통, 한암스님과 3년간 서신문답 끝에 22세에 상원사로 출가, 화엄경 등 많은 경전을 번역, 43세에 월정사 조실이 되고, 승속을 초월한 인재양성 등 불유도에 통달한 대석학이며 시대를 통찰한 사상가.

만화대종사는 평안도 덕천에서 태어나 상원사에서 탄허스님을 은사로 출가, 전란 중에서도 한암스님을 마지막까지 시봉한 유일한 법손으로 회자된다. 34세에 월정사 주지가 되었으며 폐허가 된 월정사를 재건하고, 한암, 탄허스님의 수행가풍을 계승 진작시킨 오대산의 버팀목이었다.

상원사 입구가 나오는데 돌계단이 보인다. 산비탈에 조금씩 틈을 내고 도량을 넓혀 나갔나 보다. 가파른 계단을 연이어 올라 휘청거리는

다리를 안정시키고 돌아보니 건너 산기슭이 코에 닿을 지경이다.

청풍루를 지나 절 마당에 들어선다. 본전은 ㄱ자 형으로 조성되었다. 정면은 문수전이며 공주가 부왕 세조의 수복을 빌기 위하여 문수동자상을 조성시켜 1466년 모셨다. 오른쪽은 6개의 기둥을 세워 두 칸이 앞으로 나왔는데 종사를 모시고, 처마 밑에 상원사라는 현판이 있다. 물 흐름 필체이다. 물은 불과 상극이라 상원사를 화재로부터 예방하는 비법이라 한다.

문수전 맞은편에 정각이 있다. 파란색 바탕의 동판에 천음회향(天音回香)을 새기고 가장 오래되고 아름다운 종이라는 설명을 덧붙였다. 처마 밑에 금색 현판이 있다. 탄허스님의 멋부린 초서체로 '종소리가 울리면 동이고 그치면 정이다'라는 동정각(動靜閣)이다. 그 안에 유리로 보호받는 종이 있으니 상원사 동종이다. 네 개의 유곽 안에 9개씩 36개의 종유가 나열, 과연 유곽의 좌측 상단에 젖꼭지 하나가 떨어져 나간 빈자리를 볼 수 있다!

안내판에 내력을 설명하기를,

국보 36호 진부면 동산리. 현존하는 가장 오래 되고 아름다운 이 종은 신라 성덕왕 24년(725)에 조성되어 조선 예종 원년(1469)에 상원사에 옮겨진 것으로 한국 종의 고유한 특색을 모두 갖추고 있는 대표적인 범종이다. 음통이 있는 종뉴 아래에 안으로 오므라든 종신이 연결된 형태인데 이상적인 비례와 안정감이 있는 구조, 풍부한 양감과 함께 세부적인 묘사 수법도 매우 사실적이다. 비천상은 구름 위에서 천의자락을 흩날리며 공후와 생(笙)을 연주하고 있다.

종을 '옮겨 왔다'고 하는데 어디에서 옮겨 온 것인지에 대한 언급은 없다. 그러나 젖꼭지 하나 떨어진 자리를 보고 전해 오는 이야기에 신뢰성을 더하기에 충분하다.

안동현에 휴도라는 귀부인이 때를 모르고 일에 파묻혀 사는 백성이

가여워 종소리로 시간을 알려 쉬게 하고자 종을 만들어 현에 기증하고자했다. 예상했던 소리가 아니라 고심하던 차, 꿈에 선녀 36명이 애절한 목소리로 노래를 부른다. 선녀 대신에 36개의 젖꼭지를 4개의 유곽에다 만들어 넣자 소리의 여운이 애절하여 사랑하는 사람이 듣고는 돌아오지 않고는 못 배길 종소리가 되었다. 안동도호부 남문루에 걸어두고 매일 시간을 알리게 된다.

세조의 원찰이 된 상원사에 안치할 종으로 선택되어 이동하던 차, 죽령 정상에 이르자 종이 꼼짝하지 않아, 운종도감이 놀라 어쩔 줄을 모르는데 따라오던 종지기가 해결책을 제시한다.

"7백 년 넘게 안동에서 소리를 울렸는데 죽령을 넘으면 친정으로 돌아올 기약이 없어 슬피 우는 것입니다."

"어쩌면 되겠느냐?"

"종유 하나를 원래 있던 곳에 묻으면 됩니다!"

종지기의 말대로 종유 하나를 떼어 안동도호부 남문루 아래에 묻자 더 애절한 종소리가 되고, 무사히 상원사로 옮겨진다.

상원사동종에 종유 하나가 떨어져 나간 흔적을 어떻게 해석할 것인가? 친정을 떠나는 이별의 아픔을 간직한 소리는 애절함으로, 지혜와 깨달음을 주는 마음의 영원한 울림이 되고자 한 것이 아닐까!

(월간 『수필문학』 2019년 8월호)

안명영
『수필문학』 천료 등단(2010)
경남수필문학회, 진주문인협회, 시림문학회, 국제PEN경남위원회 회원
수필집 『물길 따라 산길 따라』 『젊은 날, 59박 60일의 전국일주 무전여행』 발간

안문자

들국화에 핀 선생님의 미소

보라색 들국화가 애잔하다. 작은 송이마다 눈물방울처럼 이슬까지 담고 있어 마치 김순갑 선생님의 부고(訃告) 소식을 슬퍼하는 것 같다. 김 선생님이 꺾어 주셨던 한아름의 보라색 들국화도 고개 숙인 듯 떠오른다.

대학을 졸업하고 기독교 여성단체에 취직이 되었다. 내 책상 맞은편에 앉아 계시던 김 선생님은 중년의 자그마한 키에 약간 네모진 얼굴, 인고가 배인 인상을 애써 지우듯 따뜻했다. 낯선 환경에 적응하느라고 나는 그분을 의지하며 따랐다. 까닭에 우리는 나이 차이를 잊고 금세 친해졌다.

선생님은 결혼 6년 만에 아이 넷을 낳고 이혼을 하셨단다. 고만고만한 아이들을 혼자 키우며 고달팠으련만 내색 않고 늘 웃으시니 선생님의 아픔을 읽을 수 없었다. 남편은 산부인과 의사로 배우같이 멋졌다고 했다. E대학 가정과에 다니던 재주 많고 똑똑한 처녀에게 중매가 들어왔다. 한눈에 반해 졸업을 앞두고 덜컥 결혼을 했는데 남편이 멋스럽고 준수한 용모 때문이었을까? 어느 카페의 화려한 여자와 딴 살림을 차렸다지 아마. 지금은 이도저도 다 버리고 스위스란 나라로 가서 혼자 살고 있는 괴짜라고 웃으며 이야기하셨다. 그때만 해도 스위스란 나라가 굉장히 아름다운 곳이라고만 알았지 한국 사람이 그곳에 산다는 이야기는 생소했다.

내가 일을 시작한 지 얼마 안 되어 200여 명의 여학생들과 광나루 신학교에서 컨퍼런스를 개최했는데 김 선생님이 몇 접의 오이지를 맛있게 담가주셨다. 숨숨하면서도 오독거리는 고소한 오이지는 대회가 끝날 때까지 학생들이 즐겨 먹었다. 아삭아삭 씹을 때마다 입안에서 소리나는 선생님의 오이지는 어느 행사에서나 인기를 끌었다고 했다. 지금 그 맛을 떠올리고 있자니 군침이 고인다. 또 하나, 내가 결혼 할 때 꽃장식과 함께 부케를 만들어 안겨주며 "안문자 선생, 예쁘게 살며 행복하세요." 속삭이며 눈물을 글썽이던 미소도 잊을 수 없다.

어느 날, 선생님의 얼굴에 평화가 사라졌다. "이봐, 안 선생, 사는 게 왜 이렇게 힘이 들지? 나에게 가장 큰 문제는 나와의 싸움이야." 남편을 잊고 잘 견디다가도 한순간에 배반하고 돌아선 그가 떠오르면 미움을 통제할 수가 없다고 하셨다. 힘든 일이 있을 적마다 울컥 올라오는 감정에 휩싸인단다. 아이를 넷이나 남겨두고 사라진 그를 용서할 수가 없어 매일 기도하며 마음의 평화를 구하려고 노력하건만. 선생님은 아무 말도 못하고 있는 나를 바라보며 쓸쓸한 웃음을 머금는다.

그러던 어느 날, 그 남편을 만났다는 흥미로운 이야기가 떠돌았다. 직원들이 아우성치며 선생님 앞에 모여들었다. 빙그레 웃음 짓던 그분, "독일에 있는 딸의 주선으로 그가 살고 있던 산골짜기의 통나무집에 갔었어. 마음의 동요는 없었고 그저 담담한 게 뭐, 그냥 옛날에 알 던 사람을 만나는 기분이었어. 사냥이 취미라니. 사냥총이 여기저기 걸려 있고, 이상한 생활을 하고 있더군. 아이들을 훌륭히 키우느라고 고생했을 터인데.... 고맙구려. 그 한마디뿐이었어. 그래서 위로를 받았다고 해야 할지. 그게 끝이야." 우리들은 "에이~," 아쉬운 소리를 내며 김이 샜다. 다시 뭐 어떻게 안 되나? 하던 기대가 싱겁게 됐기 때문이다. 남편을 이미 용서하고 만났기에 미움은 없었고 불쌍하기만 했다며 그를 위해 기도한다고 하셨다. 호기심에 찼던 젊은이들은 그만 숙연해지고 말았다. 몇 년 후, 외로웠던 그 남자가 병으로 사망했다는 소식이 왔다고 들었다.

우리는 이민 후, 30년이 되도록 성탄카드를 거른 적이 없다. 그러나 세월은 무심하고 냉정했다. 어느 해, 선생님의 카드는 나의 가슴을 서늘하게 했다. 관절염 때문인지 여기저기 병이 생겨 더 이상 자유롭게 다닐 수가 없다고 간신히 쓴 것 같은 필체의 카드가 왔다.

'안문자 와 즐겁게 나누던 크리스마스의 사랑을 내가 배반하게 되었구려. 답장이 없으면 정신이 없거나 하늘나라로 갔다고 생각해요. 조용히 하나님의 부르심을 기다리고 있어요.'

아, 다정한 사연으로 가득찬 선생님의 카드는 더 이상 오지 않았다.

선생님은 삶의 아픔을 믿음으로 승화시키고 용서와 감사로 충만한 나날을 보내셨다. 눈물로 키운 네 자녀의 효도 속에서 행복한 노년의 삶을 누리셨고 마지막까지 하나님과 동행하며 비바람 속에서도 제 몫을 다하는 들국화처럼 살다 가셨다.

나는 지금, 심 선생님의 부고 소식을 듣고 들국화 사이로 환히 웃고 계시던 선생님이 그리워 숱한 추억을 담은 카드를 하나씩 열어본다. 하얀 꽃다발을 안겨주며 '안문자 선생, 예쁘게 살며 행복하세요.' 시애틀의 보라색 들국화 속에서도 그 속삭임이 들려왔다. 나도 꽃들의 눈물을 보며 화답한다.

"김순갑 선생님! 고마웠습니다. 이제는 보라색 들국화가 지천으로 피었을 하늘나라에서 편히 쉬세요."　　　　　(미주『한국일보』 2019년 9월)

안문자
월간『수필문학』등단(2006) 제28회 수필문학상 수상
한국문인협회 회원, 한국문인협회 워싱턴주(시애틀) 지부 회원
미주『한국일보』'삶과 생각' 고정 집필
수필집 :『사랑하는 우리 아버지』,『새로운 세상을 꿈꾸며』

양호인

무채나물이 120만원?

사월은 가장 잔인한 달
죽은 땅에서 라일락을 피워내고
추억과 욕정을 뒤섞고
잠든 뿌리를 봄비로 깨운다.
-중략-

T.S 엘리엇의 황무지 중의 시구로 모르는 이가 없는 정도가 되어버린 구절이다. 1948년 4월 3일 제주의 4.3항쟁, 진보 정부가 들어서자 재조명되기 시작한 4.3항쟁이 부쩍 부각되면서 숨죽여 있던 제주의 온 들과 산이 그때의 울음소리를 되새기기 시작하는 모양새이다. 그만큼의 아픔이 진영의 논리를 벗어나 그때의 제주인들에게는 잔인한 계절이었음이 확실한 것 같다.

4월 18일 저녁, 서울의 일상을 털어버리고 제주로 향했다. 4·3항쟁이 나를 부른 것은 결코 아니다. 그저 내 취미생활의 한 축인 사진을 찍기 위함일 뿐이다.

다음날 새벽 성산 일출봉을 향했다. 일출이 으뜸이라는 그곳의 태양빛과 파도를 타고 넘실거리는 바다 물빛의 찬란함을 카메라에 담기 위함이다.

맑은 하늘을 예상했던 일기예보와 달리 태양은 희끄무레한 구름 속에서 나올 생각을 하지 않는다. 카메라 삼각대를 들고 광치기 해변에서만 볼 수 있는 녹조가 파랗게 돋아난 바위 위로 올랐다. 파도가 조금씩 거세어지기 시작한다. 사촌 동생인 K가 "얼른 나와 언니!"라고 했을 때도 쟤가 무슨 소리하는 거냐는 투로 버티고 있었다. 술렁거리는 소리에 카메라에서 눈을 뗐을 때는 물이 바위 위를 점령해 가고 있었다.

아뿔싸!, 밀물 때임을 간과하고 있었다. 삽시간에 들어온 물은 발 디딜 곳을 모두 잠겨 버렸다. 가슴이 갑자기 뛰기 시작했다. 아직 빠져나가지 못한 사람들이 우왕좌왕이다. 물에 젖을 각오는 당연한 것이고 빨리 빠져나가지 않는다면 꼼짝없이 물속에 갇히게 될 상황이다. 신발과 양말을 벗어 모래사장으로 내던졌다. 삼각대를 폈다. 바위에 낀 녹조 때문에 미끄덩거리는 곳을 빠져나오기 위해서 지팡이가 필수이기 때문이다. 이럴 때 내 명품 삼각대는 빛을 발한다. 야트막한 곳을 찾아 삼각대를 짚고 여유롭게 빠져나오는 모습을 보고 사람들이 박수를 친다. 바로 이것이다. 때때로 내 삼각대는 지팡이 역할도 하고, 호신용 무기 역할도 해주니 어찌 애지중지하지 않을 수가 있겠는가?

날씨가 흐려 장 노출사진을 찍을 예정이어서 좀 더 있고 싶었지만, 새벽 출사가 처음인 K가 잠을 못 잤다며 안절부절이니 일단 삼각대를 접기로 했다.

해안도로를 따라 시원스런 드라이빙을 즐기며 달린다. 하도리 신동, 길옆 돌담으로 둘러싸인 밭에 핀 갯나물5) 꽃이 눈부시다. 이거 찍어야 되는 거 아니냐는 사촌 K의 말에 황급히 차를 세웠다. 꽃내음이 코 밑에서 아른거린다. 제주 특유의 화산석인 까만 밭담과의 어울림이 장관이다. 부지런히 셔터를 누른다. 잔인하다는 4월의 햇살이 눈부시다. 이

---

5) 예로부터 야생에서 자라던 갯나물은 일부 농가에서 식용유로 먹거나 나물로 무쳐 먹기 위해 재배하는 채소로 최근에는 양배추 등에 밀려 재배면적이 크게 줄었다고 한다. 단백질과 칼슘, 마그네슘 등 무기성분 함량이 높은 것으로 나타나 제주농기센터에서 재배기술과 우량품종 선발을 추진하는 등 새로운 농가 소득원으로 육성할 계획이라고 한다. 도처의 길가나 밭고랑의 후미진 곳, 벼려진 밭 등에 무작위로 자라고 있어 유채꽃이 지나간 자리를 차지하고 있는 모습이다. 하얀색과 보라색이 섞여진 모습이 소박하고 아름답다.

에 더하여 갯나물 꽃은 더더욱 잔인한 아름다움을 발산한다. 제멋대로 피어나 버려진 꽃이니 머지않아 이 아름다움도 중장비의 발아래 무참히 밟혀버리고 말리라. 촬영을 끝내고 삼각대를 접으려는 순간, 화려하고 키가 큰 갯나물 꽃 숲 아래 무시로 숨어 있는 제주 무가 눈에 들어온다. 허리를 굽혀 한 개 뽑았다. 겨울을 견디어 낸 무가 그 싱싱함을 무기로 유혹한다. 쓸 만한 놈으로 세 개를 뽑았다. 자동차로 가지고 왔다. 자동차 트렁크를 열고 조금 전 무가 지천으로 뽑혀진 밭에서 주워 실어 놓은 덜 싱싱한 무 3개를 과감히 버리고 새로 뽑은 놈으로 바꾸었다. 지난 1월, 무를 넣은 갈치조림의 맛이 알싸하게 되살아났다. 언니 오빠가 좋아할 것이 확실하다. 좀 더 많이 뽑고 싶었지만, 언니가 건강이 좋지 않으시니 일감을 가져가는 셈이 된다 싶어 그만두었다. 이거면 한 끼 충분하다 싶었기 때문이다.

    점심 식사를 마치고 한숨 자고 나니 늦은 오후이다. 저녁 촬영을 시작할 때가 되었다. 애월의 곽지해수욕장으로 갔다. 해수욕장에 도착해서 자동차 트렁크를 열고 삼각대를 찾았다. 없다. 샅샅이 뒤져도 없다. 그제서야 생각이 났다. 무를 뽑아 싣느라 까맣게 잊어버리고 삼각대를 두고 왔음을. K에게 응급상황을 알렸다. 이미 6시가 다 되어가니 어찌하랴. 어쨌든 현장으로 가보기로 했다. 현장에 도착하니 이미 날은 저물어 버렸고 아무도 없었다. 핸드폰 플래시를 켜고 찾아보았지만, 아무것도 없다. 삼각대를 잃어버린 갯나물 밭 옆은 건물을 짓는 공사장이었다. 아침에 그곳에서 두 사람이 일하고 있었음이 생각났다. 어쩌면 그들이 주워서 가지고 있을 지도 모른다는 생각이 들었다. 준공이 임박한 건물의 한쪽 구성에서 불빛이 새어 나왔고 자동차도 한 대 세워져 있었다. 다가가서 문을 두드려 보고 싶었지만 약한 여자 둘 뿐이니 용기가 나지 않았다. 그냥 가자는 K의 말에 동의할 수밖에. 내일 새벽에 다시 오자며 차를 돌렸다.

    집으로 오는 길 K는 왜 그게 이제야 생각났느냐며 나무람 반 미안함

반인 표정을 한다. 그러게 나도 늙는가 보다며 맞장구를 쳐본다. 내 속에서는 사진을 더 찍었으면 그때 잃어버린 걸 알아서 바로 찾을 수 있었을 텐데, 네 탓이란 생각이 자라기 시작했다. 차 안의 분위기가 급랭한다. 차 안의 분위기도 내 마음도 일신해야 했다.

　허허 웃으며 내일 아침은 비싼 무 반찬 먹게 생겼네. '무 3개가 120만 원짜리가 됐구만' 하자 K가 쓴웃음을 웃는다. 현장에서 일하던 사람들이 챙겼을 것 같다며 K가 나를 위로한다.

　다음 날 아침, 다시 하도리 신동의 그곳으로 갔다. 4월의 태양이 무시로 내리쪼이는 갯나물 꽃밭에 삼각대는 없었다. 기왕에 가는 길에 사진 찍기는 물 건너갔으니 오름이나 오르자는 내 제안에 여동생이라곤 사촌밖에 없는 내 두 사촌 여동생이 동행했다. 용눈이 오름을 오른다. 삼각대를 잃어버린 덕분에 얻은 귀한 시간이다. 삼각대를 잃어버리지 않았더라면 내가 언감생심 그녀들과 오름을 올랐을 턱이 없다. 사진 찍느라 그쪽은 생각도 하지 않았을 것이다. 생애 처음 막내 사촌 동생까지 낀 산행에 마음이 가벼워지고 있었다. 인생사는 실이 있으면 반드시 득이 있게 마련인가 보다.

　공사 현장에서 만난 사람들을 통해 연락된 두 사람 중 한 사람은 삼각대를 보지 못했다고 했다. 그중의 한 사람은 물속에서 일하는 사람이라며 연락되는 대로 전화해 준다고 하니 나머지는 운에 맡기고 기다리기로 했다. 그 와중에 우리는 그 밭의 무를 한 마대씩 뽑아 실었다.

　집에 오니 오빠, 언니가 무채나물 반찬을 맛있게 해 놓으셨다. 정말 맛있었다. 오빠가 한마디 하신다. "비싼 무채 먹는구만" "네, 120만 원짜리, 그러니까 무 하나가 사십만 원짜리예요."

　그래도 글감은 하나 생겼다며 제목을 "120만 원짜리 무채"로 할까 보다는 내 말에 어이가 없으신지 오빠가 한마디 거든다. "내일이 되면 알 수 있겠지, 공짜인지, 120만 원짜리인지, 찾게 되면 돌아온 삼각대"로 하라는 말에 식탁에 웃음이 넘쳐난다.

잔인한 4월의 봄날에 내 삼각대의 행방이 묘연하다. 꿈속에서 삼각대가 멀리멀리 도망간다.

(『수필문학』 2019년 7월호)

양호인
월간 『수필문학』 등단(2015. 4)
국제PEN한국본부, 한국수필문학가협회, 수필문학추천작가회 이사,
여울문학회 회원
수필집 『나 할리 타는 여자야』 (2016)

오성건

수필형(隨筆型)의 인간

　수필(隨筆)은 어릴 적 한여름 냇가의 미루나무 그늘을 흔들던 바람처럼 매듭진 가슴을 풀어 주는 글이기에 나는 좋아한다. 그러나 내가 수필을 쓰는 것은 조금은 망설여진다. 소설은 허구(虛構) 뒤에 숨고, 시(詩)는 비유와 은유(隱喩)와 함축 뒤에 숨을 수 있지만 수필은 필자의 인품이란 그림자가 늘 따르고 쓰는 사람의 투명한 영혼의 깊이가 적나라하게 노출됨으로 두려움이 앞선다.

　그때 그때 본 대로, 들은 대로, 느낀 대로, 붓 가는 대로 적었어도 서정성과 감성과 사상을 지적(知的) 언어로 응축(凝縮) 융합시켜 순수 무구한 하나의 인격을 갖추지 못했다면 물론 수필은 아니다. 여기에 수필이 쉬운 것 같으면서 어려운 일면이 있는 것이 아닌가 생각된다. 이렇듯 진실을 바탕한 개성의 미학으로 오묘(奧妙)한 생리를 가지고 있는 것이 바로 수필이라고 말하고 싶다.

　범촌(凡村) 김우현 수필가는 그의 수필선집 유고집에서 '수필은 느낌과 생각이 마음에서 우러나 고이고 고여 절로 넘쳐, 참을 내야 참을 수 없는 충동이 안에서부터 굽이쳐 일어나 드디어 신들린 듯한 상황이 되어 쓰인 수필이라야 참 수필이 될 수 있어, 필자는 담담한데 독자가 열을 올리게 된다' 또 '문학 중에서도 수필만큼 작가의 개성을 요구하는 장르는 드물 것'이라고 썼다.

사람을 문학의 유형에 비유해 보면 소설(小說)형의 인간, 시(詩)형의 인간, 희곡(戲曲)형의 인간, 평론(評論)형의 인간, 그리고 수필(隨筆)형의 인간 이렇게 나누어 볼 수 있을 것만 같다.

나는 이 가운데 과묵하고 사색하는 시형의 인간도 못내 좋아하지만 메아리를 품은 산처럼 중후하고, 바다같이 깊고 넉넉한 수필형의 인간을 더욱 좋아하고 흠모(欽慕)한다.

개성이 독특하지 않은 것 같으면서 오히려 독특함이 내면적으로 묵묵히 강물처럼 흐르고 , 헤뜩헤뜩 쉽게 성냄이 없이 겸허하고, 용기가 없어 보이지만 비굴하지 않으며, 위트와 유머가 넘쳐흐르는 사람, 멧새가 앉았다 날아간 나뭇가지처럼 한없는 여운(餘韻)이 풍기는 사람, 이런 사람이 바로 수필형의 인간이 아닌가 생각해 본다. 나는 외람(猥濫)되게도 감히 수필형의 사람이 되고 싶다.

자기의 감정과 욕망을 자제할 줄 알고 선악을 구분하여 착하고 선한 일을 찾아 올바른 가치관을 가지고 행동하는 인격자(人格者), 이런 사람은 외로운 것 같으면서 벗 아닌 것이 없고, 무력한 것 같으면서 힘 아닌 것이 없으며, 게으른 것 같으면서 꾸준하고, 미련한 것 같으면서 아는 것이 풍부해 속으로 살갑고, 관용하며 서민적인 풍모(風貌)가 오래오래 사귀어도 변함없이 한결같은 사람이다.

나는 조금은 늦었지만 2010년 나 자신을 향한 통열(痛烈)한 회심(悔心)과 성찰(省察)의 기회를 갖고, 또 우리 아이들에게 전하는 간절(懇切)한 당부와 감히 먼 훗날까지 오래 남기고 싶은 마음에서 졸고(拙稿)인줄 알면서도 처녀 수필집을 냈다.

세월이 훌쩍 흐른 뒤 나의 수필집을 다시 보니 길어 올린 첫 두레박 줄이 짧아 아쉬움을 새삼 느꼈다.

수필은 쓰는 사람을 가장 솔직히 나타내는 문학형식으로 필자와 글이 따로 있지 않기에 그래서 좋은 수필 만나기가 좋은 사람 만나기만큼이나 어려운 것이리라, 꽃잎처럼 야들야들 연약해 보이지만 외유내강(外柔內剛), 싱싱하고 백지 같이 텅 빈 여백이 있어 바다처럼 모든 것 다 받아들일 수 있는 사람이 되어, 황혼을 아름다운 삶으로 붉게 물들였으면 하는 마음 간절키만 하다.

낙조(落照)의 석양은 낯이 붉다. 태양이 그의 일생을 반성하고 추억하며 부끄러워 붉은 얼굴로 빨갛게 타면서 내일의 밝은 여명을 잉태하며 마지막 광활한 대지를 불태워 광휘(光輝)의 빛을 뜨겁게 뿌리고 있다. 나는 삶의 그윽한 향기로 농(濃) 익고 곡진(曲盡)한 명치를 적셔줄 수필 한 편 써 보기를 오늘도 간절히 소망(所望)해 본다.

어느덧 해는 뉘엿뉘엿 저물어 앞서 가는 그림자가 길어진다. 아득한 세월의 햇수는 산수(傘壽)까지 옹골차게 채웠으나 심고 뿌린 글 농사 소출은 초라하여 한없이 부끄럽고 허전키만 하다, 죽기 전 노래가 가장 아름답다는 백조를 꿈꾸면서 나의 늘그막 이 꿈이 정녕 일상춘몽(一場春夢)이 아니기를 손 모아 기원(祈願)해 본다.

(『월간문학』 2018년 12월호)

오성건
월간 『수필문학』 등단(2014)
한국수필문학가협회 사무국장, 한국장로문인회 회장, 기독수필문학회 회원

원준연

한글에 한자를 더하면

버드나무처럼 구부러진 유등천변을 따라서 출퇴근을 하고 있다. 춘삼월, 죽은 듯한 나무줄기에서 봄의 따뜻한 기운을 사람보다 먼저 느꼈는지 푸릇한 새싹을 살며시 밀어 올리고 있다. 해마다 보는 광경이지만 참으로 신기하면서도 신비롭다. 그런 연유에서인지 나는 도심의 큰길을 마다하고 이 작은 길을 곧잘 이용하고 있다.

그런데 어느 날, 길옆에 그다지 높지 않은 새로운 건물이 들어서더니 '도화'라는 낯선 간판이 눈에 들어왔다. 갑자기 그 의미가 궁금해졌다. 아마도 건물이 속해 있는 도마동(桃馬洞)의 '도'자에서 유래한 '복숭아꽃(桃花)'이라는 뜻으로 유추해 보지만, 정확하지는 않다. 그리기를 가르치는 건물로써 도화(圖畫나 陶畫)를 의미하는지도 모를 일이다. 한자가 병기되어 있으면 그 의미를 이해하는데 훨씬 쉬우련만…. 지날 때마다 그 생각이 떠올랐는데 이제는 무심해 지니 오히려 마음이 편안하나. 나중에 알게 되었지만 그곳은 '청소년 문화의 집'이었으니, 전자의 한자가 맞을 것 같다.

60년대, 초등학교 시절에는 거리의 간판에 한자가 제법 많이 들어 있었다. 읽기뿐만이 아니라 해득도 어려웠지만, 한자의 뜻을 알게 되면 어떤 의미로 건물의 이름을 붙인 것인지 쉽게 알 수 있었다. 요즘은 한자가 거의 사라지고 국적불명의 외래어만 늘어나니, 이것은 한글전용정책에도 맞지 않는 것 같다. 오히려 한자를 병기하는 것이 우리 국민의 정서에도 맞고, 한자문화권의 관광객들에게도 큰 도움이 되는 것은 아닐는지….

우리말의 약 70%는 한자로 이루어졌다고 한다, 즉 한자를 잘 알지 못하면, 어휘의 뜻을 정확하게 이해하기 어렵다는 말이다.

'재배학원론'에 관한 교과목을 강의할 때의 일이다. 지금부터 포장 실습을 간다고 하였더니, 한 학생이 대단히 의아스럽게 생각을 하면서, 대뜸 무슨 포장 실습을 하느냐고 퉁명스럽게 되물었다. 나는 곧바로 이 학생이 내가 의미한 포장(圃場)으로 이해하지 못하였다는 것을 알았다. 제가 알고 있는 용어인 물건을 싸는 포장(包裝)으로 이해하였던 것이다. 어쩌면 그는 나를 치매기가 있는 선생으로 알았는지도 모를 일이다. 그러니 우리말을 해놓고 한자든 영어든 부연설명을 해야 알 수가 있는 경우인데, 그런 경우가 꽤나 있다.

한자는 비록 중국의 문자이기는 하지만, 우리 선조들이 가장 먼저 사용한 아주 오래된 문자다. 한자를 모르면 가족사가 되었든 국사가 되었든, 우리 선조의 숨결이 낡은 종이 속에 그만 갇히고 만다. 중국이 G2로 거론되고 있는 작금에는 서양의 젊은이들도 중국어(한자)를 배우는 수가 늘고 있다고 한다. 하물며 한자 문화권에 있는 우리나라에서 한자를 등한시하는 것이 바람직하지 않다는 생각은, 비단 나 혼자만의 생각으로 그치는 것일까.

한자를 병용한다고 하여 한글의 격이 낮아지는 것은 결코 아니다. 오히려 상생의 효과가 있는 것은 아닐까. 한글이 표음문자로써 아주 뛰어나고 훌륭하다는 것은 누구도 부인할 수 없다. 국제어로 발전시켜야 하는 노력도 필요하다. 캘리그라피(Calligraphy)처럼 문자에 예술성을 부여하는 노력도 필요하다. 그렇다고 한자를 가르치고 병용하는 것이 한글의 국제화나 예술화하는데 장애가 되는 것은 아니라고 생각한다.

최근 들어서, 언어로 보나 국력으로 보나 영어와 한자(중국어)는 중요한 언어임에 틀림이 없다. 영어인지 라틴어인지 무슨 의미인지도 모르는 단어들이 매스컴이나 간판에 즐비하다. 한글에 한자를 조합한 어색한 광고도 넘쳐난다. 이것이 어찌 한글을 위하는 한글전용정책에 맞는 것인지 묻고 싶다. G2를 넘어서려면, 우선 그들의 언어를 알아야 한다. 교과서에 한자가 병기되고, 신문이나 거리의 간판에 한자가 쓰이게 되면 자연히 익히게 된다. 그것이 힘이 된다. 가르쳐야 한다. 관심을 갖도록 해야 한다. 우리의 젊은이들이 도약하는 하나의 밑받침이 될 수 있도록 말이다.

가정의 거실이나, 관공서나 기업의 로비에 걸려 있는 고화나 족자에는 아직도 많은 한자를 볼 수 있다. 그런데 그 뜻을 알기가 어려우니, 물려주신 선대 보기가 민망하다. 그것은 또 후대로 이어질 터인데….

아름다운 한글에 문향 나는 한자를 더하면 우리의 언어생활이 더욱 풍요로워지지는 않을까.

(『대전문학』 2019. 여름호)

원준연
월간 『수필문학』 등단(2005)
한국문인협회 회원, 한국수필문학가협회 및 대전문인협회 이사
수필문학추천작가회 부회장, 원종린수필문학상 운영위원장
수필집 : 『바람이 소리를 만나면』 『미울 정도로 곱게』

유경희

레비오사~

헬스 자전거를 타면서 폰을 만지작거린다. 그냥 타기는 지루하니까 발만 구르고 손은 인터넷을 검색한다. 한참 전에 방송계를 떠난 미스코리아 출신 전 아나운서의 이름이 검색어 상위권에 있다. 원예치료사로 새 삶을 시작한다는 헤드라인이 눈에 띈다. 원예치료사라는 직업이 의외이기도 하고, 무슨 사건에 연루라도 됐나 싶어 기사를 클릭한다.

'사생활 동영상 파문으로 연예계를 떠났던…'이라는 대목에서 이미 연예계를 떠난 사람의 과거까지 들먹이며 근황을 알 필요가 있나 하는 의문이 든다. 그가 방송활동을 접은 이유에 대해서는 많이들 알고 있다. 그러나 많이 알고 있다는 사실과 그것을 본인의 의사와 무관하게 타인이 까발리는 건 다른 문제다. 그 사건 때문에 활동을 접은 사람의 기사에 굳이 그 이야기를 꺼낼 필요는 없지 않나 싶다. 아울러 본인에게 이런 기사를 내도 되겠느냐는 허락을 구했는지 궁금하기도 하다.

잠깐 사이에 비슷한 기사가 많이 떴다. 그런데 걸린 표제들이 너무나 자극적이다. 아예 '리벤지 포르노' 피해자라느니 동영상을 유출한 전 남자친구의 이름이며 그의 이혼과 전 남편에 이르기까지 독자가 궁금해하지도 않는 사실을 너무나 친절하게 알려주고 있다. 그에 대해 잘 모르더라도 그의 이름에 자동으로 따라붙는 연관 검색어는 그에게 무슨 일이 있었는지 짐작할 수 있을 정도다.

그래도 기사에 딸린 댓글들을 보니 안심이 된다. 동영상 유출로 피해를 당하고 숨어(?) 지내던 사람의 잊고 싶은 과거사를 소환하는 건 피해자에게 또 다시 폭력을 가하는 것이라는 걸 사람들이 잘 알고 있기 때문이다. 대부분 시련을 견디고 '제 2의 인생'을 사는 것에 대한 응원이거나, 원예치료사와 관계없는 옛 사건을 끄집어내는 것이 잘못되었다고 지적한다.

예전엔 신문이나 방송에서 한 번 보고 잊힌 사건들이 요즘은 인터넷으로 인해 끊임없이 반복 재생된다. 당사자의 이름을 검색했을 때 자동으로 링크되기도 하지만, 때론 상관없는 일이나 다른 사람의 사건에 연관 검색어로 따라오기도 한다. 세상이 편하고 좋아진 만큼 불편함과 괴로움이 따른다. 오죽하면 '잊힐 권리'를 요구하는 세상이 되었나 싶기도 하다.

'잊힐 권리'란 인터넷 이용자가 자신의 알리고 싶지 않은 기록을 페이스북, 트위터 등 소셜네트워크서비스(SNS)나 포털 게시판에서 검색되지 않도록 지워달라고 요청하는 것이다. 기사 자체를 삭제할 수는 없더라도 최소한 관련 링크로 검색되지 않게 해달라는 이 요구는 그로 인해 피해를 보는 사람이 얼마나 많은지 생각해보게 한다.

'해피투게더'라는 TV 예능 프로그램에 흑역사를 지워주는 '레비오사~'라는 코너가 있다. '레비오사~'라는 마법의 주문도 주문이려니와 흑역사라는 단어 또한 생소하다. 흑역사는 어둠, 검은(black)을 뜻하는 한자 흑(黑)에 과거의 일이라는 뜻의 한자어 역사(歷史)를 합쳐서 만들어낸 신조어이다. 즉 없었던 일로 해버리고 싶은 과거의 일을 뜻한다. 없었던 일로 해버리고 싶은 부끄러운 과거를 지워주는 주문이 '레비오사~!'인 셈이다.

처음엔 잊히고 싶은 과거라면서 술술 고백하는 출연자나 지워질 리가 없는 흑역사를 지워주겠다며 주문을 외치는 진행자, 모두 이상했다. 방송으로 잊히고 싶은 과거를 얘기하는 바람에 오히려 그 일을 모르던 사람들까지 알게 되고, 때로는 고백한 사람의 이름이 검색어에 올라 대중이 더 찾아보도록 만드는 게 이해가 안 갔다. 오히려 알리고 싶어 하는 게 아닐까 하는 생각을 하기도 했다.

사람은 누구나 실수를 하고, 때론 다른 사람이 잊어줬으면 하는 부끄러운 일도 생길 수 있다. 특히 방송에 나온 장면은 일명 '짤'이라고 하여 끝없이 인터넷에 떠돈다. 그것을 인터넷에서 없애거나 사람들이 못 보게 하지 못할 바에야 상황을 변명하거나 설명해서 이해를 구하는 편이 나을 수 있다. 내가 그 일로 얼마나 고통 받고 있는지, 그 일이 어떤 상황에서 일어난 일인지, 하다못해 자신이 놀림거리가 된 장면은 차라리 본인이 직접 끄집어내어 더 큰 웃음으로 승화시켜 공감대를 형성하고 싶었을 것이다. 타인의 공감이야말로 최고의 위로가 될 테니 말이다. 그러고 보면 '레비오사~'는 어두운 과거를 삭제해 주는 주문이 아니라 치유의 주문일지도 모른다.

뜻하지 않게 언론에 보도되어 잊히고 싶은 과거가 다시 대중의 입에 오르내리게 된 그가 딱하다. 그 일이 얼마나 고통스러웠는지, 잊고 다시 세상에 나오기 위해 많은 노력을 했다는 것을 말하지 않아도 알 것 같다. 어쩌면 다시 움츠려질지도 모르는 그에게 더 이상 상처받지 말라는 위로의 마음을 담아 마법의 주문을 외쳐주고 싶다.

'레비오사~!'

(『수필문학』 2019년 8월호)

유경희
_ 월간 『수필문학』 천료 등단(2011)
_ 한국수필문학가협회 이사, 여울문학회 회원

유기섭

대좌불앞의 앵벌이 아이들

    대좌불이 웃고 있다. 바람에 스치고 비에 깎인 모습이 일그러져 있지만 웃음기는 그대로이다. 만인을 향한 미소. 미얀마의 만달레이에서 보트를 타고 이동하여 밍군탑을 찾았다. 오랜 세월 겪은 풍상의 흔적이 역력하다. 세월의 무게를 이기지 못하고 쓰러지거나 무너져 내릴 것 같은 아찔함에도 이곳을 찾은 이방인들은 마지막 모습을 눈에 담기에 바쁘다. 거의 폐허가 된 상태의 탑 앞에 옹기종기 모여 앉은 어린 소년소녀들이 관광객을 향하여 손을 내민다. 지그시 감은 대좌불의 두 눈에 비친 아이들은 그 웃음의 의미를 알고 있을까. 알려고 하지도 않을지 모른다는 생각이 떠나지 않는다. 아마도 그 아이들에게는 웃음보다 더 절박한 현실이 도사리고 있을지 모른다.
    보기에는 가정에서도 학교에서도 보살핌을 받지 못하고 떠도는 거리의 아이들 같다. 미얀마의 어디를 가든 탑과 사원이 즐비하여 사람들의 마음속에는 적어도 세속의 근심이나 걱정거리가 없을 것 같은데. 한곳에서는 보통 아이들의 삶과 동떨어진 의외의 모습이 보이니 아이러니한 세태를 느끼게 한다. 어디를 가든 천국의 삶은 없는 것이 인간세상의 모습이 아닐까 여겨진다. 천진난만하게 티 없이 자라나야 할 아이들이 사람들의 관심 밖으로 내몰리고 구걸 행위로 반복된 일상을 이어나간다면 대좌불의 웃음은 누구를 향한 미소일까.

쉬이 그곳을 떠나지 못하게 하는 광경 앞에서는 더욱 걷잡을 수 없는 감정의 혼란을 겪는다. 외형상으로는 열두 서너 살 되어 보이는 어린 소녀가 작은 어린이를 안고서 손을 벌리는 것이 아닌가. 아이가 아이를 안고 있는 모습이 예사롭지 않다. 더욱이 그 모습은 소녀가 아이의 어미인 것처럼 보이기 때문이다. 눈앞이 아찔해 옴을 겨우 참고 다시 그 모습을 보니 어미와 아이 사이로 비춰져 혼란스러움을 더한다. 못 볼 것을 본 것이 아닌가 생각하기에 이르렀다. 그 아이가 제대로 자랄 수 있을까. 그 소녀는 어떻게 하여 그 아이의 어미가 되었을까.

대좌불앞에서 평온하였던 마음속에 잔잔한 파도가 일며 대좌불을 쳐다보았다. 그래도 대좌불은 조용한 미소 외엔 보여줄 것이 없다는 듯이 빨리 이곳을 떠나라고 재촉하는 듯하다. 바라건대 아이와 어미의 관계는 아니기를 바라며 발길을 돌린다. 이와 비슷한 광경을 수년 전 발칸반도의 국가를 여행하며 어느 성당 앞에서 보았다. 어린 집시소녀가 갓 태어난 듯한 어린아이를 안고 성당 앞에서 구걸하는 모습을 보고 아찔해져 오는 마음을 가눌 수가 없었다. 뙤약볕 아래서 목이 축 처진 채로 어미의 팔에 안겨서 오가는 행인들의 시선을 잡는데 한몫 하느라 빈사지경에 이른 아이의 모습을 보고 어른의 책임이 어떤 것인지 깊이 반문해 보았는데. 그 소녀와 아이의 앞날이 바람 앞의 등잔 불 같은 위태로운 지경에 이를 것이 불을 보듯 뻔하기 때문에 더욱 그랬다.

오늘 대좌불앞에서 구걸하는 소녀를 보며 누가 이 지경으로 이르게 하였을까. 힘없는 어린아이의 운명은 어떻게 될까. 여러 생각이 꼬리를 문다. 한창 커나가야 할 어린소녀가 감당하기에는 벅찬 험한 세상살이에 너무 일찍 내몰린 것은 아닌지. 연약하고 귀중한 어린 생명을 도구로 삼아서 구걸하는 모습이 대좌불 앞에서 행해지다니. 만인의 소망이 이루어지기를 바라며 자리하고 있는 대좌불 앞에서 그 어린 소녀는 무엇을 빌었을까.

생각 없이 저지른 어른의 비행을 사람들에게 고발하려는 것일까. 아니면 단순히 구걸의 수단으로 어린 생명을 도구로 이용하려는 것일까. 대좌불 앞에서 엄습해 오는 슬프고 안타까운 모습에 말을 이어갈 수 없다. 대좌불의 힘으로 그 앞에서 벌어지는 모든 추한 모습들을 쓸어 가고 아름다운 모습으로 바꾸어 주기를 마음속으로 빌며 대좌불과의 만남을 마무리한다.

(『PEN문학』 2019년 제148호)

유기섭
월간 『수필문학』 등단(2004), 국제PEN한국본부 이사, 한국문인협회 회원, 한국수필문학가협회 이사, 서울서초문인협회 부회장, 경북문인협회 회원, 경북영덕문인협회 출향회원, 여울수필 동인, 수필집 『눈 속의 푸른 꽃』, 황희 문학상, 서초문학상, 작가와 문학상 수상

유병숙

삶이 그대를 속일지라도

　복잡한 현실에서 훌쩍 벗어나고 싶으면 도심에서 가까운 강화도를 찾곤 했다. 그곳에 이색 카페가 생겼단다. TV 방송 덕분에 유명세를 탄 그 카페는 핫 플레이스 데이트 코스, 빈티지 미술관, 우리나라 섬유의 역사지 등으로 다양하게 소개되고 있었다. 소식을 듣자마자 나는 그 길로 차를 몰았다.
　카페 입구 조형물에 조양방직이라 새겨신 간판이 보였다. 그 너머로 슬레이트 지붕의 허름한 공장이 나타났다. 강화도 조양방직은 1933년 일제 강점기에 한국인이 세운 최초의 레이온 원단 생산 공장으로 한때 섬유산업을 선도했다. 주지하다시피 방직공장들은 1970년대 정부의 방침에 따라 대구나 구미로 옮겨갔고 당시의 명성은 유명무실해졌다. 화재로 많은 곳이 소실되어 폐허가 되다시피 한 공장은 2018년에 이르러서야 거대한 빈티지 갤러리로 탈바꿈했다. 공장의 파란만장한 연혁이 마치 고달픈 인생사처럼 다가왔다.
　넓은 마당에는 갖가지 조형물들이 들어서 있었다. 공중전화 부스와 다이얼식 전화기, 빛바랜 여신상, 뻘건 녹을 뒤집어 쓴 난로, 철 수레에 실린 스타킹 마네킹, 고장 난 고물 버스, 펑크 난 손수레, 크고 작은 목마들 등등 곳곳에서 옛 풍물들을 만날 수 있었다.
　그 가운데 시커멓게 그을린 네모반듯한 건축물이 유난히 눈에 띄었다. 공장의 금고였다. 공장이 성업 중일 땐 삽으로 돈을 퍼 넣었다는 소문이 자자했다. 지붕 위 황소 조형물이 기세등등했다. 기 받아 가라는 푯말에 마음이 동해 내부로 들어갔다. 알전구 밑에 달랑 탁자 하나와 의자 두 개, 옛 영화가 한낱 물거품처럼 느껴졌다.

공장 안 천장에는 얼기설기 얽혀있는 대들보와 서까래가 드러나 있었다. 마감재가 떨어져 나간 벽마다 시멘트 블록이나 벽돌이 고개를 내밀었다. 그것들은 지난 시간의 흔적들을 고스란히 보여주고 있었다. 그 무엇도 시간의 풍화작용을 이겨낼 수 없다는 걸 온전히 실감하게 했다.

테이블이 길게 두 줄로 놓인 장면은 마치 대형 영화 세트장처럼 보였다. 아마도 옛 공장의 생산라인인 듯했다. 그 규모를 가히 짐작할 수 있었다. 천장의 유리창으로 밝은 채광이 쏟아져 내렸다. 낡은 의자에 앉은 관람객들이 한가롭게 차를 마시며 담소를 나누고 있었다. 이곳에서 시간은 유독 천천히 흐르는 듯했다. 심리적 시간의 속도와 질량은 공간의 차이와 추억의 무게에 따라 달라지는 걸까?

커피를 가지러 가는 통로에는 액자들이 줄지어 걸려 있었다. 작자 미상의 철 지난 누드화, 정물화, 인물화들이 눈길을 끌었다. 무심결에 낯익은 액자가 눈에 들어왔다. 푸시킨(Alexander Sergeyevich Pushkin, 1799~1837)의 시가 박힌 그 유명한 이발소 액자였다. 나는 가던 길을 멈추었다. 불쑥, 그때 그 시절이 눈앞으로 튀어나왔다.

어린 시절 아버지를 찾으러 가곤 했던 이발소, 그 벽에도 예의 이 액자가 걸려 있었다. 아버지의 이발이 끝나기를 기다리며 뜻도 모르는 그 시를 읽다 보면 알 수 없는 애틋한 슬픔이 가슴속에 일렁였다.

생활이 그대를 속일지라도
슬퍼하지 말라, 노여워도 말라!
설움의 날을 참고 견디면-

기쁨의 날이 오리라 믿어라.

마음은 미래에 사는 것,
오늘은 언제나 슬픈 것-
모든 건 한순간에 지나가나니,
지나간 일은 다시 그리워지는 것을.

- 푸시킨-「삶이 그대를 속일지라도」 전문

　시를 쓸 당시 푸시킨은 러시아 황제 알렉산드로 1세에 의해 추방되어 유배 생활 중이었다. 그 시구가 이국 만 리 머나먼 이곳 허름한 이발관에서 촌부들의 심심한 위로가 되었다는 걸 시인은 알고나 있었을까? 바가지로 부어주는 물에 머리를 감고 있다 나를 보고 찡긋 웃곤 했던 아버지가 새삼 그리웠다. 액자 앞에서 나는 멍하니 아버지를 읽고 있었다.
　한 시절 흔하게 보았던 괘종시계, 앙증맞은 미키마우스 인형, 손때 묻은 도널드 덕 모자, 엘비스 프레슬리가 마이크를 들고 노래하는 조각상, 마릴린 먼로가 바람에 치마를 날리는 조각상, 연주할 때마다 아직도 잊지 않았다는 듯 풍풍거리며 옛날을 소환하는 풍금, 타이어를 개조해 만든 탁자와 재봉틀을 고쳐 만든 식탁, 각기 다른 모양과 크기의 의자들, 뒤뚱거리는 책상, 망가진 타자기 등이 은근하게 옛 자태를 뽐내고 있었다. 만지고 쓰다듬고, 앉아보고, 기대다가 문득 정현종 시인의 시,「방문객」이 떠올랐다.
　'사람이 온다는 건/ 실은 어마어마한 일이다/ 그는/ 그의 과거와/ 현재와/ 그리고/ 그의 미래와 함께 오기 때문이다/ 한 사람의 일생이 오기 때문이다' 나는 시인의 노래처럼 저마다에 배어있을 절절한 이야기를 한꺼번에 듣고 있었다.
　얼마 동안을 그렇게 시간을 잊고 앉아 있었던 걸까? 갑자기 추위와는

유병숙 245

다른 한기가 느껴졌다. 나는 이미 추억의 부장품이 된 건 아닐까? 내 치열했던 삶의 궤적들은 다 어디로 사라진 걸까? 어쩌면 나는 이미 박제된 박물관 속 또 하나의 풍물에 지나지 않을지도 모른다는 생각이 들었다. 살아왔고, 살아간다는 자체가 시간의 박물관 같은 건 아닐까?

손가락 사이로 빠져나갔던 옛 인정들을 하나하나 떠올려 보았다. 소중했던 시간들이 서서히 나를 깨우고 있었다.

(『수필문학』 2019년 9월호)

유병숙
『책과 인생』 등단(2015) / 월간 『한국산문』 발행인, 한국산문작가협회 회장
한국문인협회, 국제PEN한국본부 회원 / 제6회 한국산문 문학상, 에세이스트 올해의 작품상, 한국문학백년상 수상

유임종

죄송합니다

어~어!, 하면서 저건 아닌데 하면서 깜짝깜짝 놀란다. 굳이 말하지 않아도 보고, 듣고, 느끼고, 생각해서 나름대로 판단한다. 그 다음은 머리를 떠나지 못하고 뱅뱅 돌다가 주저앉는다.

그저께도, 어제도, 오늘도 무진장으로 쏟아지는 일들을 잠시 접어두고, 나에 대한 부끄러웠던 순간의 민낯을 보여줄까 한다. 민망하고 쑥스럽지만 그렇다고 이미 주제는 주어졌고, 어쩔 수 없이 남세스럽지만 글로 표출해 볼까 한다.

여러 번 빠진 서울 친구 모임에 모처럼 시간을 내어서 참석하게 되었다. 집에서 점심을 먹고 여유롭게 출발하여 동서울터미널에 내리면 대충 시간을 맞출 수 있었다. 자주 참석을 못해서 그런지 몰라도 모임회장 인사말에 나를 섞으니 회원들의 열광적인 박수가 터졌다.

과거 심장혈관 시술한 경력이 있어 가급적 금주를 해 왔다. 이 날은 아무리 강심장이라도 거절 못할 조건이 갖추어진 이상 어쩔 도리가 없었다. 회원들로부터 한 잔씩 다 받다보니 취기가 올라서 소주에서 도수가 낮은 막걸리로 갈아탔다. 모두들 거나하게 취하자 나름대로 한 마디씩 했다. 모처럼 왔으니 여관비 걱정 말고 아침에 해장하고 가라는 것이었다. 그럴 줄 알고 미리 막차표를 예매해 두었다. 얼마간 시간이 흘렀다. 폰을 열어보니 차시간이 얼마 남지 않아, 모두의 만류를 뿌리치고 무조건 자리를 박차고 일어났다.

올 때는 흐리긴 했지만 비는 오지 않아 우산을 챙기지 않았다. 식당에서 나오니 이슬비가 내렸다. 손으로 얼굴만 가린 채 골목을 돌아 한참을 뛰어 터미널에 도착하니 정신이 번쩍 들었다.

막차에다 마지막 손님으로 차표를 내밀고 안으로 들어가려다 보니 기사는 이미 떠날 준비를 마친 상태였다. 소변이 무척 급하다. 어쩔 수 없이 기사에게 양해를 구하고 화장실로 달려갔다. 소주에 막걸리를 잔뜩 마신 탓에 소변보는 시간이 얼마나 오래 걸리는지 괴로웠다. 아무리 조급해도 시간에 맡길 수밖에 없는 처지에서 볼 일을 간신히 마쳤다.

급하게 버스에 올라타니 승객들의 원망하는 시선이 모두 내게로 집중하였다. 마치 동물원의 원숭이를 보는 것처럼 이상하게 쳐다본다. 나는 자리에 앉아서야 비로소 바지 지퍼가 열려 있었다는 것을 알았다. 차창에 비쳐진 내 얼굴은 술을 먹은데다 아주 홍당무에 붉은 물감을 뿌린 듯 붉다 못해 검게 보였다.

옆에 앉았던 젊은 여자는 아주 고개를 반대로 돌렸다. 나는 술김에 쉽게 잠이 들었다. 바로 뒷좌석에 있던 나이 많은 손님이 흔들어 깨우는 바람에 눈을 떴다. "아저씨! 술 냄새에다 웬 코를 그렇게 고는 거요." "아~ 그랬어요. 미안합니다. 죄송합니다." 창밖을 보니 원주 가까이 온 것 같았다.

다시 소변이 마렵기 시작했다. 1시간만 더 가면 강릉에 도착이니 참을 수 있을 것이라 스스로 다짐한다. 그러나 화장실 가야 할 속도는 어두움처럼 점점 빨라졌다. 승객들에게 한번 실수한 경력이 있어, 차마 기사에게 이번에는 버스를 세워 달라 할 용기가 나지 않았다. 대부분 승객들이 잠을 자고 있어 버스를 멈추기란 더욱 어려워 보였다.

버스는 달리는데 원주에서 강릉까지가 수천 리라도 되는 느낌이었다. 둔내 터널을 지나면서부터는 참고 또 참았으나, 더는 버틸 수 없을 만큼 무척 괴롭다. 다음은 나도 모르게 운전석 옆으로 가서 "기사 양반 미안합니다. 소변이 참기 어려워 그러니, 다음 휴게소에 잠깐만 들렀다 가시면 안 될까요?" 하고 오만상을 다 찡그리며 연기를 했다. 기사는 한참 만에서야 "조그만 더 참으세요. 평창휴게소에 들르겠습니다."라고 하였다. 그 다음부터 다소 안정되는 것 같았으나 그것도 잠시뿐, 마치 휴게소가 멀고 먼 이국땅이라도 되는 것 같았다.

버스가 휴게소 입구에 들어가려는 것을 본 나는 미리 출입문에 매달려 있다가 정차가 덜 된 상태에서 뛰어내렸다. 비는 오고 사람들은 아무도 보이지 않았다. 화장실 불빛만 보고 뛰었으나 앉아 있을 때보다 소변은 더 급했다.

얼떨결에 화장실에 뛰어들어 소변기를 찾았으나 보이지 않아 다시 확인하니 여자화장실이었다. 안에는 역시 아무도 보이지 않았다. 다시 남자 화장실로 가는 시간만큼도 생리적 현상이 허용하지 않았다. 에라, 모르겠다. 바지 지퍼를 내리면서 여자 화장실 문을 힘껏 잡아당겼다.

순간 "어마야!" 소리와 함께 변기에 앉아 있던 여자분이 기겁을 하면서 얼굴을 숨겼다.

(『수필문학』 2019년 10월호)

유임종
월간 『수필문학』 천료 등단(2016), 월간 『포던포엠』 시 등단(2015)
수필집 『앵무새가 우는 까닭』 시집 『꿈에 살리다』 출간
한국문인협회, 한국수필문학가협회 회원, 모던포엠 이사

유종덕

술

　술! 술술 넘어가서 술이란다. 술은 씹지 않고도 목구멍으로 넘어가니 치아에 부담 주지 않는 먹거리 중 하나로 막걸리, 맥주 등 발효주와, 소주, 위스키, 같은 증류주로 나뉜다. 두견주, 송순주, 인삼주, 더덕주 등 여러 재료에 의한 명칭과 계절에 따라 여름에 연꽃술, 가을에 국화술 등 종류별로 맑은 향기와 신비한 맛, 빛깔이 독특하여 지역별로 이름 있는 전통주가 부지기수다.
　우리나라는 술 소비량이 아시아 국가 중에서는 1위로 세계보건기구의 국가별 음주량 10위권 안에 든다. 10위까지의 국가들은 주로 유럽 국가인데 체질이 아시아인들에 비해 알코올 분해 능력이 뛰어나지만 우리나라는 전체 인구의 25%가 알코올 분해 효소가 작거나 없다. 술을 조금만 마셔도 얼굴이 발갛게 되는 것은 아세트알데히드를 분해하는 효소가 선천적으로 결핍되어 나타나는 부작용이다. 아세트알데히드는 독성이 강하고 암 유발물질로도 알려져 있으며 혈관을 타고 온몸으로 퍼져 혈관이 확장돼 숨이 가빠지며 심할 경우 온몸에 붉은 반점이 나타나기도 한다. 나도 그중의 한 사람으로 특히 소주는 목구멍으로 넘어갈 때부터 진저리가 난다.
　역사적으로 술은 한 개인의 출세뿐만 아니라 한 나라의 흥망성쇠도 달려 있었다. 사회 생활을 하다 보면 전입, 전출, 승진, 부서 모임에 연말이면 송년회, 해가 바뀌면 신년회, 애경사까지 피치 못할 술자리가 생긴다. 술은 못 마셔도 객기를 부리느라 소주잔을 톡톡 털어 넣고 집에 와서 고생을 많이 하였다. 새벽녘까지 오심으로 괴로워하는 내 등을 토닥거려 주느라 아내는 밤을 새우기도 하였다. 예전에는 좌우로 술잔 돌리기, 잔을 놓지도 털지도 '캬' 소리도 내지 말라는 '노털카', 또 산업혁명 당시 영국의 노동자들이 저비용으로 짧은 시간에 취하려고 술을 섞어 마시던 것이 미국으로 건너가 한국 유학생들이 배워와 퍼트렸다는 '폭탄주'니 하여 몹시 곤혹스러웠다. 아직도 술잔을 권하는 관행이 남아 있지만 100세 시대라면서 건강에 관심을 기울이는 사람들이 부쩍 늘어 점점 건전한 술 문화로 바뀌어 가고 있음은 다행이다.

애주가들은 주종불문, 안주불문, 장소불문에 심지어 생사불문 지경까지 가는 지독한 술꾼들도 있었고, 죽은 뒤 제사상에 술 따르지 말고, 살았을 때 부어라, 마셔라, 술 가져오라는 주당도 있다. 여럿이 마실 때 으뜸은 수선(酒仙), 두 번째는 주장(酒長), 세 번째는 주사(酒士), 꼴찌는 주졸(酒卒)로 등급을 매기기도 했다. 또 공짜 술만 얻어 마시고 다니는 사람을 공작, 마시면 얼굴이 하얘지는 백작, 홀짝홀짝 혼술을 즐기는 자작도 있었다. 나처럼 붉어지면 홍작이라 해야 하나? 나는 술에 약하지만, 친구들과의 어울림을 즐겨, 통금이 있던 시절, 방석집에서 술을 마시다 자정이 지나면 문을 걸어 잠그고 시중들던 미모의 여직원(?)들과 통금이 해제될 때까지 오붓한 술자리가 계속되기도 했다.

술은 백약의 으뜸이요 만병의 근원이다. 혈액순환이 좋아지고, 건강 최대의 적이라는 스트레스를 해소하며, 과음만 안 하면 술보다 더 좋은 발효식품은 없고 하루 한두 잔 술은 어떤 보약보다 낫다고 한다. 가장 오래된 의학서로 알려진 중국의 황제 내경과 우리나라의 동의보감에도 술을 약재로 사용한다는 내용이 기술되어 있고, 본초강목에는 '근심·격정 우수를 없애준다'고 하였다. 그렇기에 누가 뭐래도 담배는 백해무익이지만 술은 적당히만 마시면 건강에 도움을 준다. 또 평소보다 기분이 좋아져 유쾌하며 용기백배하여 섭섭한 마음을 토로하여 오해를 풀기도 하니 이해와 소통에 큰 도움을 주기도 한다. 뿐만 아니라 술은 가성비가 매우 좋은 음식이다. 약국에 가서 '세상이 다 내 것처럼 보이는 특효약' 있으면 달라고 해보라. 개인차가 있지만 요즈음 시세로 근처 마트에서 1,200원(음식점에서는 4,000원) 정도 주고 소주 한 병만 사 마셔도 기분이 상승하고 두려움과 겁이 없어지니 염가로 마약의 기분을 낼 수 있다. 그뿐인가? 예쁘고 믿음직하지만 서로 말 못하고 애간장을 태우던 처녀 총각들이 멋지게 사랑 고백을 하여 다음 단계로 발전하기도 하며, 딸이 있는 부모들은 애지중지 키워 놓은 딸의 신랑감 후보에게 술대접을 한 뒤에 심성을 파악하기도 한다.

이렇게 좋은 술인데 흐트러진 언행으로 낭패를 보는 일도 있다. 주자가 제시한 '술에 취해 망령된 말을 하여 후회함(醉中妄言醒後悔)'도 그 중의 하나다. 적정 주량보다 너무 마셔 건강을 해치고 동물체험까지도 하며 끔찍한 범죄자가 되는 경우도 없지 않다. 재판에서 술 마시고 저지른 죄를 경감해 주는 관대한 판결로 갑론을박을 한다. 그중에서도 "음주 운전치사는 실수가 아닌 살인행위"라 하여 음주운전이 크게 이슈화되고 있다. 전체 교통사고의 12.3%가 음주운전 사고이며 2018년 음주 사망사고는 346명, 부상자는 33,000명이나 된다. 내 생각도 음주운전과 응급실이나 치안센터에서의 난동에는 술에 물 탄 듯한 법규를 뜯어 고쳐 엄벌로 다스려야 한다는 주장 편이다.

지난해 군 복무 중에 휴가 나왔다가 만취 운전자의 차에 치여, 친구들의 간절한 기도에도 스물두 살 대학생은 끝내 목숨을 잃었다. 세상에 다시 한번 경종을 울리며 그의 이름 따라 발의된 이른바 '윤창호 법'이 정기국회를 통과하여 음주운전자의 처벌을 강화한 결과 35%가 감소했다지만, 아직도 음주 운전사고의 뉴스가 빈번하다. 그리하여 '제2의 윤창호법'이라 불리는 강화된 음주운전 단속 기준이 6월 25일부터 실시되었다. 알코올 농도 0.05%에서 0.03%로, 면허취소 기준은 0.1%에서 0.08%로, 처벌 기준도 현행 징역 3년에 벌금 1,000만원에서 최고 무기징역에 벌금 2,000만 원으로 강화되었다. 차제에 법 이전에 국민 모두가 술을 한 잔이라도 마시면 운전을 하지 않는 습관이 몸에 배어 더 이상 가정이 파괴되는 불행한 일은 생기지 않기를 바라본다. 보약보다 낫다는 술! 친구들과 어울려 적당히 마시면서 스트레스 풀어 던지고 유쾌한 기분으로 귀가하면 가화만사성, 만사형통에 도움이 되지 않을까?

(『수필문학』 2019년 7월호)

유종덕
월간 『수필문학』 천료 등단(2013. 1.)
한국수필문학가협회 이사.

윤백중

인왕산과 서촌

　한 해를 마무리 할 즈음, 등산 모임에 참석했다. 등산을 평소에 안하던 터라 몇 년 동안 한 번도 참석 안했던 모임이다. 서울 둘레길을 걷는 수준이라 해서 용기를 냈다.
　한양 성 성곽 옆길을 향해 올라가는데 오른쪽에 등과정지(登科亭址)가 있다. 조선시대 무사들이 활쏘기 연습장으로 쓰던 유명한 사정(射亭)이다. 사정은 활터에 있는 정자를 의미하는데 등과정은 궁궐 서쪽에 있는 연습장 중에 하나다. 지금은 궁술이 폐지되어 터만 있는데 그곳에서 남녀 궁사들이 열심히 활쏘기 연습을 하고 있었다.
　성곽 옆 등산길로 접어들었다. 앞쪽 위를 쳐다보니 돌계단이 높이 보이고, 계단도 수천 개는 되어 보였다. 한양 도성을 왼쪽에 끼고 앞만 보고 계속 올라갔다. 중간에 다리가 아파서 몇 번 쉬면서 도성에 올라서서 성의 모양과 쌓은 돌의 색깔과 희미하게 쓰여 있는 글씨도 보았다. 성 밖은 천야만야한 낭떠러지로 성곽 위에 서 있기가 무서웠다. 가파른 인왕산 정상을 향해서 땀을 흘리며 계단만 보고 걸었다. 도성은 조선 왕조의 도읍지인 한성부의 경계를 표시하고, 왕조의 권위를 지켰으며 외부에서 오는 침략자를 막기 위한 울타리로 쌓은 돌 성임을 확인했다. 조선 건국 초기에 북악산, 낙산, 남산, 인왕산의 능선을 따라 돌 혹은 흙으로 쌓은 도성임을 알 수 있었다. 돌의 색깔을 보면 중간에 여러 번

고친 흔적이 보였다.

　바깥쪽에서 보면 높이가 7~8미터는 됨직하다. 전체 길이도 40리가 넘는다고 한다. 500여 년의 세월을 지나면서 낡거나 부서진 곳을 고친 흔적들이 긴 역사를 말해주고 있다. 성벽 돌에 새겨진 희미한 글자들과 선명한 글자들이 보였다. 이 돌들의 글씨를 보면 시대별로 돌의 모양도 다르고, 색깔도 달라 축성 시기와 시대마다 돌 쌓는 기술의 발달과정도 짐작할 수 있었다.

　국사에서 공부한 4대문과 4소문이 있다. 4대문은 동대문, 돈의문, 남대문, 숙정문이다. 4소문은 혜화문, 소의문, 광희문, 창의문을 말한다. 인왕산 구간에는 도성 주변 길 근처에 기차바위, 치마바위, 범바위 등 잘생긴 바위들이 보인다. 정상 근처에 오르니 아름다운 서울 강북 사대문 안의 전경을 볼 수 있다. 광화문, 경복궁, 청와대가 바로 눈 아래 있는 것 같다.

　둘레길 수준이라며 같이 가자던 후배는 미안해서인지 옆에서 지키며 도와주기도 했다. 330미터의 산마루턱, 정상이 코앞인데 바위를 비스듬히 깎은 계단이 보인다. 옆에 잡을 끈이 멀어 의지하기가 힘들어 보였다. 정상을 20미터 남기고 오르기를 포기했다. 등산회 회장과 올라간 길을 다시 내려와서 팔각정 가는 도로로 접어드니 이곳이 둘레길이었다. 윤동주 문학관에서 일행과 합류했다. 문학관 2층, 무거운 다리를 쉬면서 마시는 차 한 잔은 생명수 같았다. 다음은 단풍이 절경이고 볼거리 많다는 서촌으로 향했다.

　인왕산 자락 겸재 정선이 사랑했다는 수성동 계곡과, 별을 노래한 시인 윤동주의 언덕과 문학관이 있다. 아기자기한 계단을 오르락내리락하는데 어렸을 적 고향에서 같이 놀던 참새와 박새들이 머리 위로 날고 있었다. 늦가을 붉은 단풍잎이 발아래 깔려 밟히고, 아직 남아 있는 잎들이 눈 내릴 때를 기다리며 바람에 날리고 있었다. 산꼭대기 치마바위를 타고 내려오는 신선한 바람이 땀을 씻어 주었다. 여름에는 진초록색의 무성한 잎들이 수성동 계곡을 덮고 물소리도 시원하겠지! 겨울에는 눈 내린 아침 풍경이 겸재의 그림과 잘 어울릴 것 같았다.

겸재 정선의 그림이 있는 곳에 와서 쉬었다. 그림은 조금 퇴색해 있었다. 가까이서 자세히 보았다. 작품 이름은 겸재 정선의 '인왕제색도'이다. 종이에 검은 묵으로 그린 그림이다. 비온 뒤에 안개가 낀 인왕산의 큰 바위들을 꽉 차게 배치한 것도 특이하다. 아래쪽의 안개와 나무와 풀이 있는 모습을 조화롭게 그려서 산 아래서 보고 그린 것으로 보인다. 산을 멀리 올려다보는 것과 산 아래는 굽어 내려다보는 점을 착안해서 인왕산을 바로 눈앞에서 보는 듯한 현장 감각을 살렸다. 안개와 능선은 엷게 보이게 했고 바위와 나무는 짙은 색으로 처리했다. 먹색의 강열한 획은 흑백의 대비를 선명히 보이게 했다. 굴곡과 산의 습진 계곡을 아주 효과적으로 나타내면서 화면의 변화와 활력을 불어 넣었다.

그림 왼쪽 바위에는 '송석원(松石圜)'이라는 한문이 쓰여 있다. 중앙 비스듬한 바위에 크고 작은 소나무 열두 그루가 있고, 뒤에는 바위산을 배경으로 처리했다. 한시가 조금은 퇴색이 되었고 초서에 가까워서 읽기가 어려웠다. 화면을 꽉 채운 구도로 한 색을 내는데 여러 차례 반복한 붓의 지나감이 화가의 개성을 잘 드러낸 작품으로 보였다. 그림 오른쪽 위쪽 여백에는 '인왕제색 신미윤월하완(仁王霽色辛未潤月下浣)'이라고 먹색으로 썼다. 그 밑에 정선(鄭敾)이라는 백문(白文)방인이 있다.

그림을 감상하고 산꼭대기 쪽을 보니 산 정상 바로 밑에 이빨바위와 전설의 바위가 보인다. 비운의 왕비 단경왕후(端敬王后)의 전설이 전해오는 치마바위에 대한 애절한 사연이다. 조선 11대 임금 중종의 첫 부인이었던 신씨는 중전이 된 지 7일 만에 중전의 자리를 박탈당하고 서인이 되어 인왕산 아래에 살게 되었다. 폐비가 된 이유는 친정이 반정에 연루되었기 때문이다. 연산군의 확실한 신임을 받고 권력 중심부에 있던 친정아버지 신수근이 연산군의 매부이고 고모가 연산군의 부인이었다. 중종반정으로 연산군이 폐위당하면서 그쪽 편에 속해 있던 사람들이 모두 숙청을 당하면서 친정도 몰락했다. 이때 단경왕후도 사형은 면했으나 졸지에 죄인의 딸이 된 것이다.

그때 중종이 경회루에 나와 한숨을 쉬며 단경왕후를 그리워한다는 소식을 듣고 경회루에서 잘 보이는 인왕산 치마바위에 올랐다. 신 씨가 궁궐에 있을 때 왕이 좋아해서 즐겨 입었던 분홍색 치마를 펼쳐 놓고 중종이 다시 찾기를 기다리며 세월을 보냈다고 한다. 이 소문이 장안에 퍼져 바위 이름도 치마바위라고 불렀다고 전해오고 있다. 단경왕후는 71살에 세상을 떠났으니 그때는 장수한 왕비였다.

한정권이 몰락하여 적폐세력이 되면 한 인생은 재기하기가 어렵다는 교훈도 얻었다. 지금 부르는 단경왕후의 이름도 폐위된 지 250여 년 지난 영조 때 복권되었다니, 지금 돌아가는 세태를 보면 머리가 복잡해진다.

(『생활문학』 2019년 여름호)

윤백중
성균관대학교 연세대학교 호서대학 대학원 졸업(국문학사 경제학석사 경영학박사)
2009년 『백두산문학』 수필부문 등단(현 고문).
한국생활문학 시 부문 등단(현 부회장). 한국문인협회, 국제PEN한국본부 회원
한국수필문학가협회 이사. 삼화빌딩 대표. 수필집 『신선한 자연향기』 외 11권

음춘야

안과 밖

　천지가 벚꽃이다. 바깥에도 가슴속에도.
　바람이 분다. 꽃잎이 위로 아래로 옆으로 휘날린다. 쌍으로 날아오를 땐 수나비가 암나비를 쫓듯 아슬아슬 사랑이 넘친다. 그 꽃잎들이 보도블록에 소복소복 내려앉는다. 잠잠하던 바람이 또 분다. 점점 세어지는 바람, 꽃잎들이 은나비 떼처럼 춤을 춘다.
　둘이서 창밖 풍경을 바라본다. 어느새 마당이 분홍 카펫을 깔아 놓은 듯 폭신하다. 밟으면 으스러질까 가만히 누워 보면 어떨까. 뒹굴고 싶다. 모두 긁어모아 그대 침대 위에 깔아주면 연분홍 꿈을 꾸겠지. 잠깐이지만 「태양의 후예」의 송중기 같은 청년이 될 수 있지 않을까. 꽃잎이, 바람이, 햇빛이 온통 자연의 향연을 펼치고 있다. 창 안에서 두 사람이 무연삼매에 이른다. 안은 더없이 한적하다. 텔레비전도 스마트폰도 잠자듯 조용하다.
　정적을 깬다. 드디어 여자는 밖으로 나온다. 꽃의 유혹을 뿌리칠 수가 없다. 현관 안쪽에 서 있는 남자의 눈에 그렁그렁 눈물이 고인다. 사슴처럼 순한 눈이다. 안과 밖, 단지 문 하나 사인데 마음은 하늘과 땅만큼 먼가 보다. 어머니가 돌아가셨을 때도 냉정하리만치 의연했던 남자.
　여자는 혼자서 꽃길을 따라 천변으로 향한다. 꽃구름이 하늘에도 땅에도 수를 놓는다. 노란 유니폼을 입은 꼬마들, 병아리들처럼 옹기종기 모여 손에 손잡고 재잘거린다. 손이 허전하다. 계절이 바뀔 때면 둘이서 곧잘 찾던 곳이다. 앞서거니 뒤서거니 걷던 그 길, 혹시나 하면서 뒤를 돌아본다. 꽃들만 따라온다. 멀리 가까이 바라보며 물가로 간다. 꽃잎이 점점이 떠가는 물속에 잉어들이 작은 놈은 작은 놈끼리 큰 놈은 큰 놈끼리 속삭인다. 저들도 제 짝끼리 저토록 다정한데. 여자의 눈시울이 자신도 모르게 뜨거워진다.

남자는 여전히 창가에서 나부끼는 꽃잎을 바라보고 있겠지.

4남매를 기를 때 남자는 곁에 있어도 늘 부재중이었다. 머릿속엔 60여 명, 때로는 3,600여 명의 학생들로 넘쳐났다. 30대 중반 유난히 뻣뻣하고 숱 많던 그 머리칼이 다 빠지고 말았다. 천장에서 빗물이 쏟아져도 지붕 한번 못 올라가던 어리보기, 오직 여자만 전적으로 의지하던 남자. 산 위에 올라가 물고기를 구한다고 해도 의심하지 않을 만큼 말이다. 집안에선 그야말로 무위선사였다. 오죽하면 다닥다닥 이웃한 골목에 살고 있었을 때 뒷집 아주머니는 그 집 남자는 늘 출장 중이냐고 했을까.

40년 동안 오직 한길만 걸어온 창밖의 남자였다. 반짝이는 눈망울 속에서 오직 그곳이 별천지인 양 동고동락하며 집안의 대소사가 어떻게 돌아가는지조차 모르고 살아온 사람이다. 첫애는 첫 번째 태어난 아이니까 그렇다 치더라도 연달아 태어난 세 딸들의 이름이나 순서대로 기억하고 있었을까. 그땐 그랬다. 안과 밖이 바뀐 지금도 유효한 줄 철석같이 믿고 있으니 어찌하랴.

여자는 이해할 수가 없다. 긴긴 세월 직장에 쏟아 붓던 그 사랑, 그 열정, 그 헌신적 노고는 어디로 갔을까. 진이 다 빠졌나, 혼이 다 나갔나. 퇴직 후 그 많은 시간, 왜 집안에서만 지내려고 하는지. 집처럼 편안하고 집처럼 따스한 곳이 없다는 말, 입버릇이 된 지도 오래다. 더 이상 무슨 말이 필요하겠냐만. 그 대신 여자는 자꾸 나갈 일이 생기고 나가야 비로소 손이 쉴 수 있다. 자나 깨나 여자의 손을 기다리지 않는 곳이 없다. 부엌, 베란다, 세탁실, 화장실 등. 밖이라야 집안일은 눈에서 멀어지고 하늘도 나무도 시멘트벽 틈의 민들레도 만날 수 있잖은가.

한 여자만 바라보는 남자, 온종일 신문만 끼고 뒹구는 남자, 집안에 들어온 파리나 모기도 잡아본 적이 없는 남자, 백화점이나 시장을 아직껏 혼자 가지도 못하지만 필요한 물건이나 살 물건도 없다는 남자. 생전 처음 한 친구를 따라서 다래순을 채취하러 갔다가 주머니에 서너 잎만 넣고 온 남자, 나무에서 비명소리가 들리는 것 같았다나. 때론 밉지만 남을 미워할 줄 모르니 미워할 수조차 없는 남자. 더구나 요즘은 두 팔에 깁스를 하고 있다. 그래도 불편하다고 말하지 않는 남자다. 한밤중 침대에서 떨어져 양쪽 팔목이 부러졌다. 병원 출입 외에는 외출을 하지 않고 있다.

여자는 촉각을 곤두세우고 지낸다. 남자는 수저만 겨우 들 수 있을 뿐 아무 일도 할 수가 없다. 일일이 그의 손이 돼 시중을 들 수밖에. 본인은 오죽 답답하고 기가 막힐까. 여자는 짜증이 나고 때때로 화가 치밀어도 그저 제풀에 지쳐 스스로 반성문을 쓰곤 한다. '달걀 섬 모시듯' 한다고 할까. 어느 날 남자의 '지루한 오후다'란 메모를 봤을 때 여자의 가슴이 철렁했다. 아마도 그녀가 약속시간보다 늦게 들어온 날인가 보다. 주름살 마디마디 쓸쓸함이 묻어나고 부쩍 여자를 바라보는 눈빛이 더할 나위 없이 애잔하다.

떠나는 것이 어디 꽃잎뿐이랴. 꽃이 진다는 건 희망의 약속이다. 슬퍼하지 말자. 서 있었으니, 살아 있었으니 넘어지기도 때론 떨어지기도 하면서 다시 일어설 수 있는 것이다.

밖에서 들어온 여자를 남자가 맞이한다.

"사람이 많았어?"

"오늘이 꽃의 절정인가 봐. 사진 찍는 사람도 많고. 깁스 풀면 한번 다녀오지 뭐!"

 이 봄, 남자와 여자는 마냥 벚꽃 앞에 서 있었다. 그것도 창문 안과 밖에서. 밖이었던 남자와 안이었던 여자, 그 자리가 점점 바뀌고 있다. 두 사람이 가야 할 남은 삶의 여정인가 싶다.

(『현대수필』 2019년 봄호)

음춘야
『수필문학』 등단(1997). 한국문인협회 회원.
한국수필문학가협회 이사. 서울 강남문인협회 이사
수필집 : 『외다리 안경』 『해담뜰』 『직박구리』

이기화

60주년 이미자 콘서트를 다녀와서

　소리 중에 가장 아름다운 소리는 무얼까? "꾀꼬리 소리지" "카나리아 소리라니까" "아니다. 바로 사람의 소리다." 그 아름다운 소리로 노래하는 가수가 있다. 바로 가수 이미자이다.
　저런 목소리가 어떻게 나올 수가 있을까. 목을 타고 나오는 소리, 이것은 분명 연구대상이다.
　'100년에 한 번 나올까 말까한 목소리'로 극찬을 받았던 이미자도 오래전 일본에서 '사후에 성대를 영구보존하여 해부학적으로 연구해 볼 가치가 있다'고 해 대중적 화두가 된 적이 있다. 그리고 1993년 실제로 검사가 이루어졌다.
　대중적 호기심을 자극한 '이미자 성대의 비밀'을 풀어보고자 한 TV방송사가 이대부속병원 음성 관리소에 이미자의 성대 분석을 의뢰했다. 당시 성대, 음폭, 발성, 공기 역학 부문으로 정밀 검사를 했다. 결과 "이미자 씨의 성대는 점액질이 풍부하고 훈련이 아닌 천부적인 창법, 발성법을 체득하고 있다"는 소견이 나왔다.
　그녀는 1941년 서울 용산 한남동에서 태어났다. 본관은 전주 79세 국민가수로 엘리지의 여왕이라는 수식어를 가지고 있다.
　2019년 6월 7일 60주년 이미자 콘서트를 하는데 마지막 무대라고 했다. 앞으로 보고 싶어도 못 보니 꼭 오라고 작은언니가 5월에 전화를 했다. 큰언니와 작은언니, 나. 이렇게 셋이서 천안 시청 공연장 봉서홀을 갔다. 공연장 앞에서 기념촬영을 하고 작은언니는 딸이 표를 사서 선물해 주었고 큰 언니와 내 티켓은 작은언니가 선물로 사 주었다. 공연을 보는 이유는 큰언니가 칠순이라 기념으로 보자는 것이 작은 언니 취지다.

'여로', '옥색댕기', '울어라 열풍아', '황포돛대', '흑산도 아가씨', 현미 노래 '떠날 때는 말없이' 패티김의 노래 '연인의 길', 최희준의 노래 '종점' 등을 불렀다. 그리고 한때 가수였던 사회자 이택림 씨와 함께 듀엣으로 노래를 불렀다 언니와 나는 따라 부르며 노래에 심취하였다.

사회자 말이 이미자 선배님이 선물을 하나 가져왔는데 96세 된 어머님을 모시고 온 75세 노인 뽑혔다.

이미자 씨의 콘서트는 '꽃마차', '여자의 일생', '서울이여 안녕', '기러기 아빠', '섬마을 선생님', '동백아가씨'가 끝나고 앵콜송으로 '돌아오라 소렌토로' 등으로 이어졌다.

이미자 씨는 국내 가수 중 최초로 북한에 가서 공연하였다고 한다. 또 월남 파병으로 간 우리 군인들과, 서독으로 간 우리나라 간호사들을 위해 위문공연도 다녔다. 우리나라 국민과 함께 울고 웃은 그녀의 가수 인생이 가슴 깊이 와 닿는다.

50주년 음악회에도 그랬지만 무대에 오를 때마다 마지막 무대라는 생각을 한다고 그녀는 말한다.

> 아득히 머나먼 길을 따라 뒤돌아보며는 외로운 길 / 비를 맞으며 험한 길 헤쳐서 지금 나 여기 있네 (중략) / 나와 걸어가는 노래만이 나의 생명 / 언제까지 나의 노래 사랑하는 당신 있음에 (하략)

이 노래는 50주년 기념 노래다.

'동백 아가씨'는 35주간 KBS 차트에서 1위를 했지만, 어느 날 갑자기 그 노래가 갑자기 차트에서 사라지고 그녀는 더 이상 무대에 설 수 없었다고 한다. "제 목숨을 끊어놓는 것 같았습니다"라고 말했다고 한다. 그 곡과 '섬마을 선생님' '기러기 아빠'는 왜색이 짙다하여 차례로 금지되는 아픔을 겪었지만, 꾸준히 사랑해 준 팬들 때문에 버틸 수가 있었다고 그녀는 회상했다.

'국민가수'로서의 지위를 얻을 수 있었던 원동력으로 "당시 여러 역경을 맞아 힘든 시기를 지내야 했던 지금의 부모님 세대의 어려움에 제 노랫말과 목소리가 맞았기 때문이 아닌가 생각한다."라고 말했다.

이미자 씨를 한 외국 평론가는 영혼으로 노래하는 가수라고 평하기도 했다. 그녀의 노래엔 한이 서려 있고 아픔이 있고 기쁨이 있기에 그 평가가 맞는 듯하다. 입에서 나오는 그녀의 목소리는 일단 거침이 없고 시원시원하다. 너무 높지도 낮지도 않은데 맑다.

또 세계에서 60년 넘게 노래한 가수가 'My Way' 부른 가수 프랭크 시나트라와 이미자 씨 두 명뿐이라니 놀랍다.

일본은 엔카, 프랑스는 샹송이 대표된다. 최근 우리나라에 트로트가 열풍인데, 지금 유행하는 트로트는 경쾌하고 빠른 곡으로 자기의 노래와는 다르다고 말했다. 그러면서 그녀는 자신의 노래를 자신의 노래를 '전통가요'라고 이름 지었다고 말했다.

이미자 씨는 국민가수니 하며 유명세를 오랫동안 얻었기에 또 거기에 반하는 악평도 많았다.

그녀의 인생도 그리 순탄치만은 않았다. 어렸을 때 자신의 어머니와 헤어진 것 같이 자신도 딸하고 헤어지는 아픔을 겪었다. 콘트라베이스 연주자와 결혼하여 딸 정재은을 낳았지만, 가정폭력으로 이혼할 수밖에 없었고 당시 4살이던 딸이 아빠와 같이 산다고 하여 떨어지게 된 것이다. 그때 통곡의 마음을 '들국화'라는 노래에 담았다고 한다. 그 사연을 듣고 노래의 가사를 살피니 너무 애달팠다.

    누가 만든 길이냐 … / (중략)
    떠나는 이 엄마 … / 언제 다시 만나리 귀여운 그 얼굴 / 여인의 가슴속에 파도치는 … / 죄 없는 들국화 저 멀리 두고 떠나는 …

전 남편은 딸을 이미자를 능가하는 가수로 만들겠다고 다짐했다는 풍문도 돌았다. 이혼 4년 후 KBS PD와 결혼하여 아들을 낳으며 그녀는 마음의 안정을 찾았다. 살림도 도맡아 했고 옷을 입어도 점잖은 옷을 고집하여 민소매 옷은 아예 입지도 않았으며 한복과 긴 옷을 즐겨 입었다. 그녀는 깊은 우물에서 청정수를 끌어 올리듯 쭉 목소리를 뽑아 올린다. 그 목소리에서 그녀가 살아온 삶의 무게가 느껴진다.

 콘서트가 끝나고 감동이 채 가라앉기도 전에 작은언니가 딸이 뇌출혈로 수술을 했는데 깨어나지 못해 재수술하였다는 놀라운 사실을 털어놓았다. 오랜만에 세 자매가 함께하는 시간이라 쉽게 말하지 못하고 참았다가 콘서트가 끝나고 나서야 어렵게 말을 꺼냈다고 한다. 콘서트 시간 동안 딸 걱정에 마음을 졸였을 작은언니를 생각하니 마음이 먹먹해진다.

 다행히 수술 후 사경을 헤매던 조카는 중보기도단의 기도와 주위 사람들의 염려 덕분에 며칠 후 깨어나 회복 중에 있다. 작은언니가 그 힘든 상황에서도 콘서트에 갔던 것은 자신이 그 콘서트에 갔다 오기를 딸이 간절히 원했을 거라는 생각이 들었기 때문이라고 한다.

 까닥하면 놓칠 뻔했던 60주년 이미자 마지막 콘서트는 세 자매의 잊지 못할 추억이 되어 오래도록 기억될 것이다. 오늘 그녀의 노래가 흥얼거려진다.

이기화
월간 『수필문학』 천료 등단(2010)
한국문인협회 한국수필문학가협회 이사, 숲문화개발위원, 여울문학동인, 구로문인협회 회원

이난영

바람을 덮다

 열정과 감흥의 멋진 난타 공연이 끝나고, 천연 염색 패션쇼가 시작되었다. 자연에서 찾은 빛깔 고운 우리 색, 누구에게나 잘 어울린다. 모델 버금가는 럭셔리한 모습에 미소가 번진다. 고운 모시 한복을 입은 출연자는 단연 돋보였다. 쪽진머리에 군청색 치마와 하늘색 저고리, 짙푸른 숄까지 전통적이며 예스러움이 정겹다. 여체의 신비를 숨긴 듯한 단아한 옷매무새가 한복의 매력을 더해준다. 우아한 고전미와 현대적 색감에 감탄하며 다시 보니 어머니 모습이 오버랩되어서 떠오른다.
 어머니 생각만 하면 애잔하다. 어머니는 관직에 계셨던 두 가문의 할아버님들 약조 때문에 산골로 시집을 오셨단다. 청주의 내노라 하는 집안의 따님과 얼굴 한번 본 적 없는 괴산 산골 총각의 결혼, 지금 같으면 상상도 못 할 일이다.
 시집와서 보니 하늘만 빠끔히 보이는 데디 매일 끼니까지 걱정해야 했다니 얼마나 어이없으셨을까. 일제 강점기 때 배고픔에 시달리지 않는 사람 어디 있었을까마는 산골이니 더했을 듯싶다.
 부지런한 어머니 성격에 가만히 있을 수 없어 농사를 지으면서도 틈틈이 삯바느질하셨다고 한다. 대갓집 규수답게 음식도 잘하고, 손끝이 여물어 누비 바지저고리에 마고자까지 못 하는 것이 없었으나, 정갈한 성품이 그대로 나타나는 모시옷 만드는 것은 단연 으뜸이었다고 한다. 타고난 솜씨에 지혜와 덕을 갖춘 어머니는 읍내까지 소문이 났고, 밀려드는 일감으로 밤을 낮 삼아 일해도 입에 풀칠하는 정도였단다.

가난을 탈피하는 길은 자식 공부시키는 길뿐이라고 생각한 어머니! 굶기를 밥 먹듯 하며, 60년대 산골에서는 보기 드물게 아들 모두 대학까지 보내셨다. 남편은 고생하는 어머니를 기쁘게 해드리기 위해 열심히 공부하였고, 결과적으로 미래의 행복을 꿈꾸는 계기가 되었다고 회상한다.

매일 늦게 퇴근하는 남편 기다리는 것이 무료해 손뜨개를 배워 어머니 스웨터, 조끼, 모자를 떠 드렸더니 매우 기뻐하시면서 "나도 모시옷은 만들 수 있는데" 하신다. 세월이 흘러도 부지런함이 몸에 배어 있는 어머니인데 아이들 학교 보내고 나면 얼마나 적적하셨을까 생각하니 죄송했다. 그래 소일하시라며 모시 한 필을 사다 드렸다.

모시를 보자 어린아이처럼 좋아하시면서 젊었을 적 솜씨를 발휘해 자녀들 개량 한복을 아주 맵시 있게 만드셨다. 연세가 있어 큰 기대를 하지 않았는데 놀랄 만큼 훌륭한 솜씨에 감탄이 저절로 나왔다.

자녀들이 좋아하니 자신감을 얻은 어머니는 흰색 모시 원단을 떠다 직접 염색까지 하셨다. 청색, 보라색, 하늘색, 다홍색 등 곱게 물을 들여 패션디자이너 못지않은 디자인에 정성까지 곁들였으니 실용적이면서도 우아했다. 옷이 밋밋하다 싶으면 수예점에 가서 예쁜 자수까지 놓아다 주시니 이보다 더 아름다울 수 없었다.

행복한 듯 재봉틀 앞을 떠나질 않고, 바늘과 실이 빚어내는 아름다움에 취하셨다. 모든 시름 다 잊으시고 열심히 바느질하는 모습은 팔십 노인이라도 아름다웠다. 다른 분들 같으면 당신 몸 하나 추스르기도 힘드실 텐데 하는 생각에 그저 고맙기만 했다.

모시옷은 정성으로 지어 기품으로 입는다고 하지 않는가. 어머니가 사랑과 정성으로 만들어 주신 모시옷을 입고 직장엘 가면 행동까지 조신해지니, 직원들이 우아하고 품위가 있다고 중전마마라고 불렀다. 문학에 소질은 없어도 어머니의 훌륭한 바느질 솜씨를 널리 알리고 싶어 방송국에 응모하였고, 라디오 방송에 나오면서 어머니는 더욱 자신감을 얻으셨다.

불볕 더위에 질감이 깔깔하고 촉감이 차가운데다 잠자리 날개처럼 얇으면서 시원한 바람이 통과하는 모시옷을 입고 있으면 입는 사람도 시원하지만, 보는 사람도 시원함을 느끼게 한다. 손질은 어려우나 아름답고 시원해 한번 입어보면 모시의 마력에서 벗을 날 수가 없다.

어머니는 다니시는 절의 주지 스님 장삼부터 이웃 노인들의 수의까지 만들어 주셨다. 힘들게 왜 그러시냐고 하면, 사정이 여의치 못해 수의도 장만 못한 노인들에게 수의 만들어 주는 것도 보시하는 것이라며, 기꺼운 마음으로 밤잠까지 설쳐가며 만드셨다. 당신 몸 아픈 줄도 모르고, 집안의 대소사는 물론 이웃들의 어려운 사정까지 고루 보살피던 어머니는 자녀들의 예쁜 모시이불을 끝으로 골반을 다쳐 8년 동안 병석에 계시다가 2005년 하늘나라로 가셨다.

어머니와 함께한 27년, 어머니가 가장 행복해했던 순간들을 떠올려보았다. 눈에 넣어도 아플 것 같지 않은 손주들과 함께할 때와 재봉틀 위에서 모시와 함께하실 때로 기억된다. 우리나라의 미를 상징하는 여름 전통 옷감 모시는 알게 모르게 어머님의 자존심이고 사랑이고 행복이 된 것이다.

법정 스님은 "행복할 때 행복에 매달리면 불행해질 수 있음으로 집착하지 말고, 불행할 때는 그냥 받아들여라. 그러면 다시 행복해질 수 있다."고 하셨다. 고난과 역경을 특유의 부지런함으로 극복한 어머님은 지난(至難)한 삶을 살면서도 우아함을 잃지 않으셨다. 지혜와 덕으로 어려운 이웃을 보살피면서도, 언어의 겸손까지 겸비해 칭송하지 않는 이가 없었다. 비록 말년에 병석에 계셨지만, 인고의 세월을 바느질로 승화하셨다고 볼 수 있다.

  어머니의 유품이 된 모시이불, 차마 덮지 못하고 삶이 고달프고 팍팍할 때 꺼내보면서 힘을 얻었다. 엊그제 인생 3막을 끝내고 돌아온 남편을 위해 21년 동안 고이 간직했던 모시이불을 꺼냈다. 자애롭고 다정했던 어머니 모습을 떠올리며. 어머니의 사랑과 정성, 희망, 행복, 바람을 덮어 본다.

(『중부매일』 2019. 6. 28)

이난영
『흔맥문학』 등단(2000), 전국공무원문학협회 신인문학상(2000)
한국문인협회, 청주문인협회, 충북수필 회원, 한국수필문학가협회 이사
한국문인협회 제27대 문인저작권옹호위원회 위원
수필집 : 『난을 기르며』 『행복 부스터』

이농무

잃어버린 우산

며칠 전, 외출했다 돌아오는 길이었다.

택시를 탄 김에 한의원을 들러 오기로 했다. 침을 맞고 나오니 밖은 비가 내리고 있다. 밤부터 비가 올 것이라는 뉴스만 믿고 우산 준비도 하지 않았다. 택시를 부르기 30여 분, 너무 가까운 거리가 되어 오지 않는 것 같다. 한의원에서 우산을 빌려 어깨에 걸치고 양팔로 실버카를 밀고 걷기 시작했다. 보통 사람의 걸음으로 10여 분 거리를, 미끄러질까 조심조심 걷다 보니 1시간이 훌쩍 지나서야 집에 도착했다.

남편을 떠나보낸 지 10여 년 이젠 그런대로 적응해 살아간다고 생각했다. 그런데 주위에 도움을 청할 아무도 없다는 막막함, 이 절절한 고독감이 몸조차 추스를 수 없게 해 집에 오자 쓰러지고 말았다.

동창모임에서 한 달에 한 번은 전국 유명산 순례를 다니고 있다. 나도 건강할 때엔 동참하기도 했다. 남편은 갑자기 비가 오는 날이면 우산을 갖고 지하철 출구에서 나를 기다리곤 했다. 그때엔 당연하게 받아들였던 일이 이렇게 사무치게 그리울 줄이야…

20대 초 지인의 소개로 그를 만났다. 6년 연상의 그는 마음씨 착한 이웃 아저씨 같은 느낌이었다. 만나면 그의 유머러스한 분위기에 빠져 그저 재미있을 뿐, 다른 감정은 없었다. 결혼 상대로는 전혀 생각하지 않았다. 그러나 그는 나를 특별하게 생각하는 것 같았다. 자주 만나다

보니 나도 그가 차츰 좋아졌다.

    대학 입학 후, 난생 처음 새빨간 양산을 샀다. 우산도 양산도 귀하던 1950년대 후반이었다. 빨간 양산이 밋밋해서 양산 폭마다 끝자락에 보랏빛 구절초 꽃을 수놓아 세상에 하나밖에 없는 나만의 것을 만들었다. 오랫동안 애지중지 가방에 넣고 다니며 애용했다.
    어느 여름날 강의실에서 창밖을 내다보니 주룩주룩 비가 내리고 있었다. 그때야 문득 양산 생각이 났다. 처음부터 양산보다는 우산에 우위를 두고 구입해서일까. 화장도 안하고 따가운 햇볕도 개의치 않는 성격이어서인지 그간 비가 오지 않아 까맣게 잊고 지냈던 모양이다. 그와 만날 약속이 있던 날, 시간에 쫓겨 버스에 두고 내린 것 같다. 아끼던 물건을 잃은 줄도 모를 만큼 나는 어느새 그에게 깊이 빠져들고 있었나 보다.
    그가 모처럼 우리집에 오던 날, 오빠와 마주치게 되었다. 4살 연상의 오빠 앞에 그는 석고대죄하듯 두 무릎 꿇고 앉아 훈계를 듣게 되었다. 항상 모범생으로만 생각했던 누이동생이 공부는 소홀히 하고 남학생과 어울리는 것을 결코 용납할 수 없었던 오빠의 완강한 반대에 부딪치게 된 것이다. 아버지를 일찍 여읜 내게 오빠는 우리집 가장이며 절대적인 존재이기도 했다
    내게 금족령이 내려졌다. E대 앞 D다방에서 만나기로 한 약속 시간이 이미 3시간이 지나고 있었다. 내가 나가기 전에는 절대로 움직이지 않을 그를 알기에 나는 집에 있으면서도 안절부절못했다. 억수같이 쏟아지는 빗속을 뚫고 그를 만나러 달려나갔다.
    그는 창밖에 시선을 꽂은 채, 석상이 된 듯 나를 기다리고 있었다. 그의 앞에 앉자마자 울음을 토해내듯 그에게 내뱉고 말았다.
    "이제 우리 그만 만나요."

우산도 그 자리에 놓아둔 채, 쏟아지는 빗속을 달려 나왔다. 어느 틈에 그의 팔이 내 어깨를 감싸 안으며 커다란 검은 우산이 머리 위에 씌워졌다.

그때 E여대 앞에서 봉원사 입구, 우리집까지 나를 따라오지 않았더라면 우리의 인연은 거기까지였을지 모르겠다. 아직 그의 사랑을 느끼기 전, 사랑이 무언지 모르는 풋내기였기에…. 다만 오빠 앞에서 나로 인해 수모를 당하는 그에게 연민의 정을 느꼈을 뿐. 내가 뭐 그리 잘나서 남의 집 귀한 아들에게 이런 고초를 당하게 하나, 죄책감이 일었다.

5년여의 우여곡절 끝에 우린 드디어 결혼했다. 만나면 헤어지기 싫어 오직 함께 있고 싶다는 그 열망만으로 결혼을 했다. 숱한 역경을 헤치며 한, 결혼이기에 우리 앞날에는 꽃길만 있을 줄 알았다. 그러나 결혼의 단꿈에서 미처 깨어나기도 전, 현실의 벽에 부딪혀 파릇파릇 움트던 내 신혼의 꿈은 산산조각이 났다.

예의 바르고 겸손한 그의 언행은 뿌리 깊은 유교사상에서 비롯된 것임을 결혼 후에야 알게 되었다. 자기 집 가풍에 적응시킨다는 명분 아래 가부장적 사고로 나를 옭아매려 했고, 잠시도 내 곁을 떠나지 않으려던 그는 밤이 깊어서야 돌아왔다.

아주 먼 곳으로 탈출하고 싶은 마음뿐이었다. 터져 버릴 것 같은 아픔은 밤마다 입술을 깨물며 깜깜한 골목길을 헤매게 했다. 그러나 이미 나는 새 생명을 잉태하고 있었다. 그때의 나를 지탱해 준 힘은 오로지 곧 태어날 아이였다

어느 날 밤, 늦은 시간에 돌아온 남편이 내 손을 꼭 잡았다.

"여보! 미안해. 난 내가 있는 자리에서 누구도 나를 대신할 수 없는 꼭 필요한 사람이 되고 싶어. 그리고 당신 남편으로서 부끄럽지 않게 살고 싶소. 조금만 참고 기다려 줘." 그는 방황하는 내 마음을 다독여 주기도 했다.

봉원사 개천길을 나와 함께 걸을 때부터 그는 나의 우산이 되었음을 이제야 깨닫고 있다. 따가운 햇볕도 모진 비바람에도 그는 나의 우산이 되어 막아준 것이다.

몇 날 며칠 정성 들여 수놓은 양산이기에 길을 가다가도 빨간 양산을 보면 혹시나 하고 뒤돌아보곤 했으나 끝내 그 양산은 찾지 못했다. 45년간 우리 둘의 역사를 엮으며 나의 가림막이가 되어준 그도 역시 다시 돌아올 길은 없다.

오직 나만의 우산이 되어 달라 떼를 쓰던 철부지 여인이 인생의 황혼 길에 홀로 서서 때늦은 후회에 목이 멘다.

(『운현수필』 2019)

이농무
『문화예술』 등단. 제21회 수필문학상 수상(2011)
한국문인협회 회원. 한국수필문학기협회 이사. 운현수필문학회 회장 역임
수필집 : 『화장하기 싫은 여자』, 『마음 한 자락 바꾸면』

이민호

나의 열정 나의 일 사랑

열정을 뒤에서 읽으면 정열이 된다.
'열정'과 '정열'은 어떻게 보면 같은 뜻일 것 같지만 어떤 일에 열렬한 애정을 가지고 열중하는 마음이 '열정'이고 상대방을 향한 가슴속에서 맹렬하게 일어나는 적극적인 감정이 '정열'이다. '열정'을 떠올리면 자신의 일에 최선을 다 하는 사람, 열정적으로 일하는 사람을 연상케 된다.
늘 활기차고 의욕 넘치는 나의 열정은 어디에서 나오는 걸까. A혈액형의 나는 원래 남 앞에 나서기보다는 이끄는 데로 하는 소심한 성격이었다. 그랬던 내가 나에게 딱 맞는 일을 찾고 난 후부터는 내면에 잠자고 있던 유전자가 깨어나면서 매사에 의욕적이고 적극적인 성격으로 변하게 되었다.
내 어머니는 주위에 형편이 딱하거나 어려운 사람을 보면 당신의 것을 아낌없이 나눠주며 행복한 미소를 지으셨다. 어릴 적부터 그런 어머니를 보며 자란 덕분에 지금 내 모습은 어머니를 닮아가고 있다.
나의 신혼시절에는 한 집에 세 들어 살던 맹인부부를 가족으로 삼아 보살폈다. 후천적 장애를 가진 남편과 선천적 장애를 가지고 태어난 아내는 형제, 자매들이 있었지만 그들에게 버림받은 채 쓸쓸히 살아가고 있었다. 나는 그분들을 부모처럼 섬기며 오랫동안 동고동락했다. 그리고 일가친척 하나 없는 소년을 자식으로 삼아 대학까지 공부시켜 장가를 보내기도 했다.

　문예진흥기금에 관한 일을 한 지가 어느새 십 년이 지났다. 오랫동안 문단활동을 중앙에서 하다 처음으로 지역 문학단체에 사무를 보면서 동료 선배 문인의 딱한 사정을 듣고 문예진흥기금을 신청하여 생에 첫 책을 발간하도록 했다.

　그 일을 계기로 주위의 사정이 딱한 문인들에게 봉사를 시작했다. 그렇게 수십 명의 문인들에게 책을 발간하도록 도왔다. 혹자는 각박한 사회에서 남 위하기는커녕 자신밖에 모르는 사람들을 뭐 하러 돕느냐고 묻기도 하지만 나는 출판된 책을 받아들고 기뻐하는 모습에 더 힘을 쏟는다고 했다.

　올해 6월 초 수필문학 편집회의 때 매월 공동으로 주어지는 제목들 중 7월호 공동제로 '열정'이 정해지자 앞자리에 앉아 있던 강병욱 발행인이 나를 보며 "늘 열정적으로 일하시는 이 선생님에게 딱 맞는 주제입니다."라고 말했다.

　'열정'이라는 단어를 떠올리면 '정열'이 연상된다. 두 단어는 서로 다른 뜻을 지니고 있지만 뜨거운 마음을 상기시키게 하는 연관성이 있다. '정열'이나 '열정'은 나에게 어울리는 수식어 같다.

　한 여름날 이글거리며 붉게 타는 태양처럼 나는 언제나 열정적으로 살아갈 것이다. 내 주위에 나를 필요로 하는 사람들이 있는 한, 같은 길을 가는 동행들에게 위안과 기쁨이 되고자 하기 때문이다.

(월간 『수필문학』 2019년 8월호)

이민호
월간 『문학세계』 등단(2008), 제28회 수필문학상 수상(2018)
국제PEN한국본부 홍보위원회 위원, 『수필문학』 편집위원
한국수필문학가협회 이사
수필집 : 『동행(同行)』, 시 산문집 : 『사랑은 받을 때 보다 줄때가 더 행복하다』

이범찬

우산잡이 신세

나는 요새 '우산잡이'란 별명이 붙게 생겼다. 그동안 갖가지 우산을 많이도 모았다. 잃어버린 것도 헤아릴 수 없이 많고. 골프장에서 펼쳐 들던 붉은색 줄무늬의 대형 우산, 집에서 사용하는 검정색 바탕의 일자형 재래식 우산은 거의 사용하지 않는 퇴물이 됐다. 지금도 소중하게 모시는 놈은 삼단으로 접는 우산이다. 접으면 주먹 안에 들어올 정도니 나들이 때면 비상용으로 짐 속에 항상 챙긴다. 이놈은 펼쳐도 너무 작아 머리만 비를 피할 정도니 동행자와 함께 쓸 수 없는 것이 흠이다. 그밖에도 문밖의 난간에는 서너 개의 우산이 항상 걸려 있다. 갑자기 비를 만나 사 쓰고 온 흰색 비닐우산이니 아무나 필요할 때 사용하라는 비치용이다.

금년 들어서 새로운 우산이 또 하나 생겼다. 가벼운 플라스틱의 손잡이가 등산용 스틱같이 T자형이라 집기가 편하고, 우산대 길이도 허리까지 오니 지팡이의 대역을 할 수 있다. 누가 고안했는지, 지팡이에 우산의 옷을 입힌 꼴이니 참으로 편리하다. 하늘색 바탕의 천도 마음에 든다. 비록 싸구려 우산이긴 하나, 이놈 없이는 외출도 할 수 없는 처지가 되었으니 늙마에 새로 만난 나의 반려자가 아닌가. 문밖으로 나갈 때는 언제나 챙겨야 하니 나의 분신같이 아끼는 전천후 무기라고나 할까.

나는 젊어서부터 지팡이를 좋아해서 여행지에서 이색적인 지팡이를 많이 수집하기도 했다. 그러나 가장 훌륭한 지팡이는 우리의 선인들이 애용해온 청려장이다. 가볍고 단단하고 잡기가 편하기로 이만한 것이 없다. 자랑할 만한 세계적 명품 지팡이렷다. 그런데 두 개나 되는 청려장도 요새는 찬밥신세가 된 꼴이다. 싸구려 플라스틱 우산에 주인의 사랑을 빼앗긴 셈이니.

해가 가고 달이 갈수록 다리가 천근만근 무거워져서 지팡이 없이는 거동을 못한다. 그렇다고 한 손에 지팡이, 다른 손에 우산을 잡을 수도 없으니 어쩌랴. 도리 없이 우산만을 택하는 수밖에 없다.

때 없이 비가 쏟아지다 따가운 햇볕까지 내리쪼이는 요즘의 날씨다. 비를 만나면 당연히 우산 본연의 역할을 한다. 그러나 비가 그치고 흐린 날씨가 되면 접어서 가벼운 지팡이로 변신하기 마련이다. 햇볕 쬐는 맑은 날씨가 되면 펼쳐서 다시 양산으로 변신한다.

쾌청한 날씨를 싫어할 사람이 있을까만, 나는 두려워한다. 금년 봄이다. '폐섬유화증'이란 질환으로 일 년에 한 번씩 정기검사를 받아온 호흡기내과에서 검사기간을 6개월로 단축하더니, 내시경 검사까지 하자고 한다. 첫 번의 내시경검사는 미리 입원한 후 수면상태에서 시술을 하여 전혀 괴로움을 못 느꼈지만, 두 번째의 조직검사는 목구멍의 부분마취만 한 상태로 하여 참으로 힘들었다. 불과 몇 분이기는 했지만, 다리가 팔딱팔딱 튈 정도의 아픔을 겪어야 했다. 더 괴로운 것은 조직검사의 결과를 기다리는 일이었다. 다음날이면 알 수 있을 것을 주치의의 일정에 따라 1개월 이상 불안한 시간을 보내야 한다니….

드디어 결과를 확인하는 날이 돌아왔다. 공포의 암은 아니라는 판정을 받고 한숨을 돌렸다. 그렇다고 섬유화증의 걱정까지 해소된 것은 아니니, 정량의 투약을 해야 한다. 그런데 웬걸! 약을 먹으니 식욕이 없어지고 다리에 힘이 쭉 빠진다. 식욕의 감퇴도 괴롭지만, 더 어려운 것은 햇볕에 노출하지 말고 항상 선크림을 바르라는 주문이다. 나는 평생 얼굴에 무엇을 바르지 않고 살아왔는데 그 습관을 고치기가 쉽지 않다. 그래서 맑은 날엔 선크림 대신 우산을 펴드는 쪽으로 타협을 하게 되었다.

결국은 부작용 때문에 약도 못 먹고, 악화하기만 할 뿐 회복도 할 수 없는 병이라니 미세먼지나 주의하면서 숨이 붙어 있는 날까지 살다 가는 수밖에 없지 않은가. 이제 우산 없이는 꼼짝 못 한다. 비가 오면 펴서 우산으로 쓰고, 구름만 끼거나 날이 개면 접어서 지팡이로 짚어야 하는 신세로 전락하고 말았다. 어쩔 수 없이 우산에 매달려 버틸 수 있는 데까지 가보자는 것이 유일한 생존전략이 되었으니, 처량하지만 어쩌랴. 졸시 「우산잡이 신세」가 떠오른다.

　　다리는 천근만근 숨은 가빠 턱에 닿고
　　허파를 다스리려 끼니마다 먹는 약에
　　가슴 속 타는 불길은 잡을 길이 없어라.

　　비 오면 비 가리개 볕이 나면 해 가리개
　　날 흐리면 양산 접어 지팡이로 짚으니
　　나는야 어쩔 수 없는 우산잡이 할아범.

　　　　　　　　　　　　　　(월간 『수필문학』 2019년 11월호)

이범찬
월간 『수필문학』(2005. 8.) 등단
한국수필문학가협회 이사
한국문인협회, 문학의 집·서울, 수필문학추천작가회 회원

이삼헌

대만 중정기념당(中正記念堂)을 찾다

1월 22일, 타이페이의 날씨는 맑았다. 아열대 기후인 대만은 겨울인데도 매일 비가 내리다시피 한다. 다행히 날씨도 중정기념당을 찾는 날이라는 것을 알았는지 연일 내리던 비도 그쳤다. 낮 기온은 15도, 여행하기 좋은 날씨다.

중정기념당(이하 기념당이라 함)은 타이완을 찾는 여행객들이 방문하는 대표적 명소의 하나. 어쩌면 타이완을 상상하는 기념물인지도 모른다. 中正은 장개석(蔣介石)의 본명이다.

1975년 장개석 초대 총통이 사망하자 중화민국 행정원이 그를 기리고자 그해 6월 기념당 건설을 결정, 1980년 4월 15일 개관하였다. 지금은 많이 퇴색했지만 개관 당시만 해도 대륙 수복에 불타던 대만인들의 꿈을 집약한 곳이 기념당이었다. 흰색 바탕에 청색 기와를 얹은 30m 높이의 우뚝 솟은 정문에 자유광장(自由廣場)이라 쓰인 현판은, 중국인들이 서성(書聖)으로 존경하는 동진의 왕희지(王羲之 :307~365)의 글자를 집자한 것이다.

25만㎡(약 7만 5천 평)의 넓은 광장에 조성한 기념당 정문을 들어서면 좌우에 베이징의 그 유명한 청나라 황궁인 자금성을 모방한 황금색 지붕을 한 건물이 양편에 하나씩 있다.

규모 면에서 보면 중국 대륙에서 많이 보아온 건축물들에 비하면 큰

편은 아니다. 그러면서도 기념당이 가슴에 와 닿는 것은 남한 면적의 4분의 1밖에 안 되는 대만이 중국에 흡수되지 않고 건재할 수 있는 역사적 의미를 담고 있는 상징성 때문이다.

기념당으로 올라가는 89개의 계단은 장개석 총통의 서거 당시의 나이를 상징하며, 넓은 홀 한가운데에 그가 통일하지 못한 대륙을 바라보며 앉아 있는 동상이 우리를 맞이한다. 6.3m 높이의 동상은 25톤의 청동으로 제조됐다고 하는데, 동상 앞 홀에서는 매일 오전 9시부터 오후 6시까지 매시 정각에 제복을 입은 근위병 5~6명이 15분가량 교대식을 벌인다.

기념당의 2층은 관리사무실이고 계단이나 승강기를 타고 1층으로 내려가면 장 총통 관련 전시실이다. 전시실 한가운데에는 그가 생전에 타고 다니던 롤스로이스가 전시되어 있고 집무실에 앉아 있는 그의 모습을 밀랍으로 재현, 관람객의 눈길을 끈다. 벌떡 일어나서 손을 잡을 듯이 웃고 있는 친근한 모습이다. 필자 세대가 초·중·고등학교에 재학 중일 때까지만 해도 '중국은 바로 자유중국의 장개석'이라고 할 만큼 세뇌되며 컸다.

자유 중국의 대륙 수복과 우리의 북진 통일과는 묘하게 맞물려 어린 날 우리들의 꿈을 한껏 부풀게 했다. 대만이 모택동을 몰아내고 대륙을 수복하면 우리도 통일이 될 지도 모른다는 막연한 생각이 들던 것도 사실이다.

그는 일제 강점기에는 중국에서 펼치는 우리의 독립투사들의 독립 운동을 적극 지원하였음은 물론, 상해 임시정부를 세우는 데에도 큰 힘이 되었다. 대만으로 밀려온 후에도 우리나라와 공동의 반공 전선을 펴면서 밀월 관계를 유지하였다.

1887년 중국 남부 저장성에서 비교적 유복한 상인의 아들로 태어난 그는 1911년 청나라를 무너뜨리고 중화민국을 건국한 손문을 만나 광저우 황포군관학교의 교장으로 임명되었다. 이어 혁명군 총사령관으로 북벌을 개시, 혼란에 휩싸인 넓은 대륙을 안정시켜 마침내 1928년 베이징에 입성, 그 해 남경에 국민당 정부를 세웠다. 중화민국의 건국이었다. 그러나 1931년 만주사변이 발생, 그는 일본군 격퇴와 국내 공산당 척결이라는 이중의 도전을 받다 농촌으로 퇴각한 홍군(모택동 중심의 적군)의 집요한 도전으로 마침내 1949년, 대만으로 밀려났다. 대륙에서 대만으로 패주할 당시 국민당 정부의 국력은 홍군에 훨씬 앞섰다. 홍군의 병력은 128만 이었다고 하는데, 장개석 국민당의 병력은 4백만이 훨씬 넘었고 미국으로부터 막강한 군비 지원도 받았다. 그러나 부정 부패와 민심 이반으로 장 총통은 넓은 대륙을 버리고 대만이란 작은 섬으로 패주하고 만다. 미국이 국민당에 지원한 군수물자는 1주일이면 고스란히 홍군의 손으로 넘어갔고 가난한 농민들에 대한 착취와 부정부패는 민심을 홍군 편에 서게 했다.

그가 이를 깨달았을 때는 대만으로 패주한 다음이었다. 절치부심, 대륙 수복에 불탄 장개석은 부국강병만이 나라가 갈 길임을 자각, 선진 제국의 문물을 받아들이는데 힘썼다. 국가 기강을 바로잡는 등, 특단의 조치로 마침내 아시아에서는 일본 다음으로 92년 국민소득 1만 불의 나라를 만드는 기초를 닦았다. 며느리가 밀수에 관련된 것을 알고는 용서 없이 사형시키도록 했으며, 절도 사기범에 대해서는 손을 절단하는 원시적 형을 시행하기도 했다.

장개석 동상은 서북향으로 중국 본토를 바라보고 있으며, 그가 진먼섬(金門島)에서 아들 장경국과 본토를 바라보는 사진이 1층 전시실의 거대한 벽면을 채우고 있다. 또한 그 옆 벽면에는 1943년 이집트 카이로에서 영국의 처칠, 미국의 루즈벨트와 회담하는 사진도 눈길을 끈다. 2차대전이 끝나면 한국을 자유 독립국가로 할 것을 최초 약속하는 회담 장면이다.

2019년 1월 22일 기념당 안에 6.3미터의 높이로 중국 본토를 향해 앉아 있는 그의 동상 앞에서 나라의 패망 원인은 외적에 의해서 뿐만 아니라 나라 안에도 있다는 엄혹한 교훈을 곱씹어 봄은 부질없는 생각일까.

(『에세이 21』 2019 여름호)

이삼헌
경향신문 신춘문예(1962) 등단. 한국문인(수필 신인상 2004)
현대시인협회. 한국기독시인협회. 국제PEN한국본부(시). 한국수필가협회 회원
한국수필문학가협회 이사
저서(시집)『의정부행 막차를 타고』중대문학상 · 미당시맥상수상(2016)

이석룡

옛날 옷을 찾아 입고 보니

어느 때부터인가 우리 생활 주변에서는 '재활용'이란 낱말이 유행처럼 번질 때가 있었다. 생각해 보면, 소비와 낭비를 줄이고 검소하고 알뜰하게 살아가라는 깊은 뜻이 잠재된 교훈 같은 말이기도 하다.

나는 1개월 전쯤에 아내의 성화에 못 이겨 장롱 정리를 하다가 기억도 가물가물한 옛날에 맞춰 입었던 춘추복 한 벌을 발견했다. 무척이나 반가웠다. 꺼내어 살펴보니 새 옷이나 다름없이 깨끗한 상태로 잘 보관되어 있었다.

코발트색으로 된 양복을 세탁소에 맡겨 드라이 세탁 후 입어 보니 현재의 내 체형에 딱 어울리는 옷이다. 기적 같은 일이 벌어진 것이다.

거울 앞에 서보니 나이에 비해서 약간 가볍고 초라해 보이긴 해도 색상이며 스타일이 멋쟁이 옷임에는 틀림이 없다. 옷을 벗어 놓고 곰곰이 생각을 더듬어 보니 이 양복은 약 35년 전쯤 가을에 통일로변에 위치한 유명하다는 C양복점에서 맞춰 입은 옷으로 결론지었다.

그 추리 방법은 이렇다.

내가 공직 생활에서 정년퇴직한 지가 금년 들어 26년째로 접어드는데 퇴직하기 10여 년 전쯤에 동료 직원과 그 C양복점에 들렀다가 냉큼 춘추복 한 벌을 맞춰 입은 기억이 새록새록 떠오르기 때문이다.

그로부터 며칠 후 은평문인협회에서 어버이날을 맞아 70세 이상 회원들에게 경로잔치를 해 준다기에 큰맘 먹고 코발트색 춘추복을 입고 참석했는데, 예상외로 참석자들의 시선을 집중적으로 받았음은 물론 분에 넘치는 찬사를 받은 바가 있었다. 늙을수록 옷을 정갈하게 입으라는 옛날 어른들의 말씀이 되살아난 오늘이다.

두 번째로 놀라운 사실은 35년 전에 입었던 옷이 오늘에 입어 봐도 딱 어울린다. 어떻게 몸을 관리했으면 이렇게도 딱 맞을 수 있을까! 없어졌던 자긍심이 되살아난 기분이다. 흠이 있다면 그때보다 키가 2cm 정도 작아졌기 때문에 바지가 약간 길다는 것 외에 다른 흠은 없었.

80대 중반쯤 되는 늙은이라면 허리가 굽든가 갈지자 걸음걸이로 걷는 게 보편적인 현상인데 나는 예나 지금이나 허리를 곧추세우고 당당하게 걷기 때문에 자세는 이상이 없지만, 얼굴에 기타줄이 파인 것 외에는 옛날 그대로의 모습이기 때문일 것이다.

당당하고 자랑스럽기 그지없다. 이유야 어떻든 새 옷 한 벌 맞춰 입은 기분이다.

나는 모임의 사안에 따라 윗옷을 입고 정장차림으로 갈 때가 있고 일반적인 모임에는 T셔츠 차림으로 참석하지만, 일직선으로 쭉 뻗은 바지 덕분에 분에 넘치는 찬사를 받기가 예사롭다. 옛말에 '옷이 날개'란 말이 있는데, 지금의 내가 그 말의 주인공인 듯 기분이 좋고 아리송하다.

우리 집은 대대로 선비 집안의 대물림으로 할아버지와 아버지가 한학자이시며 독신으로 이어 오시다가 우리 대에 와서 8남매의 대가족이 되었는데 그중에서도 막내로 태어난 노인자(老人子)가 바로 장본인이다.

내가 돈을 버는 공무원이 되었을 때는 부모님은 이 세상 어디에도 계시지 않기에 살아생전에 효(孝)를 못 한 것이 한이 맺혀, 1년에 네 번 계절이 바뀔 때마다 한 번씩 선산에 잠들어 계신 부모님을 뵈러 성묘를 다닌 지 어언 10년이 조금 지났다.

금년에도 예외 없이 지난 6월 4일 08시 20분에 출발하는 KTX 열차에 몸을 싣고 성묫길에 나섰다.

성묘를 마치고 나면 그동안 보고 싶었던 친구와 후배들을 만나 회포를 풀곤 하는데 후배들은 내가 젊은 시절 한때 춤쟁이 생활할 때를 회상시킨다. 대학교를 중퇴하고 허허로운 마음을 달랠 길 없어 방황하다가 친구 따라 들어간 카바레의 분위기에 매료되어 4년 이상을 춤의 세계에서 헤어 나오지 못하고 방탕 생활을 즐긴 적이 있었는데 그때를 회상시키고 있다.

샹들리에 돌아가는 넓은 홀에서 7인조 밴드의 감미로운 리듬에 맞춰 남녀가 부둥켜안고 빙빙 돌아가는 밤의 세계가 허탈해진 내 마음을 붙들고 4년이란 세월을 놓지 않고 있었으니 멋쟁이 춤쟁이로 명성을 얻을 만 했다.

춤을 배우고 난 뒤 그 자리에 머물지 않고 스텝은 어떻게 밟으면 좋고, 파트너를 어떻게 잡아주면 편하고 좋아할까를 연구 개발하면서 일류 춤쟁이로 성장하여 유명세를 타기 시작하자 전국을 떠들썩하게 센세이션을 일으킨 그 당시 서울의 박○○ 씨와 대결을 해보고 싶은 생각에 서울에 있는 '고미파홀'을 세 번씩이나 찾아간 철부지 춤쟁이었다면 사람들은 나를 어떻게 평하고 있었을까? 그 당시의 춤쟁이인 나를 후배들은 선망의 대상으로 바라보고 있었던 모양이었다.

말도 많고 탈도 많은 멋쟁이 춤꾼의 등 뒤에는 언제나처럼 가정주부님들의 손가락 세례가 있었음은 나는 그 당시에는 전혀 감지하지 못하고 나날을 즐기면서 세월만 먹었다.

그러나 돌이켜 보면 4년이란 귀중한 시간을 방황하면서 지나온 것은 숨길 수 없는 사실이지만 후에 내가 공직 생활로 접어들면서 '난해한 일처리'로 고민하고 있을 때 건달 생활에서 얻은 값진 경험들이 나를 구해 준 적이 몇 번 있었다.

우리가 살아가는 세상은 활자로 묶어 놓은 법규와 규칙 등이 있지만 불문율로써 이어져 온 '인습' 또는 '사회정의' 등 버릴 수 없는 사회통념이 자리 잡고 있으니 말이다.

그래서인지 내가 36년 동안 무사고로 공직생활을 마감하고 퇴임하는 날 '대통령 표창장'이 내 품안에 안겨 올 때 감회의 눈물이 두 줄기 볼을 타고 흘러내렸지만 나는 결코 그 눈물을 닦으려 하지 않고 서 있었다.

짧다면 짧고 길다면 긴 36년간의 공직 생활이 회상되었기 때문이다.

'부정부패'란 용어는 내 사전에는 없다. 누가 어떻게 유혹하고 협박을 하던 독야청청 바른 길만을 고집하고 묵묵히 걸어 온 지난날이 자랑스럽기 때문이다.

끝으로 내자(內者)의 성화가 없었다면 지금까지도 장롱 안에서 잠자고 있을 춘추복을 찾아내어 입고서 활보해 보니 10년은 더 젊어진 기분이다.

평소에 즐겨 입고 다니던 청바지와 작업복을 벗어 버리고 집 밖을 나갈 때면 코발트색 춘추복을 입고 활보하니 기분마저 좋다.

내친김에 모처럼 명동거리를 나가 보기로 했다. 내 나이 또래쯤 되어 보이는 몇 사람을 보았지만 나만치 핸섬하지는 않았다. 그저 평범한 보행자로 보였을 뿐 그 이상도 그 이하도 아니었다.

하지만 내가 입고 있는 코발트색 춘추복은 명동거리를 환하게 돋보였음은 부인할 수 없는 사실인 것같이 느껴졌다.

착각은 자유이니까.

(『수필문학』 2019년 9월호)

이석룡
『한국문학』 시.수필 등단, 세문협 이사, 한국문협 회원
한국문학 비평가협회 작품상 수상
저서 : 시 - 통나무집 창가에서 외 5편, 수필 - 소촌아 에세이

이순수

모나

외출하면 집 생각은 별로 하지 않는다.
모나가 오고부터 이따금 집 생각이 난다. 날 보고 집에 무엇을 두고 와서 그리 안절부절못하냐고들 한다. 말 못하는 짐승이 낯선 곳에 와 사료는 먹었는지, 길을 잃고 헤매지는 않는지, 해 질 무렵이면 빨리 돌아갈 생각을 하게 된다.
시내에 갔다 돌아오는데 뒤따라오는 소리가 나서 돌아보니 하얀 고양이다. 며칠 전에 친구 집에서 새끼 고양이가 있어 예쁘다고 쓰다듬어 주었다. 그 집 고양이려니 했는데, 갈 생각을 않는다. 멸치를 손바닥에 올려놓자 경계도 하지 않고 허겁지겁 먹었다. 배가 고팠던지 우유를 부어준 그릇도 말끔히 핥아먹었다. 그러더니 제가 있던 곳인 양 나를 졸졸 따라다니며 넓은 잔디밭에서 메뚜기를 보고 쥐 다루듯 하며 노는 게 아닌가.
하룻밤을 데리고 있다가 친구에게 전화했다. 고양이를 잃어버리지 않았냐고 물었더니 자기네 고양이는 잘 있다고 한다. 은근히 다행이란 마음이 든다, 하얀 털에 까만 눈동자가 예쁘다. 얼마나 작은지 오히려 쥐에게 고양이가 잡아먹힐 것만 같다. 임자가 나타나지 않으면 기르기로 마음먹고 잠자리를 만들어 주었다. 야옹이가 온 지 보름 정도 되었다. 모나라는 이름을 붙여주었다. 아기를 기르는 마음이다. 밥에 참치를 넣고 비벼준다. 그날처럼 우유를 주었으나 잘 먹지 않아 고양이 전용 사료를 사 왔다. 사료는 잘 먹기에 다행이었다.

 잘 잤니, 하면 야옹 하는 것이 대답이다. 모나는 현관문을 열면 달려와 매달리는데, 다리에 엉겨 붙으면 밟히니 저리 가라고 고함을 친다. 내 생각을 읽기라도 한 듯 미워하지 않는 것을 알고 지그시 발을 깨문다. 나도 상처나게 물지는 않겠거니 하고 내버려 둔다. 그게 서로의 대화다. 말 없는 남편보다 낫지 않을까 생각해본다.

 그렇게 한 달이 지나갔다. 그날 아침은 내가 외출하느라 문밖으로 나서는데도 따라 나오지를 않는다. 얼마를 가다 돌아보고 큰소리로 모나를 불러도 소리가 없다. 수풀 사이를 막대기로 들춰봐도 없다. 놀라 다시 대문으로 들어가니 대문 뒤에 웅크리고 아픈 소리를 낸다. 구석에서 겁에 질린 모양을 하고 건드려도 눈만 동그랗게 뜨고 움직이지를 않는다.

 현관으로 모나가 올라오는데 앞 오른쪽 다리를 절고 있다. 만지지도 못하게 하니 얼마를 다쳤는지 알 수 없다. 현관문에 끼였으면 죽을 수도 있었다. 시간이 조금 흐른 뒤에 서는 데 보니 다리가 부었다. 조그마한 것이 얼마나 아팠을까. 두 손으로 싹싹 빌었다. 잘 돌보지 못해서 미안해. 모나가 아파하는 것을 보니 애간장이 탔다.

 TV 화면에서 지적장애아를 키우는 부모를 보게 되었다. 보통 아이보다 몇 배나 힘들게 키우고 있었다. 쉽게 자식을 버리는 사람도 있는데 모성애가 눈물겹게 느껴진다. 나라면 한결같이 진심으로 사랑할 수 있을까. 그렇지만 전력을 다해 사랑하는 것을 알게 되었다. 나도 고양이를 자식처럼 사랑하게 되고 보니 자기 자식인데 당연히 그럴 수 있겠다고 생각했다.

 3박 일정으로 여행할 일이 생겼다. 모나가 문제다. 내가 없으면 집을 나가 버릴까. 먹이를 어떻게 하나. 여러 날 고민하고 만반의 준비를 했다. 어린아이를 두고 떠나는 듯 마음이 놓이지 않았지만 어쩔 수 없는 일이었다. 몸은 나가 있어도 마음은 집에 가 있었다.

집에 들어서며 모나를 불렀다. 쏜살같이 달려나와 다리에 매달려 발을 뗄 수가 없다. 한참을 그러더니 꼬리를 흔들며 앞장을 서 현관으로 올라간다. 무엇을 먹었는지 사료가 그대로 있다. 배를 만져보니 굶지는 않았다. 옷을 갈아입고 나와 계단에 앉았다. 옆에 와 몸을 대고 비벼도 보고 왔다 갔다 하며 며칠 동안 못한 응석을 한꺼번에 다 할 모양이다.

남편이 떠나간 지도 9년이다. 빈자리를 모나가 채워주고 있다. 비록 말은 하지 못해도 눈빛으로 대화를 주고받는다. 행동만 보고도 그 마음을 알고 응해주는 모나, 너는 나의 가족이요, 살아갈 희망을 준다.

(『수필문학』 2019년 10월호)

이순수
월간 『수필문학』 등단(1992)
충남문학 작품상 (2005년),제28회 충남문학 대상 (2013년), 제25회 수필문학상 (2015년). 문인협회 서산지부장 역임, 충청남도교육장 감사패 수여, 운현수필 동인. 저서 : 수필집 『촌부로 살리라』, 『봄의 징소리』 외 공저

이영승

못 말리는 내 버릇

　나쁜 버릇 한둘 없는 사람 있으랴마는 내 경우는 단순히 버릇으로 보아 넘길 정도가 아니다. 그동안 고치려는 노력도 적지 않았으나 일흔이 다된 지금까지도 달라지지 않고 있다. '세 살 버릇 여든 간다.'는 말은 바로 나를 두고 하지 않았나 싶다.
　내게 크고 작은 버릇이 적지 않다. 그 중에서도 대표적인 것 둘만 든다면 '난폭운전'과 '음식을 빨리 먹는 습관'이다. 언뜻 생각하면 대수롭지 않은 것 같으나 전자는 내 생명을 치명적으로 위협하는 악습이며, 후자도 건강에 지대한 영향을 미칠 수 있다. 둘 다 현안 사항임이 분명하다. 아내와 다투는 원인의 절반 이상은 아마도 난폭운전 때문이 아닐까 싶다. 내가 운전하는 차를 타본 사람은 한마디씩 다 하는 것으로 보아 내 운전습관이 나쁜 것만은 확실하다. 그동안 아내로부터 수없이 잔소리를 들었으며, 앞으로 시정하겠다고 약속한 것도 한두 번이 아니다. 그런데도 아직까지 고치지 못하고 있으니 이일을 어찌하면 좋으랴?
　그동안 과속 등 난폭운전으로 야기했던 사연을 다 기록하면 책 한권으로도 모자랄 지경이다. 교통 위반 범칙금을 낸 것만도 실로 엄청나다. 운전한 지 43년째이니 1년에 1건씩만 치더라도 건당 6만 원으로 계산하면 258만 원이다. 그런데 아무리 줄잡아도 연평균 2건은 확실히 넘을 것 같다. 1년에 10건 넘은 해도 분명 있었을 것이다. 지방 장거리 운행을 다녀왔다 하면 범칙금 통지서가 거의 뒤를 따라왔으며, 한 번 운행에 두건을 받은 경우도 여러 차례 있었다.

문제는 범칙금뿐만이 아니다. 크고 작은 접촉사고로 인한 자동차 수리비, 보험료 인상, 견인차비, 보험처리 없이 지불한 합의금 등을 다 합하면 정말 엄청날 것이다. 그 외에 사고시마다 피 마르게 신경썼던 일을 돈으로 어찌 다 환산하랴! 실로 상상하기조차 끔찍하다.

내가 그동안 받은 교통 위반 통지서 중에는 벌점 있는 통지서도 적지 않았다. 그런데도 아직까지 운전면허가 정지된 적은 한 번도 없다. 이는 전적으로 아내 덕분이다. 아내가 교통 위반으로 범칙금 통지서를 받는 경우는 아마도 거의 없었을 것이다. 그런데 경찰서 기록을 조회하면 아마도 나보다 적지 않을 것 같다. 그 이유는 아마도 내 운전면허 정지를 막기 위해 아내가 직접 파출소에 찾아가 본인 운전으로 상당수 자진 신고했기 때문이다. 범칙금을 내면서 반복해서 하던 말이 내 가슴을 아프게 한다. "세상에 이보다 더 아까운 돈은 없다!"이다. 그 심정 참으로 이해가 간다. 난들 그 돈이 왜 아깝지 않으랴?

지금부터 20여 년 전에는 이런 일도 있었다. 태릉에서 서울 외곽순환고속도로를 이용해 성남으로 출퇴근을 했다. 당시는 편도 2차선이라 교통체증이 엄청 심했다. 그래서 많은 차량들이 송파IC를 나가기 수백 미터 전부터 갓길을 탔다. 성질 급한 나는 남들보다 더 미리 갓길을 탔다. 그러던 중 언제부턴가 교통 위반 차량을 신고하는 카파라치들이 기승을 부리기 시작했다. 행정관서에서 교통 위반 차량 신고자에게 포상금을 대폭 주는 제도가 생겼기 때문이다. 고성능 카메라를 차 안에 장착해 위반 차량을 먼 곳에서 당겨 찍는 직업화한 카파라치도 우후죽순으로 생겨났다.

그것을 모른 나는 계속 갓길을 탔다. 10여 차례 넘게 내 차의 위반 장면을 누적해 찍은 카파라치는 매주 한 장씩 신고를 했다. 당시 갓길 위반 범칙금이 8만 원이었는데 벌점까지 있었다. 범칙금을 내면 벌점 때문에 곧바로 운전면허가 정지되어 돈을 낼 수도 없었다. 돈을 내지 않자 독촉장이 온 후 즉결 심판에 회부되었다. 이에 응하지 않자 확정 통지서가 날아왔다. 압류 처분이 가능하게 된 것이다. 한 건이 끝나기도 전에 또 다음 건이 시작되었다. 돈을 내지 않으니 20% 가산금까지 부과되었다. 수도 없이 연쇄적으로 날아드는 관련 문서를 받아 챙기는 아내를 차마 지켜보기 민망했다. 그 스트레스가 오죽했으랴!

카파라치들의 한 달 수입이 수천만 원에 이른다는 보도가 연속되고, 전국적으로 민원이 폭주하자 포상금제도가 대폭 개선되었다. 무리한 신고제도가 국민을 괴롭힌다는 것을 정부가 인정한 셈이다. 그러나 이미 받은 범칙금은 면제되지 않았다. 수년 후 차를 교체하게 되었다. 범칙금 때문에 차량 등록을 받아주지 않았다. 결국 그동안 쌓인 범칙금 백 수십만 원을 일시에 완납 후 등록을 할 수밖에 없었다.

다음은 빨리 먹는 음식습관이다. 이로 인해 아내로부터 듣는 잔소리는 난폭운전과는 비교되지 않을 정도로 잦다. 거의 매 식사 끼마다 반복되기 때문이다. 그때마다 하는 말을 예로 든다면 "밥숟가락을 좀 적게 떠라. 제발 좀 꼭꼭 씹어 먹어라. 남들과 식사할 때도 그러면 걸신들린 사람으로 오해받는다." 등 수도 없다.

주변 사람들로부터도 가끔 말을 듣는다. 언젠가 한 친구로부터는 "얼마나 빨리 먹는지 나도 덩달아 빨리 먹어 체할 것만 같다."는 말을 듣기도 했다. 한 지인은 "식사를 참 맛있게 하네요."라고 칭찬을 한 적이 있다. 처음 들어본 칭찬이라 기분이 참 좋았다. 그런데 집에 돌아와 곰곰 생각하니 칭찬이 아니라 내 귀에 거슬리지 않게 충고를 했음이 분명한 것 같았다. 잠시 좋았던 기분이 배로 씁쓸했다.

조종사 출신인 동기생과 골프를 치러갔다. 내가 좀 늦게 도착하여 급히 식당으로 들어갔다. 그는 미리 도착하여 비빔밥을 먹고 있었는데 이미 반 이상 먹은 상태였다. 나도 비빔밥을 주문했다. 양도 적은데 비빔밥이라 몇 숟갈에 후딱 먹어치웠다. 2~3분이나 걸렸는지 모르겠다. 친구는 아직 남았던 밥의 반도 먹지 못하고 있었다. 얼마나 꼭꼭 씹는지 기다리기가 지루할 정도였다. 식사 습관 때문인지 몰라도 그 친구는 혈색이 좋고 나이에 비해 젊어 보인다. 그의 식사 습관이 참으로 부러웠다. 그동안 아내의 잔소리가 무척 듣기 싫었는데 그 이후부터는 거부반응이 좀 덜했다. 그렇다고 내 식사 습관이 별로 달라진 것은 없다.

고질(痼疾)이라는 단어를 사전에 찾아보면 '오래되어 바로잡기 어려운 나쁜 버릇'이라고 되어 있다. 스스로 수없이 반성하고, 남들의 충고도 적지 않게 들었다. 그럼에도 고쳐지지 않으니 이야말로 고질병이 아닌가 싶다. 누구도 못 말리는 내 버릇! 정영 언제나 달라질 수 있을까. 아내의 잔소리로부터 해방되는 그날을 학수고대해 본다.

(『월드코리안』 2019)

이영승
월간 『수필문학』 등단(2014)
한국수필문학가협회 이사. 수필문학추천작가회 이사
전 한국전력공사 처장

이영희

빈 방의 모놀로그

닫힌 문을 열었다. 오래전부터 비어 있었는데도 빈 방이란 느낌이 더 드는 것은 딸아이가 출가를 하고 저만의 짝과 저만의 집으로 떠나고부터다. 생기가 없어진 빈방에 온기를 불어넣지 않아도 뜨거운 공기로 가득 차서 다행이지 싶다.
  추위로 접어드는 계절이었다면 을씨년스러웠을 터인데...
  더운 계절이라 이바지 음식을 걱정했는데 이런 부수적인 위로가 숨어 있었나 싶다.

  작은 액자에 들어있는 어렸을 적 모습들을 하나하나 들여다본다. 아기를 안듯 품에 안아본다. 책상 앞에 앉아 그 애가 읽었던 책들에 서서히 눈이 간다. 한 권을 뽑아 천천히 읽는다. 즐겨 읽던 시집인데 왜 진작 공감하며 동기유발을 하지 못했나 하는 후회가 인다. 어려서부터 책을 좋아해 그 속에 묻혀 사는 아이에게 그런 것 볼 새가 어디 있느냐고 다그쳤다.
  극성 부모를 좋게 보지 않으면서 자식이 여봐란 듯이 목표를 세우고 거기에 전력 질주하길 바라는 대개의 그런 부모와 다름없었다. 아이들을 위해서 뒤늦게 교육학을 이수하면서 시작의 동기만큼 실천하겠노라 다짐을 했다. 돌아서면 바쁜 생활에 함몰되어 야누스의 다른 얼굴이 되었다. 부모는 한결같은 자세로 기다려 주고 믿어 주며 지켜봐 줘야 하는데 직장생활을 핑계 삼아 기다려 주지 못했다. 내 기분에 휘둘려 아이들에게 일관성을 유지하지도 못했다. 그때는 「엄마 반성문」 같은 책도 없었지 싶다.

여러 권 꽂혀있는 노트를 뽑아 펴본다. 오래전부터 그 자리에 꽂혀 있는 것을 무심히 보았는데 일기장이다. 아마 아이는 엄마랑 소통하고 싶어 은근히 봐주었으면 했나 본데, 퇴직을 하고 아이도 떠난 빈방이 되니 이제야 눈에 들어온 것이다.

4학년 때 야영지에 데려다 주고 돌아서는데 눈가가 시큰했다. 아이는 왜 그러냐는 듯한 표정으로 멀건이 쳐다봤다. 직장인으로서 엄마로서 무서울만치 강한 어른이 왜 우는지 모르겠다고 씌어 있었다. 중학교 2학년 도내 영어웅변대회에서 최우수상을 받고 커플로 같이 나간 친구가 유학을 떠나는데 자기는 못 가서 속상하다고 적혀 있다. 어린 딸을 유학 보내는 엄마가 어디 있느냐고 일언지하에 거절한 기억이 났다. 일취월장했으면 하는 욕심이 눈치도 없이 새파랗게 돋아 나오는데 뜻이 꺾인 아이는 그때부터 다른 쪽으로 눈을 돌린 것 같다. 과정이 중요하다고 하지만 골인을 해야 득점을 하는 운동경기에서 결과적으로 문전 데시에 그친 이유가 내게 있었다. 10여 년째 딸 대신 방을 지키는 무심한 분재를 향해 "엄마가 미안하다."라고 중얼거렸다.

인간을 자기 자신에 충실한 선수형 인간과 대 선수를 배출하는 감독형 인간으로 이분화하기도 한다. 나는 감독형 인간에 입문도 못했다는 참회가 밀려온다. 여직원 천여 명 중 하나둘밖에 없는 고위직이란 꺼풀에 씌워서 자식 농사에 최선을 다하지 못했음을 인정한다. 뜨거운 눈물이 밖의 소나기와 박자를 맞추듯 빈방을 두드린다.

당연히 부모가 먼저 갈 텐데 짝이 있어야 맘이 편하지 않겠느냐고 결혼에 관심이 없는 딸을 은근히 채근했었다. 콩깍지가 씌우더니 일사

천리로 진행되어 훤칠한 훈남 사위를 본다고 하객들이 이구동성으로 부러워했다.

그래선지 떨어져 살아선지, 결혼식 날 야영장에서 흘리던 눈물은 일체 보이지 않았다. 그런 내가 빈방에서 눈물을 소품 삼아 참회의 독백을 하다니….

그래서 '파울로 코엘로는 인간은 죄책감을 가지고 태어나기 때문에 행복이 가까이 오면 두려움에 빠져든다.'라고 하지 않았나 하며 기분 전환을 해본다.

그날 어미의 덕담처럼 "존중하고 배려하며 격려하고 응원해서, 건강하고 행복한 가정 이루기를 소망한다." 그날의 졸 시를 주문 외우듯 암송하며 빈방 모놀로그의 막을 내린다.

늘 지금처럼

이제 두 사람은 하나가 되리
천생연분으로 맺어져 한곳을 바라볼 테니
이제 두 사람은 외롭지 않으리
서로가 존중하고 배려하는 동행이 될 터이니
내게 집중하는 그대 있어 비바람이 두렵지 않네
서로가 바람막이가 되고 지붕이 될 터이니
이제 두 사람 앞에는
사랑의 꽃길만이 펼쳐지리
이 축복의 대지 위에서
늘 지금처럼 사랑하며 행복하리라

(『그린에세이』 2019년 9.10월호)

이영희
한맥문학 신인상(1998). 동양일보 소설부문 신인상. 충북수필문학상수상.
한국수필문학가협회 이사. 충북수필문학회원. 청풍문학회장 역임.
수필집: 『칡꽃 향기』 『정비공』.

이은희

공 돈

5월, 처음 보는 문서 하나가 집으로 배달이 되었다.
발신이 국세청으로 되어 있어 뜯기도 전에 겁부터 났다. 뭘까 세금을 낼 일도 없으려니와 혹 있었다면 냈을 터인데 국세청에서 내게 무슨 일로 친절하게 우편물을 보냈을까 궁금 반 걱정 반으로 개봉을 했다.
'근로장려금' 신청 안내 문서다. 별 것도 아닌 것에 괜히 긴장을 했네. 수욱 한번 훑어보고 재활용 통에 넣었다. 공짜 돈이 내게까지 지급될 리 만무하고 일을 더 열심히 하라고 준다 해도 내 몫은 아닌 것 같다. 한편 이런 걸 왜 줄까 쓸데없는 국고 낭비요, 근로장려금이 정말 필요한 제도인가, 그 많은 예산을 이렇게 써야 하나, 최선의 방법이었을까, 나라 살림살이가 나아졌나, 꼬리에 꼬리를 물고 반문을 했지만 정답은 없었다.
문서를 받은 후일부터 장려금을 신청하라는 문자가 하루 한 번은 온다. 마감일을 알려주며 서둘러 신청하라고 한다. 그럴 때마다 무시하고 귀찮아하며 심지어 수신 차단을 해뒀다. 마감을 며칠 앞둔 어느 날 모임에 나갔더니 그 곳에 미리 와 있던 회원들의 화제는 '근로장려금'이었다. 시행 10년을 맞고 있는 이 제도를 해마다 빠짐없이 챙기는 사람도 있고 나처럼 무관심에 쓸데없는 행정이라고 날카롭게 꼬집는 사람도 있었다.

주변에 많은 사람들이 신청을 하고 적잖은 장려금을 받으므로 명절이 풍성하다는 이야기도 했다. 어느 이야기가 맞는지 올해 처음 신청서를 받고 투덜거리던 나는 갈등하기 시작했다. 어차피 있는 제도니까 한번 신청을 해볼까. 공짜 돈에 눈이 멀었다. 쓸데없는 일에 국고를 낭비한다고 불평하던 마음이 흔들리기 시작했다. 안내된 국세청 전화번호를 눌렀다. 계속 일을 하고 있고 올해 처음 신청하라는 문서를 받았다 하니 '더 열심히 하라고 주는 거다 받고 열심히 일해라' 라고 얘기를 한다.

그렇다면 일 열심히 하는 거야 내 소관이고 신청을 하라고 저토록 정성을 쏟으니 한 번 해볼까. 그런데, 내가 보고 무심코 버린 문서에 인증번호가 있었다. 인증번호를 모르면 신청이 안 된단다. 이건 또 무슨 소린지 기껏 맘먹고 신청하려 하니 인증번호를 알아내라? 국세청 홈택스를 접속하면 알 수 있다 하여 망설이던 중 반갑게도 문자로 인증번호를 알려주며 신청하라 한다. 신청절차는 예상외로 간단했으며 신청완료라는 문자를 받은 후부터 입금을 기다리기 시작했다. 추석 전에 지급, 해당자에게 입금완료할 거라 하니 올 추석은 덕분에 풍성하겠다며 기대에 부풀었다.

봄이 가고 여름이 가고 해가 짧아지는 가을이, 잎이 지는 가을이 슬퍼서 싫었는데 봄에 내가 한 짓이 있기에 올해는 가을이 기다려진다. 일 많은 추석이 기다려진다. 더구나 올해는 정부에서 근로장려금을 확대하여 지급 한다고 하니 기대를 안 할 수가 없다. 더 많은 가구에 더 많은 돈을 준다는데 국가가 예산을 낭비한다고 걱정하던 봄날은 온데간데없고 내 이익을 챙기기에만 눈이 멀었다. 얼마나 많은 장려금이 내 통장에 입금이 될까, 아무런 대가도 보고도 정산도 없이 그냥 주는 돈이라 하니 마음은 들떠 있고 받아 쓸 생각에 벌써 행복하다.

살림을 하면서 자주 느끼는 일이 있다. 안 되는 줄 알면서 나도 모르게 하는 행동, 버릇이다. 이렇게 눈 먼 돈이 생길 일이 있으면 한 번 생기는 수입에 씀씀이는 세 배가 된다. 입금이 되기 전에는 입금이 될 테니까 하고 먼저 저지르고 입금이 되면 됐으니까, 그 후에는 그냥도 쓸 텐데 입금이 됐잖아. 한 번 생길 공짜 돈에 세 번 침을 바르니 적자일 수밖에 없는 나만의 셈법이다.

올 가을도 예외는 아니다.

한 번 받아본 적 없는 근로장려금이, 얼마나 될지도 모르는 그것에 의지하여 세 번의 지출을 계획한다. 그 씀씀이는 손주들의 여름방학부터다. 그래그래를 반복하며 세상 맘 좋은 할미처럼 여름을 지냈다. 8월만 가라. 손주들아 너희들이 복이 많구나. 이렇게 좋을 수가 또 있으랴. 펑펑 소리 내며 외가에 온 손주들의 여름방학을 나오지도 않은 근로장려금과 함께 보냈다. 남은 것은 추석 차례 상을 준비하는데 요긴하게 쓸 것이다. 생각만으로도 나는 부자다.

장려금은 작년대비 지급가구는 1.8배 지급액은 2.9배 증가한 역대 최대 규모라 하니 1.8배 안에 내가 있고 2.9배 안에 내 부푼 꿈이 있다. 올 가을 행복하지 않으면 반칙이지, 세금 열심히 냈더니 좋은 일도 생기는구나.

드디어 그 날이 왔다. 지급일을 앞당겨 추석 전 일찍 지급을 한다는 그 날이…, 아침 일찍 통장 잔액을 확인한다. 거래 내역을 조회한다. 얼마나 많은 돈이 들어왔을까 설레기까지 한다. 그런데 통장은 어제와 같다. 너무 이른 시간이니 오후에 한 번 더 조회해 보기로 하고 집을 나섰다. 일터에서도 온통 신경은 통장을 향하고 있으니 나도 공짜를 좋아하는 괴물임에 틀림이 없다. 집으로 돌아와 우체통을 뒤져보았다. 국세환급금이라 찍힌 봉투를 찾아보았다. 청첩장만 수두룩하고 내가 찾는 것은 두 눈을 부릅뜨고 찾아봐도 없다. 다른 사람들은 받았다는데 그것도 많이. 나는 통장도 텅텅 비어있고 우체통도 비어있다. 그럼 그렇지 내 복에 웬 공돈. 안 하던 짓을 하면 금방 죽는다는데 그건 아니겠지.

혼자 웃었다.

다음날 낯선 번호의 전화가 왔다. 두근두근 반갑게 받았는데 쓸데없는 전화였다. 신청하라고 매일 문자하고 친절하게 안내를 해줬는데 착오가 생긴 걸까. 국세청 홈페이지를 연결하고 조회를 하니 '귀하의 장려금은 0원입니다.' 허무했다. 기대에 부풀어 있던 내 모습이 얼마나 초라한지 화를 참을 수가 없다.

허황된 꿈을 좇아 뜨거운 한여름을 보냈다. 하지만 슬픈 계절이라 생각했던 가을을 즐겁고 행복하게 맞았다. 펑펑 소리 내며 손주들에게 맘 좋은 할미도 돼 봤다. 세 번의 지출을 한 번으로 막을 수 있어서 다행이다. 애써 아무렇지도 않은 척 저녁 식탁에 남편과 마주 앉았다. 눈치 빠른 남편은 탈락된 110만 가구 중에 끼는 것과 선택된 473만 가구 중에 끼는 것 중 어느 것이 더 위로가 되겠냐고 묻는다. 불난 집에 부채질이냐고 또 화를 낸다.

가만 생각해 보니 탈락된 110만 가구에 내가 들어 있음은 아직은 공돈을 안 받고도 살 수 있는 나이거나 아주아주 조금 능력이 있거나 둘 중 하나 일 거라 결론짓고 망상 속에서 행복했던 여름날을 잊기로 했다.

(『수필문학』 2019년 10월호)

이은희
월간 『수필문학』 천료 등단(2005)
한국문인협회 회원, 한국수필문학가협회 회원, 한국문협 정선지부장
수필집 : 『겸손한 이름』

이진형

웃고 왔다 울고 가네

　수필공부를 한답시고 유명 강사의 강의도 받아보고 전문서적도 몇 권 읽어봤다. 백여 편의 글을 써서 발표하기도 했지만 그야말로 문학작품다운 글은 한 편도 없고, 그저 그런 신변잡사를 글로 옮긴 잡문 수준이다. 그럼에도 문예지에서 신작수필이라고 실어주니 수치스럽기까지 하다. 덩달아 주위에서 등단작가라고 치켜세우는 바람에 혹시 명작 하나라도 건질까 기대하면서 이리저리 작품 구상도 해보고 글감 사냥을 다녀보기도 했지만 두드러진 성과는 아무것도 없다. 결국 희망사항으로 끝날 일을 산수(傘壽)를 넘긴 나이에 노욕을 채우려는 것은 아닌지 자책하는 마음에 사로잡혀 절필(絕筆)이란 단어가 자꾸만 떠오른다.
　답답한 마음에 글 잘 쓰는 친구에게 속내를 털어놨다. 절필해야겠다고 했더니 다짜고짜 면박을 준다. "절필 좋아하네! 햇병아리 주제에 자네가 무슨 유명작가라고 절필을 들먹이냐? 절필은 피천득(皮千得) 같은 대가(大家)나 하는 거야! 잔소리 말고 계속 직진! 자꾸 쓰다보면 명작을 건질 날이 있겠지! 노년의 무료한 시간에 뭘 할 거야?" 옳은 말이다. 외우(畏友)의 고마운 충고이긴 하나 계속할 의욕이 이미 사그라졌다. 절필이란 단어조차 마음 놓고 쓸 수 없는 애송이 문학도는 진퇴양난의 길에서 고민하고 있다. 금아 피천득 수필가는 나이 50에 글 소재에 대한 영감이 떠오르지 않아 절필을 선언했다는데, 80을 넘긴 나이에 무슨 명작을 기대할 수 있단 말인가.

　멋모르고 수필문단에 발을 들여놓고 작가라는 호칭도 들어봤으나 점점 글 쓰는 일이 고역(苦役)임을 자각하고 나서는 과분한 호칭도 부담스럽고 섣불리 수필작품이라고 내놓기가 두렵기까지 하다. 본격 수필이론은 100가지도 넘는 요령을 지키라고 가르친다. 제목, 서두, 본문, 말미에 이르기까지 곳곳에 수학 공식 같은 가이드라인을 정해 놓고 거기에다 의미부여와 독자의 감동까지 요구한다. 수필이론에 걸 맞는 한 편의 수작수필(秀作隨筆)을 쓰기 위해서는 수없이 퇴고를 거듭하고 깊은 사색과 온갖 지식을 총동원해야 한다. 잘못 쓰면 잡문이요 기행문이요 칼럼이 된다고 하니 수필쓰기가 대학수능시험 공부하는 기분이다. 혼으로 빚어낸다는 명품도자기 작업 과정과 다르지 않다.

　적어도 작가라면 작품으로 승부를 걸어야 할 것이다. 꾸준한 창작 활동을 통하여 독자의 가슴을 적시는 명작을 발표하고, 걸작 저서를 몇 권이라도 남겨야 작가의 명예를 누릴 수 있을 것이다. 등단하기만 하면 그저 쉽게 작가로 불러주는 호칭 인플레이션이 문인의 수준을 떨어뜨린다. 수십 년 전에 어느 문예지에 등단하고 나서 아무런 창작 활동도 하지 않고 있다면 작가 행세는 물론 문단 선배라고 자처(自處)할 수 있겠는가. 작가라는 선망의 직업은 학력, 경력, 연령, 등단 연도에 상관없이 발표한 작품의 성과와 우열로 평가받고 그에 걸맞은 인기와 예우가 뒤따른다. 작품이 곧 작가의 인격이고 훌륭한 인격을 갖춘 사람이 훌륭한 글을 쓸 수 있을 것이다.

　나에게 작가 호칭은 가당치 않다. 우선 실력과 작품 수준이 작가의 반열에 들어갈 수 없음을 나 자신이 절실히 깨닫고 있다. 그저 글쓰기 동호회 회원 정도로 생각한다. 세상에 알려진 유명 작가가 아니니 친구 말대로 절필이란 단어가 어울리지도 않고 아무때나 그만두면 그만이다. 독자에 대한 부담도 없다. 단지 마음에 걸리는 것은 친구의 충정(衷情) 어린 권유로 지금까지 글쓰기 공부를 이어왔는데 그 기대를 저버리고 낙오자가 되어 평생 쌓아온 우정에 금이 갈까 두렵다. 친구는 나의 처녀작 수필집 머리에 '액티브 시니어(Active Senior) 찬사'라는 축하의 글까지 써주고 수십 권의 책을 사서 동기들께 나누어 주었다. 축하의 글이 무색하게 책 내용은 잡문 부스러기들을 모아 놓은 부끄러운 책이다. 할 수 만 있다면 흩어진 책들을 모두 수거해서 땅속에 묻어 버리고 싶다.

수필문단에 웃으며 들어왔다가 4년 만에 낙오자의 신세로 울면서 물러가려니 지금까지 칭찬과 격려를 보내준 동창 친구들과 동료 문우들께 고개를 들 수가 없다. 나이를 잊고 작품 창작에 몰두하고 싶었지만 노쇠한 체력과 메말라가는 정서가 이제는 쉬어야겠다는 결심으로 굳어진다. 수필 교실에서 보낸 시간들을 회상해 본다. 핵심만을 집중해서 가르치는 강사의 열정, 아침마다 카톡에 올려주는 행복편지, 문우들 간의 열띤 합평시간, 회식 자리에서의 즐거운 담소, 문학기행으로 함께한 추억여행은 인생 말년에 수필동아리에서 꽃피운 행복한 시간이었다.

요원한 작가의 길을 그만둘까 말까 망설이는 이 순간에 나의 짧은 문필 경력을 되돌아본다. 초심으로 돌아가 왜 글쓰기를 시작했을까도 생각해 본다. 질곡의 세월을 살아온 삶의 궤적을 기록이라는 영원 장치로 남기고 싶었다. 글 쓰는 일이 곧 인격 수양의 길이라 여기며 만학의 즐거움도 함께 누리고 싶었다. 행복한 수필쓰기로 작가라는 명예를 꿈꿔보기도 했다. 이처럼 아름다운 도전을 포기하고 이제 와서 글 쓰는 일을 멈춘다면 순수한 동기로 출발한 초심은 비오는 밤거리에 무참히 버려진 꽃다발 신세가 되고 말 것이 아닌가. 결심의 기로에서 갈등의 시간이 길어진다.

(월간 『문학저널』 2019년 8월호)

이진형
『문학저널』 수필 등단(2015). 창작문학상 수상
한국문인협회, 은평지부, 문학저널, 한국수필문학가협회, 표암문학 이사
이진형: 체신부 KT 36년 재직. KT전화사업국장 여수 의정부 고양 부천전화국장
저서: 수필집 『아름다운 도전』 『기다리는 마음』

이혜주

이틀 전의 일기

생각하면 할수록 낭패감이 들었다. 오늘 낮의 내 행동은 '깜박'했다고 하기에는 도가 지나쳤다.
 아침부터 머리가 무겁고 멍했다. 날짜 가는 것도 모른 채, 신문을 뒤척이다 책을 반납하는 마감 날인 것을 확인하고 도서관에 다녀오는 길이었다. 막 지하철에서 내리는데 "어디 다녀오시나 봐요?"하며 낯익은 목소리의 젊은 남자가 인사를 한다. "네"하고 얼굴을 보니 어디서 많이 본 얼굴이다. "아까 지하철 안에서 인사를 드렸는데…"한다. "그랬어요?"하고 대답을 해 놓고는 고민이 시작됐다. 어디서 본 얼굴과 목소리가 분명한데 통 기억이 나지 않았다. 마트 쪽으로 방향을 잡으니 "왜 그쪽으로 가세요?"한다. "장 좀 보려고요" "그럼 다녀오세요." 하며 다른 길로 간다. 우리 집 방향까지 알고 있는 것으로 보아 잘 아는 사람인데…. 한참 생각을 더듬어 보았으나 머릿속이 텅 비어버린 것처럼 아무 생각도 나지 않았다.
 '혹시 나도 그 드라마의 주인공처럼 치매?' 하는 생각이 들자 겁이 덜컥 났다. 드라마 '천일의 약속'에서 주인공으로 나오는 30살 젊은 여성이 '알츠하이머' 진단을 받는다. 초기라 증상을 늦출 수는 있지만 완치는 없다는 의사의 이야기를 듣고 그녀는 절망에 빠진다. 그러나 부정할 수 없는 현실을 받아들이며 중요한 사항들을 메모를 하거나 반복하여 외우기도 하고 자기가 다녔던 곳들을 하나하나 사진을 찍어둔다.

그 드라마를 볼 때마다 나이가 많은 나는 주인공의 행동 하나하나가 나에게 겹쳐지면서 불안하고 우울했다. 그런 마음을 멀리 사는 딸에게 전화로 이야기하자 '가상효과'라는 말이 있는데 실제로는 그렇지 않으면서 그 드라마 때문에 내가 하는 행동들이 치매가 아닌가 하며 미리 마음고생을 하게 된다며 가능하면 보지 말라고 당부하였다. 그래서 애써 담담하게 그 드라마를 보고 있었다.

치매는 노인들에게만 일어나는 증상이고 그저 드라마에 젊은 여인을 등장 시켰을 뿐이라고 생각했는데 '우리나라에 실제로 30대 치매환자가 2000명이 넘는다'고 전하는 뉴스를 듣고 놀란 적이 있었다.

집에 돌아와서도 내내 '그 사람이 누구일까?' 하는 생각에 머리가 무거웠다. 밖에서 돌아오면 옷을 터는 습관이 있는 나는 창문을 열었다. 그때였다. "올해도 감이 탐스럽게 많이 달렸네요."

하는 소리가 들렸다. 아! 그 목소리, 앞집 남자가 자기 집 옥상에서 우리집 감나무를 보며 나에게 말을 하고 있었다. 그제야 숙제가 풀렸다. "감을 따면 드릴게요." 하고는 얼른 창문을 닫았다. 내 자신이 한심해서였을까? 의문이 풀려서 일까? 눈물이 한줄기 볼을 타고 흘러내렸다.

그는 자기 집 옥상에다 채소를 잘 키웠다. 내가 부러워하자 "시골에서 많이 키워 보았어유" 하며 우리 마당에 두릅나무, 부추, 깻잎 등을 심어주고 키우는 법도 가르쳐 주던 고마운 사람이었다.

미안했다. 좀 전의 내 행동이 이상했으리라. 잘 웃지도 않고 조금은 쌀쌀하다고 생각할 수도 있었는데…. 그렇다고 조금 전의 내 행동, 잠시의 기억상실을 장황하게 설명하기는 자존심이 상했다.

뇌의 노화는 대개 고유명사를 잊는 것으로 시작된다고 한다. 단어나 사람 이름이 생각나지 않고 얼굴은 또렷하게 기억나는데 유독 이름만이 혀끝에서 맴도는 현상을 심리학에서는 '설단현상(tip of the tongue phenom enon)'이라 한다. '설단현상'은 현대 심리학의 창시자 중 한 명인 미국의 '윌리암 제임스'가 처음 공식적으로 서술했다. 심리학이 생길 때부터 다뤄진 아주 보편적 현상이란 이야기다.

그 설단현상이 몇 해 전부터 우리 또래들에게 나타났다. 동창모임이나 또래들끼리 앉아 이야기하다 한 친구가 "애들아, 「로마의 휴일」에 나온 남자 주인공이 누구지?" 하고 물으면 "그래 그 잘 생긴 남자" "아유 있잖아" "그 그" 하다가 한 친구가 "그레고리 펙" 하고 크게 말하면 모두 "맞아" 하며 깔깔 웃으면서도 그렇게 변해가는 자신들이 슬프다고 자책을 하곤 했다.

'설마 나는 아니겠지' 하며 살았는데 뇌의 노화는 조금 빠르거나, 늦게 오거나의 차이일 뿐, 예외가 없이 누구에게나 온다는 것을 절실하게 느끼는 순간이었다. 그러나 기억하려고 애쓰는 한 치매는 아니고 치매는 아예 기억할 필요조차 못 느끼는 질병이라니까 일단은 조금 안도는 했지만 허망한 마음이 들었다.

그렇다고 순리대로 뇌의 노화를 그대로 받아들이기는 좀 아쉬워하던 차에 뇌의 노화를 늦추는 방법 하나를 읽었다.

일본 NHK교육방송의 인기강사 '시라사와 다쿠지' 박사가 설단현상의 사람들에게 "이틀 전 일기를 쓰라"고 권한다. 뇌에는 단기기억과 장기기억이 있는데 나이가 들면 단기기억을 장기기억으로 바꾸는 능력이 떨어진다. 그래서 당일 말고 이틀 전 일기를 쓰는 습관을 들여 기억력 약화를 늦추라는 것이다.

그 기사를 읽고 난 후, 나는 '이틀 전의 일기'를 쓰기 시작했다. 처음에는 '오늘 한 일도 한참을 생각을 하는데 이틀 전 일기라니' 하는 생각을 하였다. 그러나 일기를 쓰는 과정에서 오늘의 일보다는 지난 일들을 더 선명하게 기억하고 있는 나 자신을 발견하였다. 가끔 노인들이 옛날 일들을 잊지 않고 술술 이야기하는 것도 그 이치가 아닐까? 하는 생각이 들었다.

　오래 사는 것이 축복인지 재앙인지는 잘 모르겠다. 흔히 '잘 먹고 잘 살다가, 멋있게 잘 늙어서, 깔끔하게 잘 죽기'까지 하면 금상첨화라지만 그것이 어찌 마음대로 되겠는가? 살아 있는 동안 잘 늙어가기(well aging) 위해서는 포기하지 말고 힘이 들지만 작은 노력이라도 해야겠다. 오늘 낮의 내 행동처럼 '깜빡'해서 오는 낭패감을 줄이기 위해서라도….

　'이틀 전의 일기'가 나의 노화를 얼마나 늦추어 줄지는 모르지만 매일은 아니더라도 생각나는 대로 써 보려고 한다. 언제까지 쓸 수 있을지? 그날까지….

(월간 『수필문학』 2019년 11월호)

이혜주
_ 월간 『수필문학』 천료 등단(2002)
_ 한국수필문학가협회 이사

임대순

지지지지

북한산 아래 개울가에서 해물파전을 놓고 남편과 동동주를 나누고 있다. 밥은 바빠서 못 먹고, 술은 술술 잘 넘어간다고 하신 평소 애주가이셨던 아버지와 달리, 나는 맥주 한 모금 마시기도 힘들어 보통은 사이다를 타서 마신다. 쓴맛이 덜하고 목 넘김이 편해서인데, 일명 맥주에 타면 맥사, 막걸리에 섞으면 막사라 부른다. 그나마 한 잔 정도가 내 주량이다. 도수가 3~4도 정도여서 애주가들에게 이것은 음료수에 속한다.

초등학교 시절, 이웃집에서 술을 거르고 남은 술지게미를 가져왔었다. 엄마는 단맛을 가미해 나에게도 먹어보라고 주셨는데, 달콤한 맛에 한 그릇을 다 비우고는 정신없이 잠에 빠졌다. 아마도 그때가 태어나 처음으로 술에 취한 날이었던 것 같다.

요즘 방송에서는 음주 후에 일어나는 성추행, 자동차 사고, 무차별 폭행 등 여러 사건 사고가 거의 하루도 빠지지 않고 나오고 있다. 술은 많이들 하는 얘기지만 잘 먹으면 보약이지만, 잘못 먹으면 독이고 자칫 패가망신하기 쉽다.

술 취한 정도로 보아 1단계 증상인데, 일단 술(酉)에 취하면 남에게 졸(卒)로 보인다고 해서 취(醉)자가 생겨났다. 더 취하면 누구와 마신 건지 이름(名)이 기억나지 않는다 하여 명(酩)이, 심하면 몸을 가누지 못하고, 혀가 꼬부라지는 등 망치로 맞은 것 같다 하여 정(酊)이란 한자가 전부 취한다는 뜻으로 생겨난 한자이다.

곤드레만드레 머리카락이 헝클어진 상태를 모(酕), 언행이 흉측하게 변하면 후(酗), 귀신같은 모습으로 추해지게 되면 추(醜)라 하여 이런 증상을 2단계 취한 상태라고 했다. 이미 사람의 모습이 아니다.

한편, 술 문화에서 비롯된 한자어도 많다. 수작(酬酌)은 본디 술을 주고받는다는 말인데, 주막의 주모에게 잔을 건네는 데서 수작건다는 말이 생겨났다. 옛날엔 귀했던 술이라 따를 양을 정하고 따랐다고 해서 작정(酌定)이, 술잔에 따르는 양을 헤아린다는 짐작(斟酌)은 상대의 주량이나 성향을 예상해 본다는 뜻으로 사용된다. 일에 대한 대가로, 술로 월급을 주었다고 해서 유래된 보수(報酬)도 있다. 이렇듯 술(酒)은 예나 지금이나 우리 생활 곳곳에 밀접하게 녹아 있다.

내 어릴 적만 해도 쌀이 귀해서 각 가정에서 술을 빚는 일이 드물었으나, 그 옛적에는 집집마다 술을 빚는 가양주 문화가 있었다. 할머니께서는 대대로 내려오는 가양주를 빚어 두었다가 하루 농사일이 끝나면 할아버지를 비롯한 온 가족이 함께 마시며 피로를 푸셨다. 농번기 때거나 이웃들과 품앗이하는 날에는 아껴두셨던 술로 동네 인심을 베푸셨다. 농촌에서의 술은 사람들을 이어주고 마음을 넉넉하게 해 주는 없어서는 안 될 밥만큼이나 소중한 매개체였다.

이런 얘기를 듣던 남편은 할머니가 빚던 술을 우리가 전수해서 우리 집 술이란 걸 한번 만들어 보자고 했다. 친정 엄마에게 배워 오라는 채근이었다. 아버지에게 평생을 술로 데인 엄마였다. 통할 리 없는 부탁이다. 인터넷 정보를 뒤지던 중 운 좋게 술 빚는 강좌를 만난다. 8주 과정이었고 장소도 걸어서 갈 정도의 거리였다.

전체가 전통주 과정으로 벌써 절반을 넘었다. 지난주에는 동동주를, 이번 주는 물이 거의 들어가지 않는 이화주(梨花酒)를 빚었다. 우리나라 전통 탁주 중에 가장 농도가 진한 막걸리인데, 배꽃 필 때쯤 먹는다고 한다. 마치 요구르트나 죽 같아서, 마시지 않고 떠먹는 술이다. 여름철에 냉수에 타서 마시면 시원하게 갈증을 씻어준다고 한다. 또한 유기산과 영양소가 풍부하여 옛적에는 어르신이나 어린아이들의 간식으로 쓰였고, 가끔 사돈댁 인사 음식으로 사용되기도 했다고 한다. 만드는 공정이 복잡하지는 않았지만, 반죽하는 데 꽤 힘이 들었다. 완성된 내 이화주는 아이스크림에 미숫가루를 섞어 놓은 듯했고 살짝 새콤했다. 식감이 좋아 몇 숟갈 떠먹었더니 금방 취기가 올라왔다. 제법 독했다. 다음에는 약재나 꽃을 넣어 빚어 볼 예정이다. 당귀를 쓰는 당귀주도 좋고, 내가 좋아하는 연꽃으로 빚는 연화주도 좋겠다.

회원들이 빚는 술은 사실 발효 환경에 따라 다 다르다. 돌아가며 한 모금씩 맛보면서 미묘한 차이들을 얘기하지만, 내게는 어려운 일이다. 그걸 다 따라 마시면 취해 버리기 때문이다.

예로부터 술은 취하게 마시지 말고 귀하게 마시라 했다. 맛을 음미하며 천천히 즐길 일이다. 우리는 그침을 알고 그칠 데 그친다(知止止止 지지지지)라는 선조들(도덕경)의 가르침을 눈여겨보는 것도 좋겠다. 나도 얼른 그 경지에 이르러 손수 담근 술 한잔을 나누며 남편과 눈을 마주하는 호사를 누리고 싶다.

(『수필문학』 2019년 9월호)

임대순
월간 『수필문학』 등단(2011)
한국문인협회 회원
한국수필문학가협회 이사

임지택

지족상락

'어느 경지에 다다르면 더 이상 욕심부리지 않고 만족할 수 있을까?' 이런 생각이 날 때면 '사람이 욕심이 없으면 무슨 재미로 살 것인가? 보통 사람이 욕심 없는 사람이 있을까?'라는 반론이 대두된다. 그럴 때면 그건 과욕이라면서 스스로 다독이지만 그때뿐이다. 돌아서면 또다시 고개를 쳐드는 욕심 때문에 마음 편할 날이 없다고 하면 과장이라고 할지도 모른다.

 지난 2014년 12월 하순경 손꼽아 기다리던 광주문학상을 수상했다. 그 당시 수상소감으로 무척 감사하다면서 이것은 내 문학인생의 시발점이라고 했다. 이 말은 앞으로 더 많이, 더 큰 발을 떼어보겠다는 당찬 포부가 아니었을까. 뱁새인 주제에 황새처럼 걸어보겠다는 생각은 좋지만, 현실은 그렇게 녹록치 않다는 걸 알면서도…. 알았으면 생각을 고쳐야 할 텐데 그게 마음대로 되지 않는다. 마치 1, 2억 가진 자가 5, 10억이 되면 더 이상 바라지 않을 것 같지만 막상 그리되면 더 많은 재산을 탐내는 것과 같다고나 할까. 더 높이, 더 넓게, 더 많이 등등 '더 병'에 걸려있는 것이다.

 내 마음을 아프게 하는 '더 병'의 근원지는 어디일까? 나 스스로 마음을 다잡아 보겠노라고 곰곰이 생각해 본다. 이리 구불 저리 구불 돌고 돌면서 자세히 살펴본다. 하지만 쉽사리 그 원인을 찾아낼 수 없다.

몇 날 며칠을 두고 들여다보지만 쉽사리 그 정체를 밝혀낼 수가 없었다. 그러던 어느 날 밤 그 정체의 꼬리를 잡았다. 그것은 감사할 줄 모름에 근본 원인이 있음으로 추정(推定)했다. 감사하는 마음이 충만하면 '더 병'의 일단계 치료는 가능하지 않을까. '지금, 이 순간에 감사하고 오늘 여기까지에 감사한다면 만족하는 마음이 저절로 우러나오지 않을까 하는 생각에 다다랐다.

'지금, 이 순간 오늘 하루하루에 만족하면서 묵묵히 정진하다 보면 다음 단계가 이루어지리라. 이렇게 시간을 두고 차분히 나아가노라면 좋은 일도, 기대했던 일도 이루어질 것이라고 본다. 그리 살다 보면 언젠가는 행운의 여신이 내게 미소를 보내는 날이 있으리라. 그래, 그거야! 서두른다고 안 될 일이 되고 서두르지 않는다고 될 일이 안 되겠는가. 조금 더 시간을 두고 기다리며 살자.'

여기까지 생각이 미치자 기억의 저편으로 밀려나 있던 노자老子의 도덕경(道德經) 한 대목이 아련히 떠오른다. '죄악 중에 탐욕보다 더 큰 죄악이 없고, 재앙 중에 만족할 줄 모르는 것보다 더 큰 재앙이 없고 허물 중에는 욕망을 채우려는 것보다 더 큰 허물은 없다.'고 했다. '지족상락(知足常樂)이라. 만족할 줄 알면 인생이 항상 즐겁다.'고 하는데 탐욕이 뭐기에 내 인생을 망치려고 하는가. 이때라는 듯 떠오르는 속설(俗說)이 있다. 우리 인생이 노령(老齡)에 이르면 '보지 않아도 좋은 것 보지 말라고 시력은 서서히 어두워지고, 듣지 않아도 좋은 것 듣지 말라고 청력은 가물가물해지고, 말하지 않아도 좋은 것 말하지 말라고 말수가 적어지고, 먹지 않아도 좋은 것 먹지 말라고 식욕이 떨어지는 것.'은 너나없이 겪어보는 일이 아닌가. 이 모두가 자연의 섭리인 걸, 어느 누가 비껴갈 수 있겠는가.

그래서 우리 인생이 일흔을 넘어서면 항상 자제하고 절제하며 언제, 어디서나, 어떤 일에나 지나침이 없어야 한다는 말을 경구 삼아 귀담아

들어야 하지 않을까. 돈, 재산, 지위, 명예 더 욕심내지 말고 자연의 순리대로 살아감이 어떠하리. 허황된 꿈, 못다 푼 한, 이제 그만 접고 사는 것이 옳지 않으리. 이 나이에 그게 뭐가 대수라고 부끄러워할 것인가.

주책과 인색만 있고 존경과 명예가 없는 늙음은 무관심과 냉소의 손가락질만 있을 뿐이다. 젊은이로부터 소외되고 외로워하는 푸념도 깊숙이 들여다보면 늙은이 스스로 자초한 일이 아니던가.

이제 그만 노욕과 탐욕을 버리고 맑고 밝은 마음으로 두루 살피며 사노라면 존경받고 우러러보는 원로가 될 수 있지 않을까. 곱게 보는 심성, 올바르고 폭넓은 교양으로 살 때만이 멋진 아버지, 할아버지가 되리라. 이는 내 삶의 반성이며 다짐이다.

앞으로는 지금, 이 순간 오늘에 감사하고 만족하면서 살기를 기원한다.

(『수필문학』 2019년 9월호)

임지택
월간 『수필문학』 천료 등단(2004)
한국문협, 광주문협 회원, 한국수필문학가협회 이사
저서 『시간 도둑』 『느림의 행복』 외, 수상 : 광주문학상. 서석문학상 외
징검다리수필문학회장 역임.

장병선

눈인사

출근길, 여의도역에서다.

전부터 몇 번 눈이 마주쳤던 낯익은 여인의 눈인사를 받는다. 미소 띤 환한 얼굴, 얼떨결에 나도 목례(目禮)한다.

언제 어디에서 만났을까? 기억이 묘연하다. 같은 아파트 엘리베이터에서 몇 번 만난 이웃인지 모르지만, 그 얼굴이 눈앞에 어른거린다. 사무실 창밖을 내다보며 커피를 마시는 내내 그 환한 표정이 꽃처럼 흔들린다. 다시 만날 땐 아이스크림이라도 같이 먹어가며 불씨를 찾아야지.

그런 기대 때문인지 온종일 기분이 좋다. 좀처럼 진전이 없던 글도 뒷말이 꼬리를 물며 실처럼 슬슬 풀려나온다. 눈인사 한 번 받고 답례한 게 이런 동력이 될 줄은 미처 몰랐다.

그동안 얼마나 많은 기회를 놓쳤을까? 아침마다 전철 타고 사무실에 출근한다. 여의도가 증권가라서 그런지 역에서 나온 사람들의 눈은 하나같이 스마트폰에 가 있다. 화면을 보며, 그으며 걷는다. 오가는 이가 다 그러하다.

나 또한 예외가 아니다. 에스컬레이터에서 발을 떼자마자 으레 손전화를 연다. 카카오톡, 메시, 밴드 앱(App)을 눌러대며 걷는다. 그런데 오늘은 비둘기 한쌍이 내 앞에 훨훨 날아가고 있어, 슬쩍 고개 드는 순간 그 여인의 시선을 받았으니, 인연인지 모르겠다.

'눈인사, 참 중요하다'란 생각이 든다. 스마트폰이 편리하긴 하지만, 그 장점만큼이나 놓치는 게 많다. 손 흔드는 가로수의 반김을, 훨훨 날아가는 철새들의 날갯짓을, 아침을 여는 해맑은 햇살을…. 그것보다 오가는 사람을 그냥 지나친다. 손잡을 수 있는 반가운 이를 보지 못한다. 눈이 화면에 가 있으니, 만날 사람을 못 보는 건 당연하다.

그동안 놓친 사람들이 아쉽다. 뭣이 그리 급해 화면에서 눈을 떼지 못했을까. 책 읽고 글 쓰며 한가한 시간을 보내는 요즘이 아닌가. 그런 내가 무엇 때문에 촌음을 아껴 쓰는 직장인들처럼 스마트폰 화면에 집착하였을까. 눈뜬장님으로 걸었을까?

남 따라 그랬다. 직업상 실시간으로 들어오는 사건, 사고 뉴스나 증권 시세 등에 촉각을 곤두세워야 하는 현업원들이 화면에 눈을 굴리고 있어, 나도 무의식적으로 따라 했을 것이다. 시간에 쫓기지 않으면서도 흐르는 물결에 그냥 실려 다닌 자신! 줏대 없이 남의 그림자만 쫓은 '삶의 지각생'이 이래서가 아닌가.

때론 시시각각 일어나는 사건 뉴스나 세상 돌아가는 사정을 아는 것도 중요하지만, 지나쳤을 귀한 사람에 비견할 수 있겠느냐는 생각이 든다. 지금 내 곁을 지나가는 이도 언젠가 다시 만나거나 앞으로 눈인사 할 인연으로 이어질 사람이지 싶다.

손전화 보는 사이 아는 이가, 내가 그리는 사람들이 지나갔을지도 모른다. 만나서 오순도순 긴 얘기 나눌 이도, 차마 속내를 내비치지 못하고 얼굴이 저절로 붉어지는 이도 더러 있었을 거다. 다시 만날 수 없는 그런 사람들을 지나쳤지 않았는가. 어쭙잖은 일이다. 손전화 읽는 거로 몇 년에 한 번 만날까 말까 한 '꽃' 같은 사람을 놓쳐서야!'

그런 회한 때문일까, 퇴근길에 손전화를 아예 가방 깊숙이 넣는다. 오가는 이의 얼굴을 읽는다. 행여 아침에 본 그 여인이 걸어올까. 낯익은 얼굴이 또 눈에 띌까? 지금부터 '낯익은 이가 보이면 미소 띤 얼굴로 내가 먼저 눈인사를 해야겠다.'라며 두 눈을 두리번거린다. 걸으면서 되뇐다.

'내가 남을 보지 않으면 남도 나를 보지 않는다.'

(『PEN문학』 5,6월호)

장병선
계간 『창작수필』 등단(2003), 한국수필문학가협회 이사.
국제PEN한국본부 자문위원, 한국문인협회 회원, 창작수필문인회 회원 등.
수필집 『스타벅스 가는 길』 외 다수, 시조집 『꿈나무의 향연』 발간.

장봉천

한복의 멋

연분홍 한복 자락이 햇살을 받고 화사하게 날 반긴다. 한복의 멋이 이처럼 아름다울 줄은 몰랐다. 마치 화사한 살구꽃처럼 아름다움이 넘친다. 언젠가는 꼭 한번 입어 보리라 마음먹었던 것이 현실이 되었다.

한복의 맵시에 매료된 것은 지난 해 12월 18일이었다. 그날 부산 시민회관 대극장에서 「조선의 향연」 대서사시 뮤지컬 공연에 출연하면서부터다. 연한 분홍색 한복을 입고 무대 위에서 양반 행세를 하면서 조선 시대의 옷(衣), 혼(魂)에 빨려 들어갔다. 노진 복식(服飾)에서 제공한 한복이 이처럼 우아하고 멋을 풍길 줄은 몰랐다. 실크 천으로 된 바지, 저고리, 두루마기, 그리고 갓을 쓴 내 모습이 영락없이 조선 시대의 양반이 아니고 무엇이겠는가. 나는 그 시대의 점잖고 예의 바른 양반의 모습을 배우고 익혀서 열연했다. 그날은 거지로부터 양반까지 조선 시대의 향기가 재현되는 대서사시다. 나를 포함한 배우들이 무대 위의 옷과 혼이 한데 어우러져 진정한 조선의 향기를 꽃피웠다.

옛것을 사랑하며 현세를 아름답게 꾸며가는 것이야말로 삶 속의 행복이 아닌가 하고 믿고 싶을 정도로 한복의 멋에 빠져 있었다. 이렇게 우리의 고유한 멋에 매료된다는 것은 한복의 문화적 가치를 일깨우고, 또한 예술적 미를 창조할 수 있다고 본다. 그것이 바로 한복의 멋과 향기가 아닌가?

우리 고유의 한복이 이처럼 매력이 있고, 멋이 있다는 것을 접하고부터 나도 언젠가는 한복을 입고 다시 무대에 설 수 있는 날을 기대했다. 나의 간절한 기도와 고민이 헛되지 않았다. 지난 6월 1일 부산 시민공원 특설무대에서 나의 소망이 이루어졌다. 한국문화예술진흥회 예술단에서 주관하는 춤과 노래 등 공연이 있었다. 문예진예술단 단장의 배려로 노진 복식 한복을 입고 무대에 나섰다. 관객이 지켜보는 앞에서 '모정' 시를 낭송했다. 이 시는 한국문인협회 시분과 무크지에 영문으로 번역이 되어 올 가을에 발표된다. 어머니를 그리워하는 모정 시를 노래했다는 것은 그만큼 모정의 사랑이 그리웠기 때문이다. 정말 나 자신도 모르게 눈시울이 뜨거워지는 것을 느꼈다.

그날 무대는 무르익어 갔다. 다시 무대에 나선 내 모습에서 산들바람은 옷고름을 나풀거렸다. 그런 가운데 한국문화예술진흥회 내력을 잠시 소개했다. 예술은 나이와 학별을 말하지 않는다. 문화와 예술을 사랑하는 사람이면 누구나 문예진 문을 두드리면 항상 문은 열려 있다. 이곳에서 소정의 연기 수업을 마치면 예술단 단원으로 활동할 수 있다는 것을 홍보했다. 나 역시 예술단 단원으로 한복 모델 연기 수업을 받고 있다는 것도 얘기했다.

한복은 전통미를 살리는 문화적 가치로 널리 알려져 있으며, 특히 여성 한복은 세계적으로 그 아름다움이 인정받았다. 옷의 우아한 곡선이 한데 어우러져 화려하면서도 단아한데 그 자태가 아름다워 예술의 극치를 이루고 있다 해도 과언이 아니다. 나는 한복의 문화적 가치를 더 높이기 위해 우리 것을 사랑하고 싶은 마음이 간절해졌다. 우리의 고유한 멋, 복식에 푹 빠져드는 게 나의 삶이며, 또한 노후의 인생을 아름답게 살아간다고 생각하고 있다.

한복의 형태를 자세히 살펴보면, 남자와 여자의 의상 한복에 관심이 간다. 남자의 한복은 평상복에 속옷, 속적삼, 속고의, 그리고 바지, 저고리, 조끼, 두루마기 등으로 구성되어 있다. 그리고 여자의 한복도 마찬가지로 평상복, 속옷, 속저고리, 속적삼, 다리속곳, 바지, 단속곳, 치마, 저고리, 마고자, 배자, 두루마기, 버선 등이 있다. 그 외 남녀 공히 의상 한복에 예복, 평예복, 소례복, 혼례복, 상례복, 기제사복, 전통혼례복 등 조선시대의 한복이 다양하게 전해지고 있다.

한복은 고려와 조선 시대에서 유래되었다는 것을 고전과 역사책을 읽고 알 수 있었다. 그 시대의 문화 상징이라고 할 수 있는 한복은 한민족 고유의 옷이다. 또한 보라색이나 푸른색이 들어간 비단은 관복으로서 즐겨 입었다. 주요 국정을 논하는 조회 석상에서 관복은 물론 사모(紗帽)를 쓰고, 목화(木靴)를 신고 등청했다. 그 시대의 위정자(爲政者)가 내린 복식금제(服飾禁制)에 따라 다른 양상을 띠었으며, 대다수의 평민들은 흰색 옷을 즐겨 입었다고 전해진다.

한복은 우리 고유의 멋을 풍기는 옷이다. 조선의 한복은 그 맵시가 어느 옷보다 뛰어나 한국 관광을 온 외국인들도 한복을 즐겨 입고 멋을 낸다. 한복은 다양한 오방색은 물론 취향에 맞도록 색을 가미한 옷들이 만들어지고 있다. 그래서 우리 고유의 전통을 살리는 의미에서 한복의 멋이 풍기는 옛 조선 시대의 향기를 되살리는데 노력해 보자. 시대의 흐름에 따라 점점 한류의 바람을 타고 국내외에서 한복 붐이 일고 있다. 우리는 이 아름다움을 기회로 삼아 한복의 맵시에 취해보는 것이 어떨까?

고유의 멋을 풍기는 한복이 얼마나 삶을 아름답게 회복시켜 주는지 모른다. 그 가운데 나의 간절한 소망이 무대 위에서 한복 모델로 출연할 날도 머지않다고 생각하니 절로 기쁨이 넘친다. 햇살을 받고 화사한 분홍빛 한복이 마치 복사꽃처럼 아름답다. 이 아름다움 속에서 노후의 인생을 즐기며 살아갈 수 있다는 것이 꿈만 같다.

(『수필문학』 2019. 8월호)

장봉천
월간 『수필문학』 등단(2010). 한국문인협회 회원. 부산문인협회 홍보이사.
한국수필문학가협회 이사, 수필문학부산작가회 회장.
연금수필문학상, 문학세계문학상
_ 수필집 『삶의 향기』 『콩깍지』 시집 『눈물 꽃』 사진집 『사진학 기초 이론』

장숙경

비오는 날의 기억

넓고 단단한 우산을 받치고 빗속을 걷는 것은 기분 좋은 일이다. 후드득 떨어지는 굵은 소리도 시원하고, 통통하며 튀는 움직임은 사뭇 상쾌한 느낌을 준다. 가끔 팔을 뻗어 손을 펼치면 손바닥 위로 떨어지는 빗물의 간지럼은 잊고 지냈던 옛 추억을 퍼 올리는 마중물 노릇을 하기엔 충분하다.

예전엔 우산이 참으로 귀한 물건이었다. 아이가 여럿인 가정에서는 가장 늦게 나서는 사람이 망가진 우산을 차지하곤 했는데, 동작이 굼뜬 내가 그러했다. 우산살이라도 하나 부러져 삐딱한 우산을 들고 나서는 날에는 행여 아는 얼굴이라도 마주칠까 우산을 모자처럼 푹 눌러쓰고 바쁜 걸음을 걸었던 적도 있었다. 그런 기억 탓일까. 요즘은 사은품이니, 답례품이니 하며 흔한 물건이 됐지만, 아직도 나는 우산 갈무리에 꽤 신경을 쓰는 편이다.

해외여행을 다녀온 동료로부터 고급우산을 선물로 받았다. 우산은 비를 가리는 용도 이상으로 나를 흡족하게 했다. 탱탱하게 잘 당겨진 우산 위로 떨어지는 빗줄기는 스타카토가 되어 통통거렸고, 접어서 탁탁 두 번만 치면 빗방울은 구슬이 되어 또르르 바닥으로 떨어지며 금방 보송보송해지는 것이 신통하기 그지없었다.

결재를 받기 위해 우산을 쓰고 옆 건물의 본관으로 향했다. 현관에는 마땅히 우산을 둘 곳이 없었다. 그냥 세워 두자니 잃어버릴까 걱정되고, 들고 가자니 격식에 맞지 않았다. 하는 수 없이 후미진 모서리 한 귀퉁이에 세워두고 이층으로 올라갔다. 얼른 다녀와야겠다고 마음먹으며 종종걸음을 쳤지만, 결재는 밀려있었다. 시간이 흐를수록 결재보다는 두고 온 우산에 더 신경이 쓰였다. 누가 가져간 것은 아닐까. 바꿔 간 것은 아닐까. 겉으로 드러내지 못한 채 마음은 갈팡질팡하고 있었다. 그때 번개처럼 머리를 내리치는 것이 있었다. 이제껏 현관 입구에 둔 우산을 잃어버렸거나 바뀐 적이 단 한 번도 없었다는 생각이 들었다. 잃어버려도 괜찮다는 생각에 이르자 그제야 마음이 편안해졌다.

우산 하나에 이렇게 많은 상념이 따라올 줄 미처 생각조차 못 했다. 바꿔갔어도 다른 하나는 남아 있을 터이고, 또 행여 누군가가 가져갔다 하여도 비를 가리는 용도로 요긴하게 사용하고 있을 터였다. 마음의 번민을 할 만큼 소중한 것도 아니었고, 잃어버린다고 하여도 큰일 날 것도 아니었다. 인도사람들은 그런다고 했다. 우주만물 모든 것이 소유자가 어디 있냐고. 모든 것이 돌고 도는 것이요 우린 잠시 빌려 쓰고 있을 뿐이라고 했다.

결재를 마치고 현관에 돌아오니 우산은 그대로 고이 놓여 있었다. 우산은 미동도 하지 않고 의연하게 그 자리에 그대로 있는데, 내 마음만 오락가락하는 빗줄기처럼 불안하게 오락가락했던 날이었다. 만약 헌 우산이었다면 마음의 고민은 덜 했을 것이다. 새것이라는 것과 고급이라는 것에 잠시 마음이 흔들렸던 자신이 부끄러워 손바닥으로 하늘을 가리듯 우산을 푹 눌러썼다. 물건을 소중히 지킨다는 것과 물건에 대한 집착을 구분하지 못했던 비 오는 날의 기억이다.

비가 내린다. 팔을 뻗어 손바닥으로 떨어지는 빗물을 받아본다. 빗물의 간지럼이 온몸으로 전해온다. 빗물을 잡을 욕심에 주먹을 쥐어 보지만 빗물은 손가락 사이로 모두 빠져나가고 아무것도 잡히질 않는다. 다시 손을 펴본다. 움켜쥐어도 잡히지 않던 빗물이 손바닥 위에서 잠시 고였다가 땅으로 흘러내리고 그 자리에는 계속해서 빗물이 다시 채워지고 있다. 쥐고 있던 손을 펴는 것, 그것은 잃어버리는 것이 아니라 실은 끊임없이 다시 채워지는 과정이라는 생각이 든다. 삶도 그러하리라. 우산을 펴고 접을 때마다 나는 쥐고 있던 손을 펴야 한다는 생각을 하게 될 것 같다. 그래야만 될 것 같다.

(월간 『수필문학』 2019년 7월호)

장숙경
월간 『수필문학』 천료 등단(2004. 4.)
경북문인협회, 형산수필문학회 회원
포항시평생학습원장
저서 : 『바람같이』

장영교

여인의 나들이

살면서 때로는 나들이도 할 수 있다는 것은 생각만 기대가 된다. 쳇바퀴 같은 일상을 한번쯤 박차고 새바람을 쐴 수 있는 돌파구 역할이 아닐까.

꽃구경 산천 구경을 친구들과 동행도 좋지만, 사랑하는 사람이라면 그 감동은 또 다를 것이겠지. 처음 가는 곳이면 호기심까지 즐거움은 배가 될 것이고, 하여튼 흥미롭고 가슴 떨리는 기다림은 좋은 나들이의 진수임에는 틀림이 없다.

이 옷이 더 어울릴까, 저 차림이 더 멋있을까 어릴 때 뜬 눈으로 소풍날을 맞았던 그 순수한 동심도 잊지 못하지만, 지금의 감동과 깊이는 그 강도가 감히 비교될 정도는 아닌 것 같다.

알고 보면 나들이는 일상생활 속에서 가장 의미도 있고 역동적일 수도 있는 변화를 위한 삶의 조미료 역할이기도 하다.

깨끗이 하고 분단장에 머리도 다듬고 거울 앞에서 매무새를 고치고 바꾸고, 자신을 위한 가장 창조적인 투자이고 기분 좋기로는 더할 나위 없는 준비임에 틀림이 없다.

그때 어머니는 당신의 나들이를 위해서 오랜 세월 동안 유음해 둔 것을 진정으로 당신을 위해 과감히 집행하겠다는 결의 아래 날을 잡으신 것 같았다. 숙모도 불러 놓고 바느질 잘한다는 이웃 아주머니 몇 분들과 모여 당신의 나들이 준비에 대한 계획을 발표하시는데 엄마의 표정은 무척 고무돼 있음이 역력했다. 그날 그 행복해 하시던 엄마의 모습이 지금도 눈에 선하다.

장롱 속에 차곡차곡 마련해 두었던 색색의 비단과 잘 손질된 명주필을 모두 꺼내 놓고 둘러앉아 의견을 듣고 나누고 모은 다음 마름질이 시작되고 곧이어 재봉틀이 돌아가면서 일손들은 빨라지는데 가히 점입가경이었다.

부엌에서는 맛있는 점심이 고소한 냄새와 함께 보글보글 끓고 있고, 열심히 일하는 얼굴들은 하나같이 희희낙락 즐겁게 엄마의 행복한 나들이를 위한 빈틈없는 준비에 최선을 다하는 모습들이었다.

윤기 자르르한 모본단(비단. 양단?) 다홍색에는 매화 무늬가 같은 색으로 양각된 것 같이 수놓은 것처럼 직조가 되어 있었는데 내가 보기에도 붉은색이 금방이라도 물이 배어 떨어질 듯 고왔다. 고상하고 품위도 있었지만 화려하기가 비길 데 없었다. 만장일치로 당장 치마로 결정이 되었고 진 청록색은 저고리로 어울려 자주색 반회장 깃 고름 끝동까지 배색이 되니 금방 매혹적인 조화로 연출되었다.

또 은은한 비취색 원삼은 오색찬란한 색동 소매로 배색을 맞춘다는 것은 매우 파격적이었지만 그 황홀하기가 꼭 왕비마마의 나들이 차림이라 해도 손색이 없을 정도로 우아하고 기품이 있었다.

최고의 멋을 부리고 사치의 극치를 치닫기는 해도 그 고고힘이 품격은 물론이고 너무도 고상했으며 화려하고 아름다웠다.

깨끗하게 손질된 돌돌 말린 명주 필들은 거의 속옷 및 부속품(한삼버선 수건 등)으로 만들어졌는데 그 수효는 일일이 기억나지 않지만, 속적삼도 몇 개였고 속바지도 종류마다 달랐다. 고쟁이 다니(치마와 바지 중간, ; 속치마 역할)까지, 완성된 것부터 켜켜이 정돈이 되고 상상할 수도 없을 만큼 멋을 부렸다고 해야 하나 비단 이불이며 깔개까지 어느 하나 허술

한 면이라고는 한 곳도 찾아볼 수가 없었다. 완벽한 준비였다.

정말 최선을 다한 우리 엄마의 욕심인지 사치함은 극치의 끝을 보는 것 같았다. 이 모든 것은 욕심쟁이(?) 엄마의 직접적인 진두지휘 하에 이루어진 작품들이었다.

나는 어머니께서 이토록 최고품은 물론이고 화려한 색감에 목을 매다시피 멋을 부리는 허영심(?)쟁이에다 욕심쟁이였나 할 정도로 당신을 위해 정성이나 욕심을 부리시는 모습을 본 적이 없었는데, 이런 어마어마한 욕망도 있었고 야망도 있었구나! 놀라지 않을 수가 없었다.

당신의 나들이가 그토록 중요했는지 어리석은 딸이 그때는 정말 아무것도 모르는 천둥벌거숭이로 감히 엄마를 이해하기에는 너무도 역부족이었다.

엄마의 나들이는 가슴 떨리는 만남을 위해서 마련한 최고의 멋이요, 최대의 준비를 큰마음 먹고 하신 것은 다 이유가 있었다. 당신의 그토록 사랑하고 존경했던 지아비를 만나는 최고의 나들이였으니.

먼저 떠나신 우리 아버지를 만나는 그 기막힌 준비에 최선을 다한 것은 당연할 수밖에 없었다.

엄마는 아버지를 만나는데 무엇이 아까울 게 있었겠는가. 원도 한도 없는 최고의 사치가 무슨 대수였겠나, 얼마나 예쁘게도 보이고 싶었을까. 아버지가 못 알아보실까 봐 그 흔한 남들이 다 하는 파마 한 번 안 하시고 비녀 머리를 끝까지 고집하고 기다리신 것 아닌가.

여인의 욕망은 하늘을 찌르고도 남았다. 당신 나름대로 최고요 최대의 멋을 부리고 싶었던 그 마음을 그 욕심을 이제는 이해하고 말고가 어디 있겠는가.

엄마는 과연 얼마나 행복했을까. 아니 얼마나 애절하고 사무쳤으면 그토록 성심성의를 다한 준비를 하셨을까.

우리 엄마의 화려한 나들이는 언제까지 계속되는 것일까. 나들이를 마치고 돌아오실 날도 있기는 있을까. 아빠 소식, 아빠 이야기도 아주 많이 듣고 싶어요. 어머니!!
　어머니 아버지 너무 많이 그립고 보고 싶습니다.

(월간 『수필문학』 2019년 7월호)

장영교
월간 『수필문학』 천료 등단(2013. 3.)
여울문학 회원, 저서 : 『질마재에 부는 바람』(2014)
『그 나무 아래 잠들어 다오(2017)

정경수

산티아고 만남의 기쁨

포카라에서 시작하여 ABC(안나푸르나 베이스 캠프)까지 이르는 안나푸르나 트래킹 코스는 그야말로 새로움과 만나는 신비의 시간들이었다.

순진한 히말라야의 산골 어린이들과의 만남은 나의 어린 시절을 생각하게 하는 신선한 감동으로 다가왔다. 아스라한 계곡과 험준한 산등성이의 오르막 내리막길을 답파하는 끝없는 걷기는 새로운 체험이며 숭엄한 자연의 섭리를 몸으로 느끼면서 피로조차 느낄 겨를이 없는 경건한 시간이었다.

강렬한 태양이 내리쪼이는가 하면 비와 안개, 바람과 진눈깨비와 한 치 앞을 볼 수 없는 눈보라 또한 트래킹의 기쁨이었다. 간밤에 소리 없이 내리 쌓여 무릎까지 온 눈의 성찬은 히말라야 기후 변환의 극치였다. 눈앞에 떡 버티고선 우뚝한 설산의 위용이 주는 새로움과의 만남을 통해 사랑의 마력에 빠져드는 듯하다.

산티아고 순례는 이와는 차원이 다르다 순례라는 말 그대로 신앙적 목표로 성지를 찾아가는 고행의 길이라고 해석하면 좋을 것이다. 그러나 이 또한 기쁨의 길이다.

프랑스의 아름다운 산골 마을 생장을 출발하여 피레네산맥을 넘어 스페인의 론세스바예스에서 이르는 첫날의 고된 하루는 자신과의 싸움이다. 비바람이 치고 안개가 시야를 가리는 가파른 오르막을 오르는 길은 내 육신의 현주소를 점검하는 시간이었다.

'산티아고 데 콤포스텔라'로 찾아가는 34일간 800Km의 노정과, 예루살렘에서 순교한 야고보 성인의 시신이 돌배에 실려 닿았다는 묵시아를 거쳐, 이베리아반도의 땅끝 피스테라에 가는 120km, 4일간의 순례를 끝으로 920km 순례를 마치고 버스로 산티아고에 돌아오면 비로소 대성당에 안치된 산티아고(야고보 성인)의 어깨에 손을 올린다.

보물섬 작가 스티븐슨은 "여행은 기쁨을 위해서다."라고 설파했는데 나 또한 모든 여행이 기쁨이 없다면 무엇 하러 고행의 먼 길을 떠나겠는가? 문화의 이기에 물들어 걷기를 소홀히 하는 현대인의, 아니 나의 습성을 치유하는 이 길은 나의 기쁨이 되는 것이다.

이천 년 전 전도의 길을 걸었던 야고보 성인의 걸음을 닮아 보려는 순례자들의 바람은 오랜 세월 이 길 위에 탄탄한 발자국을 남겨두었다. 이 길 위를 가는 사람들의 목적은 각각이겠지만 나를 앞질러 간다고 속상해 할 일은 없다. "부엔 까미노!" 다정한 인사를 나누며 좋은 순례가 되기를 빌어 준다.

가장 느린 도구로 많은 사물들을 만나면서 한걸음마다 자신을 들여다 보는 이 시간이야말로 축복의 시간인 것이다. 지친 다리와 육신은 오히려 내가 짊어진 정신적 번잡을 잊게 해 준다. 무거운 등짐을 지고 가파르고 긴 언덕을 숨 가쁘게 오르고, 발가락을 짓누르는 가파른 내리막을 내려간다. 그러나 언덕 아래로 가마득히 보이는 성당의 종탑을 중심으로 붉은 지붕들이 둘러싼 마을을 내려다보면 평화와 안식이 아픔을 몰아낸다. 마주하는 새로운 환경이 고향의 어딘가에 가본 듯한 친근감을 느낀다.

풍경의 아름다움은 길의 지루함을 감추어 준다. 땀투성이 된 초라한 외모에 넘어질 듯 무거운 등짐을 지고 쌍지팡이를 짚고 가는 모습은 영락없는 방랑자. 그러나 누구도 이상한 눈빛으로 보지 않는다. 나도 조금의 거리낌이 없다. 나의 가슴은 기쁨으로 충만해지기 때문이다.

긴 고행의 여행은 나라는 존재에 대한 철저한 위장과 가면의 벗게 하고, 본래의 나로 이끌어 준다. 어느덧 그 구속으로부터 벗어나면 자유를 얻는다. 그리고 기쁨이 샘솟는다.

(월간 『수필문학』 2019년 11월호)

정경수
월간 『수필문학』 천료 등단, 부산문인협회 부회장, 국제PEN펜클럽 윤리징계위원회 위원, 한국수필문학가협회 이사, 부산시조시인협회부 회장, 동아대학교, 동의대학교 외래교수 역임, 수필문학부산작가회 고문, 수필문학추천작가회 부회장, 길동인 부회장, 부산수필문인협회 부회장 역임. 수필집 『개타령 또 개타령』 외 4권

정순인

나는 대장이었다

나는 대장이었다. 여섯 명의 질녀와 일곱 명의 조카가 수하였다. 미국에서 태어나 그곳에서 사는 세 명을 제외하고 부릴 수 있는 아이는 열 명이 전부지만 대장으로서 위세를 부리는 데 부족함이 없었다.

권세는 길었다. 수십 년 동안 흔들리지 않았다. 그 자리를 지키는 최대의 무기는 용돈이었다. 만나는 날이면 미리 준비해 둔 돈 봉투로 충성을 다하게 만드는 것은 누워 떡 먹기. 어릴 때는 공부 열심히 해라, 예의 바르게 행동해라 하고, 커서는 시시콜콜한 훈시를 지루하게 해도 아이들은 충실한 신하임을 증명하듯 "네, 네" 했다.

대장으로서의 위세가 하늘을 찌르는 날은 모든 가족이 모이는 날, 그중에서도 설날이었다. 한복을 예쁘게 차려입은 질녀들과 새 옷을 입은 조카들이 차례를 끝내고 세배할 때다. 모인 어른들은 다 함께 절을 받자고 제의하지만 나는 거절하고 앉은 자리까지 상석으로 옮겨 아이들을 나이순대로 줄을 세웠다. 한 명씩 절을 받고 흡족한 자세가 안 나오면 세뱃돈 봉투를 들었다 놨다 하며 다시 시켰다.

아이들이 초등학생에서 중고등학교를 거쳐 대학생이 될 때까지 나의 위세는 견고했다. 봉투 두께가 조금씩 두꺼워지기는 했지만, 권위가 물처럼 자연스레 흐르며 아이들의 나이를 가볍게 따라잡았다.

그런데 아뿔싸! 철옹성 같았던 나의 권세에 미세한 균열이 생기기 시작했다. 아이들이 전부 돈을 벌고 하나둘 결혼하면서부터다. 바쁘다는 이유로 모이는 게 뜸해지더니 급기야 내게 용돈을 안겼다. 내 권세의 기반인 용돈, 그 무기를 휘두르지 못하면 부하를 잃는 건 한순간. 노심초사 중에 강력한 복병까지 만났다.

우리 집안의 변화다. 큰 오빠가 돌아가시고 남동생이 제사를 모시면서 조카들을 불러 모을 기회가 줄어든 것이다. 안 지내면 큰일 날 것 같던 조부모님 제사를 없애고 부모님 제사도 두 분을 합쳐서 한 번만 지낸다. 그것도 함께 모여 음식을 하는 게 아니다. 딸 아들 구별 없이 각자 집에서 한두 가지 만들어서 모인다. 예전처럼 제수를 준비하며 시끌벅적 나누던 이야기는 언감생심. 제사를 마치면 각자 집에 가기 바쁘다. 게다가 조카들은 직장 일이나 이러저러한 이유로 번갈아 참석 안 하니 대장 노릇 하기에는 인원수나 시간이 턱없이 부족하다. 게다가 기대했던 명절마저 조카 부부가 오전에 왔다 가고 질녀 부부는 오후에 오고 안 오는 아이마저 있어 명절의 떠들썩한 기운은커녕 적막하기 그지없는 지경이 되었다. 이러니 아이들을 거느리는 나의 재미, 대장 노릇은 세월과 세대의 자연스러운 흐름과 변화, 그로 인한 부하들의 부재로 멀지 않아 끝이 날 수밖에 없다.

요새 들어 걱정은 대장 노릇은 못 한다 해도 조카 세대에서 제사가 사라지지 않을까 하는 거다. 국가의 안정적인 존립에 영향을 미치는 출생률 저하가 이미 우리 집안에서도 시작되었다. 거기에다 대가족 위주에서 핵가족으로, 혈연끼리 어울리는 것보다 개인적인 생활을 더 중하게 여기는 시대다. 점차 함께할 식구가 줄 테니 기일에 모여 고인을 추억한다는 의미마저 퇴색할 게 뻔하다.

어쩌면 명절마저 '그때는 집안 가족들이 모여 인사를 나누고 그랬었지'라며 추억 속에나 존재하는 풍습이 되어 있을지도 모르겠다. 상상하면 '오호통재(嗚呼痛哉), 통재로다'가 절로 나온다. 아니지, 이 말마저 구시대적 발상으로 화석 취급받을 수도 있겠다.

  그렇다 해도 현재의 내 마음을 말하라 한다면 오호통재, 통재로다 라는 표현밖에 할 수가 없다.

(『수필문학』 2019년 6월호)

정순인
월간 『수필문학』 등단. 제20회 수필문학상(2010)
한국문인협회 회원, 한국수필문학가협회 이사, 한국산문작가회 운영위원.
수필집 : 『그 남자의 연못』, 『무법자』

정인호

해오름

　새해 아침이다. 오늘 하루 만이라도 몸도 마음도 깨끗해야 영혼도 맑아진다는 풍습이 있다. 예부터 설날을 원단(元旦)이라며 매사 조심해서 겸허히 맞으려 했던 것이 아닐까. 구름 한 점 없는 동녘 해오름을 바라보며 한 해의 행운을 빌면서 간절한 마음이었던 초하룻날이었다.
　우리 풍속은 설날 아침에 맨발로 문밖을 나가면 일 년 내내 발바닥을 가시에 찔린다고 했다. 또 설날 아침부터 냉수를 마시면 소나기를 피할 수 없게 된다며 경거망동을 삼가라고 어른들은 가르쳤다. 나는 이런저런 잠언(箴言)을 떠올리며 동네 목욕탕을 다녀오려고 아파트 문을 열고 나섰다.
　새벽 6시는 해 뜨기 전이라 사방은 어두웠다. 그래도 새해를 맞는다는 설렘으로 마음만은 환했다. 밖으로 나가자 제일 먼저 만난 사람은 경비실에서 일하는 분이었다. 그런데 이게 무슨 일인가. 인사는커녕 불평부터 늘어놓는 것이 아닌가. 내가 사는 아파트는 지은 지가 50년이 넘어 주차장이 턱없이 좁은데다 명절에 다니러온 사람들 차가 자꾸 들어오니 모든 차들이 꼼짝없이 엉켜 버렸다는 것이다.
　근무자가 밤새 그걸 정리하느라 몸도 마음도 지쳐버린 것이다. 그의 불만을 주민인 나로서도 풀어줄 수 없는 것이 안타까웠다. 그를 도와줄 능력이 없어 슬며시 자리를 피해 목적지인 동네 목욕탕 입구에 다다랐다.

두 번째 만난 사람은 우리 동네 목욕탕 주인이었다. 요즘은 동네 목욕탕도 일주일에 52시간을 철저히 지키는 사업장이 되어버렸다. 고정으로 근무하던 여직원도 추상같은 노동법을 따르느라 자리를 비웠다. 하는 수없이 목욕탕 사장이 앉아서 손님을 맞기는 하나 마지못해 설날 인사를 하긴 했다. 그런데 시선은 다른 데 두고 있다.

시골 장터 손수레에 마른 명태 몇 마리 놓고 장사하는 할머니께도 사장 호칭을 붙이는 세상이다. 말하나마나 좌판을 깐 소상공인도 설 연휴에도 당연히 쉬는 것이 우리의 문화 아니던가. 하물며 백억 대가 넘는다는 네거리 상가 건물에 버젓한 목욕탕 주인이라면서 정월 초하룻날 어둑 새벽에도 일해야 한다면 불만이 없을 수가 없을 것이다.

나는 이래도 일 년치 목욕 비를 목돈으로 내고 단골로 목욕탕에 출근한다. 그런 중요한 손님인 나에게 비록 경영자의 심기가 불편하다고 이럴 수가 있는가 싶어 불쾌하기 짝이 없었다. 알고 보면 그의 불만이란 것도 급작스런 최저임금 인상 따위의 노동정책에 불만일 것이다. 말하자면 남대문에서 뺨 맞고 한강에서 눈물 흘리는 격이 아닐는지 모른다. 어쨌거나 명절인사도 제대로 못 받은 나는 자존심이고 뭐고 다 내려놓고 허공을 바라보면서 헛기침 크게 한 번 내뱉고 목욕탕으로 들어갈 수밖에 없었다.

집을 나선 지 10분 이내로 세 번째 만난 분은 Y회장님이었다. 다름 아닌 아침마다 목욕탕에서 대면하는 그분이었다. 평소에도 인사성이 밝아 동네 사람들이 '스마일 아저씨'라고 별명을 달아 주었으니 나를 보자마자 편한 미소로 반겨주니 이보다 더 기분이 좋을 수가 없다. 우리는 옷을 입고 벗는 사이에 새해 덕담을 푸짐하게 주고받았다. 이런걸 보면 한없이 밝고 어느 해보다 눈부신 해가 뜰 것이 분명했다.

나는 설날 목욕을 마치고 집으로 돌아오면서 동녘을 바라보았다. 광안대교 교각 너머 수평선 위로 떠오르는 해는 장엄했다. 우주가 태양을 출산하는 장관(壯觀) 말이었다. 설날에 해오름을 본다는 것은 우리 몸 생체 리듬을 일깨워 주며 마음속에 맺힌 응어리를 다 녹여 준다고 하지 않던가. 거기다가 일 년치 청복(靑福)까지 말이다.

오늘 새벽 목욕탕으로 가는 10분 동안 세 분을 만났다. 혹은 행복하고 혹은 못 미치는 그 세 분이 아니더라도 삶이 힘들어 새해 인사조차 제대로 못할 사람들이 세상에는 얼마나 많을까. 나는 모든 분들이 행복하게 웃을 수 있는 새해가 되었으면 하고 동녘의 해님께 빌어 보았다.

(『현대수필』 2019년 봄호)

정인호
『현대수필』 등단(2001), 한국문인협회, 국제PEN한국본부 이사.
한국수필문학가협회 이사
부산문인협회 감사, 수필집 : 『변신(變身)』 外 6권

최승희

커피 미학

오전 회의로 여느 때보다 출근이 이른 남편이 샤워하는 동안 아침을 준비하며 오늘 입고 나갈 셔츠와 비타민 등을 챙겨 둔다. 아침 식사를 마친 남편이 집을 나서면 이번엔 아들 차례. 아직도 꿈나라인 아들을 여러 차례 흔들어 깨우고, 아이가 밥 먹는 동안 '준비물은 다 챙겼니, 숙제는 가방에 다 넣었니' 같은, 질문을 빙자한 잔소리를 하면서 전날 다려놓은 교복 셔츠를 꺼내 둔다. 책가방 멘 아이가 운동화를 구겨 신고 집을 나서면, 일단 오늘 아침의 첫 번째 미션은 완성.

창밖을 내다보니 하늘빛이 유난히 파랗고 맑다. 미세먼지 농도를 측정해주는 스마트폰 앱을 켜보니 반갑게도 오늘의 대기환경은 '아주 좋음'이다. 마음놓고 창문을 활짝 열어 환기시킬 수 있는 고마운 아침. 잽싸게 설거지를 마치고 청소기도 한번 돌린다. 신선해진 실내 공기가 만족스럽다. 창문을 닫고 커피를 내려 온 집안을 그윽한 커피향으로 채우는 것으로, 아침은 오롯한 나만의 평화로운 시간으로 바뀐다.

반복되는 오전의 과업을 마치고 마시는 따뜻한 커피 한잔은 내 삶의 질을 한 단계 올려준다. 커피를 즐기게 된 건 졸업 후 직장생활을 시작한 무렵이다. 대기업 홍보팀은 언론사, 특히 신문사의 마감시간과 리듬을 함께 하기 때문에 매일매일 '초치기'로 처리할 일들이 산재했다. 취재용 자료를 요청한 기자들이 홍보팀 사정을 봐줄리 없기 때문에, 재촉

전화가 오기 전에 빨리 작성해 보내야 할 취재 협조 자료들이 한두 건이 아니었다. 당시엔 신문사가 많기도 많아서 4대 일간지부터 경제전문지, 스포츠지, IT전문지까지 출입 기자가 스무 명 가까이 되어, 이쪽저쪽에서 자료 요청이 들어오면 정신이 하나도 없는 상태가 되곤 했다. 기사 마감 시간이 다가올수록 마음은 급해지고, 계속 '쪼는' 전화는 걸려오는 와중에도 뜨거운 커피 한잔은 꼭 노트북 옆에 놔두고 일을 했다. 당시 내 직속 사수는 바빠 죽겠는데 커피 마실 정신이 어디 있냐며 어이없어 했지만, 급하고 바쁠수록 뜨거운 커피를 한 모금 마셔야 조바심을 가라앉히고 일에 집중할 수 있었다. 지금이야 그런 전쟁 같은 상황은 겪을 일이 없지만, 뭔가 몰두하고 싶을 때, 마음을 차분히 하고 싶을 땐 꼭 뜨거운 커피 한잔과 함께 한다.

"I love coffee, I love tea, I love the Java Jive and it loves me"라고 시작하는 올드팝 '자바 자이브(Java Jive)'는 노골적인 카페인 찬양가다. 나 역시 카페인 없이는 하루도 살 수 없는 커피 애호가다. 커피에 대한 전문적인 지식도 없고, 바리스타처럼 맛있는 커피를 뽑는 재주도 없지만, 커피 그 자체를 사랑한다. 고압(高壓)의 물이 커피가루를 통과하며 추출된 진한 에스프레소를 기본으로, 그 위에 우유 거품, 휘핑 크림, 계피 가루, 초콜릿 등 어떤 재료를 첨가하느냐에 따라 카페 라테, 카페 모카, 카페 마끼아또 등 다양한 커피가 만들어지는데, 나에게 있어 단연 으뜸은 '아메리카노'다. 진한 에스프레소에 뜨거운 물을 섞어 연하게 마시는 미국인들을 보고, 이탈리아인들이 신기해하며 '미국인들이 마시는 커피'라는 의미를 담아 '아메리카노'라 명명했다는 커피. 나는 커피를 즐길 때 꼭 초콜릿이나 쿠키, 케이크 같은 달콤한 주전부리와 함께 마시는 걸 좋아하기 때문에, 유지방도, 당분도 전혀 들어가지 않은 진한 아메리카노야 말로 최고의 궁합을 자랑한다. 관리도 어렵고 가격도 비싼 정통 에스프레소 머신 대신 간편하고 저렴한 캡슐형 머신이 보급되면서, 이제 집에서도 아메리카노를 손쉽게 마실 수 있게 됐다. 캡슐 가격 역시 낮아져 한잔에 사오백원 정도면 커피전문점 부럽지 않은 아메리카노를 즐길 수 있으니 말이다. 매혹적인 블랙의 바디 위에 부드럽게 퍼지는 황금빛 크레마(Crema)는 맛과 향을 더욱 풍부하게 해주는 최고의 매력포인트다.

하지만 아메리카노로는 충분치 않은 상황도 종종 있다. 아주 매운 음식을 먹었을 때나 스트레스가 쌓일 때, 혹은 몸이 매우 피로할 때 꼭 한잔 마셔줘야 하는 커피가 있으니, 일명 '다방 커피'라고 하는 인스턴트 믹스 커피다. 소위 말해 '당 떨어지는' 상황에선 달콤한 믹스 커피만 한 것이 없다. 모 영부인이 즐겨 마셨다하여 '청와대 커피'라고도, 가사도우미들이 고된 일과 후 마셨다 하여 '파출부 커피'라고도 불리는 커피. 다양한 별칭처럼, 지위고하를 막론하고 각계각층의 취향을 만족시키는 마성의 맛이라 하겠다. 커피, 설탕, 크림의 절묘한 삼박자가 만들어내는 조화는 그 어떤 고급 원두도 줄 수 없는 위로와 휴식의 맛이다.

프랑스의 정치가이자 외교관인 샤를 모리스 드 탈레랑은 "좋은 커피는 악마처럼 검고, 지옥처럼 뜨거우며, 천사처럼 순수하고, 사랑처럼 달콤하다."고 했다. 그렇다. 커피는 뜨거워야 제 맛이다. 처음부터 시원하게 즐기려고 만든 아이스 커피가 아닌 다음에야, 식어버린 커피처럼 맥빠지는 음료도 없을 것이다. 그렇다고 입천장이 홀랑 데일 정도로 무작정 뜨겁다고 맛있는 커피는 아니다. 잡내 제거를 위해 커피포트에 물을 팔팔 끓이되, 찻잔을 낼 때의 온도는 75도 정도 되는 것이 최적이라 한다. 따라서 커피 탈 때의 온도는 85도 정도가 가장 좋다. 팔팔 끓인 물을 커피잔에 담았다, 도로 포트에 담았다를 반복하며 온도를 떨어뜨려야 최고의 맛을 내는 커피가 완성된다 하니, 인스턴트 커피 한잔도 제대로 즐기려면 상당한 수고로움을 감내해야 하는 것이다.

글을 몇 줄 쓰다 보니 왠지 문장이 막히기 시작하고 뭔가 마음도 허전하다. 글을 시작할 때 노트북 옆에 갖다 두었던 커피는 이미 바닥을 보인지 오래이니, 이 공허와 불안의 원인이 무엇인지는 자명하다. 자,

그럼 이참에 커피나 한잔 새로 내려볼까… 나는 절대 카페인 중독이 아니라고, 이건 절대적으로 졸고(拙稿)라도 한편 쓰기 위함이라고 합리화 하면서….

(월간 『수필문학』 2019년 11월호)

최승희
월간 『수필문학』 등단(2015) 국제PEN한국본부 회원,
한국수필문학가협회 이사, 여울문학회 회원
2014년 제13회 전국신인문학상 수필부문 우수상.

최영종

과거를 모르는 아베

지금 과거를 모르는 아니, 과거를 잊어버린 인간, 아베의 대 한국 경제전쟁은 바로 우리 한민족에게 또 다른 범죄를 저지르고 있다. 이른바 '화이트리스트'에 불을 붙여 현해탄 물을 뜨겁게 하고 있다.

알다시피 전략 물자를 수출할 때 허가를 간소화 해주는 우방국 우대에서 배제한다는 것이니 전 방향에 걸쳐 일본을 뛰어 넘으려는 한국의 능력에 브레이크를 걸려는 조치임이 틀림없다. 수출심사 우대국가에서 뺀다는 것이다. 이런 야비한 그의 망동(妄動)은 이제 한 달도 넘었고 며칠 전에는 화이트리스트에서 배제시켰다는 소리가 너무도 크게 우리들의 눈과 귀를 때렸다.

우리는 즉각 노 아베, 노 재팬, 일본 제품 사지도 말고 팔지도 말고 가지도 말자는 극일(克日)의 목소리로 변하고 말았다. 목소리에 불붙은 이 요원의 불길이 언제 사그러들지 누구도 예측 못한다. 가뜩이나 이토록 비열한 섬나라 민족의 야비함에 '사람의 고기를 먹었다는' 신문기사는 필자의 피를 거꾸로 돌게 했으니 어제 먼지 낀 스크랩속에서 「日帝의 食人」이란 S일보(1992. 8.1 2)를 보았기 때문이다. 여기 옮겨본다.

태평양전쟁 말기 마샬군도의 메르 환초(環礁)로 끌려가 강제 노역에 시달리다가 구사일생으로 돌아온 박종길 씨의 증언이었다.

제로섬 현장에서 시멘트 일을 하던 여수 출신의 두 징용자가 첫 번째

희생자였다고 밝혔으나 믿으려는 사람은 많지 않았다. 아무리 제정신이 아닌 전쟁터의 군인이라 하더라도 그들도 사람인데 어찌 사람이 사람 살을 먹어 생명을 이어 가겠느냐 하는 도덕관에서 나온 부정(否定)의 탓이었다.

그러나 당시 뉴기니 등 남태평양 전선(戰線)의 일본군 장병들 간에는 식인(食人) 풍습이 대대적으로 행해졌음이 TV에 의해 폭로됨으로써 전체 일본 열도를 발칵 뒤집어 놓고 있었다. 반인륜적 만행이라고 세계의 지탄(指彈)이 두려웠기 때문이리라.

이런 기록은 멜버른 대학 다나카 도시유끼(田中利幸) 교수에 의해 호주 국립문서보관소에서 발견된 100건이 넘는 사실증명자료(事實證明資料) 속에서다.

가해자인 군부대 및 병사의 귀국 후의 주소까지 알리는 구체성을 지니고 있어 더욱 충격을 주고 있었다. 팩트로 나타났다. 실화다.

게다가 그 문서 속에는 소속 보병 연대장의 '人肉획득을 위해 살인을 범하거나 사람의 살인 인육인 줄 알면서 계속 먹는 자를 처단하라'는 극비 명령서까지 끼여 있고 '매일 포로 한 명씩을 골라 오두막으로 끌고 가 산 채로 살을 베어내고 구덩이에 던져 죽게 했다'든가 '포로를 죽여 동료 포로에게 요리하도록 명령했다'는 등의 증언이 사실로 받아 들여지고 있어서다.

'반드시 식량이 없어서가 아니라 일본군은 정신적 압박감을 발산하고 승리감을 느끼기 위해 食人을 한 것 같다'는 다나까 교수가 전하는 여러 증언에 공감대를 느끼는 것도 다른 까닭이 아니다.

일본군은 천인공노할 만행을 부대 단위로 매우 기민하고 조직적으로 수행한 것이 보이기 때문이라고 강조하고 있다.

필자가 과문(寡聞)한 탓이기를 바라나 이 사람 고기 이야기는 일본의 어제 오늘의 2, 3세를 가르치는 교과서 어디에서도 볼 수 없어 아베는 모르는지? 하고 싶으나 진정 일본은 전 국민들에게도 태평양전쟁 중의 이런 만행은 사실(史實)이어서 숨기려 할 것인가 하고 묻고 싶다.

하지만 동남아 여러 나라 중 가장 많이 남녀노소 없이 끌려간 것은 한민족들임이 사실(事實)이고 전후 올바른 사과나 물적 보상도 없어 아직도 미제의 통사(痛史)로 남아 두 나라 사이에 아직도 풀지 못한 앙금이기도 하다.

하긴 이들은 오늘을 거슬러 200년 전의 '메이지유신'으로 올라가 보자. 한국과 일본 청소년은 그때로부터 역사? 교과서에서 아니, 아베 역시 명치유신(明治維新)을 배웠을 것이다.

하긴 이 메이지유신이 1867년의 에도바쿠후(江戶幕府)가 멸망한 뒤 메이지 신정부는 천황을 중심으로 근대적인 통일국가를 이룩하기 위하여 여러 가지 개혁을 단행하였으니 사람도 많이 죽이고 죽고 해서 정치, 사회 경제 면에 있어서도 큰 인적 재변으로까지 말하고 있으나 아베는 이런 민족의 국토의 지각 대변혁을 아는지 모르는지 묻고 싶다. 이토록 자국 내의 큰 대란을 역사 위에서 배우지 않았을 까닭은 없으나 요즘의 한 민족에 대한 '제2 경제 왜란'은 우리만이 아니고 동남아의 국민들에게도 과거를 잊은 민족으로 비쳐지고 있다.

사람이 사람 고기 먹고 싸웠던 일을 두고 '조선 병탐과 대륙 침공은 정당한 의무였다'고 강변하고 양상을 달리한 천황을 위한 충성이었다고 망발하며 수입 검사 철저히를 부르짖는 아베는 선조들의 한민족에 대한 악행 만행을 잊을까 아베에게 경고하려 한다.

섬나라 야마도(大和) 민족에게는 하나씩 하나씩 경고하고 각성시킬 말이 많다.

우선 가까이서 징용, 징병, 학병, 위안부 사건에서 거슬러 올라가 명성황후 시해사건 등은 아베는 물론 전 일본인 모두는 결코 잊어서는 안 될 사건들이고 이에 따라 원통히 죽은 고혼들은 아직까지도 보상다운 보상은커녕 까맣게 잊힌 사건으로 마무리하려 하기에 과거를 잊지 말라고 아베에게 다시 한번 촉구한다.
　사람 고기를 먹는 야만의 선조를 가진 창피(猖披)한 민족이라는 사실을….

『문예비전』 2019 가을 통권 113호)

최영종
한국문인협회 회원
제5회 소운문학상

최옥자

빨간 해

 2019년 11월로 접어들며 뉴사우스웨일스(NSW)주 산불이 무려 85만 헥타르를 태웠다는 소식이다. 주정부는 '대참사 산불 위험 상황을 앞두고 한 주 동안 산불 비상사태를 발동했다. 거대한 불꽃이 우리가 사는 집터를 향하고 이에 따라 주 지역의 공립학교와 전문대학 등 교육기관이 임시휴교 된다는 소식을 접하며 오래전 시드니 우리집 인근지역에서 일어났던 음울한 산불이 떠올랐다.

 나무 타는 냄새의 매캐함이 음울한 허공을 감돌았다.
 테라스에는 타다만 나뭇잎이 뒹굴고 있었다. 타는 나무가 내뿜는 매연 탓에 500미터 이하로 떨어진 시계는 흡사 공해 낀 한국의 거리를 연상시켰다. 서녘엔 초목을 사르며 무섭게 치솟는 산불로 하늘 밑자락이 검붉었으며 해는 잿빛 연기에 투과돼 맨 눈으로도 오래 바라볼 수 있는 빨간 빛이었다.
 그 당시(2001년도)에도 NSW주 전역에서 동시 다발로 발생한 100여 건의 산불은 섭씨 38도를 웃도는 한여름의 폭염 속에 시속 70킬로미터 이상의 강풍과 가뭄을 타고 기승을 떨었다. 광활한 숲과 백 수십 채 이상의 집이 타는 재해를 남기며 시드니 근교까지 번져온 불길은 내가 사는 이스트우드와 이웃한 노스 에핑까지 근접했었다.

시드니 대기 오염이 심각해지자 정부는 집 밖 출입을 가급적 자제하고 외출 시 마스크를 착용하는 등 건강에 주의할 것을 당부했다. 게다가 당분간 비가 내릴 가능성도 희박하다 하니 전전긍긍한 마음은 나를 집 안에 가두었다.

5%까지 떨어진 습도와 열풍을 동반한 염천시하에 설상가상으로 이같은 산불이라니! 좁은 공간에 갇혀 비지땀만 뻘뻘 흘렸다. 그러나 산불로 입은 막중한 피해와 공포에 질려 있을 피해자들을 생각하면 투정할 계제가 아니었다.

그 산불이 근 20년 이래 최대라 했는데 확실한 화재 원인을 모르는 가운데 여러 가지 추측만 난무했다. 호주 전반에 서식하고 있는 유칼립투스의 잎이 보유하고 있는 유지 성분이 기온 30도를 웃도는 햇볕에 반응, 휘발성 가스를 발하여 자연 발화될 가능성은 일반화 된 상식이다. 또 야외에 굴러다니는, 햇빛을 쪼인 병들의 반사 빛이 마른 가랑잎이나 유칼립투스의 떨어진 나무줄기에 오래 쬐면 발화된다고도 한다.

미국에서 911테러 사건이 있었고 테러리즘에 대한 미국의 융단 폭격이 끝나지 않은 상태였다. 그 결과 탈레반 정권의 또 다른 희생자인 수백만 아프가니스탄 어린이와 부녀자들을 죽음으로 몰아넣은 이 전쟁을 '정의로운 전쟁'으로 미국 권에서는 묘사하고 있었다. 그러고 보니 일부에선 호주 내에 거주하고 있는 아랍권 인들의 테러성 방화가 아닌지 의심하는 측도 없지 않았다. 미국 대 아프가니스탄의 전쟁에서 호주는 미국을 지원했으니 그런 추측도 무리는 아니다. 사실 정부도 호주 테러 위험 가능성에 초점을 맞추고 국민들에게 테러리즘의 위험에 대해 경각심을 불러일으키고 있는 실정이었다.

유일하게 백호주의를 주장하던 호주가 정책을 바꿔 이민자를 유입한 이래 다민족 다문화 국가가 됐다. 이러한 호주 정부의 소수민족 차별 정책에서 유발된, 소수민족 중 누가 방화했을 가능성으로 짚어보는 측도 있었다.

일부에선 철부지들의 장난기 어린 소행 또는 정신 질환 병력자의 방화로 초점을 맞추기도 한다. 각자 모습이 다른 만큼 다양한 생각들은 복잡다단한 사회 심리에 근거해 갖가지 추측을 불러일으키며 흉흉한 세심(世心)에 불안을 가중했다.

노스 에핑까지 불길이 번졌다는 소식을 접한 친척이 위험성은 없는지 궁금하다며 전화를 주셨다. 뿌연 창밖을 내다보며 전화를 받던 나는 가까운 숲에서 검은 연기가 피어오르는 것이 보여 나도 모르게 자리에서 벌떡 일어났다. 흰 연기가 차츰 검은 연기로 치솟으며 이어 불 자동차 소리가 요란하다. "가까운 곳에서 불이 났구나!" 일순 흥분해서 다급해지는 나의 음성과 전화선을 타고 불자동차 소리를 들은 친지는 나에게 가방을 준비하여 대강 중요한 것을 챙기고 유사시에는 차로 대피할 것을 종용하며 전화를 끊었다.

위급 시에 이곳 호주 사람들이 집에 제일 먼저 챙기는 것은 앨범이라 하는데 나는 무엇을 가방에 챙겨 넣어야 할지 순간 막막했다. 사이사이 집들이 있으나 불이 난 숲과 우리집 뒤 정원의 큰 나무들과는 연이어져 하나의 큰 숲을 이루고 있지 않은가. 우리는 창고에서 가방을 있는 대로 꺼내 놓고 우선 짐을 싸기 이전에 사태를 추이해볼 동안 저녁이나 먹어두자 생각하고 평소보다 이른 저녁을 먹었다. 다행히 저녁을 먹는 동안 불길이 잡혔는지 솟구치던 검은 연기는 사그라지고 흰 연기만 맥없이 숲을 조용히 감돌고 있었다.

화재 현장을 가보기로 했다. 오솔길을 끼고 유칼립투스 나무가 작은 숲을 이루고 있는 데니스톤 역 근처엔 많은 사람들이 물 호수를 움켜잡고 웅성대고 있었다.

키 큰 유칼립투스들은 나무 꼭대기까지 그슬려 있고 잔디는 한 200

여 평쯤 새까맣다. 고목의 꼭대기엔 아직도 반짝이는 불씨가 도사리고 있었다.

　주민에게 불 난 원인을 물으니 담뱃불로 인한 실화인지 고의적 방화인지 잘 모르겠다며 어깨를 으쓱한다. 호스로 불씨에 집중적으로 물을 퍼부으니 마지막 불은 마침내 힘없이 꺼져버렸다. 현장을 둘러보며 실감되는 위기감이 가슴을 누른다. 프로메테우스가 제우스로부터 받을지도 모르는 보복을 감수하고 몰래 인간에게 전해주었다는 불은 인류로 하여금 눈부신 현대문명을 이루었으나 해마다 겪는 산불의 잔인한 폭력은 숲과 재산은 물론이요 인명까지 앗아가는 재앙으로 피해를 거듭한다.

　멀리 서녘에 걸쳐 있는 저녁 해는 여전히 빨갛다.
　빨간 해에서 느껴지는 신기(神氣)는 천지조화를 진두지휘하는 창조주께 향한 의탁 심을 불러일으킨다. 빨리 산불이 진압이 되고 올해에는 무릇 지구촌 곳곳에서 일어나는 자연 재해, 전쟁, 폭력, 사건 등이 사라져 지구촌 가족들이 평안한 삶을 영위할 수 있게 되기를 염원하며 집으로 향한 발걸음을 재촉했다.

(『인터넷문예신문』 2019년 11월)

최옥자
월간 『수필문학』 천료로 등단(2000), 제27회 수필문학상 수상
제2회 기독교 문예작품 공모전 입상(수필부문)
시드니글무늬문학사랑회 회장. 제1회 재외동포문학상 수상(수필부문)
작품집: 『흑법사와 맺은 인연』 『창밖의 포인세치아』 『사랑을 나누는 사람들』

최천숙

아름다운 봄날을 기다리며

며칠 부슬부슬 비가 내리더니 오늘은 햇살이 푸른 나뭇잎들 사이로 쏟아져 내렸다. 눈부신 햇빛에 무지개 색이 보인다.
나는 조명등처럼 해가 비추는 동그란 자리에 쪼그리고 앉아 창밖 풍경을 내다본다. 바람이 부는지 나뭇잎들이 물결을 이루며 넘실거린다. 윤슬이 아름답다.
집 앞 카페에서 사온 케냐원두를 내려 커피를 마시며 비발디의 '봄,을 듣는다.
남편 따라 전국을 다니다 정착한 곳이 북한산 아래에 자리 잡은 진관동이다. 집을 마련하려고 이곳에 왔을 때 모두 분양되고 하나 남은 집이 1층이었으나, 창가에 덩굴장미를 심을 수 있겠다 싶어 결정을 내렸다. 덩굴장미 10그루를 창가에 돌아가며 심었는데 모두 살아서 잎이 나오고 빨간 꽃을 피우고 덩굴져 갔다. 해마다 오뉴월이면 장미로 가득찬 집이 되어 나의 소망 중 하나를 이루었다.
대형 화폭의 살아있는 풍경화를 감상한다. 개나리 담장을 이루었던 노랑꽃이 다 떨어지고, 황매가 피어 있다. 창틀을 타고 올라온 장미가 한 송이 두 송이 피어난다. 산등성이에는 큰 나무에 하얀 꽃이 소복하게 달려 있다. 아카시아인가?
창을 열어 보았다. 눈이 푸른 산 빛에 시원하다. 피부에 닿는 촉감이 좋다. 심호흡을 하며 푸른 공기를 들이마신다. 육안으로 구분하기에는 조금 먼 거리이지만 조롱조롱 포도송이처럼 달린 것이 아카시아나무이다. 언젠가 거리를 걸으며 고운 향에 취해 걸어왔는데 그때가 5월이었다. 주변 산에서 전해 오는 아카시아 향기였다.

아카시아와의 추억은 아주 어린 시절부터이다. 내가 살았던 집 뒤쪽으로 올라가면 낮은 산이 있었다. 메뚜기를 고무신짝으로 덮어 잡고, 아카시아 꽃을 따서 입에 물고, 열 몇 개 잎이 달린 가지를 꺾어 가위 바위 보를 하여 이파리 한 잎씩 떼어내는 놀이를 하며 이마에 혹이 나도록 꿀밤을 맞기도 했다.

지금은 경복궁 서촌 길의 문화탐방 공원이 되었지만, 인왕산 치마바위 아래의 기슭 계곡에 옥인동 시범아파트가 있었다. 딸이 대학교를 다닐 때라 거처할 집을 마련하려고 그곳을 찾았다. 그 동네에는 우리가 살았던 옥인동 군인아파트가 있어 정겨운 곳이었다.

그때노 아카시아가 만발한 5월이었다. 오래되어 낡은 아파트는 눈에 들어오지 않고 창밖으로 보이는 아카시아 꽃무리가 아름다워 구입하기로 결정했다. 나중에 산등성이라 주차하는데 혼이 났던 기억이 있다.

후에 수송동 계곡이 겸재 정선이 그린 산수화의 실경이고, 안평대군이 비해당(匪懈堂)을 짓고 살며 시와 그림을 즐긴 곳이라 서울시가 아파트를 사들이고 그곳을 복원하여 지금은 조용한 명소가 되었다.

집을 구입하며 꽃이 결정적 역할을 하였다고 하면 누가 믿을지 모르겠다.

아름다운 봄날을 오감으로 느끼고 싶어 산책길에도 아카시아 꽃이 피었지 싶어 아카시아 향수 젖은 향이 그리워 아파트 앞에 있는 산책길로 나섰다. 산책길로 내려가는 언덕 난간에 초파일 등이 일렬로 달려 있던 곳에 있었던 아카시아 나무가 보이지 않는다. 이리저리 찾아 봐도 아카시아는 없고, 옆에 있었던 보라색 라일락꽃이 피어 있었다. 아카시아 나무뿌리가 땅 밑에서 얽히며 번지기 때문에 다른 나무가 자라지 못한다고 송두리째 뽑혀 없어졌나 보다.

북한산 위에서부터 흘러내려오는 물을 머무르게 하여 큰 연못을 만들고 그 물은 계곡 따라 계속 흐른다. 계곡 양옆에 산책길을 만들었는데 바닥에는 '서울 둘레길'이라 쓰여 있다. 실개천을 따라 양쪽 산책길옆에는 언덕이 있고 언덕 위에 붉은 지붕의 아파트가 서 있다.

연못에는 금 은색 잉어와 검은 물고기가 떠다니고 연못 가장자리에는 수련이 가득 피어 바위 틈 사이에서 핀 분홍 철쭉과 조화를 이루었다. 사람들이 과자 부스러기를 던지면 물고기들이 몰려와 부딪히고, 원을 그리며 헤엄치던 오리 떼도 따라오고, 비둘기들도 날아와 물 위를 내려다보고 있었다.

꽃이 피기 시작하는 봄날에는 하천가에, 언덕에 갖가지 야생 풀꽃이 피어 있었다. 제비꽃이 덮여 있는 언덕에는 비둘기가 먹이를 찾고 있고 민들레, 토끼풀 사이로 패랭이꽃이 한 송이씩 올라와 있었다. 황매가 담처럼 피어 있고, 노란 금계국과 하얀 제충국이 언덕을 수놓고, 장마가 올 무렵이면 망초가 뒤덮였다.

산에서 내려오는 계곡 따라 만든 길이라 하천에 많은 갈대와 부들, 노란 붓꽃도 피었다. 발밑에 개미들이 까맣게 몰려 이동하고, 나비와 새들이 날아다니며 어스름한 달밤에는 달맞이꽃을 보며 걸었다.

어느 날에는 갈대숲 앞에 가만히 서 있는 백로도 보았고, 눈이 덜 녹은 다리 밑 하천가에서 목을 길게 빼고 물속에 부리를 집어넣고 있는 백로를 카메라에 담았다.

하천가의 버드나무도 들풀사이에 피어 있는 코스모스도 있는 그대로 자연을 잘 보존하면서 산책길을 만들어 흡족했다.

이곳은 저절로 시상이 떠오르고, 그림을 구상하기도 한 장소였다.

작년 가을쯤 인가. 무슨 공사를 한다며 연못 주변에 갈대를 뽑아내고 흰 돌로 둥그렇게 담처럼 둘러놓고 급수를 했다.

양쪽의 언덕과 개천을 따라 우거진 갈대숲을 싹 갈아 민둥이로 만들어 두고 공사를 하니 산책도 못하고 겨울을 지나 봄을 맞이하였다.

아카시아 맞이하러 모처럼 산책길에 들어섰는데 연못에 떠다니던 물고기도 예쁜 녹색머리의 원앙도 비둘기도 보이지 않는다. 연못에는 빛이 바랜 수련 잎이 둥둥 떠 있다.

전에 분홍 수련이 가득 피었을 때, 자주 나가 보니 해가 있는 낮에는 활짝 피어 있다가도 저녁에 해가 지면 꽃이 오그라들어 봉오리처럼 되는 것을 관찰했다.

언덕에 피어 있는 황매도 생기를 잃었고 해충에 강하다는 제충국만 몇 송이 피어 있다. 풀잎 사이로 귀여운 패랭이꽃은 안보이고 아기똥풀만 우거져 있다. 그래도 생명력이 강한 홀씨 달린 민들레와 토끼풀이 반갑다.

노랑 붓꽃이 피어 있던 자리에 서서 이리저리 한참 찾아보았으나 살아남은 풀꽃만 한두 송이 피어있다. 실개천에 흰색 돌을 차곡차곡 괴어 둑을 높이 쌓고, 들풀이 자란 자리에 높은 난간을 만들어 사람들이 들어가지 못하게 위험 방지를 만들었다.

그리고 분수를 만들어 분수 쇼를 볼 수 있게 큰 공연장을 만들어 두고, 인공폭포에 시간 맞추어 물이 시원하게 흘러내리게 만들었다.

이제 연못 속에 물고기도 넣고 재배한 식물들도 물 위에 띄우고 언덕 위에 씨도 뿌리고 꽃도 심겠지만, 나는 자연 그대로 흐르도록 사람은 도와주는 역할 정도 하는 것이 좋다고 생각한다.

북한산으로 둘러진 폭포동이 공기 맑고 꽃나무가 많아 향기롭고 풀씨가 날아다니며 자연스레 여기저기서 꽃이 피어 나오고, 철새가 날아들어 쉬어가는 대자연과 호흡할 수 있음을 행복해했는데…

오월에 만발하는 추억의 아카시아를 찾아 나왔다가, 꽃이 피어 있는

최천숙 351

향긋한 봄을 보지 못하고 우울한 기분으로 돌아왔다.
기다리자. 아름다운 봄날을.

(『PEN문학』 2019. 7.8월호)

최천숙
월간 『수필문학』 천료 등단(2010)
한국문인협회, 국제PEN한국본부 회원, 한국수필문학가협회 이사
수필집 : 『내가 행복 할 때 그대는』

최학용

핸드폰 속의 10대들

감색 교복에 흰 컬러의 앳된 여학생들, 담임이셨던 박 선생님 핸드폰 속에 겹쳐 앉은 듯 포즈를 취한 67명 소녀들. 60년 전 고등학교 1학년 2반 친구들이다. 지금은 다 할머니가 된 계집애들이다. 담임 선생님 핸드폰 속에 수북하게 앉아 있는 학생인 우리, 요즘과 비교하면 얼마나 많은 학생 수인가? 딸이 담임한 고 1학년 한 반이 20명이 안 된다니 격세지감을 느낀다. 촘촘히 취한 포즈 사이 꽃밭에 앉으신 듯 활짝 웃으시는 한 젊은 오빠(?)는 담임 선생님이셨다.

세월이 흐른 작은 사진 속에서도 얼굴은 모두 생각나는데 이름은 잘 떠오르지 않는다. 세상을 떠난 친구도 몇몇 있음이 마음 아프다. 금수저, 흙수저 구별도 없이 순수했던 옛날이었다. 교실이 비좁을 정도의 몸집들이었다. 그렇게 서로 부딪히며 떠드레하게 지낸 고교 1학년이었다. 화자란 이름이 한 반에 4명이나 되었던 일도 추억거리다. 편의상 화자A, B, C, D로 구분했던 시절이었다. 이름도 유행이 있었다. 지금까지 우리들의 사진을 핸드폰에 저장하고 계심이 가슴 벅찬 감동으로 다가온다.

아마 처음 부임해서 맡으신 담임이라 감회가 남다르셨던 것 같다.

그 시절로 돌아가고 싶은 마음 나에게 만의 설렘일까? 17세 꽃다웠던 시절, 낙엽 굴러가는 것만 보아도 데굴데굴 굴듯이 웃음 터뜨리던 우리였다. 담임을 맡으셨던 선생님께서 미국에서 오셨다는 연락을 받고 동네 사는 친구와 선생님을 시내 한 중식당에 자리를 마련해 모셨다. 밀린 대화 중에 사모님과 사별하신 후 지금 사모님을 만난 얘기와 1남 3녀를 두셨는데 다 효성이 지극하다는 자랑도 하셨다. 선생님께서 복이 많으시구나 하는 생각이 들었다. 우리 가르치실 때 서울 장안에서 유명한 수학 선생님이셨다. 같이 간 친구는 반장이었으니 확실히 기억하고 계셨고, 수학을 못 했던 나는 문학소녀로 기억하고 계심이 감사했다.

우리와 10년 정도의 연령 차이뿐이셨다. 88세에 허리도 꼿꼿하시고 시력도 청력도 좋으셨다. 6.25 참전 용사였다고 자랑도 하셨다. 졸업 후 한 번 뵌 적이 있었지만, 거의 반세기만의 스승과 제자와의 만남이었다. 벅찬 감격이 목까지 차오름은 또 뵐 수 있을까? 하는 생각 때문이리라. 늘 찾아뵙던 스승님들께서는 거의 세상을 뜨셨다. 연락 주셔서 귀한 스승님을 뵐 기회 주심에 감사드린다.

선생님께서는 미국 어디, 어느 교회를 가셔도 제자가 한둘씩 있어 반겨 주기에 교육자였던 자신이 자랑스럽고, 좋은 제자 있음이 흐뭇하다고 하셨다.

댁에 가셔서 문자를 주셨다. "학용 선생! 집에 와서 보니 너무 과분한 대접을 받아 부담을 느끼네. 옛날 내 스승께서 하신 말씀이 생각나네. 제자 만나면 그 제자를 먼저 대접하게."라고 하신 말씀이. "다음에 만나면 나도 이 말씀 실천할 수 있는 기회를 갖고 싶어요."라고…. 같이 간 반장이 점심을 대접했고 내가 '사모님 모시고 식사 한번 하셔요.'라고 써드린 작은 성의에 부담을 느끼셨나 보다.

선생님을 뵙고 한 달이 지났다. 어떻게 지내시는지 전화 한 번도 못 드렸는데 내일 미국으로 떠나신다는 전화를 주셨다. 처음 오셔서 전화하실 때보다 음성에 힘이 없으셨다. "또 나오시면 꼭 전화 주셔요. 선생님"

'또 나올 수 있을지?' 전화가 멀어지며 떨리는 음성이셨다. 선생님!

죄송해요 전화도 못 드렸네요. 한 번이라도 더 모실 걸 후회가 되었다.
 남은 여생 기도하시는 장로님으로 강건하시기를, 그리고 미국과 한국을 더 왕래하실 수 있는 건강의 복을 빌어드렸다.

(『수필문학』 2019년 9월호)

최학용
월간 『수필문학』 등단(2009) 제28회 수필문학상
한국문인협회 회원, 국제PEN한국본부 회원, 한국수필문학가협회 이사.
여울문학회 회원
수필집:: 『비취반지』 『50년만의 주례사』

하기식

체코 헝가리의 역사관광

우리 일행은 한때 공산주의 국가이었던 체코와 헝가리 관광여행 길에 나섰다. 모두가 처음인 체코와 헝가리의 여행 때문에 대부분 약간은 긴장하고 있었다. 인천공항에서 먼저 체코의 수도 프라하로 떠났다. 프라하에는 블타바 강이 시내를 가로지르며 유유히 흐르고 있었다. 프라하의 아톨 호텔에 여장을 풀고 체코에서의 첫 밤을 보냈다. 중세 역사 투어에 대한 기대감으로 즐거움이 앞섰다. 프라하 성, 바츨라프 광장 등 여러 곳이 우리들을 기다리고 있었다.

프라하 성은 9세기에 건설된 성으로 지금의 모습으로 완성된 것은 14세기의 일이었고 16세기 말에는 궁정을 이 성에 두어 전성기를 맞았다. 1918년 체코슬로바키아 공화국이 성립되면서 이 성을 대통령 관저로 사용하였다. 성안에는 대성당이나 기념탑 정원 등이 있었다.

프라하 성안에 있는 성 비트 성당은 프라하를 대표하는 대성당이다. 1926에 건축하기 시작하여 3년 만에 완성된 대성당으로 세 개의 첨탑 중 가장 높은 것은 거의 100m에 가깝다.

황금 소로도 프라하 성안에 있는 하나의 골목인데 알록달록한 색채를 가진 조그만 집들이 나열되어 있는 길이다. 그 후에 금박의 장인이 여기에 살았다하여 황금이라는 말이 붙었다는 것이다. 지금은 선물가게로 사용하고 있으며 관광객들이 붐비고 있다.

카를교는 프라하 성과 구 시가지를 연결하는 돌다리로 블타바 강의 다리 중에서 가장 오래된 것으로 1357년 카를 4세의 명령으로 건립하기 시작하여 45년 만에 완공되었다. 돌다리는 16개의 아치가 떠받들고 있고 다리 위에는 30여 개의 성인상이 있어 좋은 볼거리이었다.

　천문시계는 프라하의 오랜 역사를 새겨 놓은 시계이다. 천동설에 기초해 만들어졌다는 이 시계에는 죽음의 신을 상징하는 해골, 번뇌를 나타내는 악기를 가진 남자, 허영을 표시하는 거울의 청년, 욕심을 상징하는 금 자루를 쥐고 있는 남자 등이 설치되어 있다. 해골이 줄을 당겨 종을 울리고 왼손의 모래시계를 거꾸로 놓으면 맨 위의 창이 열리고 12명의 예수의 사도가 등장하고 이들이 한 바퀴 돌면 닭이 울고 종이 울린다.

　바츨라프 광장은 1348년 카를 4세가 프라하의 신시가지에 조성한 시장을 전신인데 말 시장이라고도 불리는데 지금은 대형광장이 되었고 성 바츨라프의 이름을 붙였으며 프라하 시민의 집회 장소로도 유명하다. 1989년 11월의 혁명 때에는 수십만의 프라하 시민이 모였었다.

　체코의 프라하를 떠나 약간은 긴 자동차 여행 끝에 헝가리의 수도 부다페스트에 도착했다.

　부다페스트는 남북으로 흐르는 도나우 강을 중심으로 서쪽 지역의 '부더'와 동쪽 지역의 '페슈트'의 합성어로 역사의 영욕을 고스란히 간직하고 있는 고도이다.

　부더 왕궁은 도나우 강의 우편에 부더 지역의 작고 높은 요새에 있다. 이 요새는 전체가 성벽에 둘러싸여 있으며 세계문화유산으로도 지정되어 있다. 왕궁 주위에는 방어벽이 설치되어 있어 파란만장한 헝가리의 역사를 잘 나타내고 있다. 이 요새는 13세기에 지어졌고 14세기를 지나면서 왕궁은 외적이 침범했을 때 왕족들의 피신처가 되었다. 헝가리의 황금기인 15세기에 화려한 르네상스 양식으로 재건되었으나 16세기와 17세기를 지나면서 화재와 전쟁 등 참화가 거듭되었다. 20세기 중반에서야 왕궁이 지금의 신고전주의 양식으로 그 자태를 나타내었다.

마차시 교회는 처음에 로마네스크 양식으로 건설되었고 마차시 왕 시대에 높은 고딕식 첨탑이 첨가되면서 마차시 교회라 불렸다. 16세기에 외적의 침략을 받아 한때 이슬람사원으로 사용되기도 했으나 18세기에 이르러 바로크 양식의 그리스도교 교회로 회복되었다.

센텐드레 마을은 이민족의 침략과 공산주의 통치 등으로 상처 입은 헝가리 국민의 생활상을 잘 보여주는 민속공예 마을이다.

국회의사당은 1884년에 건축이 시작되어 20년이 걸린 도나우 강변에서 가장 아름다운 건물이다. 르네상스 양식의 돔과 고딕 양식의 크고 작은 첨탑의 혼합 양식의 건물이다. 돔 아래 홀에는 역대 국왕들의 조각상이 있는 기둥들이 줄지어 서 있다.

겔레르트 언덕은 도나우 강변의 아름다운 건축물과 경치를 한눈에 조망할 수 있는 최적의 장소이다. 겔레르트는 11세기 초에 초대 국왕의 왕자의 교육을 위해서 초빙된 이탈리아 수도사로 그의 동상도 이 언덕에 있다. 겔레르트는 헝가리에서 기독교를 전하다가 폭도들에 의해서 산채로 와인 통에 갇혀 이 언덕에서 도나우 강에 던져져 순교했다는 설화도 있다.

부다페스트는 특히 야경이 아름다웠다. 겔레르트 언덕의 정상이 오렌지색으로 물들여질 때 날이 저물기 시작하여 해가 완전히 넘어가기 직전, 불빛이 드문드문 나타나는 무렵에 그 절정을 이루었다. 특히 페슈트 지역에서 바라본 부더 왕궁과 마사치 교회의 야경은 일품이었다.

(월간 『수필문학』 2019년 4월호)

하기식
월간 『수필문학』 등단(2001)
한국문인협회 회원, 한국수필문학가협회 이사,
수필집 : 『연변의 노래』 외 3권

하영갑

산모롱이 봄 풍경

　금년 겨울은 햇빛 받아 반짝이는 노루 꼬리를 만들어 보려고 예년과는 달리 하고 싶은 일들을 좀 더 멋지게 감당하여 의미 있게 지내려, 온갖 지혜를 다 짜 봤지만 딱히 진한 흥밋거리를 찾지 못해 잠시 어린 시절의 추억부터 끄집어내어 본다. 나에게는 겨울보다는 배고픈 봄이 더 지루했기에 하마 귀 만큼 귀엽게 지나갔으면 하는 어리석은 생각이 많았다. 겨우내 얼었던 대지가 풀리면서 생명들의 출산과 출현 그리고 성장 동력이 휘몰아 솟는 감동의 계절을 모르고.

　지난겨울에 밟아 두었던 보리밭과 밀가루 만들어 돈과 바꾸고, 국수라도 뽑아 먹기 위해 심은 '밀 논. 이랑 양지 가는 햇빛에 보랏빛 꽃을 달고 앉은 광대나물과 둑새풀이 옷깃을 내비치기 시작할 즈음이면 농촌 사람들은 서서히 역동의 기지개를 편다. 밭갈 쟁기와 써레를 미리 손질하고 똥 장군 새는 곳에 된장과 톱밥을 밥풀과 함께 비비고 버무리어 때워 물을 채워 놓고, 겨우내 꼬았던 새끼타래나 가마니를 정리하고 대나무 갈퀴에 부러진 발도 교체하며 대장간을 찾아 호미, 낫, 괭이 등의 농기구를 벼르고 손질한다. 아버지는 쥐가 심하게 쏟아 구멍 낸 보리쌀 바구니에 막힌 삼베를 뜯어내어 보수하고 필요한 대바구니나 소쿠리를 정성스레 만들어 마루 끝 시렁에 올려 둔다. 특히 미꾸라지 잡는 소쿠리는 특별하게 잘 만들어 들고 나에게 자랑이라도 하시는 듯 뽐내며 보여 주시고. 봄철 병아리를 키우기 위한 대나무 집도 족제비 들까 빈틈없이 손질해 둔다.

산비탈 양지 밭가 아지랑이 부를쯤 색깔 좋은 장끼 한 마리가 꼭꼭거리며 양 날개를 게슴츠레하게 늘어뜨린 채 등등한 기세로 까투리 몇 마리를 쫓아 돌며 흙장난에 빠지고. 하얀 터럭 수건 머리에 눌러 쓴 채 무슨 고민을 토하는지 말없이 고개를 떨어뜨리고 눈만 붙은 쑥을 캐고 있는 아가씨.

중학교 진학 못해 엄마에게 앙탈부리다가 아비에게 혼줄난 뒤, 보리밭가에 홀연히 앉아 있는 사내. 시골 탈출이라는 장대한 아린 꿈을 꾸는 동안 간에 바람이 들어 동네 선배 따라 미친 듯 돌아다니다가 무거운 고민을 못 이겨 나뭇잎 엽초 말아 연기에 실어 보내며 눈물 반 콧물 반 한숨짓는 모습.

바람에 쫓긴 온갖 나무의 낙엽들 작디작은 떨켜 떠나 실한 열매 달았다고 의기양양 날아들고, 토심 얕은 바위 끝에 선 나뭇잎 양식 모자라 쭉정이 달았다고 넋두리하며 날려 오고. 크고 작은 나뭇가지 바람맞아 줄줄이 떨어진 것들 모두 눈 감은 채 모였으니 오랜만에 만난 겨울나무 지게꾼 흡족하여 미소 짓네.

십대 소년 통학길, 산모롱이 안마을 토박이 아이들과의 주먹다짐 무서운 곳 "설마 어제는 맞았지만 오늘은 피하겠지" 하고 가슴 졸여 지나는 앳된 중학생의 자전거 통학길.

목이 부러져라 무겁게 인 비단장수, 인삼장수, 고기장수 아줌마들. 진종일 이 동네 저 동네를 끝없이 걸어 두른 해질녘. 가쁜 해 뒤로 하고 바쁜 걸음 재촉하며 허기진 몸을 끌고 혼잣말 습관처럼 희미하게 중얼거린다.

"아이구 다리야! 왜 이리 또 아프냐. 오늘은 뉘 집에서 하룻밤 쉬고 갈꼬. 저 산모롱이만 돌아들면 안심인데. 후유~!" 하고 크게 한숨 쉬고는 한쪽 팔을 바쁘게 휘젓는다.

　과거 속의 산모롱이. 사연 많은 거기!

　기억하고 새겨보면 남녀노소 부자와 빈자 귀천을 막론하고 숱한 이야기와 사건들이 많았던 그 시절의 산모롱이에는 귀신도 놀다 갈 다양한 아픔들을 가진 한 많은 이웃들을 큰 품으로 안고 안은 이름 모를 선조의 넉넉한 마음도 잔디능선 무덤 되어 거기 그 곳에서 미소 짓고 있었네.

　이제 남은 만남은, 갈라진 땅 헤어진 혈족, 달라진 사상과 문화, 기울어진 경제 여건 속에서 가슴속 등뼈 바닥에서 용트림하고 있는 통한의 그리움을 일깨워야 할 때다. 몇 몇 통치권자의 욕망과 권력 다짐으로 어둠의 세계에서 깨어나지 못하고 허덕이는 북녘 사람들과의 진정한 만남을 저 산모롱이에 함께 돌아들어 큰 품에서 화해와 평화를 이루어 내어야 할 것이다. 모자라면 어떻고 힘들면 어떤가. 어차피 언제 겪어도 넘어야 할 고통이라면 빼쪼롬이 열린 문 활짝 열리도록 양측 모두 순수와 진정성을 통째로 열어놓고 대화하여 삶이 좀 후퇴하여 가는 길이 더뎌질지라도 평화통일 한 나라를 만들 수 있는 자리! 후대에 길이 빛날 그 자리가 있는 흥미롭고 포근한 봄의 '산모롱이'가 되길 기대해 본다.

(『경남문학』 2019년 봄호)

하영갑
월간 『신춘문예』 신인작가상(2007).
한국수필문학가협회 이사, 한국수필가협회, 경남문인협회, 경남시인협회, 남강문인협회, 마산문인협회 회원, 시림문학회 회장
시·산문집 : 『진정한 사랑 앞엔 눈을 뜰 수 없기에』

하창식

악 연

　뉴스를 듣다 보면 세상에는 참 많은 일들이 벌어진다. 온갖 종류의 사건, 사고들이 하루도 빠짐없이 일어난다. 그 많은 사건, 사고 이야기들을 들을 때마다 인간사(人間事)의 두려움을 느끼게 된다.
　어제는 신생아 낙상 사고를 일으킨 어느 병원 의사에 관한 보도가 있었다. 산고(産苦) 끝에 낳은 소중한 아기를 졸지에 잃게 된 그 어머니의 아픔은 말로 표현할 수 없이 크겠지만, 한순간의 실수로 어쩌면 옥살이를 하게 될지도 모를 그 의사의 고통 또한 작지 않을 것이다.
　그 뉴스를 보면서 세상살이하면서 뜻하지 않게 당하게 되는 일들에 관해 이런저런 생각이 머릿속을 스쳐지나갔다. 위로는 나랏일에서부터 아래로는 개인의 삶에 이르기까지 모든 인간사에 다 그런, 안 생겼으면 좋을 뻔 했던 일들이, 다반사(茶飯事)로 일어난다는 사실에 두려움이 엄습하였다.
　지금은 이미 오랜 시간이 지나갔기에 이제는 잔잔한 호수 같은 심정으로 털어 내놓을 수 있지만, 내게도 그런 악연으로 고통을 받은 경험이 있다. 내가 평생 꿈꾸던 소망이 단 한 사람과의 악연으로 말미암아 물거품처럼 사라져버린 적이 있다. 예전에 좋은 관계를 유지하였던 사람이었기에 어떤 원망이나 미움 같은 감정은 남아 있지 않다. 사람에 대한 원망보다는 그런 일이 하필 왜 나에게 일어나게 된 것일까 하는 안타까움 때문에 며칠 동안 밤잠을 설친 적이 있었다. 이런 게 운명일까? 전혀 뜻밖에 내 인생에 닥친 그 일이 생긴 연유가 무엇일까 며칠을 두고 깊이 생각했었다. 하지만 '악연'이란 단어 이외는 설명할 길이 없었던 기억이 새롭다.

어디 내 경우뿐이겠는가? 모르면 몰라도 악연으로 비롯된 고통을 한 번도 겪어 보지 않은 사람은 과연 얼마나 될까? 살아가면서 수많은 사람들을 만나게 된다. 좋은 사람들도 만나겠지만 때에 따라서는 잘못된 관계, 잘못된 만남도 가질 수 있기 마련이기 때문이다. 이번에 진주 어느 아파트에서 일어난 방화 사건도 마찬가지이다. 아무런 잘못도 저지르지 않았는데도 졸지에 집이 불타고 그 방화범에게 소중한 목숨마저 빼앗긴 가족들과 그 이웃들은 또 무슨 악연 탓에 고통을 당하게 된 것일까? 그러니 우연히 다가온 악연으로 고통을 받게 되는 우리네 인생사가 안타깝다.

반면, 위인이 된 사람들의 삶에는 항상 좋은 인연, 곧 선연(善緣)이 뒤따른다. 그 인연이 사람일 수도 있고 책일 수도 있다. 아니면 우연히 자신에게 다가온 기회일 수도 있다. 마하트마 간디는 존 러스크의 『나중에 온 이 사람에게도』를 읽고 완전히 인생관이 바뀐 삶을 살다가 이 시대의 성인이 되었다. 마찬가지로 앤 설리번 선생님과의 인연 없는 헬렌 켈러 여사의 삶은 생각할 수 없는 법이다. 이렇게 좋은 인연 또한 얼마든지 자신의 삶을 바꿀 수가 있다.

비단 위인들뿐만 아니라 보통사람들에게도 선연이 하나의 기회가 되어 인생을 바꾼 예는 얼마든지 찾아볼 수 있을 것이다. 30여 년간 교수 생활하면서 많은 제자들을 만났다. 내가 도움을 주어 인생을 바꾼 제자도 있을 수 있겠지만, 내 인생을 바꿀 만큼 선연이 되어 준 제자들 또한 적지 않다. 그중 한두 제자들은 내 삶의 큰 줄기를 바꿔 주었다. 이 지상에서의 삶을 다할 때까지 결코 고마움을 잊지 못할 친구들이다. 그러니 자신의 인생사가 이런 선연들로 이어진 길들로만 이루어져 있다면 얼마나 좋을까!

하지만 인간의 삶이란 게 어디 그리 녹록한 것인가. 오죽하였으면 우리 삶을, '십자가'의 길이거나 고통의 바다(고해(苦海))라고 부르겠는가! 운명 덕분에 잘 살고 명예롭게 살아갈 수도 있고, 운명 때문에 어렵고 힘들게 살아갈 수도 있다. 또한 자신에게 도움이 되어 주는 기회도 찾아오는 반면 무얼 해도 되는 일이 없는 일도 일어나게 된다. 그렇지만 자신의 운명은 노력 여하에 따라 얼마든지 개척할 수 있고 바꿀 수 있다고 한다. 실제로 우리 주위를 보면 인생의 밑바닥을 경험하고도 자신의 노력으로 큰 성공을 맛본 사람들도 적지 않다. 그럼에도 불구하고 세상살이 하면서 자신의 뜻과는 다르게 일어나는 많은 일들을 생각하면 인생사의 두려움은 어찌할 수가 없다. 그러니 돈과 명예 면에서 큰 성공을 거두지는 못할지언정 착하게 살도록 노력하고 이웃에게 폐 끼치지 말며 더불어 잘 살아가도록 노력하면서 선연을 많이 만들어 가는 것이 바람직한 삶의 자세일 것이다.

우리 같은 보통사람들의 삶에 찾아 온 이런저런 기막힌 우연은 피할 수 없을 때가 많다. 어제 뉴스를 보면서 떠오른 생각이다. 사고를 낸 의사나 아기를 잃은 가족들 모두에게 안타까운 운명이 아닐 수가 없다. 그 뉴스를 보면서 가난해도 좋고, 남보다 뛰어나지 않아도 좋으니, 더 나아가 선연이 없어도 좋으니, 그런 악연을 만나지 않고 사는 것이 최상의 운명일 것이란 생각을 지울 수가 없었다.

(『수필』 2019년 봄호 / 수필부산문학회 발간)

하창식
월간 『수필문학』 천료 등단, 수필부산문학회 부회장, 부산가톨릭문인협회 회장 역임, 한국수필문학추천작가회 부회장, 부산문인협회 회원, 국제PEN한국본부 회원, 부산대학교 고분자공학과 교수.
수필집 『와일드카드』 『자서전 217쪽』 등.

한혜정

1박 2일

"할머니, 저하고 1박 2일 여행가지 않을래요?"
 전화 속에서 손녀의 낭랑한 목소리가 들려왔다. 갑자기 웬 여행이냐고 하니 추석연휴 때 엄마, 아빠, 동생이 베트남으로 여행을 간다고 했다. 그래서 자기는 따라가지 않고 집에서 쉬려고 했는데 TV에서 강호동이 나오는 1박 2일의 프로를 보고 할아버지 고향이기도한 나주에 가보고 싶었다고 했다. 그곳에 나오는 맛집과 역사에 나오는 한옥에서 1박하고 이름 있는 휴양지에 가서 힐링하고 싶다고 했다. 손녀는 교통편, 숙소, 가볼 곳을 모두 알아보고 예약하겠다고 한다.
 할머니가 안 가시면 자기혼자 여행을 떠나겠다고 하여 손녀 혼자 간다는 게 마음에 걸려 같이 가자고 했다. 추석 이틀 후에 떠나서 연휴 끝난 다음 날 오자고 한다. 일정을 보니 가는 날 새벽에 떠나서 관광을 모두 마치고 한옥에서 하룻밤 자고 새벽차 타고 서울로 오는 스케줄이다. 이왕이면 돌아오는 시간을 좀 늦추면 이틀은 관광할 수 있지 않겠느냐고 하니 사람들이 연휴 마지막 날에 서울로 거의 오기 때문에 연휴 끝난 첫날에는 고속도로가 밀리지 않을 거란다.
 9월 26일 아침 센트럴시티에서 07시 10분 중앙고속버스에 올랐다. 승객은 우리 둘 포함해서 세 사람이다. 이렇게 손님이 적어도 차는 제시간에 떠나는구나 생각하니 기름값과 시간이 아까운 것 같다. 이래도 버스회사가 제대로 운영이 될까 하는 생각도 들었다.

　3시간 40분 걸려 나주에 왔다. 남편 고향에 왔다는 생각에 순간 많은 생각이 스치고 지나갔다. 우선 예약한 숙소부터 찾아갔다. 손녀는 한옥에서 일박하고 싶다고 하더니 나주 '목사내아'를 어렵게 예약했던 것이다. 목사내아는 조선시대 나주목사가 기거하던 살림집으로 일제 강점기 때 관사로 사용하면서 변형 되었으나 2009년에 복원하여 지금은 '한옥 전통문화체험' 공간으로 활용되고 있다. 목사내아 금학헌(琴鶴軒)은 1980년도 후반까지 실제로 나주 군수가 생활하였던 곳이라고 한다. 그곳에서 숙박을 하고 나면 좋은 일들이 생겨나 많은 사람들이 찾고 있어 몇 달 전에 예약을 할 정도이다. 모래땅으로 된 마당가운데 서있는 팽나무는 500년이 넘는 세월 동안 나주를 지켜온 터줏대감이란다. 둘레에 작은 방들이 여러 개 있다. 대청마루 옆 작은 마루로 올라가 창호지로 붙인 방문을 열고 들어갔다. 감물 들인 이부자리에 두 사람이 겨우 잘만한 공간이다. 작은 문갑이 하나 있을 뿐 옷걸이도 없다. 손녀는 여기서 며칠 쉬어가면 좋겠다고 한다. 화장실과 욕실은 준비해준 흰 고무신을 신고 모래를 밟으며 옆으로 돌아가야 있다. 너무 불편했다. 넓은 서울 집을 두고 이곳이 좋다고 하는 손녀는 소음 많고 복잡한 유학 생활과 도시 생활에 지친 것이 아닌가 싶다.

　차 한 잔 마시고 나와서 '나주목문화관'에 들렀다. 천 년간 전남의 행정, 경제, 문화의 중심지였던 모습을 보여주는 전시관이다. 다음으로 조선 성종 때 나주목사 이유인이 세웠다는 나주의 궁궐 '금성관'에 들어서니 관광객이 몇 명 있을 뿐 한적하다. 뒤뜰에는 오래된 은행나무 아래 노란 은행들이 구슬처럼 뿌려져 있고 넓은 대청마루엔 연인 한 커플이 한가로이 사랑을 나누고 있다. 금성관은 왕을 상징하는 지방 궁궐로써 동서 양쪽의 부속 건물은 객사로 사신이나 중앙 관리들의 숙소로 사용되었다고 한다. 매월 1일과 15일에 왕께 충성을 다짐하는 망궐례를 치르던 곳으로 전국 최대 규모를 자랑하며, 구한말 명성황후가 시해 당했을 때 빈소가 설치되었고, 일제강점기부터 군청사로 사용되다가 1977년 원형대로 복원되었다고 한다.

휴게소에서 호두과자를 구입해 먹은 관계로 이제야 시장기가 돌았다. 나주의 대표 음식으로 자리 잡은 나주곰탕 거리에서 인터넷에 나온 하얀집을 찾았다. 뚝배기에 담은 탕(국밥)은 살코기인 양지와 사태를 삶는 과정에도 나주만의 노하우가 있다고 한다. 고기가 연하고 국물이 달고 맛이 좋았다. 밥, 곰탕, 김치, 등의 부서에서 종사하는 종업원이 얼른 보기에 30명도 넘는 것 같았다. 맛있게 먹고 나오니 문밖에서 대기하는 사람으로 줄이 서 있다.

택시를 타고 전라남도 '산림자원 연구소'를 찾아갔다. 넓은 산림욕장과 수목으로 울창한 숲을 이루고 있어 아름다운 경관이다. 어린이부터 노인들 까지 특히 연인들의 데이트 하는 모습이 많이 보였다. 아직 애인이 없는 손녀가 부러울 것 같아서 이담에는 너도 애인하고 같이 와서 데이트 하라고 웃으며 말해 주었다. 이곳은 아카시아 잎과 비슷한 '메타세콰이어'라는 가로수가 사계절 정취를 느낄 수 있어 전라남도의 새로운 관광명소로 꼽힌다고 한다. 청정 자연에서 걷는 동안 가슴속까지 힐링이 된 것 같았다.

숲을 빠져나와 예약해 놓은 택시로 영산강 황포돛배를 체험하기 위해 달렸다. 과거에 영산강 물길을 이용해 쌀, 소금, 미역, 홍어 등 생필품을 실어 나르던 황토로 물들인 돛을 단 배를 말한다. 지난 2008년 황포돛배가 30여 년 만에 위엄 있는 옛 모습 그대로 부활했단다. 황포돛배는 그 옛날의 추억을 싣고 강바람을 가르고 영산강을 오르며 우리들에게 즐거움을 주었다.

우리나라에서 유일하게 천연 염색 문화에 대해 알 수 있는 곳 '한국천연염색박물관'을 멀리서 바라보는데 선장의 설명이 나왔다. 이곳에선

상설 전시장을 비롯해 자료관, 판매장, 체험장, 등 여러 시설을 갖추고 있다고 하여 시간이 되면 가보고 싶었다. 해가 뉘엿뉘엿 서산으로 넘어 가는 것을 보며 배에서 내렸다. 영산강 근처가 홍어 거리다. 길 양쪽으로 홍어집이 쭉 늘어서서 어디까지인가 보기위해 한참을 걸어갔다. 가도 가도 끝없이 늘어선 홍어 집이 신기하여 기웃거리며 다녔다. 집집마다 바닥에 홍어가 셀 수없이 깔려 있다. 우리는 인터넷에서 검색한 홍어 1번지로 들어갔다. 홍어 거리에서 냄새가 코를 자극하여 손녀는 먹고 싶지가 않다고 한다. 그래도 홍어를 먹기 위해 여기까지 왔는데 먹어보자고 하여 2인분을 코스로 시켰다. 칠레홍어보다 비싸다는 국산홍어를 주문했다. 홍어무침, 홍어찜, 홍어튀김, 홍어 전(발효 된 것과 안 된 것), 홍어 간(애), 홍어 탕, 삭힌 홍어, 생 홍어, 톡 쏘는 홍어에 잘 삶은 돼지고기와 묵은 김치를 곁들여 먹는 삼합이 나왔다. 삼합을 먹으니 코가 뻥 뚫리는 것 같았다. 여기에 막걸리 한잔을 걸쳤더니 제대로 홍어 먹는 기분이 들었다. 손녀와 잔을 마주치며 건강하자고 했다. 요즘 젊은이들은 소주, 막걸리, 등을 잘 마신다. 74,000원의 거금을 내고 홍어 집을 나왔다. 이제 계획한 볼거리, 먹을거리가 모두 끝나고 대기한 택시로 숙소에 돌아왔다. 너무나 조용하다. 발소리를 죽여 가며 방으로 들어가 세면장으로 가서 간단히 씻고 나왔다. 이런 곳에서 공짜로 더 있으라고 해도 못 있을 것 같은데 손녀는 누워서 풀벌레 소리만 들리는 이곳이 너무 좋단다. 내 취향과는 너무 다르다. 내일은 아침 7시 20분 버스로 서울로 올라간다. 불편한 것도 추억이리라.

다음 날 새벽에 뛰다시피 하여 영산포(나주) 터미널에 도착했다. 예약한 금호고속버스가 제시간에 도착했다. 역시 승객이 5명뿐이다. 길이 막히지 않아 예정 시간보다 빨리 센트럴시티(서울)에 도착했다. 말이 1박 2일이지 하루 여행을 하고 온 것이다. 첫 손녀라서 사랑도 제일 많이 받고 자라서인지 자신감이 넘쳐흐른다. 내가 보호자로 간 것이 아니라 손녀가 나의 보호자가 되어 여행한 것 같다. 손녀는 급변하는 세상에도 이해와 적응이 빨라 앞서가며 리더가 되었고 모처럼 단 둘의 여행이라 의미가 남달랐다. 첫날은 알차게 관광했지만 다음날은 잠만 자고 바로 온다는 게 좀 아깝고 아쉬웠다. 나주에 볼거리와 맛 집이 이렇게 많은 줄을 몰랐다. 다음기회에 넉넉한 시간을 갖고 보고 싶었던 한국천연염색박물관, 나주향교, 나주읍성 등을 관광하고 3대 맛 거리(곰탕거리, 영산포 홍어거리, 구진포 장어거리)에 다시 가서 맛 집을 두루 다니며 먹어보고 싶다. 휴게소에서 간단히 아침을 때웠기에 손녀는 회사로 출근하고 나도 피로를 풀 겸 사우나로 향했다. 아! 손녀는 오늘 출근하려고 머리를 썼구나! 이제야 손녀의 깊은 뜻을 알았다.

이번 여행은 하루뿐이었지만 볼거리, 맛 거리를 제대로 체험하고 손녀와 좋은 추억을 만든 1박 2일의 여행이었다.

(2019년 『여울문학』)

한혜정
월간 『수필문학』 등단(2013)
한국수필문학가협회 회원
한국문인협회, 여울문학회원

허 근

노크 소리

 전에는 밖에서 누군가 문을 두드리는 소리를 듣지 못했다. 귀머거리가 아닌데도 웬일인지 그냥 못 들은 체 무시해 버리고 여기까지 왔나보다. 어쩌면 우리집 문 앞에 어떤 사람이 찾아와 노크할 리 없다는 생각 때문이었는지 모른다. 그런데 별일도 다 있다. 요즘은 여기저기서 들리는 노크 소리 때문에 좌불안석이 되어 산다는 생각이 든다.
 걷기 운동하다 공원 벤치에 앉아 잠시 눈을 감고 있을 때도 어김없이 그 소리는 들렸다. 연못가에 울타리 목으로 둘러선 화살나무 숲에서 수백 마리의 작은 새들이 시끄럽게 울어댔다. 그들은 "왜 당신은 지금 살아 있으면서 삶이 무엇인지 모른다고 맨날 투덜거리는 거요?"라고 노래했다. 우습다. 마치 물고기가 물속에 있으면서 목마르다고 하는 꼴일 테니 말이다.
 한편, 운동장 위쪽 언덕배기에 비스듬히 서 있는 아카시아 나무에 찰싹 달라붙어 있는 딱따구리가 날 더욱 초조하게 만들었다. 이 새는 어딘가로 다급하게 전신 부호를 날리고 있는 것처럼 보였다. "큰일 났어! 어서 네 문을 열어줘! 안 그러면 큰일 나." 또르르르르르…. 난 초침을 재어봤다. 대략 20초쯤 간격을 두고 그 새는 연신 어느 문을 간절하게 두드리고 있었다.
 가장 자주 들리는 노크는 바람소리 같기도 하다. 산들바람이든 폭풍이든 어느 바람이든 내 주변에 널려있는 미지의 문들을 두드리며 휙휙 지나쳐간다. 천둥벼락과 함께 쏟아지는 소나기는 뭔가에 대로하여 문이 부서지도록 쾅쾅 두드렸다. 바다의 가장자리, 바위에 날마다 헤딩하는 파도를 보라. 그 얼마나 처절한 외침이던가. 무엇 때문에 제 몸을 하얗게 갈가리 찢으며 절규한단 말인가?

펑펑 내리는 함박눈은 대지의 문을 노크하는 신의 손길일까. 때로는 그 하얀 눈발은 내 영혼의 문을 톡–톡 두드리는, 아니 소름끼치게 하는 어떤 메시지 같다는 생각도 들었다. 그런가 하면 미쳐 흩날리는 눈발은 천길 아래로 곤두박질치는 폭포처럼 시퍼런 칼날이 되어 내리달렸다. 이건 분명 반복되는 비극이다. 번쩍이도록 날 선 칼로 내리쳐도 굳게 닫힌 문은 꿈쩍 않고 그대로 잠겨 있다는 것은 형태만 바꾼 프로메테우스의 신화 그대로다.

하늘에 두둥실 떠가는 구름은 창공의 문을 부드럽게 노크하는, 먼저 떠난 친구의 노크일지도 모른다. 늦가을, 늙고 병든 몸에 양광이 고맙게 내려쬘 때, 그 햇살 하나하나가 노크라는 것을 왜 까마득히 모르고 살았을까? 저기 산모퉁이를 돌면 숨죽이고 누워있던 무덤이 벌떡 일어나 그 투박한 손으로 내 어깨를 툭툭치는 소리를 몇 번이나 들었는지 모른다. 사실, 그 메시지들을 알고도 모른 체한다는 건 정말 괴로운 일이 아닐 수 없다.

매일 사방팔방에서 들리는 그 수많은 신호, 수수께끼 같은 메시지들을 외면한 채 산다는 것은 분명 비정상이다. 열라고 하면 굳이 닫는다니, 청개구리가 따로 없다. 이 모든 부조리, 부조화의 이치는 자명하다. 뿌린 대로 거둔다는 위대한 법칙이란 것이다. 콩 심으면 콩이 나고, 욕망을 심으면 죄를 낳고, 진리를 심으면 자유와 평화를 낳는다는 그 법칙! 예수는 진리가 당신을 자유롭게 해줄 것이라고 말했다. 무엇으로부터의 '자유'인가? 당신 자신이 물질적인 몸과 마음으로 이루어진 존재에 불과하다는 망상으로부터의 자유라고. 붓다가 말한 대로 '자신에 대한 망상' 이야말로 핵심적인 잘못이란 것이다.

애면글면하며 온갖 질병과 고통으로부터 벗어나려고 발버둥친들 어디 맘대로 되던가? 그러니까 '지금 여기'에 깨어있지 못하는 진짜 이유가 뭔지 알고 싶다. 그리고 이런 의문도 든다. 판도라 상자 속, 그 '희망'이란 것은 그대로 남아 있는 것일까라는.

오래전에 낸 첫 시집 표제가 「문 뒤에 서서」였다. "두드려라. 그러면 열릴 것이다"라는 말에 어깃장 부리듯 심술궂게 붙인 제목이었다. 우물쭈물 살다보면 문을 두드리는 일은 항상 후순위로 밀리더란 얘기다. 삶은 숨바꼭질이 아니건만, 무엇 때문인지는 모르지만 '꼭꼭 숨어라 머리카락 보일라', 마냥 뒤에 숨기에만 바빴다. 이상하지 않은가. 문을 열면 반드시 산다는데, 절대로 열면 안 된다고 극구 말리는 무엇이 내 안에 진을 치고 사는 것 같으니 말이다.

깨달음이란 생각의 사슬에서 벗어나는 것. 생각하면 진실은 사라진다는 것, 그리고 내가 그토록 간절히 찾고 구하는 것은 내 안에 처음부터 존재하고 있다는 것, 죽어야만 산다는 이런 역설들은 사람을 미치게 하는 것 같다.

날은 저물고 갈 길은 아직 먼데, 어느 문 하나도 제대로 열어보지 못하고 살아오다, 이제 눈을 떠보니 종점이 코앞이구나. 어느덧 털어버리고픈 그런 두려움이 시나브로 산 세월만큼 성장해 있는가 보다.

(『수필문학』 2019년 8월호)

허 근
월간 『수필문학』 천료 등단(2004)
한국문입협회 회원. 한국수필문학가협회 이사
수필집 『나그네 꿈길에 서서』 외 시집 2권

허남오

우주 밖에는 우산이 없다

　우즈베키스탄에 온 지도 벌써 반년이 지났다. 비가 계속 질척거리던 지난달 초, 우산도 없이 길을 가다가 빗길에 꽈당 넘어져 버리고 말았다. 흙탕물에 온몸을 다 버리고 뒷짐으로 멘 가방까지 진창에 빠져버린 지경이었으니 한 손에 움켜쥔 핸드폰을 건진 게 그나마 다행이었다.
　속상한 마음에 "여기 사람들은 도대체 왜 우산을 안 쓰나!"라며, 나는 괜히 같이 가던 우리 학생을 나무라고 말했다.
　"여름엔 비가 안 오잖아요."
　그는 오히려 나를 보고 이상하다는 듯 히히 웃고 있다. '비가 없는 여름이라고? 아, 그렇구나. 여긴 여름에 비가 없으니 당연히 우산도 없지.' 내가 아는 상식이 여기선 통하지 않는 거다.
　이뿐만이 아니다. 홀로 살아가자니 혼자 해결할 일이 너무 많다. 하다못해 아침밥을 뭘 먹을 것인지 반찬은 어떤 걸로 해야 좋을지 모든 것을 혼자 결정해야 한다.
　"당신은 뭐 하나 하는 게 없어요. 정말 편케 살아왔지."
　항상 아내는 나를 보고 이렇게 닦달하곤 했었다. 이제 멀리 나와 보니 그 말이 무슨 뜻인 줄 알겠다. 우산 속 그늘에서 아무 생각 없이 살아온 삶이 아니었나 하는 되새김도 해본다.
　어떤 이는 왜 괜히 먼 이국에서 필요 없는 고생을 하냐고도 묻는다.

그 말에도 할 말이 없다. 이런 자그만 일을 봐도 저 조그만 우산 속 아늑함을 모르고 살아왔던 것이다. 당연시 생각해왔던 것들이 이런 일로 더 고맙게 느껴진다.

"할부지. 거기 우주 밖이야?"

이제 말문을 트는 손자 놈은 화상통화로 진지하게 말을 건다. 우즈베키스탄을 '우주 밖'이라 하는 것은 여기 젊은이들이 사마르칸트를 '삼'이라고 하는 거와 거의 같다.

"그래, 우주 밖이라 외톨이 신세란다. 너 같은 작은 우산이라도 나에겐 힘이 되거든. 잘자!"

우리는 그래도 혼자일 리 없다. 내가 여기 있는 것도 한국이라는 우산 그늘이 있었기에 올 수 있었다. 이들이 한국이라면 잘 사는 나라, 선진국으로 생각하니까 올 수 있었던 거 아닐까. 지금도 BTS나 강남스타일을 떠올리며 우즈베키스탄 사람들은 나를 보면 '꼬레아'를 외쳐준다. 그리고 학생들은 열심히 한국어를 배우면서 한국에 가서 일하거나 유학하기를 바란다. 나 같은 사람도 이들은 대단한 인물로 쳐준다.

나는 일찍이 콜롬보 플랜으로 호주 유학을 다녀왔었다. 우리가 후진국이었기 때문이다. 그때가 40여 년 전이다. 지금 나는 그 반대로 후진국을 도와주러 왔다. 이렇게 대한민국이라는 큰 우산은 있지만, 당장 나 홀로 살아가는데 필요한 작은 우산은 없구나.

나는 시간이 날 때마다 '삼'의 관광명소를 찾곤 한다. 여기는 티무르의 흔적이 남아있는 곳이 많다. 우리 대학 바로 앞에 있는 티무르 동상은 눈을 들어 멀리 바라보는 웅장한 좌상이다.

옆에 그 무덤이 있고 500미터 앞에는 우즈베키스탄에서 가장 유명한 명소 리기스톤이 자리하고 있다. 거기서 약 1킬로미터를 더 가면 티무르의 비극적 왕비 비비하늠 궁전이 있다. 사실 우즈베키스탄에서는 티무르가 가장 뛰어난 인물이다. 특히 '삼'을 거론할 때 그를 빼고는 말이 안 된다. 나는 벌써 수십 번은 더 다녀왔을 것이다.

그래서 여기에 서서 역사의 우산을 펼쳐들곤 한다. 그 무렵 우리나라는 어땠을까. 티무르의 원래 고향은 여기서 남으로 100킬로 떨어진 곳이다. 거기서 몽골 칭기즈칸 방계로 태어난 그는 이 일대를 통합하고 나아가 서쪽으로 터키 근방까지 정복하며 아래로는 인도 북방까지 지배한다. 마지막으로 원이 망하고 명이 들어서는 중국으로 쳐들어간다. 그가 몽골계였기에 당연히 원을 잇고자 하였다.

더 나아가 나는 티무르를 같은 시기 이성계와 연계해 본다. 이성계는 명을 치지 않고 오히려 위화도 회군을 하여 조선을 건국했으나 티무르는 명을 정복하려 했다. 둘 다 백전노장, 한 번도 패한 적이 없다는 장군이었다. 그러나 티무르가 출정 중에 병으로 죽음으로써 더 이상 싸움은 없었다.

역사의 우산은 이후에도 비슷한 경로를 보여준다. 이들은 각각 굳건한 나라를 세웠는데 묘하게도 그 손자들이 훌륭한 문화 치적을 이룬다. 울루그벡은 지금 이곳에 그 흔적이 남아있는 웅장한 천문대를 설치했는데 세종이 만들었다는 혼천의가 이미 여기 있었다면 어떨까. 나는 몇 번을 쳐다보며 그 시절로 되돌아가곤 했다.

역사의 우산은 더 멀리 거슬러 갈 수도 있다. 혜초 스님은 '삼'을 지나면서 '허름한 절에 중이 하나 있는데 그나마도 예절을 모른다.'고 썼었다. 이미 그때 여기는 불교가 쇠락하고 이슬람이 번성하기 시작할 때였다. 그로부터 20년 후인 751년, 고선지 장군이 이 근방 탈레스 전투에서 패함으로써 완전히 이슬람으로 바뀌었다. 더 앞으로 조금만 가면 고구려가 한창 번성할 때 사신을 '삼'에 보낸 벽화 그림이 남아있으니 바로 아프로시얍 궁전이다. 여기 택시 기사들도 잘 모르는 이 궁전 박물관이 유독 우리나라 사람들에게는 꼭 한 번 가보는 곳이 되었다.

이러한 역사 우산은 홀로 남은 나를 그나마 위로해 준다. 시대와 지역은 달라도 사람은 다 같은 사람이다. 나는 사랑이라는 더 넓은 우산으로 이들을 안고 싶다. 닮아가고 싶다.

여름에 비가 안 오고 그래서 땡볕이 쨍쨍 내리쬐더라도 나는 여기 사람들 마냥 우산을 쓰지 않는다. 우주 밖에는 우산이 없다.

(『수필문학』 2019년 8월호)

허남오
월간 『수필문학』 천료 등단(1994)
경찰종합학교, 동부경찰서장, 대통령비서실 민정비서관, 영산대 석좌교수 역임, 사마르칸트 외국어대학교 한국학과 교수(현), 저서: 『다 지나가리라』 외 다수

황 빈

기다리던 연하장

연말이 다가오니, 연하장을 보낼 곳을 선정하며 주소록에서 명단을 찾았다. 우선 외국으로 발송할 것을 준비하여 우체국에 다녀오는 길에 금년 따라 유난히 앞으로 내가 몇 번이나 이런 소식을 전할 수 있으려나 하는 상념에 젖어 들었다.

매년 어김없이 12월 중순만 되면 받아보는 반가운 연하장이 있다. 금년에는 소식이 없어서 무언가 상대방의 안위가 몹시 궁금해시는 것은 숨길 수 없는 사실이었다. 워낙 연로한 분이어서 혹여 신상에 무슨 변고라도 생기지나 않았을까 하는 우려를 하게 되었다. 거의 말일이 되었을 때 이웃에 위치한, 이름이 비슷한 아파트에 사는 분이 나를 찾는 벨을 누른다. 다름이 아니라 자기 집 우편함으로 잘못 송달된 연하장을 들고 전달하려고 찾은 것이었다. 오매불망 기다리던 우편물이다 보니, 너무나 반가워 찾아온 분의 손을 덥석 잡으며 여러 날 기다리던 우편물을 전달해 주어 너무나 감사하다고 깍듯이 인사를 하였다. 나의 감격하는 모습에 그 분도 대단히 만족스러워 한다. 추운 날씨에 일부러 찾아와 준 이웃 간의 성의가 너무나도 고마웠다.

발송인은 남편의 지인으로서 미국에 사는 분인데, 거의 40여년이란 긴 세월 동안 한결같이 가족사진이나 근래 촬영한 자기 독사진으로 연하장을 만들어 안부를 전해 주는 사람이다. 금년도 어김없이 홀로 촬영한 사진으로 근간의 모습을 보여주었다. 몇 년 전 부인을 먼저 하늘나라로 보내고, 장성한 아이들은 모두가 짝을 찾아 독립해 다른 주에서 살고 있다. 90이 다 되어가는 고령에도 끊임없이 옛 동료를 생각하여 소식을 전해주는 의리의 사람이 평소 무척 존경스러워 우리 아이들에게도 이런 겸허함과 미풍양속을 따라 이르곤 하였다. 연하장의 내용에는 한국에서 체류하며 함께 근무하던 시절이 몹시 그립다는 절절함을 담았다.

매년 어김없이 잘 도착하던 우편물이 금년 따라 무슨 일로 이름이 비슷한 이웃 아파트로 배달되었을까를 살펴보니, 나도 알아보기 어렵게 심한 손 떨림(수전증)으로 쓰인 글씨체를 우편배달부도 미처 알아보지 못하였던 듯싶었다. 이분이야말로 앞으로 몇 번이나 나에게 연하장을 보내며 근황을 전할 수 있을까 하는 의구심이 들었다. 그의 정성이 너무나 고마워 거실 한편에 고이 모셔 놓았다.

요 근래 일본에서는 생의 끝자락 '슈카쓰 연하장'이 유행이라고 한다. 인생 마무리, 즉 관계 정리하고 인생의 마지막을 준비하는 연하장을 올해까지만 보낸다는 것인데, 슈카쓰(終活, 인생의 끝을 준비하는 활동), 즉 노인들의 임종 준비 활동 중의 하나이다. 초고령화 사회인 일본에서 고독사 증가 등이 문제가 되면서 노인들 사이에 '스스로 할 수 있을 때 정리'를 하자는 인식이 퍼지면서 보편화된 개념이란다. 자신의 장례 절차, 연명 치료 여부, 재산 상속 문제 등의 정리와 가족 친구들에게 사후 남길 메시지 제작 등이 대표적인 '슈카쓰'다.

매년 보내오던 친지의 연하장에서 내년에는 '나이가 들면서 심신이 쇠약해지고 있습니다. 올해를 끝으로 새해마다 보내던 연하장을 그만두려 합니다. 하지만 앞으로도 당신의 건강과 행복을 기원하겠습니다.' 같은 것을 받지 않았으면 하는 염원을 해 본다.

어제는 하와이에 거주하고 있는 친구에게 한 달 전에 보낸 연하장이 거의 한 달여 만에 수취인 부재로 되돌아왔다. 그녀도 매해 누구에게 뒤질세라 부지런히 소식을 전하던 친구였기에, 그의 무소식이 나의 가슴을 공허하게 한다.

우리에게 주어진 이 순간 오늘이 가장 소중한 시간임을 감사하며 나머지 삶을 살아 내리라.

(『수필문학』 2019년 3월호)

황 빈
월간 『수필문학』 등단(1999)
한국수필문학가협회 회원, 한국산문작가회 이사, 강남문협 이사

황장진

뻐꾸기 탁란

'뻐꾹 뻐꾹' '뻐꾹 뻐꾹'
뻐꾸기가 고요한 아침을 또렷하게 깨우고 있다. 소프라노에 가까워 참새나 비둘기 소리는 귀를 한껏 열어야만 들릴 정도다. 농·어촌이나 비교적 공기가 쾌적한 지역에서는 제비 소리도 '쨱 쨱 쨱' 요란할 것이지만, 번식기의 뻐꾸기 울음소리에는 당할 수 없으리라.

산을 타 봐도 들판을 거닐어 봐도 숲이 우거져서인지 뻐꾸기 우는 소리는 사뭇 메아리쳐도 그 모습은 보이지 않는다. 골짜기나 들을 통째로 샀는지 그 소리는 단연 다른 소리를 누른다. 짝한테 문안 인사를 보내는 걸까, 짝을 찾는 걸까? 탁란한 새끼들이 잘 잤는지, 배가 고픈 건지 묻는 소리일까? 임시 어미인 붉은머리오목눈이 새끼들 틈에서 먹이라도 얼른얼른 잘 낚아채 먹으라고 독려하는 응원일까?

뻐꾸기는 태어나서 제집 하나 안 짓고 홀로 사는 떠돌이 새다. 송충이, 쐐기 따위를 잡아먹고 산다. 그래서 나무숲에서는 그들이 목청 돋우어 우는 소리에 평화스럽던 아카시나무와 칡꽃들도 눈이 동그래지고 만다.

뻐꾸기는 푸른 잿빛인데 배는 흰 바탕에 가느다란 검은 가로줄 무늬가 가지런하게 나 있다. 눈은 노랗다. 크기는 한 뼘 반 정도로 꽤 크다.

머나먼 남쪽 따스한 나라에서 살다가 봄이 다가오면 한반도에 찾아든다. 알 낳는 철은 5월 하순에서 8월 상순까지. 알을 낳을 때는 가까운 나무숲에서 망을 보다가 붉은머리오목눈이가 둥지를 비운 틈을 타서 얼른 그 속으로 날아 들어가 알을 낳고 만다. 몸을 흔들어 알을 낳는 데는 단 10초도 걸리지 않는다. 감쪽같이 하려고 오목눈이 알 하나를 물고 나와 버린다. 어미가 몰라보게 알의 모양과 색깔이 비슷한 새의 둥지를 골라 낳는다. 주로 파란색 알이다. 알은 12~15개나 낳기 때문에 여러 새들에게 신세를 진다. 갓 태어난 나그네 새끼는 곁에 있는 주인 알과 새끼를 둥우리 밖으로 애써서 떨어뜨린다. 같이 사이좋게 자라면 얼마나 좋을까! 배은망덕하다. 남아 있는 새끼들과 함께 임시 어미 새로부터 태연하게 먹이를 받아먹고 자란다. 탁란 성공률은 겨우 10%뿐. 눈치를 채는 임시 어미 새가 훨씬 많은 탓. 탁란은 뻐꾸기뿐만 아니다. 전체 새 가운데 1% 가까이가 이렇게 퍼진다. 곤충 쪽에서는 더 흔한 일이다.

우리나라 인구수가 날로 줄어들어 국력이 점점 쇠잔해진다. '뻐꾹 뻐꾹' 뻐꾸기의 줄기찬 울음소리를 들으며, 무슨 묘수가 없을까, 갸웃거려 본다.

(월간 『수필문학』 2019년 8월호)

황장진
월간 『수필문학』 천료 등단(2013) 제6회 소운문학상
한국문인협회 회원, 강원도지회, 한국수필문학가협회 이사, 강원수필문학회 고문
수필집 : 『참 바보』, 『얼씨구 절씨구』, 외 다수

대표수필선집 2019 VOL.33

2019년 12월 26일 초판 인쇄
2019년 12월 30일 초판 발행

지은이 / 한국수필문학가협회
발행인 / 오경자

발행처 / 도서출판 교음사
편 집 / 隨筆文學社 出版部

03147 서울 종로구 삼일대로 457 수운회관 1308호
Tel (02) 737-7081, 739-7879(Fax)
E-mail : gyoeum@daum.net
등록 / 제2007-000052호

잘못된 책은 교환해 드립니다.

값 16,000원

ISBN 978-89-7814-764-4 03810

이 도서의 국립중앙도서관 출판예정도서목록(CIP)은 서지정보유통지원시스템 홈페이지
(http://seoji.nl.go.kr)와 국가자료공동목록시스템(http://www.nl.go.kr/kolisnet)에서
이용하실 수 있습니다. (CIP제어번호 : CIP2020000192)